완·벽·대·비

한자능력 검정시험

김병헌 엮음

3급 II

Chosun Media
조선앤북

한국한자능력검정시험 안내

◇ 수험안내

주관 : 사단법인 한국어문회
시행 : 한국한자능력검정회
시험시기 : 연 4회
응시자격 : 재학여부, 학력, 소속, 연령, 국적 등에 상관없이 원하는 급수에 응시 가능.
응시급수 : 국가공인급수 - 1급 2급 3급 3급Ⅱ
　　　　　　교육 급수 - 4급 · 4급Ⅱ · 5급 · 6급 · 6급Ⅱ · 7급 · 8급
접수방법 : 인터넷사이트(www.hangum.re.kr)에 자세하게 나와 있습니다.
합격자 발표 : ARS(060-800-1100) 또는 인터넷(www.hangum.re.kr)으로 확인 가능.
검정시험문의 : 월~금(09:00~18:00, 공휴일 제외) 전화 1566_1400 팩스 02_6003_1414~5

◇ 우대사항

- 자격기본법 제27조에 의거 국가자격 취득자와 동등한 대우 및 혜택을 받습니다.
- 우리은행 채용 시 가산점 반영됩니다.
- 경제5단체, 신입사원 채용 때 전국한자능력검정시험 응시 권고(3급 응시요건, 3급 이상 가산점)하고 있습니다.
- 2005학년도 대학수학능력시험부터 '漢文'이 선택과목으로 채택되었습니다.
- 교육과학기술부 훈령 제141호『학생생활기록부 전산처리 및 관리지침』에 의거 학교생활기록부에 등재, 입시에 활용됩니다.
- 육군간부 승진 고과에 반영됩니다. (대위-대령/군무원2급-5급 : 3급이상, 준·부사관/군무원6급-8급 : 4급이상)
- 대학에 따른 우대사항은 인터넷사이트(www.hangum.re.kr)에 자세히 나와 있습니다.

◇ 문제유형

- 讀音독음 : 한자의 소리를 묻는 문제입니다. 독음은 두음법칙, 속음현상, 장단음과도 관련이 있습니다.
- 訓音훈음 : 한자의 뜻과 소리를 동시에 묻는 문제입니다. 특히 대표훈음을 익히시기 바랍니다.
- 漢字한자쓰기 : 제시된 뜻, 소리, 단어 등에 해당하는 한자를 쓸 수 있는가를 확인하는 문제입니다.
- 部首부수 : 한자의 부수를 묻는 문제입니다. 부수는 한자의 뜻을 짐작할 수 있는 중요한 부분입니다.
- 筆順필순 : 한 획 한 획의 쓰는 순서를 알고 있는 가를 묻는 문제입니다. 글자를 바르게 쓰기 위해 필요합니다.
- 長短音장단음 : 한자 단어의 첫소리 발음이 길고 짧음을 구분하고 있는가를 묻는 문제입니다. 4급 이상에서만 출제됩니다.
- 反義語반의어 · 相對語상대어 : 어떤 글자(단어)와 반대 또는 상대되는 글자(단어)를 알고 있는가를 묻는 문제입니다.
- 同義語동의어 · 類義語유의어 : 어떤 글자(단어)와 뜻이 같거나 유사한 글자(단어)를 알고 있는가를 묻는 문제입니다.
- 同音異義語동음이의어 : 소리는 같고, 뜻은 다른 단어를 알고 있는가를 묻는 문제입니다.
- 뜻풀이 : 고사성어나 단어의 뜻을 제대로 알고 있는가를 묻는 문제입니다.
- 略字약자 : 한자의 획을 줄여서 만든 略字를 알고 있는가를 묻는 문제입니다.
- 完成型완성형 : 고사성어나 단어의 빈칸을 채우도록 하여 단어와 성어의 이해력 및 조어력을 묻는 문제입니다.

◇ 급수배정

급수	읽기	쓰기	수준 및 특성
특급	5,978	3,500	國漢混用 古典을 불편 없이 읽고, 연구할 수 있는 수준 고급 (韓中 古典 추출한자 도합 5978자, 쓰기 3500자)
특급 II	4,918	2,355	國漢混用 古典을 불편 없이 읽고, 연구할 수 있는 수준 중급 (KSX1001 한자 4888자 포함, 전체 4918자, 쓰기 2355자)
1급	3,500	2,005	國漢混用 古典을 불편 없이 읽고, 연구할 수 있는 수준 초급 (상용한자+준상용한자 도합 3500자, 쓰기 2005자)
2급	2,355	1,817	常用漢字를 활용하는 것은 물론 인명지명용 기초한자 활용 단계 (상용한자+인명지명용 한자 도합 2355자, 쓰기 1817자)
3급	1,817	1,000	고급 常用漢字 활용의 중급 단계 (상용한자 1817자-교육부 1800자 모두 포함, 쓰기 1000자)
3급 II	1,500	750	고급 常用漢字 활용의 초급 단계(상용한자 1500자, 쓰기 750자)
4급	1,000	500	중급 常用漢字 활용의 고급 단계(상용한자 1000자, 쓰기 500자)
4급 II	750	400	중급 常用漢字 활용의 중급 단계(상용한자 750자, 쓰기 400자)
5급	500	300	중급 常用漢字 활용의 초급 단계(상용한자 500자, 쓰기 300자)
6급	300	150	기초 常用漢字 활용의 고급 단계(상용한자 300자, 쓰기 150자)
6급 II	300	150	기초 常用漢字 활용의 중급 단계(상용한자 300자, 쓰기 50자)
7급	150	-	기초 常用漢字 활용의 초급 단계(상용한자 150자)
8급	50	-	漢字 學習 동기 부여를 위한 급수(상용한자 50자)

◇ 출제기준

구분	특급·특급II·1급	2급	3급	3급II	4급	4급II	5급	6급	6급II	7급	8급
讀音	50	45	45	45	32	35	35	33	32	32	24
漢字 쓰기	40	30	30	30	20	20	20	20	10	0	0
訓音	32	27	27	27	22	22	23	22	29	30	24
完成型	15	10	10	10	5	5	4	3	2	2	0
反義語	10	10	10	10	3	3	3	3	2	2	0
뜻풀이	10	5	5	5	3	3	3	2	2	2	0
同音異義語	10	5	5	5	3	3	3	2	0	0	0
部首	10	5	5	5	3	3	0	0	0	0	0
同義語	10	5	5	5	3	3	3	2	0	0	0
長短音	10	5	5	5	3	3	0	0	0	0	0
略字	3	3	3	3	3	3	3	0	0	0	0
筆順	0	0	0	0	0	0	3	3	3	2	2
出題問項(計)	200	150	150	150	100	100	100	90	80	70	50

머리말

이 책은 사단법인 韓國語文會가 주관하고 韓國漢字能力檢定會에서 시행하는 한자능력검정시험 중 3급Ⅱ 시험에 대비하기 위한 학습서로서 3급Ⅱ 배정한자(500자)를 익힐 수 있도록 아래와 같이 구성하였습니다.

1 단계 - 훈음(訓音) 익히기
- 부수와 부수를 제외한 획수, 대표 훈음, 도움말, 그리고 용례를 제시했습니다.
- 해당 한자가 단어의 앞에 올 때 길게 읽어야 하는 자는 (:)로 장음(長音)임을 표시했습니다. 장음과 단음(短音)이 함께 발음되는 경우는 도움말에 자세히 설명했습니다.
- 학습의 지루함을 피하기 위하여 40자를 한 단위로 엮고, 40자마다 부수순, 가나다순, 무순(無順)으로 배열하여 훈음을 익히도록 했습니다.
- 40자 단위의 학습이 끝나면 3급Ⅱ 전체를 같은 순서로 배열하여 훈음을 익히도록 했습니다.
- 훈음 익히기의 정답은 한자 쓰기와 같은 순서로 배열함으로써 서로 정답이 되도록 했습니다.

2 단계 - 한자(漢字) 쓰기
- 각 글자의 대표 훈음과 쓰기 순서, 그리고 용례를 제시했습니다.
- 훈음 익히기와 같은 방식으로 배열하여 한자 쓰기를 익히도록 했습니다.

3 단계 - 단어(單語) 및 성어(成語) 익히기
- 3급Ⅱ 배정 한자로 이루어진 단어와 성어를 싣고 풀이를 했습니다.
- 필요한 경우 용례(用例) 및 반의어(反義語)·동의어(同義語)를 제시했습니다.
- 하단에 해답을 겸한 쓰기 문제를 실어 한자로 쓸 수 있는 훈련을 하도록 했습니다.

4 단계 - 유형별 한자 익히기
- 두음법칙(頭音法則), 동자이음어(同字異音語), 동음이의어(同音異議語), 반의어(反義語)·상대어(相對語)의 한자를 싣고 용례를 제시했습니다.
- 상위 급수에서 출제 가능한 약자(略字)를 실어 미리 익힐 수 있도록 했습니다.
- 앞에서 익힌 유형별 한자를 문제를 통하여 실력을 다질 수 있도록 했습니다.

5 단계 - 독음(讀音) 및 장단(長短)음 익히기
- 장음(長音)만을 따로 모아 3급Ⅱ에 적용되는 장음을 한 눈에 볼 수 있도록 했습니다.
- 앞에서 익힌 모든 단어에 장음 표시를 하여 독음(讀音)과 함께 장단음을 익히도록 했습니다.

부록
- 앞에서 익힌 실력을 점검하고 시험에 대비할 수 있도록 '예상문제' 15회분과 '기출문제' 3회분을 실었습니다.
- 3급Ⅱ 한자를 한 눈에 볼 수 있도록 가나다순으로 싣고 해당 한자의 도움말이 있는 페이지를 표시했습니다.
- 3급 배정한자를 실어 미리 공부할 수 있도록 했습니다.
- 자전을 찾거나 부수를 알고자 할 때 활용할 수 있도록 '부수일람표'를 실었습니다.
- 언제 어느 곳에서나 다양한 방법으로 활용할 수 있도록 독본을 실었습니다.

한자능력검정시험에 응시하고자 하는 많은 수험생들에게 이 학습서가 좋은 동반자가 되기를 진심으로 바라며, 부족한 점은 앞으로 계속 발전시켜 나갈 것을 약속합니다.

엮은이 김병헌

차 례

한자능력검정시험 안내 /2
머리말 /4

1단계 훈음 익히기 /7

2단계 한자 쓰기 /109

3단계 단어 및 성어 익히기 /211

4단계 유형별 한자 익히기 /283

5단계 독음 및 장단음 익히기 /295

부록
3급Ⅱ 예상문제 /322
3급Ⅱ 기출문제 /360
한 눈에 보는 3급Ⅱ 한자 /368
미리 보는 3급 한자 /379
부수일람표 /382
3급Ⅱ 독본 /383

1단계
훈음 익히기

[학습 포인트]

⊙ ':' 표시는 장음을, ':' 표시는 장음과 단음이 함께 발음되는 글자를 나타냅니다.
⊙ 부수를 항상 분리하고, 부수의 뜻을 생각하세요. 해당 한자의 뜻을 연상할 수 있습니다.
⊙ 부수를 제외한 나머지에서 음을 찾으세요. 한자가 복잡할수록 대부분 그 글자 안에 음이 있습니다.
⊙ 용례를 함께 익히면 학습 효과가 빠릅니다.
⊙ '독본'과 함께 훈음을 충분히 익힌 다음 시험을 보세요.

	漢字	訓音	도 움 말	用 例
一 2	丈	①어른 장	十과 손을 나타내는 又가 결합된 會:意字. 1丈은 8尺[척, 周尺]으로 성인의 남자 키와 같아 어른의 뜻과 함께 장이나 길 등 길이의 단위로 쓰인다. '丈:家든다'는 말은 어른이 되어 집안을 이룬다는 뜻이다.	丈:母(장모) 丈:夫(장부) 丈:人(장인)
一 4	丘	①언덕 구	北과 一이 결합된[坵] 會:意字라는 설이 있으나 봉우리가 두 개인 작은 산을 나타내는 象形字라는 설이 설득력이 있다. 후대에 공자의 이름인 孔:丘의 丘를 피하기 위해 邱를 대신 쓰는 경우가 많았다.	砂丘(사구) 丘陵地(구릉지)
一 4	丙	①남녘 병	陽氣를 나타내는 一과 入과 冂(멀 경)이 결합된 會:意字. 十干(십간)의 셋째로 五行으로는 火를, 방향으로는 南을 나타낸다.	丙亂(병란)
丶 3	丹	①붉을 단	採:鑛(채광)을 위해 판 갱도[井]의 바닥에 보이는 붉은 광석[丶]을 나타낸 指事字. 붉다는 뜻에서 발전하여 정성, 참마음 등의 뜻으로 쓰인다.	丹心(단심) 丹楓(단풍) 契丹(거란) 牧丹(목란)
丿 2	久	①오랠 구	사람이 걸으려는 것을 뒤에서 잡아당기고 있는 모습을 나타낸 指事字. 오래, 막다, 기다리다 등의 뜻으로 쓰인다.	永:久(영구) 悠久(유구) 長久(장구) 持久(지구)
丿 3	之	①갈 지 ②어조사 지	대지[一]에 풀이 돋아나는 모습[屮]을 나타낸 象形字. '가다'라는 뜻의 動:詞(동사) 외에 代:名詞(대명사)나 助:詞(조사)로 많이 쓰인다.	之東之西(지동지서)
丿 9	乘	①탈 승	丿[人의 변형]과 두 발을 나타낸 舛(어긋날 천)과 木이 결합된 會:意字. 사람이 두 발로 나무 위에 오른다는 데서 타다, 오르다 등의 뜻이 된다. 또 '곱하다'라는 뜻과 수레를 세는 단위, 역사 기록 등으로도 쓰인다.	乘客(승객) 乘機(승기) 乘馬(승마) 便乘(편승)
乙 0	乙	①새 을	새의 모습을 본뜬 象形字. 원래 乙(새 을)과 乚(제비 을)은 別字였으나 모양이 흡사하여 통용하게 되었다. 十干의 두 번째인 까닭에 둘째의 뜻으로 많이 쓰인다.	甲乙(갑을)
乙 10	乾	①하늘 건 ②마를 건	乙이 부수이나 뜻과는 상관이 없으며 𠦝(倝, 쓸 간)이 聲으로 작용한 形聲字. 하늘, 남자, 임금 등의 뜻으로 쓰이며, '마르다'라는 뜻일 때는 本音이 '간'이나 건초, 건어물, 건배처럼 현실에서 거의 '건'으로 읽는다.	乾杯(건배) 乾魚物(건어물)
二 2	井	①우물 정	우물 난간의 모양을 본뜬 象形字. 丼은 '퐁당 퐁'字가 아니고 井의 初文으로, 안의 점은 바가지를 나타낸다고 한다. 우물, 마을 등의 뜻으로 쓰인다.	井華水(정화수) 坐:井觀天(좌정관천)

	漢字	訓音	도 움 말	用 例
二 6	亞°	① 버금 아	사람의 등이 흉하게 굽은 모양을 본뜬 象形字. 오늘날에는 惡이 이 뜻을 대신하고 亞는 주로 '버금'이란 뜻으로 쓰인다. 略字는 亜.	亞流(아류)　亞洲(아주) 亞熱帶(아열대)
亠 4	亦	① 또 역	본래는 大와 八이 결합되어 사람의 겨드랑이를 나타내는 指事字. 그러나 지금은 '또'라는 뜻으로 쓰인다. 又(또 우)가 비슷한 뜻의 字이며, 赤(붉을 적)은 자형이 비슷하여 주의를 요한다.	亦是(역시)
亠 7	亭	① 정자 정	高가 건물의 모습을 나타내고 丁이 聲으로 작용한 形聲字. 주로 ○○亭처럼 쓰여 정자나 여인숙의 뜻으로 쓰인다.	亭子(정자)
人 2	介:	① 끼일 개	人과 八(나눌 팔)이 결합된 會:意字. 사람이 나누어 놓은 둘 사이에 들어있다는 뜻에서 '끼이다'라는 뜻을 지니고 있다. 딱지, 갑옷, 節義(절의) 등의 뜻으로도 쓰인다.	介:入(개입)
人 3	付:	① 줄 부	人과 손을 뜻하는 寸이 결합된 會:意字. 손에 물건을 들고 사람에게 준다는 뜻을 지니고 있다. 붙이다, 청하다 등의 뜻으로도 쓰인다.	交付(교부)　送:付(송부) 反:對給付(반대급부)
人 4	企:	① 꾀할 기	人과 발을 뜻하는 止(발 지)가 결합된 會:意字. 사람이 발돋움하여 멀리 바라본다는 뜻을 지니고 있으나 주로 '꾀하다'라는 뜻으로 쓰인다.	企圖(기도)　企業(기업) 企劃(기획)
人 4	仲°	① 버금 중	人이 뜻으로, 中이 뜻과 聲을 겸한 兼聲會意字. 버금, 둘째, 가운데, 거간 등의 뜻으로 쓰인다.	仲介(중개)　仲媒(중매) 仲裁(중재)　仲秋(중추)
人 4	仰:	① 우러를 앙	人이 뜻으로, 卬(나 앙)이 뜻과 聲을 겸한 兼聲會意字(겸성회의자). 우러러보다, 의지하다, 쳐다보다 등의 뜻으로 쓰인다.	崇仰(숭앙)　信:仰(신앙) 推仰(추앙)
人 5	何	① 어찌 하	人이 뜻으로, 可가 聲으로 작용한 形聲字. 見(견)↔現(현), 可(가)↔河(하), 古(고)↔祜(복 호)처럼 한자음에서 ㄱ과 ㅎ은 상통한다. 어찌, 무슨, 누구, 얼마 등의 뜻으로 쓰인다.	何等(하등)　如何(여하) 何如間(하여간)
人 5	但:	① 다만 단	人이 뜻으로, 旦(아침 단)이 聲으로 작용한 形聲字. 다만, 단, 오로지 등의 뜻으로 쓰인다.	非但(비단)

	漢字	訓音	도 움 말	用 例
人 5	伯	①맏　　　　백	人이 뜻으로, 白이 聲으로 작용한 形聲字. 맏, 맏아들, 우두머리 등의 뜻과 함께 文藝(문예) 등에서 一家를 이룬 사람을 나타낼 때 쓰인다.	伯父(백부) 畵:伯(화백)
人 6	侍:	①모실　　　시	人이 뜻으로, 寺(절 사)가 聲으로 작용한 形聲字. 寺가 포함된 字는 時(때 시)나 詩(시 시)처럼 음이 '시'인 경우가 많다. '모시다'라는 뜻으로 쓰인다.	侍:立(시립)
人 6	佳:	①아름다울 가	人이 뜻으로, 圭(홀 규)가 聲으로 작용한 形聲字. 음에 차이가 있으나 街(거리 가)에서도 같은 경우이다. 아름답다, 훌륭하다, 좋다 등의 뜻으로 쓰인다.	佳:人(가인)　佳:作(가작) 百年佳約(백년가약)
人 6	供:	①이바지할 공	人이 뜻으로, 共이 聲으로 작용한 形聲字. 이바지하다, 바치다, 받들다 등의 뜻으로 쓰인다.	供:給(공급)　供:與(공여) 提供(제공)
人 7	促	①재촉할　촉	人이 뜻으로, 足이 聲으로 작용한 形聲字. 재촉하다, 독촉하다, 바쁘다 등의 뜻으로 쓰인다.	促迫(촉박)　　促發(촉발) 促進(촉진)　　督促(독촉)
人 8	倒:	①넘어질　도 ②거꾸로　도	人이 뜻으로, 到가 聲으로 작용한 形聲字. 넘어지다, 자빠지다, 거꾸로, 거스르다 등의 뜻으로 쓰인다.	倒:產(도산)　倒:錯(도착) 倒:置(도치)　傾倒(경도)
人 8	借:	①빌릴　　차	人이 뜻으로, 昔이 聲으로 작용한 形聲字라고 하나 음의 차이가 크다. 빌다, 빌리다, 시험 삼아 등의 뜻으로 쓰인다.	借:名(차명) 借:用(차용)
人 8	値	①값　　　치	人이 뜻으로, 直(곧을 직, 만날 치, 값 치)가 뜻과 함께 聲으로 작용한 兼聲會意字. 값, 만나다, 당하다 등의 뜻으로 쓰인다.	價:値(가치) 數:値(수치)
人 8	倫	①인륜　　륜	人이 뜻으로, 侖(둥글 륜)이 聲으로 작용한 形聲字. 인륜, 무리, 순서 등의 뜻으로 쓰이며 나뭇결이란 뜻도 있으나 초급 수준을 벗어난다.	倫理(윤리)　　五:倫(오륜) 人倫(인륜)　　絶倫(절륜)
人 8	倉°	①곳집　　창	食의 생략형인 仺과 口가 결합된 會:意字. 口는 네모 모양의 창고를 나타낸다. 곳집, 창고, 갑자기 등의 뜻으로 쓰인다.	倉庫(창고) 穀倉(곡창)

부수	漢字	訓音	도움말	用例
人 9	偏	①치우칠 편	人이 뜻으로, 扁(납작할 편)이 聲으로 작용한 形聲字. 치우치다, 공정하지 못하다, 반쪽 등의 뜻으로 쓰인다.	偏見(편견) 偏母(편모) 偏食(편식) 偏愛(편애)
人 9	側	①곁 측	人이 뜻으로, 則이 聲으로 작용한 形聲字. 곁, 기울다, 외면하다 등의 뜻으로 쓰인다.	側近(측근) 側面(측면) 兩:側(양측)
人 9	偶	①짝 우	人이 뜻으로, 禺(원숭이 우)가 聲으로 작용한 形聲字. 짝, 부부, 뜻하지 않게 등의 뜻으로 쓰인다.	偶:發(우발) 偶:像(우상) 偶然(우연)
人 11	債	①빚 채	人이 뜻으로, 責(꾸짖을 책, 빚 채)이 뜻과 聲을 겸한 兼聲會意字. 본래는 責만으로도 빚이란 뜻이 되었으나 후대에 人을 보태어 뜻을 분명히 하였다. 빚, 빌리다, 빌려 주다 등의 뜻으로 쓰인다.	債:權(채권) 債:務(채무) 國債(국채) 負:債(부채)
人 11	催	①재촉할 최	人이 뜻으로, 崔(높을 최)가 聲으로 작용한 形聲字. 재촉하다, 열다, 베풀다 등의 뜻으로 쓰인다.	開催(개최) 主催(주최) 催眠術(최면술)
人 12	僞	①거짓 위	人이 뜻으로, 爲가 聲으로 작용한 形聲字. 거짓, 속이다, 잘못 등의 뜻으로 쓰인다. 略字는 偽.	僞計(위계) 僞善(위선) 僞裝(위장) 僞造(위조)
人 12	僧	①중 승	人이 뜻으로, 曾(일찍 증)이 聲으로 작용한 形聲字. 僧은 梵語(범어)인 'Sanga'를 音譯(음역)한 僧伽(승가)를 줄여서 쓴 것이다. 중, 승려 등 佛道를 닦는 사람을 나타낸다.	僧舞(승무) 高僧(고승) 老:僧(노승)
人 12	像	①모양 상	人이 뜻으로, 象이 뜻과 聲을 겸한 兼聲會意字. 형상, 모양, 닮다 등의 뜻으로 쓰이며 象과 통용하기도 한다.	假:像(가상) 銅:像(동상) 想:像(상상) 實像(실상)
人 15	償	①갚을 상	人이 뜻으로, 賞이 聲으로 작용한 形聲字. 진 빚을 돌려주다, 갚다, 보상 등의 뜻으로 쓰인다.	償債(상채) 償還(상환) 無償(무상) 報:償(보상)
儿 4	兆	①억조 조 ②조짐 조	거북이의 등껍데기가 갈라져서 터진 무늬를 본뜬 글자. 이를 보고 길흉을 점쳤기 때문에 '조짐'의 뜻을 나타낸다. 조짐, 빌미, 점치다, 백성, 억의 천 배인 조 등의 뜻으로 쓰인다.	吉兆(길조) 亡:兆(망조) 徵兆(징조)

부수순 앞에서 익힌 40자를 부수순으로 배열했습니다. 빈칸에 訓音을 쓰세요.

1

丈( )	丘( )	丙( )	丹( )
久( )	之( )	乘( )	乙( )
乾( )	井( )	亞( )	亦( )
亭( )	介( )	付( )	企( )
仲( )	仰( )	何( )	但( )

2

伯( )	侍( )	佳( )	供( )
促( )	倒( )	借( )	値( )
倫( )	倉( )	偏( )	側( )
偶( )	債( )	催( )	僞( )
僧( )	像( )	償( )	兆( )

☞ 정답은 115쪽에서 확인하세요.

가나다순 앞에서 익힌 40자를 가나다순으로 배열했습니다. 빈칸에 訓音을 쓰세요.

1

佳( )	介( )	乾( )	供( )
丘( )	久( )	企( )	丹( )
但( )	倒( )	倫( )	伯( )
丙( )	付( )	像( )	償( )
乘( )	僧( )	侍( )	亞( )

2

仰( )	亦( )	偶( )	僞( )
乙( )	丈( )	亭( )	井( )
兆( )	仲( )	之( )	借( )
倉( )	債( )	促( )	催( )
側( )	値( )	偏( )	何( )

☞ 정답은 116쪽에서 확인하세요.

무 순 앞에서 익힌 40자를 순서 없이 배열했습니다. 빈칸에 **訓音**을 쓰세요.

1

丈( )	像( )	介( )	久( )
債( )	倫( )	偏( )	侍( )
丹( )	丘( )	何( )	倒( )
僧( )	催( )	僞( )	乘( )
但( )	之( )	乾( )	仰( )

2

倉( )	促( )	供( )	値( )
兆( )	付( )	乙( )	偶( )
伯( )	佳( )	借( )	亞( )
井( )	側( )	亦( )	亭( )
丙( )	仲( )	企( )	償( )

☞ 정답은 116쪽에서 확인하세요.

	漢字	訓音	도 움 말	用 例
儿 5	免	① 면할 면	도망가는 토끼[兔]의 발[丶]이 보이지 않음을 나타낸 자라는 說, 冕[갓 면]의 本字라는 설이 있으나 둘 다 字意 파악에 도움이 되지 않는다. 책임이나 의무를 지지 아니하다, 벗어나다, 벗다 등의 뜻으로 쓰인다.	免:稅(면세) 免:疫(면역) 免:除(면제) 免:許(면허)
儿 5	克	① 이길 극	무거운 머리를 떠받들고 있기 때문에 다리가 구부정하게 되어 있는 모양을 본떠 '참고 견딘다'는 뜻을 지닌 會:意字. 사욕·결점·약점 등을 '이기다'라는 뜻과 함께 '能하다'는 뜻으로도 쓰인다.	克己(극기) 克明(극명) 克服(극복)
儿 6	兎	① 토끼 토	토끼가 꼬리를 내어놓고 앉아 있는 모양을 본뜬 象形字. 달에 토끼가 살고 있다는 전설에 따라 달의 異:稱(이칭)으로 쓰인다.	兎缺(토결)
八 6	其	① 그 기	원래 箕(키 기)를 나타내는 象形字라고 하나 字學的 분석이 어려운 字이다. 사물을 지시하는 말이나 감탄·강조의 뜻을 나타내는 어조사로 쓰인다.	其實(기실) 其他(기타)
八 8	兼	① 겸할 겸	古:字인 𠔳에서 획이 준 兼는 두 개의 禾(벼 화)와 손을 뜻하는 又가 결합된 會:意字. 따라서 두 포기의 벼를 손으로 잡고 있다는 뜻에서 '아우르다, 겸하다'의 뜻으로 쓰인다.	兼備(겸비) 兼用(겸용) 兼任(겸임) 兼職(겸직)
冖 7	冠	① 갓 관	冖(덮을 멱)에 머리를 나타내는 元과 寸이 결합된 會:意字. 갓, 볏[鷄冠, 닭벼슬]의 뜻을 지니고 있으며 갓은 신체에서 가장 높은 곳에 있으므로 으뜸, 우두머리, 뛰어나다 등의 뜻으로 쓰인다.	冠禮(관례) 弱冠(약관) 衣冠(의관)
冫 8	凍	① 얼 동	冫(얼음 빙)이 뜻으로, 東이 聲으로 작용한 形聲字. 얼다, 차다, 물 이외의 물체가 굳어지다 등의 뜻으로 쓰인다. 涷(소나기 동)과 자형이 비슷하여 주의를 요한다.	凍:結(동결) 凍:死(동사) 凍:傷(동상) 凍:破(동파)
几 1	凡	① 무릇 범	하늘과 땅을 나타내는 二와 及의 古:字가 결합된 會:意字. 땅에서 하늘에 미친다는 점에서 천지 만물을 포괄한다는 뜻을 지니고 있다. 이에서 '모두, 다'의 뜻과 함께 보통의, 대강, 무릇 등의 뜻으로도 쓰인다.	凡:例(범례) 凡:民(범민) 凡:夫(범부) 凡:事(범사)
刀 0	刀	① 칼 도	칼날이 구부정하게 굽은 칼의 모양을 본뜬 象形字. 주로 칼이라는 뜻으로 쓰이며, 부수로 쓰일 때는 刂로 자형이 바뀌는 경우가 많다.	刀劍(도검) 果:刀(과도) 寶:刀(보도)
刀 3	刊	① 새길 간 ② 책펴낼 간	刀가 뜻으로, 干이 聲으로 작용한 形聲字. 책을 펴내다, 깎다, 새기다 등의 뜻으로 쓰인다. 刋(끊을 천)은 별개의 字이다.	刊行(간행) 發刊(발간) 新刊(신간) 創:刊(창간)

부수	漢字	訓音	도움말	用例
刀 6	刷:	①인쇄할 쇄 ②쓸 쇄	刀가 뜻으로, 刷가 聲으로 작용한 形聲字라고는 하나 음을 유추하기가 쉽지 않다. 쓸다, 깨끗하게 하다, 없애버리다, 정돈하다 등의 뜻과 함께 '인쇄하다'라는 뜻으로도 쓰인다.	刷新(쇄신) 印刷(인쇄)
刀 6	刺:	①찌를 자 ②찌를 척	刂(刀)가 뜻으로, 朿(가시 자)가 聲으로 작용한 形聲字. 칼이나 가시처럼 뾰족한 것으로 찌른다는 뜻을 지닌 자로 찔러 죽이다, 자극하다 등의 뜻으로 쓰인다. '찌를 척'이란 訓:音은 생활 한자 수준을 벗어난다.	刺客(자객) 刺傷(자상)
刀 7	削	①깎을 삭	刂(刀)가 뜻으로, 肖(닮을 초)가 聲으로 작용한 形聲字. 본래는 칼집을 가리키던 자로 쓰였으나 본뜻보다는 깎다, 잘라내다, 밀어내다 등의 뜻으로 쓰인다.	削減(삭감) 削除(삭제) 削奪官職(삭탈관직)
刀 8	剛	①굳셀 강	刀가 뜻으로, 岡(메 강)이 聲으로 작용한 形聲字. 굳세다, 단단하다, 왕성하다 등의 뜻으로 쓰인다.	剛斷(강단) 剛度(강도) 剛柔兼全(강유겸전)
刀 10	割	①벨 할 ②나눌 할	刀가 뜻으로, 害(해칠 해, 어찌 갈)이 聲으로 작용한 形聲字. 나누다, 쪼개다, 자르다 등의 뜻과 함께 우리나라에서는 오할, 육할처럼 비율로도 쓰인다.	割愛(할애) 割引(할인) 分割(분할)
刀 12	劃	①그을 획	刀가 뜻으로, 畫(가를 획)이 뜻과 聲을 겸한 兼聲會意字. 긋다, 나누다, 쪼개다 등의 뜻으로 쓰인다. 畫이 異:體同字이다.	劃策(획책) 計:劃(계획) 區劃(구획) 企劃(기획)
刀 13	劍:	①칼 검	刀가 뜻으로, 僉(다 첨)이 聲으로 작용한 形聲字. 僉이 포함된 字는 儉(검소할 검)이나 檢(조사할 검)처럼 '검'으로 발음되는 경우가 많다. 주로 무기로 쓰이는 긴 칼을 뜻한다. 略字는 剣.	劍道(검도) 劍舞(검무) 劍法(검법) 寶劍(보검)
力 15	勵:	①힘쓸 려	力이 뜻으로, 厲(갈 려)가 聲으로 작용한 形聲字. 일에 힘쓰다, 권장하다 등의 뜻으로 쓰인다.	激勵(격려) 督勵(독려) 獎勵(장려)
勹 2	勿	①말 물	고대에 사대부가 백성을 불러모을 때 세우던 기를 본뜬 象形字라고 하나 지금은 주로 '금지'를 나타내는 어조사로 쓰인다.	勿驚(물경) 勿論(물론) 勿忘草(물망초)
十 6	卑:	①낮을 비	머리를 나타내는 甲과 왼손을 나타내는 ナ와 결합된 會:意字. 옛날에는 왼쪽을 천히 여겼으므로 낮다는 뜻을 지니고 있다. 천하다, 낮다, 낮추다 등의 뜻으로 쓰인다.	卑屈(비굴) 卑近(비근) 卑俗(비속) 卑賤(비천)

	漢字	訓音	도 움 말	用 例
口 7	卽	①곧 즉	밥이 소복이 담겨있는 밥그릇 앞에 사람이 무릎을 꿇고 앉아 있는 형상을 나타낸 會:意字라고 보는 설이 있다. 때를 넘기지 않고 그 자리에서 바로, 자리에 나아가다, 이르다 등의 뜻으로 쓰인다.	卽刻(즉각) 卽答(즉답) 卽席(즉석) 卽時(즉시)
又 2	及	①미칠 급	손을 나타내는 又와 人이 결합된 會:意字. 뒷사람의 손이 앞사람에게 미친다는 뜻을 지니고 있다. 이르다, 끼치게 하다, 및, 와, 함께 등의 뜻으로 쓰인다.	及第(급제) 普:及(보급) 言及(언급) 波及(파급)
口 2	司	①맡을 사	后(임금 후)를 뒤집어 임금과 반대로 밖에서 일을 맡아보는 벼슬을 나타내는 指事字. 직무로서 어떤 일을 맡다, 벼슬, 관리, 엿보다, 살피다 등의 뜻으로 쓰인다.	司法(사법) 司會(사회)
口 3	吐:	①토할 토	口가 뜻으로, 土가 聲으로 작용한 形聲字. 토하다, 게우다, 털어놓다, 말하다, 드러내다 등의 뜻으로 쓰인다.	吐:露(토로) 實吐(실토)
口 3	吏:	①관리 리 ②벼슬아치 리	한결같음을 뜻하는 一과 나라 일을 기록하는 사람을 뜻하는 史가 결합된 會:意字. 벼슬아치, 아전, 다스리다 등의 뜻으로 쓰인다.	吏:讀(이두) 官吏(관리)
口 4	含	①머금을 함	口가 뜻으로, 今(이제 금)이 聲으로 작용한 形聲字. 見(견)↔現(현), 可(가)↔河(하), 古(고)↔祜(복 호)처럼 한자음에서 ㄱ과 ㅎ은 상통한다. 머금다, 씹거나 삼키다, 싸다, 담다 등의 뜻으로 쓰인다.	含量(함량) 包含(포함) 含憤蓄怨(함분축원)
口 4	吹:	①불 취	口와 欠(하품 흠)이 결합된 會:意字. 입으로 하품을 하면 입김이 밖으로 나온다는 데서 바람이 불다, 악기를 불다, 숨을 갑자기 내쉬다 등의 뜻으로 쓰인다.	吹:打(취타)
口 6	哀	①슬플 애	口가 뜻으로, 衣가 聲으로 작용한 形聲字. 슬프다, 불쌍히 여기다, 喪(죽을 상) 등의 뜻으로 쓰인다.	哀歌(애가) 哀傷(애상) 哀惜(애석) 哀願(애원)
口 7	哲	①밝을 철	口가 뜻으로, 折(꺾을 절)이 聲으로 작용한 形聲字. 도리나 사리에 밝다, 알다, 지혜롭다 등의 뜻으로 쓰인다.	哲學(철학) 明哲(명철)
口 7	唐	①당나라 당	口가 뜻으로, 庚(천간 경)이 聲으로 작용한 形聲字. 上:古音에서는 韻母(운모)가 같았겠으나 현재의 우리 음으로는 이해가 쉽지 않다, 주로 李淵(이연)이 隋(수)를 이어 세운 나라를 일컫는다.	唐突(당돌)

	漢字	訓音	도 움 말	用　　例
口 7	哭	①울 곡	소리를 지른다는 뜻의 吅(소리지를 훤)과 犬이 결합된 會:意字. 犬은 獄(감옥 옥)의 생략형으로 聲符(성부)라는 설도 있다. 사람이 슬픔을 못 이겨 운다는 뜻으로 쓰인다.	哭聲(곡성)
口 8	啓:	①열 계	部首가 口이지만 攵(攴, 두드릴 복)이 뜻으로, 启(열 계)가 뜻과 聲을 겸한 兼聲會意字. 열다, 가르치다, 인도하다, 아뢰다 등의 뜻으로 쓰인다.	啓:導(계도) 啓:發(계발)
口 9	喪°	①잃을 상 ②죽을 상	本字인 㗬에서 확인할 수 있듯이 哭과 亡이 결합된 會:意字. 잃어버린 것을 애타게 여겨 운다는 뜻. 이에서 더 나아가 '죽다'의 뜻도 나타낸다.	喪服(상복) 喪失(상실) 問:喪(문상)
土 4	坐:	①앉을 좌	土와 두 개의 人이 결합된 會:意字. 앉다는 뜻으로 쓰인다.	坐:視(좌시) 坐:定(좌정) 端坐(단좌) 對:坐(대좌)
土 5	垂	①드리울 수	부수 土에 배정되어 있으나 꽃잎이 줄기의 위에서 아래로 숙인 형상을 본뜬 象形字. 드리우다, 베풀다, 전하다 등의 뜻으로 쓰인다.	垂楊(수양) 垂訓(수훈) 懸:垂幕(현수막)
土 8	培:	①북돋울 배	土가 뜻으로, 咅(音義 미상)가 聲으로 작용한 形聲字. 북을 주어 식물이 더 잘 자랄 수 있도록 함을 말한다. 가꾸다, 길러 키우다 등의 뜻으로 쓰인다.	培:養(배양)
土 8	執	①잡을 집	죄인을 잡아 손에 수갑을 채운 모양을 본뜬 字라는 설이 있으나 자형이 너무 변하여 이해가 쉽지 않다. 손으로 잡아 쥐다, 권리·세력 등을 차지하여 가지다, 마음을 일정하게 가지다 등의 뜻으로 쓰인다.	執權(집권) 執務(집무) 執中(집중) 執着(집착)
土 10	塞	①막힐 색 ②변방 새	土가 뜻으로, 㥇이 聲으로 작용한 形聲字이나 자형이 많이 변하였다. 변방, 국경지대, 보루, 막다, 막히다 등의 뜻으로 쓰인다.	窮塞(궁색) 語:塞(어색) 要塞(요새)
土 10	塔	①탑 탑	土가 뜻으로, 荅(팥 답)이 聲으로 작용한 形聲字. 돌이나 흙을 높이 쌓고 그 안에 유골을 봉안하는 건축물. 梵語(범어)인 stūpa라는 字를 한자음으로 옮긴 것이다.	塔碑(탑비) 佛塔(불탑) 寺塔(사탑) 石塔(석탑)
土 12	墨	①먹 묵	土와 黑이 결합된 會:意字. 먹, 형벌 이름, 검다, 더러워지다 등의 뜻으로 쓰인다.	墨客(묵객) 墨守(묵수) 墨香(묵향)

부수순 앞에서 익힌 40자를 부수순으로 배열했습니다. 빈칸에 訓音을 쓰세요.

1

免(   )   克(   )   兔(   )   其(   )

兼(   )   冠(   )   凍(   )   凡(   )

刀(   )   刊(   )   刷(   )   刺(   )

削(   )   剛(   )   割(   )   劃(   )

劍(   )   勵(   )   勿(   )   卑(   )

2

卽(   )   及(   )   司(   )   吐(   )

吏(   )   含(   )   吹(   )   哀(   )

哲(   )   唐(   )   哭(   )   啓(   )

喪(   )   坐(   )   垂(   )   培(   )

執(   )   塞(   )   塔(   )   墨(   )

☞ 정답은 *121*쪽에서 확인하세요.

가나다순 앞에서 익힌 40자를 가나다순으로 배열했습니다. 빈칸에 訓音을 쓰세요.

1

刊(   )   剛(   )   劍(   )   兼(   )

啓(   )   哭(   )   冠(   )   克(   )

及(   )   其(   )   唐(   )   刀(   )

凍(   )   勵(   )   吏(   )   免(   )

墨(   )   勿(   )   培(   )   凡(   )

1단계 · 훈음 익히기

2

卑( )	司( )	削( )	喪( )
塞( )	刷( )	垂( )	哀( )
刺( )	坐( )	卽( )	執( )
哲( )	吹( )	塔( )	吐( )
兔( )	割( )	含( )	劃( )

☞ 정답은 122쪽에서 확인하세요.

무 순 앞에서 익힌 40자를 순서 없이 배열했습니다. 빈칸에 訓音을 쓰세요.

1

免( )	執( )	剛( )	兼( )
喪( )	哀( )	唐( )	及( )
其( )	克( )	勿( )	吏( )
培( )	坐( )	垂( )	凍( )
冠( )	卑( )	刀( )	勵( )

2

哲( )	吐( )	司( )	吹( )
塔( )	割( )	凡( )	啓( )
卽( )	哭( )	含( )	刷( )
刊( )	墨( )	刺( )	削( )
兔( )	劍( )	劃( )	塞( )

☞ 정답은 122쪽에서 확인하세요.

	漢字	訓音	도 움 말	用 例
土 16	壞:	① 무너질 괴 ② 허물 회	土가 뜻으로, 襄(懷의 古:字)가 聲으로 작용한 形聲字. 見(견)↔現(현), 可(가)↔河(하), 古(고)↔祜(복 호)처럼 한자음에서 ㄱ과 ㅎ은 상통한다. 무너지다, 무너뜨리다 등의 뜻으로 쓰인다.	壞:滅(괴멸) 破:壞(파괴)
土 17	壤:	① 흙덩이 양 ② 흙 양	土가 뜻으로, 襄(도울 양)이 聲으로 작용한 形聲字. 흙, 땅, 토지 등의 뜻으로 쓰인다. 略字는 壌.	土壤(토양) 天壤之差(천양지차)
士 1	壬:	① 북방 임 ② 천간 임	베를 짤 때 실을 담은 북의 모양을 본뜬 象形字라는 설이 있으나 壬자를 이해하기에는 별 도움이 되지 않는다. 열 개의 天干(천간) 중 아홉째이며 오행으로는 水에, 방위로는 北에 해당된다.	壬:辰倭亂(임진왜란)
士 11	壽	① 목숨 수	부수 士에 배정된 字이나 老의 생략형이 뜻으로, 疇(수)가 聲으로 작용한 形聲字. 목숨, 수명, 오래 살다 등의 뜻으로 쓰인다. 略字는 寿.	壽命(수명) 壽宴(수연) 長壽(장수) 天壽(천수)
夕 11	夢:	① 꿈 몽	夕이 뜻으로, 瞢(어두울 몽)의 생략형이 聲으로 작용한 形聲字. 꿈, 꿈꾸다 등의 뜻으로 쓰인다.	夢:想(몽상) 吉夢(길몽) 惡夢(악몽)
大 3	央	① 가운데 앙	물건을 걸어서 드는 모양을 뜻하는 冂(멀 경의 古:字)에 사람을 뜻하는 大가 가운데에 결합된 會:意字. 가운데, 중간 등의 뜻으로 쓰인다.	中央(중앙)
大 6	奏:	① 아뢸 주	원래는 '두 손으로 받들다'는 뜻을 지닌 會意字였으나 지금은 아뢰다, 연주하다 등의 뜻과 함께 文體의 한 종류로 쓰인다.	奏:樂(주악) 奏:請(주청) 伴:奏(반주) 演:奏(연주)
大 6	契:	① 맺을 계	大가 뜻으로, 韧(약속할 갈)이 聲으로 작용한 形聲字. 약속, 부절 등의 뜻과 함께 우리나라에서는 상호간의 협동이나 친목을 위한 조직체로 많이 쓰인다.	契丹(거란) 契:約(계약) 默契(묵계)
大 6	奔	① 달릴 분	원래는 夭(어릴 요)와 卉(풀 훼)가 결합된 會:意字. 卉는 세 개의 발을 뜻하는 跐가 변한 것이라고는 하나 전체적으로 이해가 쉽지 않은 字이다. 달리다, 달아나다 등의 뜻으로 쓰인다.	奔走(분주) 自由奔放(자유분방)
大 11	奪	① 빼앗을 탈	부수 大에 배정되어 있으나 손을 뜻하는 寸[又]과 奞이 결합된 會:意字. 새가 크게 날개를 치며[奞] 손[又]에서 빠져나감을 나타낸 데서 잃다, 빼앗기다, 빼앗다, 없어지다 등의 뜻으로 쓰인다.	奪取(탈취) 奪還(탈환) 强:奪(강탈)

	漢字	訓音	도 움 말	用 例
大 13	奮	① 떨칠 분	田과 奞(날개칠 순)이 결합된 會:意字. 큰 새가 田野 위로 날개를 치고 날아간다는 뜻에서 떨치다, 날개 치다, 진동하다 등의 뜻으로 쓰인다.	奮:激(분격) 奮:起(분기) 奮:發(분발) 奮:然(분연)
女 2	奴	① 종 노	女와 손을 뜻하는 又가 결합된 會:意字. 종, 여자 종, 부리다 등의 뜻으로 쓰인다.	奴婢(노비) 賣:國奴(매국노)
女 3	妄	① 망령될 망	女가 뜻으로, 亡이 聲으로 작용한 形聲字. 망령되다, 말과 행동이 정상이 아니다, 속이다 등의 뜻으로 쓰인다.	妄:發(망발) 妄:想(망상) 妄:言(망언) 虛妄(허망)
女 3	妃	① 왕비 비	女가 뜻으로, 己(몸 기)가 聲으로 작용한 形聲字라고는 하나 음을 유추하기가 쉽지 않다. 왕의 아내, 배우자 등의 뜻으로 쓰인다.	王妃(왕비)
女 5	姑	① 시어미 고	女가 뜻으로, 古가 聲으로 작용한 形聲字. 시어미, 잠시, 시누이 등의 뜻으로 쓰인다.	姑母(고모) 姑從(고종) 姑息之計(고식지계)
女 5	妻	① 아내 처	女와 屮(싹날 철)과 又가 결합된 會:意字. 여자가 손[又]으로 일을 맡아 나아간다는 뜻을 지닌 字로 아내, 아내로 삼다, 시집보내다 등의 뜻으로 쓰인다.	妻男(처남) 妻子息(처자식)
女 7	娘	① 계집 낭 ② 아가씨 낭	女가 뜻으로, 良이 聲으로 작용한 形聲字. 여자, 소녀, 아가씨 종이란 뜻으로 쓰인다.	娘子(낭자) 娘子軍(낭자군)
女 8	婢	① 여종 비	女가 뜻으로, 卑(낮을 비)가 뜻과 聲을 겸한 兼聲會意字. 여자 종이란 뜻으로 쓰인다.	侍:婢(시비)
女 9	媒	① 중매 매	女가 뜻으로, 某(아무 모)가 聲으로 작용한 形聲字. 중매, 중매하다, 매개하다 등의 뜻으로 쓰인다.	媒介(매개) 媒質(매질) 媒體(매체) 觸媒(촉매)
子 5	孟	① 맏 맹	子가 뜻으로, 皿(그릇 명)이 聲으로 작용한 形聲字. 맏이, 첫, 우두머리 등의 뜻으로 쓰인다.	孟:春(맹춘) 孟:夏(맹하)

부수	漢字	訓音	도움말	用例
宀 3	宇:	①집 우	宀(집 면)이 뜻으로, 于(어조사 우)가 聲으로 작용한 形聲字. 집, 처마, 지붕 등의 뜻으로 쓰인다.	宇:宙(우주)
宀 5	宙:	①집 주	宀(집 면)이 뜻으로, 由(말미암을 유)가 聲으로 작용한 形聲字. 흔히 훈고학자들은 사방을 宇라 하고 往:古來今을 宙라고 한다. 또 宇는 처마를, 宙는 棟梁(동량)을 가리킨다.	宇:宙(우주)
宀 7	宴:	①잔치 연	宀(집 면)이 뜻으로, 妟(편안하게할 안)이 聲으로 작용한 形聲字. 잔치, 술자리, 즐기다 등의 뜻으로 쓰인다.	宴:會席(연회석) 送:別宴(송별연)
宀 8	寂	①고요할 적	宀(집 면)이 뜻으로, 尗(아재비 숙)이 聲으로 작용한 形聲字. 고요하다, 쓸쓸하다 등의 뜻과 함께 불가에서 涅槃(열반)을 나타낸다.	寂然(적연) 閑寂(한적)
宀 11	寧	①편안 녕 ②편할 녕	古:字인 寍은 宀과 心과 皿(그릇 명)이 결합된 會:意字. 집의 그릇에 먹을 것이 넉넉하여 마음이 평안하다는 뜻의 字였는데 후에 丂(숨내쉴 교)가 더해져 편안하다, 탈이 없다 등의 뜻과 '어찌'라는 부사로 쓰인다.	寧日(영일) 康寧(강녕) 安寧(안녕) 丁寧(정녕)
宀 11	寡:	①적을 과	宀(집 면)과 頒(나눌 반)의 변형된 字가 결합된 會:意字. 집안에 있는 재물을 나눠줌으로 나머지가 적다는 뜻을 지니고 있다. 적다는 뜻 외에 임금이 자기 자신을 일컫는 겸칭, 홀어미, 과부 등의 뜻으로 쓰인다.	寡:默(과묵) 寡:聞淺識(과문천식)
宀 12	寬	①너그러울 관	宀(집 면)이 뜻으로, 莧(音義 미상)이 聲으로 작용한 形聲字라고는 하나 莧자에 대한 고증이 어렵다. 너그럽다, 넓다, 느슨하다 등의 뜻으로 쓰인다.	寬大(관대) 寬容(관용)
宀 12	審°	①살필 심	古:字인 宷은 宀(집 면)과 釆(분별할 변)이 결합된 會:意字. 덮여 있는 것을 살펴서 밝힌다는 뜻의 字이다. 살피다, 자세하다, 환히 알다 등의 뜻으로 쓰인다.	審理(심리) 審問(심문) 審査(심사) 審:議(심의)
寸 6	封	①봉할 봉	之와 土와 寸이 결합된 會:意字. 제후에게 법도[寸]에 따라 토지[土]를 떼어 준다는 뜻을 지닌 字이다. 봉하다, 북돋우다, 무덤, 편지 등의 뜻으로 쓰인다.	封書(봉서) 封印(봉인) 開封(개봉) 同封(동봉)
小 5	尚°	①오히려 상	부수가 小이나 八(갈라질 팔)이 뜻으로, 向이 聲으로 작용한 形聲字. 입에서 나온 입김이 위로 향한다는 뜻에서 '높이다'라는 뜻을 지니고 있다. 오히려, 높이다, 더하다, 흠모하다 등의 뜻으로 쓰인다.	尙:存(상존) 高尙(고상) 崇尙(숭상)

	漢字	訓音	도 움 말	用 例
尸 1	尺	①자 척	사람을 뜻하는 尸와 팔뚝을 뜻하는 乙이 결합되어 손목〔寸〕에서 팔꿈치까지의 거리를 가리키며 그것이 1尺임을 나타낸 字이다. 자, 법도, 편지 등의 뜻으로 쓰인다.	尺度(척도) 三尺童子(삼척동자)
尸 4	尾	①꼬리 미	사람을 가리키는 尸와 털을 뜻하는 毛가 결합된 會:意字. 고대인들이 짐승의 꼬리 따위를 장식으로 달고 다니던 데서 유래했다는 설이 있다. 꼬리, 맨 뒤끝이라는 뜻과 함께 별 이름으로도 쓰인다.	尾行(미행) 末尾(말미) 首尾(수미)
尸 12	履:	①밟을 리 ②신발 리	本字 履는 사람〔尸〕이 나막신〔舟〕을 신고 천천히 걷는다〔彳+攵〕는 뜻을 지닌 會:意字. 신발, 밟다, 겪다, 행하다 등의 뜻으로 쓰인다.	履:修(이수) 履:歷(이력) 履:行(이행)
山 5	岸:	①언덕 안	屵(산높으모양 알)이 뜻으로 작용한 形聲字. 언덕, 높다, 거만하다 등의 뜻으로 쓰인다.	彼:岸(피안) 海:岸(해안)
山 7	峯	①봉우리 봉	山이 뜻으로, 夆(이끌 봉)이 聲으로 작용한 形聲字. 봉우리, 산의 정상, 산봉 등의 뜻으로 쓰인다. 峰이 같은 字로 쓰인다.	峯頂(봉정) 高峯(고봉)
山 14	嶺	①고개 령 ②재 령	山이 뜻으로, 領(옷깃 령)이 聲으로 작용한 形聲字. 산길, 고개, 재, 산맥 등의 뜻으로 쓰인다.	嶺東(영동) 雪嶺(설령)
山 20	巖	①바위 암	山이 뜻으로, 嚴(엄할 엄)이 聲으로 작용한 形聲字. 바위, 절벽, 낭떠러지 등의 뜻으로 쓰인다. 岩은 俗字이다. 略字는 巌.	巖壁(암벽) 巖石(암석) 奇巖絶壁(기암절벽)
巛 4	巡	①돌 순	部首가 巛(내 천)에 배정되어 있으나 辶(쉬엄쉬엄갈 착)이 뜻으로, 巛(내 천)이 聲으로 작용한 形聲字. 순행하다, 돌다, 돌아보다 등의 뜻으로 쓰인다. 부수가 巛임을 주의해야 한다.	巡訪(순방) 巡視(순시) 巡察(순찰)
工 2	巧	①공교할 교	工이 뜻으로, 丂(숨내쉴 교)가 聲으로 작용한 形聲字. 재주가 있다, 공교하다, 잘하다, 교묘히 등의 뜻으로 쓰인다.	巧妙(교묘) 技巧(기교) 精巧(정교)
己 0	已:	①이미 이	己가 部首이나 音이나 聲을 유추할 수 있는 字學的 분석이 어렵다. 이미, 이전, 그치다, 너무, 끝나다 등의 뜻으로 쓰인다.	不得已(부득이) 已:往之事(이왕지사)

부수순

앞에서 익힌 40자를 부수순으로 배열했습니다. 빈칸에 訓音을 쓰세요.

1

壞(　　) 壤(　　) 壬(　　) 壽(　　)

夢(　　) 央(　　) 奏(　　) 契(　　)

奔(　　) 奪(　　) 奮(　　) 奴(　　)

妄(　　) 妃(　　) 姑(　　) 妻(　　)

娘(　　) 婢(　　) 媒(　　) 孟(　　)

2

宇(　　) 宙(　　) 宴(　　) 寂(　　)

寧(　　) 寡(　　) 寬(　　) 審(　　)

封(　　) 尙(　　) 尺(　　) 尾(　　)

履(　　) 岸(　　) 峯(　　) 嶺(　　)

巖(　　) 巡(　　) 巧(　　) 已(　　)

☞ 정답은 127쪽에서 확인하세요.

가나다순

앞에서 익힌 40자를 가나다순으로 배열했습니다. 빈칸에 訓音을 쓰세요.

1

契(　　) 姑(　　) 寡(　　) 寬(　　)

壞(　　) 巧(　　) 娘(　　) 寧(　　)

奴(　　) 嶺(　　) 履(　　) 妄(　　)

媒(　　) 孟(　　) 夢(　　) 尾(　　)

峯(　　) 封(　　) 奮(　　) 奔(　　)

2

妃( )	婢( )	尚( )	壽( )
巡( )	審( )	岸( )	巖( )
央( )	壞( )	宴( )	宇( )
已( )	壬( )	寂( )	奏( )
宙( )	妻( )	尺( )	奪( )

☞ 정답은 128쪽에서 확인하세요.

무 순 앞에서 익힌 40자를 순서 없이 배열했습니다. 빈칸에 訓音을 쓰세요.

1

壞( )	巖( )	妃( )	夢( )
履( )	審( )	尙( )	宙( )
壽( )	壤( )	媒( )	寧( )
嶺( )	岸( )	峯( )	奏( )
孟( )	央( )	奪( )	封( )

2

婢( )	寂( )	宴( )	寬( )
巧( )	姑( )	契( )	尾( )
宇( )	寡( )	尺( )	奔( )
奮( )	已( )	奴( )	妄( )
壬( )	娘( )	妻( )	巡( )

☞ 정답은 128쪽에서 확인하세요.

部首	漢字	訓音	도 움 말	用 例
巾 6	帥	①장수 수 ②거느릴 솔	巾이 부수로, 堆(쌓을 퇴)의 本字인 𠂤(쌓을 퇴)가 聲으로 작용한 形聲字라고는 하나 음을 유추하기가 어렵다. 장수, 우두머리, 거느리다, 앞장서다 등의 뜻으로 쓰인다.	元帥(원수) 將帥(장수)
巾 11	幕	①장막 막 ②휘장 막	巾이 뜻으로, 莫(말 막)이 聲으로 작용한 形聲字. 위를 가리는 천막, 장수가 군무를 보는 막사, 꺼풀, 덮다 등의 뜻으로 쓰인다.	幕間(막간) 幕舍(막사) 開幕(개막) 字幕(자막)
干 10	幹	①줄기 간	本字 榦(줄기 간)은 木이 뜻으로, 𠦝(𠦝, 쓸 간)이 聲으로 작용한 形聲字. 근본, 줄기, 맡다, 중심이 되는 등의 뜻으로 쓰인다. 俗字인 幹이 보편적으로 쓰인다.	幹部(간부) 幹事(간사) 骨幹(골간) 根幹(근간)
幺 2	幼	①어릴 유	力이 뜻으로, 幺(작을 요)가 뜻과 聲을 겸한 兼聲會意字. 어리다, 어린애, 미숙하다 등의 뜻으로 쓰인다.	幼年(유년) 幼兒期(유아기) 長幼有序(장유유서)
幺 6	幽	①그윽할 유	山이 뜻으로, 玆(작을 유)가 뜻과 聲을 겸한 兼聲會意字. 산이 깊숙하다는 뜻에서 그윽하다, 숨다, 어둡다, 저승 등의 뜻으로 쓰인다.	幽靈(유령) 幽明(유명) 深:山幽谷(심산유곡)
广 10	廊	①사랑채 랑 ②행랑 랑	广(집 엄)이 뜻으로, 郞(사나이 랑)이 聲으로 작용한 形聲字. 복도, 행랑, 사랑채 등의 뜻으로 쓰인다.	畫:廊(화랑) 行廊(행랑)
广 12	廢:	①폐할 폐 ②버릴 폐	广이 뜻으로, 發이 聲으로 작용한 形聲字라고는 하나 음에 다소 차이가 있다. 집이 한쪽으로 쓰러져 쓸모가 없게 됨을 뜻한다. 없애다, 그만두다, 부서지다, 행하여지지 아니하다 등의 뜻으로 쓰인다. 略字는 廃.	廢:棄(폐기) 廢:物(폐물) 廢:止(폐지) 廢:品(폐품)
廴 4	廷	①조정 정	廴(길게걸을 인)이 뜻으로, 壬(천간 임)이 聲으로 작용한 形聲字라고는 하나 음의 차이가 커서 납득하기가 어렵다. 조정, 관청, 관아 등의 뜻으로 쓰인다.	法廷(법정) 朝廷(조정)
廾 4	弄:	①희롱할 롱	廾(두손공손할 공)과 王(玉의 변형)이 결합된 形聲字. 두 손으로 구슬을 갖고 논다는 뜻을 지니고 있다. 희롱하다, 가지고 놀다, 노리개, 업신여기다 등의 뜻으로 쓰인다.	弄:談(농담) 愚弄(우롱)
廾 12	弊:	①폐단 폐 ②해질 폐	廾이 뜻으로, 敝(해질 폐)가 聲으로 작용한 形聲字. 廾은 원래 犬이었으나 隸:書에서 자형이 바뀌었다. 옷이 낡다, 나쁘다, 귀찮은 신세나 괴로움, 곤하다 등의 뜻으로 쓰인다.	弊:端(폐단) 弊:害(폐해) 語:弊(어폐) 疲:弊(피폐)

	漢字	訓音	도 움 말	用 例
弓 0	弓	① 활　　궁	활의 모습을 그린 象形字. 활, 궁술 등의 뜻으로 쓰인다.	弓術(궁술) 國弓(국궁)
彡 8	彩:	① 채색　채 ② 무늬　채	터럭의 무늬를 뜻하는 彡(터럭 삼)이 뜻으로, 采(캘 채)가 聲으로 작용한 形聲字. 무늬, 고운 빛깔, 빛, 모양, 풍도 등의 뜻으로 쓰인다.	彩:色(채색)　光彩(광채) 色彩(색채)
彡 12	影:	① 그림자 영	터럭의 무늬(彡)가 햇빛(景)에 비치어 나타난 것을 뜻한다. 그림자, 사람의 모양, 초상 등의 뜻으로 쓰인다.	影:響(영향) 投影(투영)
彳 4	役	① 부릴　역	무기(殳)를 들고 이리 저리 돌아다닌다(彳)는 뜻을 나타낸 會:意字. '변방을 지키다'라는 뜻과 함께 부리다, 수자리, 일, 병사 등의 뜻으로 쓰인다.	役夫(역부)　役事(역사) 役割(역할)　苦役(고역)
彳 5	征	① 칠　　정 ② 갈　　정	彳(반걸음 척)이 뜻으로, 正이 聲으로 작용한 形聲字. 치다, 가다, 바르게 가다 등의 뜻으로 쓰인다.	征伐(정벌)　征服(정복) 遠:征(원정)　出征(출정)
彳 5	彼:	① 저　　피	彳(반걸음 척)이 뜻으로, 皮(가죽 피)가 聲으로 작용한 形聲字. 대명사로 저 사람, 저 것, 그, 그이 등의 뜻으로 쓰인다.	彼:我(피아)　彼:岸(피안) 彼:此(피차)
彳 7	徑	① 지름길 경	彳(반걸음 척)이 뜻으로, 巠(지하수 경)이 聲으로 작용한 形聲字. 길, 지름길, 지름 등의 뜻으로 쓰인다. 略字는 径.	口:徑(구경)　半:徑(반경) 直徑(직경)
彳 7	徐。	① 천천히 서	彳(반걸음 척)이 뜻으로, 余(나 여)가 聲으로 작용한 形聲字. 음에 차이가 있으나 한 자음에서 如↔恕(용서할 서), 羊↔詳(자세할 상)처럼 음이 상통한다. 천천히 하다, 천천히, 조용하다 등의 뜻으로 쓰인다.	徐:行(서행) 徐羅伐(서라벌)
彳 8	御:	① 거느릴 어 ② 어거할 어	彳(반걸음 척)과 卸(풀 사)가 결합된 會:意字. 마차를 몰고 가다가(彳) 마차를 세우고(卸) 귀인을 맞는다는 뜻에서 임금을 가리키는 말이 되었다. 말을 몰다, 거느리다, 부리다, 다스리다 등의 뜻으로 쓰인다.	御:醫(어의) 御:前(어전)
彳 10	微	① 작을　미	彳(반걸음 척)이 뜻으로, 散(묘할 미)가 聲으로 작용한 形聲字. 작다, 자질구레하다, 적다, 몰래, 천하다 등의 뜻으로 쓰인다.	微動(미동)　微量(미량) 微力(미력)　微明(미명)

	漢字	訓音	도 움 말	用 例
彳 12	徹	① 통할 철	채찍을 가하여〔攵:칠 복〕無所不通하게〔彳〕 기른다〔育〕는 뜻을 지닌 會:意字. 통하다, 뚫다, 환하다, 부수다, 이어지다 등의 뜻으로 쓰인다.	徹夜(철야) 徹頭徹尾(철두철미)
彳 12	徵	① 부를 징	신분이 미천하더라도〔微:微의 생략형〕 일을 맡기기〔壬〕 위하여 부른다는 뜻을 지닌 會:意字. 부르다, 거두다, 조짐, 증거를 세우다 등의 뜻으로 쓰이며, 五音인 宮商角徵羽(궁상각치우)에서는 음이 '치'이다.	徵兵(징병)　徵收(징수) 徵候(징후)　象徵(상징)
心 3	忍	① 참을 인	心이 뜻으로, 刃(칼날 인)이 聲으로 작용한 形聲字. 참다, 마음을 억누르다, 잔인하다 등의 뜻으로 쓰인다.	忍苦(인고)　忍耐(인내) 忍辱(인욕)　殘忍(잔인)
心 4	忽	① 갑자기 홀	心이 뜻으로, 음을 유추하기가 쉽지 않으나 勿(말 물)이 聲으로 작용한 形聲字. 소홀히 하다, 갑자기, 다하다 등의 뜻으로 쓰인다.	忽待(홀대) 忽然(홀연)
心 5	怪:	① 괴이할 괴	忄(心)이 뜻으로, 圣(힘쓸 골)이 聲으로 작용한 形聲字. 기이하다, 의심하다, 이상야릇하다 등의 뜻으로 쓰인다.	怪:奇(괴기)　怪:談(괴담) 怪:力(괴력)　怪:變(괴변)
心 6	恭	① 공손할 공	忄(心)이 뜻으로, 共이 聲으로 작용한 形聲字. 공손하다, 어렴성 있다, 예의바르다, 섬기다 등의 뜻으로 쓰인다. 心은 부수로 쓰일 때 忄이나 㣺으로 자형의 변화가 있다.	恭敬(공경) 恭待(공대)
心 6	恕:	① 용서할 서	心이 뜻으로, 如가 聲으로 작용한 形聲字. 음에 차이가 있으나 한자음에서 余(나 여)↔徐(천천히 서), 羊↔詳(자세할 상)처럼 음이 상통한다. 용서하다, 어질다 등의 뜻으로 쓰인다.	容恕(용서)
心 6	恐:	① 두려울 공	心이 뜻으로, 巩(품을 공)이 聲으로 작용한 形聲字. 두려워하다, 겁내다, 아마도 등의 뜻으로 쓰인다.	恐:水病(공수병)
心 6	恥	① 부끄러울 치	心이 뜻으로, 耳가 聲으로 작용한 形聲字라고는 하나 음을 유추하기가 쉽지 않다. 부끄러워하다, 욕보이다 등의 뜻으로 쓰인다.	恥辱(치욕)
心 6	恒	① 항상 항	心이 뜻으로, 亙(뻗칠 긍)이 聲으로 작용한 形聲字. 늘, 언제나, 항상 등의 뜻으로 쓰인다.	恒常(항상) 恒久的(항구적)

	漢字	訓音	도 움 말	用 例
心 7	悠	① 멀 유	心이 뜻으로, 攸(바 유)가 聲으로 작용한 形聲字. 멀다, 아득히, 생각하다, 한가하다 등의 뜻으로 쓰인다.	悠久(유구)　　悠長(유장) 悠悠自適(유유자적)
心 7	悅	① 기쁠 열	心이 뜻으로, 兌(바꿀 태)가 聲으로 작용한 形聲字. 篆書(전서)에서는 說(기쁠 열)이었으나 隷書(예서)에서 현재의 자형으로 바뀌었다. 기쁘다, 기뻐하다, 즐겁다 등의 뜻으로 쓰인다.	悅樂(열락) 喜悅(희열)
心 7	悟:	① 깨달을 오	心이 뜻으로, 吾(나 오)가 聲으로 작용한 形聲字. 깨닫다, 깨달음, 진리를 체득하다 등의 뜻으로 쓰인다.	悟:道(오도)　　覺悟(각오) 大:悟(대오)
心 7	悔:	① 뉘우칠 회	心이 뜻으로, 每(매양 매)가 聲으로 작용한 形聲字. 음을 유추하기가 어려우나 晦(어두울 회), 誨(가르칠 회) 등에서도 聲으로 작용하고 있다. 뉘우치다, 한이 맺히다 등의 뜻으로 쓰인다.	悔:改(회개)　　悔:恨(회한) 後:悔(후회)
心 8	惜	① 아낄 석	心이 뜻으로, 昔(옛 석)이 聲으로 작용한 形聲字. 아끼다, 아까워하다, 가엾게 생각하다 등의 뜻으로 쓰인다.	惜別(석별)　　哀惜(애석) 買占賣惜(매점매석)
心 8	惑	① 미혹할 혹	心이 뜻으로, 或(혹시 혹)이 聲으로 작용한 形聲字. 무엇에 홀려서 제정신을 차리지 못하다, 의심하다, 현혹되다 등의 뜻으로 쓰인다.	當惑(당혹) 不惑(불혹)
心 9	愁	① 시름 수	心이 뜻으로, 秋가 聲으로 작용한 形聲字. 시름, 시름하다, 얼굴빛을 바꾸다 등의 뜻으로 쓰인다.	愁心(수심)　　客愁(객수) 哀愁(애수)　　鄕愁(향수)
心 9	愚	① 어리석을 우	心이 뜻으로, 禺(긴꼬리원숭이 우)가 聲으로 작용한 形聲字. 어리석다, 어리석은 사람, 어리석은 마음 등의 뜻으로 쓰인다.	愚弄(우롱)　　愚直(우직) 愚問賢答(우문현답)
心 10	慈	① 사랑 자	心이 뜻으로, 玆(이 자)가 聲으로 작용한 形聲字. 사랑, 자식에 대한 부모의 사랑, 사랑하다 등의 뜻으로 쓰인다.	慈堂(자당)　　慈悲(자비) 慈善(자선)　　慈愛(자애)
心 10	愼:	① 삼갈 신	心이 뜻으로, 眞이 聲으로 작용한 形聲字. 삼가다, 진실로 등의 뜻으로 쓰인다. 略字는 慎.	愼:重(신중)　　謹:愼(근신) 愼:終如始(신종여시)

부수순
앞에서 익힌 40자를 부수순으로 배열했습니다. 빈칸에 訓音을 쓰세요.

1

帥(　)　幕(　)　幹(　)　幼(　)

幽(　)　廊(　)　廢(　)　廷(　)

弄(　)　弊(　)　弓(　)　彩(　)

影(　)　役(　)　征(　)　彼(　)

徑(　)　徐(　)　御(　)　微(　)

2

徹(　)　徵(　)　忍(　)　忽(　)

怪(　)　恭(　)　恕(　)　恐(　)

恥(　)　恒(　)　悠(　)　悅(　)

悟(　)　悔(　)　惜(　)　惑(　)

愁(　)　愚(　)	慈(　)　愼(　)

☞ 정답은 133쪽에서 확인하세요.

가나다순
앞에서 익힌 40자를 가나다순으로 배열했습니다. 빈칸에 訓音을 쓰세요.

1

幹(　)　徑(　)　恭(　)　恐(　)

怪(　)　弓(　)　廊(　)　弄(　)

幕(　)　微(　)　徐(　)　恕(　)

惜(　)　帥(　)　愁(　)　愼(　)

御(　)　役(　)　悅(　)　影(　)

2

悟(　　)　愚(　　)　悠(　　)　幼(　　)

幽(　　)　忍(　　)　慈(　　)　征(　　)

廷(　　)　徵(　　)　彩(　　)　徹(　　)

恥(　　)　廢(　　)　弊(　　)　彼(　　)

恒(　　)　惑(　　)　忽(　　)　悔(　　)

☞ 정답은 134쪽에서 확인하세요.

무 순 앞에서 익힌 40자를 순서 없이 배열했습니다. 빈칸에 **訓音**을 쓰세요.

1

帥(　　)　愁(　　)　役(　　)　幽(　　)

悟(　　)　恐(　　)　恒(　　)　徵(　　)

幼(　　)　慕(　　)　御(　　)　怪(　　)

惑(　　)　悔(　　)　惜(　　)　廢(　　)

廊(　　)　微(　　)　弄(　　)　徐(　　)

2

恥(　　)　忽(　　)　忍(　　)　恕(　　)

慈(　　)　征(　　)　廷(　　)　悅(　　)

徹(　　)　恭(　　)　悠(　　)　弓(　　)

弊(　　)　愼(　　)　彩(　　)　影(　　)

幹(　　)　徑(　　)　彼(　　)　愚(　　)

☞ 정답은 134쪽에서 확인하세요.

32 한자능력검정시험 3급 Ⅱ

부수	漢字	訓音	도움말	用例
心 11	慧	① 슬기로울 혜 ② 지혜 혜	心이 뜻으로, 彗(빗자루 혜)가 聲으로 작용한 形聲字. 슬기롭다, 슬기, 사리에 밝다 등의 뜻으로 쓰인다.	智慧(지혜)
心 11	慾	① 욕심 욕	心이 뜻으로, 欲(하고자할 욕)이 聲으로 작용한 形聲字. 원래는 欲의 俗字였으나 우리나라에서는 주로 '욕심'이란 뜻으로 쓰인다.	慾望(욕망) 慾心(욕심)
心 11	慣	① 익숙할 관	心이 뜻으로, 貫(꿸 관)이 聲으로 작용한 形聲字. 버릇, 익숙해지다, 버릇이 되다 등의 뜻으로 쓰인다.	慣例(관례) 慣習(관습) 慣用(관용) 習慣(습관)
心 11	慕:	① 그릴 모 ② 그리워할 모	心이 뜻으로, 莫(저물 모, 없을 막)가 聲으로 작용한 形聲字. 그리워하다, 사모하다 등의 뜻으로 쓰인다.	思慕(사모) 愛:慕(애모)
心 11	憂	① 근심 우	憂의 古:字인 慐는 心이 뜻으로, 頁(머리 혈)이 聲으로 작용한 形聲字라고는 하나 음의 유추가 쉽지 않다. 근심, 근심하다, 애태우다, 앓다, 고통 등의 뜻으로 쓰인다.	憂慮(우려) 憂愁(우수) 憂國之士(우국지사)
心 12	憎	① 미울 증 ② 미워할 증	心이 뜻으로, 曾(일찍 증)이 聲으로 작용한 形聲字. 미워하다, 미움 등의 뜻으로 쓰인다.	憎惡(증오) 可:憎(가증) 愛:憎(애증)
心 13	憶	① 생각할 억	心이 뜻으로, 意(뜻 의)가 聲으로 작용한 形聲字. 음에 차이가 있으나 億(억 억), 臆(생각 억) 등에서도 聲으로 작용하고 있다. 생각하다, 잊지 않다, 생각 등의 뜻으로 쓰인다.	記憶(기억)
心 13	懇:	① 간절할 간 ② 정성 간	心이 뜻으로, 貇(씹을 간)이 聲으로 작용한 形聲字. 살뜰하다, 간절하다, 정성 등의 뜻으로 쓰인다.	懇:切(간절) 懇:請(간청)
心 16	懸:	① 달 현 ② 매달 현	心이 뜻으로, 縣(고을 현)이 聲으로 작용한 形聲字라고는 하나 心의 작용을 유추하기가 어렵다. 매달다, 매달리다, 걸다 등의 뜻으로 쓰인다.	懸:案(현안) 懸:板(현판) 懸:賞金(현상금)
心 16	懷	① 품을 회	心이 뜻으로, 褱(懷의 古:字)가 뜻과 聲을 겸한 兼聲會意字. 원래는 忄이 없이 쓰였으나 후에 첨가되었다. 품다, 품, 가슴, 마음, 생각 등의 뜻으로 쓰인다.	懷古(회고) 懷疑(회의) 感:懷(감회)

부수	漢字	訓音	도 움 말	用 例
心 19	戀	① 그리워할 련 ② 그릴 련	心이 뜻으로, 䜌(흐트러질 련)이 聲으로 작용한 形聲字. 사모하다, 그리움, 남녀가 서로 그리워하다 등의 뜻으로 쓰인다. 略字는 恋.	戀:歌(연가)　戀:慕(연모) 悲戀(비련)
戈 3	我:	① 나 아	톱 모양을 본뜬 象形字로, 톱은 크든 작든 나에게로 당긴다는 뜻으로 풀이하기도 하나 견강부회인 것 같다. 아무튼 '나'라는 뜻은 후에 가차된 것으로 보는 것이 타당하다.	我:執(아집) 我:田引水(아전인수)
戈 7	戚	① 친척 척 ② 겨레 척	戊(큰 도끼 무)가 뜻으로, 未(아재비 숙)이 聲으로 작용한 形聲字. 戊는 큰 병기를, 戚은 작은 병기를 나타내던 字였으나 지금은 친척, 슬퍼하다, 근심하다 등의 뜻으로 가차되어 쓰인다.	戚臣(척신)　外:戚(외척) 親戚(친척)
戈 11	戲	① 놀이 희 ② 희롱할 희	本字인 戱는 戈가 뜻으로, 䖒(옛날그릇 희)가 聲으로 작용한 形聲字. 俗字가 보편적으로 쓰인다. 병사가 무기를 들고 무위를 자랑한다는 뜻에서 '놀다'라는 뜻을 지닌다. 희롱하다, 놀다, 연기 등의 뜻으로 쓰인다.	戲曲(희곡)　戲弄(희롱) 戲畵(희화)　遊戲(유희)
手 4	抑	① 누를 억	손[扌]으로 도장[印]을 눌러 찍는다는 뜻을 지닌 會:意字. 누르다, 굽히다, 물러나다, 막다 등의 뜻과 함께 漢文에서 그런데, 또한, 게다가 등의 뜻을 지닌 發語詞(발어사)로도 쓰인다.	抑留(억류)　抑壓(억압) 抑制(억제)　抑止(억지)
手 4	扶	① 도울 부	手가 뜻으로, 夫가 聲으로 작용한 形聲字. 돕다, 떠받치다, 잡아주다 등의 뜻으로 쓰인다.	扶養(부양)　扶助(부조) 相扶相助(상부상조)
手 5	拔	① 뽑을 발	扌(手)가 뜻으로, 犮(달릴 발)이 聲으로 작용한 形聲字. 빼다, 뽑다, 빼앗다 등의 뜻으로 쓰인다.	拔群(발군)　奇拔(기발) 選:拔(선발)　海:拔(해발) 拔本塞源(발본색원)
手 5	拂	① 털 불	扌(手)가 뜻으로, 弗(아닐 불)이 聲으로 작용한 形聲字. 먼지 따위를 털다, 털어 없애다, 스치다, 값을 치르다 등의 뜻으로 쓰인다. 略字는 払.	拂入(불입)　完拂(완불) 支拂(지불)　還拂(환불)
手 5	拓	① 넓힐 척 ② 주을 척 ③ 박을 탁	手가 뜻으로, 石이 聲으로 작용한 形聲字. 꺾다, 줍다, 넓히다, 金石文을 종이에 박다 등의 뜻으로 쓰인다.	干拓(간척)　開拓(개척) 拓本(탁본)
手 5	抵:	① 막을 저	手가 뜻으로, 氐(근본 저)가 聲으로 작용한 形聲字. 거스르다, 이르다, 딸리다, 부딪치다 등의 뜻으로 쓰인다.	抵:觸(저촉)　抵:抗(저항) 大:抵(대저)

	漢字	訓音	도 움 말	用 例
手 5	拘	①잡을 구	手가 뜻으로, 句가 聲으로 작용한 形聲字. 잡다, 거리끼다, 한정하다, 바로잡다 등의 뜻으로 쓰인다.	拘束(구속) 不拘(불구)
手 6	拾	①주울 습 ②열 십	手가 뜻으로, 合이 聲으로 작용한 形聲字라고는 하나 음의 차이가 크다. '줍다'라는 뜻과 함께 '十'의 갖은자로 쓰인다.	拾得(습득) 收拾(수습)
手 6	拳:	①주먹 권	手가 뜻으로, 龹(말 권)이 聲으로 작용한 形聲字. 주로 '주먹'이라는 뜻으로 쓰인다.	拳:銃(권총) 拳:鬪(권투)
手 7	捕:	①잡을 포	扌(手)가 뜻으로, 甫(아무개 보)가 聲으로 작용한 形聲字. 사로잡다, 붙잡다, 찾다 등의 뜻으로 쓰인다.	捕:捉(포착)　捕:獲(포획) 生捕(생포)
手 7	振:	①떨칠 진	手가 뜻으로, 辰(별 진)이 聲으로 작용한 形聲字. 떨치다, 떨다, 드날리다 등의 뜻으로 쓰인다.	振:動(진동)　振:作(진작) 振:興(진흥)
手 8	排	①밀칠 배	手가 뜻으로, 非가 聲으로 작용한 形聲字. 밀치다, 물리치다, 소통하다, 늘어서다 등의 뜻으로 쓰인다.	排氣(배기)　排定(배정) 排除(배제)　排斥(배척)
手 8	掌:	①손바닥 장	手가 뜻으로, 尙(오히려 상)이 聲으로 작용한 形聲字. 손바닥, 맡다, 주관하다 등의 뜻으로 쓰인다.	管掌(관장) 仙人掌(선인장) 掌:中寶玉(장중보옥)
手 9	換:	①바꿀 환	手가 뜻으로, 奐(빛날 환)이 聲으로 작용한 形聲字. 바꾸다, 바뀌다, 고치다, 새로워지다 등의 뜻으로 쓰인다.	換:局(환국)　換:算(환산) 交換(교환)　變:換(변환)
手 9	揚	①날릴 양 ②드날릴 양	手가 뜻으로, 昜(陽과 同字)이 聲으로 작용한 形聲字. 오르다, 날다, 흩날리다, 날려지다, 드날리다 등의 뜻으로 쓰인다.	揚名(양명) 止揚(지양)
手 11	摘	①딸 적	手가 뜻으로, 啇(밑둥 적)이 聲으로 작용한 形聲字. 따다, 요점만을 가려서 쓰다, 들추어내다 등의 뜻으로 쓰인다.	摘發(적발) 摘示(적시)

1단계 • 훈음 익히기　35

	漢字	訓音	도 움 말	用 例
方 7	旋	① 돌 선	깃발을 뜻하는 㫃(㫃, 기 언)과 발을 나타내는 疋(발 소)가 결합된 會:意字. 기를 흔들어 지시하는 데로 발을 움직인다는 뜻을 지닌 字이다. 돌다, 돌리다, 돌아오다 등의 뜻으로 쓰인다.	旋律(선율) 旋回(선회) 周旋(주선)
日 1	旦	① 아침 단	해가 땅[一, 단순한 부호임] 위로 솟아오르는 모습을 나타낸 指事字. 아침, 밤이 새다, 해가 돋을 무렵 등의 뜻으로 쓰인다.	元旦(원단)
日 2	旬	① 열흘 순	十干의 甲에서 癸(천간 계)까지 열 개의 날[日]을 하나의 단위로 묶었다[勹:쌀 포]는 뜻에서 '열흘'의 뜻으로 쓰인다.	旬報(순보) 三旬(삼순) 初旬(초순)
日 4	昇	① 오를 승	日이 뜻으로, 升(되 승)이 聲으로 작용한 形聲字. 해가 떠오르다, 오르다, 올리다, 임금이나 貴:人(귀인)이 죽다 등의 뜻으로 쓰인다.	昇格(승격) 昇級(승급) 昇華(승화) 上:昇(상승)
日 4	昌°	① 창성할 창	日과 曰(가로 왈)이 결합되어 햇빛처럼 영원히 빛날 아름다운 말이란 뜻을 지닌 會:意字. 昌盛(창성)하다, 아름답다, 훌륭하다 등의 뜻으로 쓰인다.	昌盛(창성)
日 7	晩:	① 늦을 만 ② 저물 만	日이 뜻으로, 免(면할 면)이 聲으로 작용한 形聲字. 해가 저물다, 늦다, 끝, 노년 등의 뜻으로 쓰인다.	晩:年(만년) 晩:秋(만추) 晩:學(만학)
日 11	暫°	① 잠깐 잠 ② 잠시 잠	日이 뜻으로, 斬(벨 참)이 聲으로 작용한 形聲字. 잠시, 갑자기, 임시로 등의 뜻으로 쓰인다.	暫:時(잠시) 暫定(잠정) 暫定的(잠정적)
日 12	曆	① 책력 력	日이 뜻으로, 厤(다스릴 력)이 聲으로 작용한 形聲字. 책력, 역법, 운명 등의 뜻으로 쓰인다.	曆法(역법) 西曆(서력) 陽曆(양력) 冊曆(책력)
日 8	曾	① 일찍 증	여러 가지 字學的 분석이 있으나 어느 것도 '이전에, 이에, 곧' 등의 뜻을 설명하기에는 설득력이 부족한 것 같다. 會와 자형이 비슷하니 주의를 요한다.	曾祖父(증조부) 未:曾有(미증유)
斗 7	斜	① 비낄 사	斗가 뜻으로, 余(나 여)가 聲으로 작용한 形聲字. '말[斗]로 물을 퍼내다'가 본뜻이었는데 여기서 당기다, 기울다는 뜻이 파생되었다. 경사지다, 해나 달이 서쪽으로 넘어가다, 굽다 등의 뜻으로 쓰인다.	斜線(사선) 斜陽(사양) 傾斜(경사)

부수순

앞에서 익힌 40자를 부수순으로 배열했습니다. 빈칸에 訓音을 쓰세요.

1

慧( )　慾( )　慣( )　慕( )

憂( )　憎( )　憶( )　懇( )

懸( )　懷( )　戀( )　我( )

戚( )　戱( )　抑( )　扶( )

拔( )　拂( )　拓( )　抵( )

2

拘( )　拾( )　拳( )　捕( )

振( )　排( )　掌( )　換( )

揚( )　摘( )　旋( )　旦( )

旬( )　昇( )　昌( )　晚( )

暫( )　曆( )　曾( )　斜( )

가나다순

앞에서 익힌 40자를 가나다순으로 배열했습니다. 빈칸에 訓音을 쓰세요.

1

懇( )　慣( )　拘( )　拳( )

旦( )　曆( )　戀( )　晚( )

慕( )　拔( )　排( )　扶( )

拂( )　斜( )　旋( )　旬( )

拾( )　昇( )　我( )　揚( )

2

憶( )	抑( )	慾( )	憂( )
暫( )	掌( )	抵( )	摘( )
曾( )	憎( )	振( )	昌( )
拓( )	戚( )	捕( )	懸( )
慧( )	換( )	懷( )	戱( )

☞ 정답은 140쪽에서 확인하세요.

무 순 앞에서 익힌 40자를 순서 없이 배열했습니다. 빈칸에 訓音을 쓰세요.

1

慧( )	暫( )	戱( )	憂( )
旬( )	換( )	摘( )	拾( )
慕( )	慾( )	拓( )	振( )
晚( )	昇( )	昌( )	憶( )
抵( )	憎( )	懸( )	拂( )

2

揚( )	捕( )	拳( )	掌( )
曾( )	抑( )	懇( )	旦( )
拘( )	排( )	旋( )	戀( )
懷( )	斜( )	我( )	戚( )
慣( )	拔( )	扶( )	曆( )

☞ 정답은 140쪽에서 확인하세요.

	漢字	訓音	도 움 말	用 例
木 4	枝	① 가지 지	木이 뜻으로, 支(가를 지)가 聲으로 작용한 形聲字. 가지라는 뜻으로 쓰인다.	枝葉(지엽) 金枝玉葉(금지옥엽)
木 5	架	① 시렁 가	木이 뜻으로, 加가 聲으로 작용한 形聲字. 시렁, 횃대, 떠받치다 등의 뜻으로 쓰인다.	架空(가공) 架橋(가교) 書架(서가)
木 5	柱	① 기둥 주	木이 뜻으로, 主가 聲으로 작용한 形聲字. 기둥, 줄기 등의 뜻으로 쓰인다.	電:柱(전주)
木 5	染:	① 물들 염 ② 물들일 염	나무(木)에서 취한 물감용 수액(氵)에 옷감을 여러 차례(九) 담가서 물을 들인다는 뜻을 지닌 會:意字. 물들이다, 적시다, 더럽히다, 스미다 등의 뜻으로 쓰인다.	染:料(염료) 染:色(염색) 傳染(전염)
木 5	柔	① 부드러울 유	木이 뜻으로, 矛(창 모)가 聲으로 작용한 形聲字라고는 하나 음의 차이가 크다. 부드럽다, 순하다, 약하다, 여리다 등의 뜻으로 쓰인다.	柔順(유순) 柔軟(유연) 外:柔內剛(외유내강)
木 6	桂:	① 계수나무 계	木이 뜻으로, 圭가 聲으로 작용한 形聲字. 계수나무라는 뜻으로 쓰인다.	桂:冠(계관) 桂:皮(계피) 桂:林一枝(계림일지)
木 6	桃	① 복숭아 도	木이 뜻으로, 兆(조짐 조)가 聲으로 작용한 形聲字. 음의 차이가 있으나 逃(도망할 도)나 跳(뛸 도)도 같은 경우이다. 복숭아라는 뜻으로 쓰인다.	桃李(도리) 武:陵桃源(무릉도원)
木 6	桑	① 뽕나무 상	가지와 잎이 많이 달려 있는 뽕나무 모양을 본뜬 象形字. 뽕나무라는 뜻으로 쓰인다.	扶桑(부상) 桑田碧海(상전벽해)
木 6	株	① 그루 주	木이 뜻으로, 朱가 聲으로 작용한 形聲字. 그루, 그루터기, 초목의 수를 세는 단위 등으로 쓰인다.	株價(주가) 株式(주식) 守株待兎(수주대토)
木 6	栽:	① 심을 재	木이 뜻으로, 𢦏(다칠 재, 戈+才, 才聲)의 생략형인 𢦏가 聲으로 작용한 形聲字. 𢦏가 포함된 字는 載(실을 재)나 哉(어조사 재)처럼 음이 '재'로 된다. 심다, 가꾸다, 묘목 등의 뜻으로 쓰인다.	栽:培(재배)

	漢字	訓音	도 움 말	用 例
木 6	栗	① 밤 률	밤나무를 나타내기 위하여 木 위에 세 개의 밤을 뜻하는 글자를 썼으나 覀(덮을 아)로 자형이 바뀌었다. 밤, 밤나무, 떨다〔慄, 두려워떨 률〕 등의 뜻으로 쓰인다.	栗子(율자)
木 7	梁	① 들보 량 ② 돌다리 량	木과 氵(水)가 합하여 물 위에 있는 나무로 만든 다리를 뜻하고, 여기에 刅(해칠 창)이 聲으로 작용한 形聲字라고는 하나 음의 차이가 크다. 다리, 들보, 제방 등의 뜻으로 쓰인다.	橋梁(교량) 棟梁(동량) 棟梁之材(동량지재)
木 7	梅	① 매화 매	木이 뜻으로, 每(매양 매)가 聲으로 작용한 形聲字. 매화, 매화나무 등의 뜻으로 쓰인다.	梅實(매실) 梅香(매향) 寒梅(한매)
木 7	械	① 기계 계 ② 형틀 계	木이 뜻으로, 戒(경계할 계)가 聲으로 작용한 形聲字. 형틀, 기구, 틀, 무기 등의 뜻으로 쓰인다.	機械(기계)
木 8	森	① 수풀 삼 ② 빽빽할 삼	나무〔木〕가 숲〔林〕을 이루고 있어서 빽빽하게 아주 많다는 뜻을 지닌 會:意字. 빽빽하다, 성한 모양, 드리워지다, 늘어서다 등의 뜻으로 쓰인다.	森林(삼림) 森羅萬象(삼라만상)
木 9	楓	① 단풍 풍	木이 뜻으로, 風이 聲으로 작용한 形聲字. 단풍나무라는 뜻으로 쓰인다.	楓林(풍림) 霜楓(상풍)
木 11	槪:	① 대개 개	木이 뜻으로, 旣(이미 기)가 聲으로 작용한 形聲字. 말이나 되에 담을 곡식을 평평하게 고르는 '평미레'라는 뜻에서 확대되어 평평하다, 대개, 대강, 평평하게 고르다 등의 뜻으로 쓰인다.	槪:觀(개관) 槪:念(개념) 槪:略(개략) 槪:要(개요)
木 11	樓	① 다락 루	木이 뜻으로, 婁(별이름 루)가 聲으로 작용한 形聲字. 다락, 망루, 다락집 등의 뜻으로 쓰인다. 略字는 楼.	樓閣(누각) 樓臺(누대) 高樓(고루) 望:樓(망루)
木 12	橫	① 가로 횡	木이 뜻으로, 黃이 聲으로 작용한 形聲字. 대문에 가로질러 놓은 빗장이란 뜻에서 가로, 방자하다, 가로지르다, 뜻밖에 등의 뜻으로 쓰인다.	橫財(횡재) 橫暴(횡포) 專橫(전횡)
木 17	欄	① 난간 란	木이 뜻으로, 闌(가로막을 란)이 聲으로 작용한 形聲字. 난간, 칸막이, 무엇을 쓰기 위하여 따로 설정한 지면의 한 부분 등의 뜻으로 쓰인다.	欄干(난간)

	漢字	訓音	도 움 말	用 例
欠 7	欲	①하고자할 욕	欠(하품 흠)이 뜻으로, 谷(골 곡)이 聲으로 작용한 形聲字. 음의 차이가 크나 浴(목욕 욕)에서도 聲으로 작용하고 있다. 하고자하다, 탐내다, 바라다 등의 뜻으로 쓰이며 慾(욕심 욕)과 통용하기도 한다.	欲求(욕구) 欲速不達(욕속부달)
止 2	此	①이 차	발을 뜻하는 止와 人을 뒤집어 놓은 것이 결합된 會意字. 사람의 발이 딛는 곳은 몸에서 가장 가깝다는 뜻에서 가까운 것을 가리키는 대명사로서 이것, 이, 이에 등으로 쓰인다.	此際(차제) 此後(차후) 此日彼日(차일피일)
歹 5	殆	①거의 태 ②위태할 태	歹(뼈발라낼 알)이 뜻으로, 台(별이름 태)가 聲으로 작용한 形聲字. 위태하다, 의심하다, 두려워하다, 거의 등의 뜻으로 쓰인다.	殆半(태반) 危殆(위태)
歹 6	殊	①다를 수 ②죽일 수	歹(뼈발라낼 알)이 뜻으로, 朱(붉을 주)가 聲으로 작용한 形聲字. 죽이다, 사형에 처하다, 다르다, 달리하다, 유달리 등의 뜻으로 쓰인다.	殊常(수상) 特殊(특수)
殳 9	殿:	①전각 전	殳가 뜻으로, 展이 聲으로 작용한 形聲字라고는 하나 음의 유추가 쉽지 않다. 큰 집, 궁궐, 진정하다, 後陣(후진)의 군대 등의 뜻으로 쓰인다.	殿:閣(전각) 殿:堂(전당) 宮殿(궁전)
水 3	池	①못 지	氵(水)가 뜻으로, 也(어조사 야)가 聲으로 작용한 形聲字. 음에 차이가 있으나 地에서도 聲으로 작용했음을 볼 수 있다. 물을 모아두는 넓고 깊은 곳을 이른다.	電:池(전지) 貯:水池(저수지)
水 3	汗°	①땀 한	氵(水)가 뜻으로, 干이 聲으로 작용한 形聲字. 見(견)↔現(현), 可(가)↔河(하), 古(고)↔祜(복 호)처럼 한자음에서 ㄱ과 ㅎ은 상통한다. 땀이란 뜻으로 쓰인다.	汗:蒸幕(한증막) 不汗黨(불한당)
水 4	沙	①모래 사	물[氵(水)]이 줄어들면[少] 모래가 보인다는 뜻을 지닌 會意字. 모래, 사막, 아주 작은 것 등의 뜻으로 쓰인다. 砂(모래 사)를 俗字로 쓰기도 한다.	沙器(사기) 沙漠(사막) 黃沙(황사)
水 4	沒	①빠질 몰	氵(水)가 뜻으로, 殳(沒의 古字)이 뜻과 聲을 겸한 兼聲會意字. 가라앉다, 잠기다, 빠지다, 다하다, 없다, 끝나다, 죽다, 숨다 등의 뜻으로 쓰인다.	沒頭(몰두) 沒落(몰락) 沒敗(몰패) 出沒(출몰)
水 4	沈	①잠길 침 ②가라앉을 침 ②성 심	氵(水)가 뜻으로, 冘(갈 임)이 聲으로 작용한 形聲字. 가라앉다, 빠지다, 안정되다, 막히다, 무겁다, 숨다 등의 뜻으로 쓰인다.	沈降(침강) 沈沒(침몰) 沈默(침묵) 沈潛(침잠)

	漢字	訓音	도움말	用例
水 5	泥	①진흙 니	氵(水)가 뜻으로, 尼(중 니)가 聲으로 작용한 形聲字. 진흙, 더럽혀지다, 진창 등의 뜻으로 쓰인다.	汚:泥(오니) 雲泥之差(운니지차)
水 5	沿。	①물따라갈 연 ②따를 연	氵(水)가 뜻으로, 㕣(산사이의늪 연)이 聲으로 작용한 形聲字. 따르다, 물을 따라 내려가다, 가장자리, 先例를 따르다 등의 뜻으로 쓰인다.	沿邊(연변) 沿岸(연안) 沿海(연해) 沿:革(연혁)
水 5	泰	①클 태	氺(水)와 廾(팔짱낄 공)이 뜻으로, 大가 聲으로 작용한 形聲字. 원래는 '미끄럽다'는 뜻의 字였으나 본뜻은 사라지고 크다, 넉넉하다, 편안하다, 너그럽다, 매우 등의 뜻으로 쓰인다.	泰斗(태두) 泰然(태연) 泰平(태평)
水 6	洪	①넓을 홍	氵(水)가 뜻으로, 共이 聲으로 작용한 形聲字. 見(견)↔現(현), 可(가)↔河(하), 古(고)↔祜(복 호)처럼 한자음에서 ㄱ과 ㅎ은 상통한다. 큰 물, 홍수, 크다 등의 뜻으로 쓰인다.	洪水(홍수)
水 6	洲	①물가 주 ②모래섬 주	氵(水)가 뜻으로, 州(고을 주)가 聲으로 작용한 形聲字. 강이나 호수 가운데 모래가 쌓여 된 섬, 대륙 등의 뜻으로 쓰인다.	六大洲(육대주)
水 7	浸:	①잠길 침 ②담글 침	氵(水)가 뜻으로, 寑(잠잘 침의 古:字)이 聲으로 작용한 形聲字. 본래는 중국 河南省으로 흐르는 강 이름을 나타낸 자였으나 '담그다'는 뜻으로 쓰이고 있으며 隷:書(예서)에서 현재의 자형으로 바뀌었다.	浸:潤(침윤) 浸:透(침투) 浸:出水(침출수)
水 7	浦	①개 포 ②물가 포	氵(水)가 뜻으로, 甫(클 보)가 聲으로 작용한 形聲字. 강이나 내에 조수가 드나드는 곳, 물가, 바닷가, 개 등의 뜻으로 쓰인다.	浦口(포구)
水 7	浩:	①넓을 호	氵(水)가 뜻으로, 告가 聲으로 작용한 形聲字. 見(견)↔現(현), 可(가)↔河(하), 古(고)↔祜(복 호)처럼 한자음에서 ㄱ과 ㅎ은 상통한다. 크다, 물이 넓고 넓게 흐르는 모양, 광대한 모양 등의 뜻으로 쓰인다.	浩:然之氣(호연지기)
水 7	浮	①뜰 부	氵(水)가 뜻으로, 孚(믿을 부)가 聲으로 작용한 形聲字. 뜨다, 떠오르다, 덧없다, 진실성이 없다, 가볍다 등의 뜻으로 쓰인다.	浮力(부력) 浮揚(부양) 浮沈(부침) 浮動票(부동표)
水 7	浪:	①물결 랑	氵(水)가 뜻으로, 良이 聲으로 작용한 形聲字. 물결, 물결이 일다, 떠돌아다니다, 함부로 등의 뜻으로 쓰인다.	浪費(낭비) 浪說(낭설) 激浪(격랑) 放:浪(방랑)

부수순 앞에서 익힌 40자를 부수순으로 배열했습니다. 빈칸에 訓音을 쓰세요.

1

枝( )　架( )　柱( )　染( )
柔( )　桂( )　桃( )　桑( )
株( )　栽( )　栗( )　梁( )
梅( )　械( )　森( )　楓( )
概( )　樓( )　橫( )　欄( )

2

欲( )　此( )　殆( )　殊( )
殿( )　池( )　汗( )　沙( )
沒( )　沈( )　泥( )　沿( )
泰( )　洪( )　洲( )　浸( )
浦( )　浩( )　浮( )　浪( )

☞ 정답은 *145*쪽에서 확인하세요.

가나다순 앞에서 익힌 40자를 가나다순으로 배열했습니다. 빈칸에 訓音을 쓰세요.

1

架( )　概( )　桂( )　械( )
泥( )　桃( )　欄( )　浪( )
梁( )　樓( )　栗( )　梅( )
沒( )　浮( )　沙( )　森( )
桑( )　殊( )　沿( )　染( )

2

欲( )	柔( )	栽( )	殿( )
株( )	柱( )	洲( )	枝( )
池( )	此( )	沈( )	浸( )
泰( )	殆( )	浦( )	楓( )
汗( )	浩( )	洪( )	橫( )

☞ 정답은 146쪽에서 확인하세요.

무순 앞에서 익힌 40자를 순서 없이 배열했습니다. 빈칸에 訓音을 쓰세요.

1

枝( )	浦( )	械( )	柔( )
泰( )	沙( )	沈( )	此( )
染( )	架( )	橫( )	殿( )
浸( )	洪( )	洲( )	桃( )
柱( )	欄( )	株( )	樓( )

2

沒( )	殊( )	殆( )	汗( )
浮( )	森( )	桑( )	沿( )
欲( )	泥( )	池( )	栗( )
栽( )	浪( )	梁( )	梅( )
柱( )	概( )	楓( )	浩( )

☞ 정답은 146쪽에서 확인하세요.

	漢字	訓音	도 움 말	用 例
水 8	淫	①음란할 음	氵(水)가 뜻으로, 䕎(탐낼 음)이 聲으로 작용한 形聲字. 본래는 '물에 잠기다'는 뜻의 자였으나 본뜻보다는 음란하다, 미혹시키다, 탐하다, 지나치다 등의 뜻으로 쓰인다.	淫談(음담) 淫亂(음란)
水 8	淨	①깨끗할 정 ②맑을 정	氵(水)가 뜻으로, 爭(다툴 쟁)이 聲으로 작용한 形聲字. 깨끗하다, 때묻지 않다, 깨끗이 하다 등의 뜻으로 쓰인다. 略字는 浄.	淨潔(정결) 淨化(정화)
水 8	淑	①맑을 숙	氵(水)가 뜻으로, 叔(아재비 숙)이 聲으로 작용한 形聲字. 맑다, 착하다, 맑고 깊다 등의 뜻으로 쓰인다.	淑女(숙녀) 私淑(사숙)
水 8	涼	①서늘할 량	氵(水)가 뜻으로, 京(서울 경)이 聲으로 작용한 形聲字. 음에 차이가 있으나 諒(믿을 량)이나 晾(쬘 량)에서도 聲으로 작용했다. '서늘하다'는 뜻으로 쓰인다. 俗字인 凉이 本字처럼 많이 쓰인다.	涼風(양풍)
水 8	淺:	①얕을 천	氵(水)가 뜻으로, 戔(쌓일 전)이 聲으로 작용한 形聲字. 얕다, 좁다, 적다, 약하다, 경망스럽다 등의 뜻으로 쓰인다. 略字는 浅.	淺:近(천근) 淺:薄(천박) 深:淺(심천) 日淺(일천)
水 8	淡º	①맑을 담	氵(水)가 뜻으로, 炎(더울 염)이 聲으로 작용한 形聲字. 음에 차이가 있으나 談(말씀 담)이나 啖(먹을 담)에서도 聲으로 작용했다. 맑다, 싱겁다, 연하다, 담박하다 등의 뜻으로 쓰인다.	淡白(담백) 淡:水(담수) 淡:水魚(담수어)
水 9	渡	①건널 도	氵(水)가 뜻으로, 度(법도 도)가 聲으로 작용한 形聲字. 건너다, 통과하다, 나루 등의 뜻으로 쓰인다.	賣:渡(매도) 明渡(명도) 讓:渡(양도) 引渡(인도)
水 9	湯:	①끓을 탕	氵(水)가 뜻으로, 昜(볕 양)이 聲으로 작용한 形聲字. 끓인 물, 끓이다, 탕약 등의 뜻으로 쓰이며, 물이 많은 모양이란 뜻으로 쓰일 때는 '상'으로 읽어야 하나 생활 한자에서는 쓰이지 않는다.	湯:藥(탕약) 溫湯(온탕) 浴湯(욕탕)
水 10	溪	①시내 계	氵(水)가 뜻으로, 奚(어찌 해)가 聲으로 작용한 形聲字. 산골짜기에서 흐르는 시내, 산골짜기 등의 뜻으로 쓰인다. 略字는 渓.	溪谷(계곡) 碧溪水(벽계수)
水 10	滅	①멸할 멸 ②꺼질 멸	氵(水)가 뜻으로, 烕(멸할 멸)이 뜻과 聲을 겸한 兼聲會意字. 물이 말라서 없어진다는 뜻을 지니고 있다. 멸망하다, 없어지다, 끄다, 죽다 등의 뜻으로 쓰인다.	滅亡(멸망) 滅門(멸문) 滅族(멸족) 滅種(멸종)

1단계 · 훈음 익히기

	漢字	訓音	도 움 말	用 例
水 11	漏	①샐 루	氵(水)가 뜻으로, 屚(비샐 루)가 뜻과 聲을 겸한 兼聲會意字. 새다, 빠뜨리다, 물시계, 등의 뜻으로 쓰인다.	漏:落(누락) 漏:水(누수) 漏:電(누전) 漏:出(누출)
水 11	漆	①옻 칠	氵(水)가 뜻으로, 桼(옻 칠의 初文)이 聲으로 작용한 形聲字. 본래 陝西省(섬서성)에서 발원하여 渭水(위수)로 흘러드는 강을 이르던 자였으나 생활 한자에서는 옻, 옻칠하다, 검다 등의 뜻으로 쓰인다.	漆器(칠기) 漆黑(칠흑)
水 11	漸	①점점 점	氵(水)가 뜻으로, 斬(벨 참)이 聲으로 작용한 形聲字. 점점, 차츰 나아가다, 심해지다 등의 뜻으로 쓰인다.	漸:漸(점점) 漸:進(점진) 漸:次(점차)
水 11	漠	①넓을 막 ②사막 막	氵(水)가 뜻으로, 莫(없을 막)이 聲으로 작용한 形聲字. 사막, 조용하다, 무성하다, 쓸쓸하다 등의 뜻으로 쓰인다.	漠然(막연)
水 11	滯	①막힐 체	氵(水)가 뜻으로, 帶가 聲으로 작용한 形聲字. 막히다, 쌓이다, 머무르다 등의 뜻으로 쓰인다.	滯納(체납) 滯留(체류) 停滯(정체) 遲滯(지체)
水 12	潤	①불을 윤 ②젖을 윤	氵(水)가 뜻으로, 閏(윤달 윤)이 聲으로 작용한 形聲字. 젖다, 적시다, 물기, 은혜를 베풀다, 꾸미다 등의 뜻으로 쓰인다.	潤:氣(윤기) 潤:澤(윤택) 利:潤(이윤)
水 12	潛	①잠길 잠	氵(水)가 뜻으로, 朁(잠)이 聲으로 작용한 形聲字. 자맥질하다, 잠기다, 숨다, 몰래 등의 뜻으로 쓰인다.	潛伏(잠복) 潛跡(잠적) 潛望鏡(잠망경)
水 13	澤	①못 택	氵(水)가 뜻으로, 睪(엿볼 역)이 聲으로 작용한 形聲字. 못, 진펄, 윤이 나다, 적시다, 은혜 등의 뜻으로 쓰인다. 略字는 沢.	德澤(덕택) 恩澤(은택) 惠:澤(혜택)
水 14	濕	①젖을 습	氵(水)가 뜻으로, 㬎이 聲으로 작용한 形聲字. 중국의 山東省을 흘러가는 강 이름을 나타내던 자였으나 지금은 '젖다'는 뜻으로 쓰인다. 略字는 湿.	濕氣(습기) 濕度(습도) 高溫多濕(고온다습)
火 4	炎	①불꽃 염 ②불탈 염	두 개의 火가 결합된 會:意字. 두 개의 불꽃이 위로 타오른다는 뜻에서 불이 타오르다, 덥다, 뜨겁다, 염증 등의 뜻으로 쓰인다. 肺:炎(폐렴)이라 할 때는 음이 '렴'으로 바뀐다.	炎毒(염독) 炎暑(염서) 炎症(염증) 暴炎(폭염)

	漢字	訓音	도 움 말	用 例
火 6	烏	①까마귀 오	까마귀의 모습을 본뜬 象形字. 鳥에서 눈동자를 나타내는 점[丶]을 생략하였다. 本字에는 부수 灬(火)가 두 개의 점으로 되어 있어 새의 다리를 나타냄을 알 수 있다. 검다, 검은 빛, 탄식소리 등의 뜻으로 쓰인다.	烏竹(오죽) 烏飛梨落(오비이락)
火 9	照:	①비칠 조	灬(火)가 뜻으로, 昭(밝을 소)가 聲으로 작용한 形聲字. 빛나다, 비추다, 견주어보다, 밝다 등의 뜻으로 쓰인다.	照:明(조명) 落照(낙조) 對:照(대조) 參照(참조)
火 11	熟	①익을 숙	灬(火)가 뜻으로, 孰(누구 숙)이 聲으로 작용한 形聲字. 익히다, 이다, 삶다, 익숙하다, 곰곰이 등의 뜻으로 쓰인다.	熟考(숙고) 熟達(숙달) 熟練(숙련) 熟語(숙어)
火 12	燒:	①사를 소	灬(火)가 뜻으로, 堯(높을 요)가 聲으로 작용한 形聲字. 음에 차이가 있으나 한자음에서 如↔恕(용서할 서), 羊↔詳(자세할 상)처럼 음이 상통한다. 사르다, 타다, 익히다 등의 뜻으로 쓰인다. 略字는 焼.	燒却(소각) 燒失(소실) 全燒(전소)
火 12	燕:	①제비 연	제비의 모양을 본뜬 象形字였으나 자형이 많이 변했다. 宴(잔치 연)과 음의 유사성으로 인하여 통용하며 의미가 확대되어 편안하다는 뜻으로도 쓰인다.	燕:尾服(연미복)
火 16	爐	①화로 로	火가 뜻으로, 盧(밥그릇 로)가 聲으로 작용한 形聲字. 화로, 아궁이, 향로 등의 뜻으로 쓰인다. 略字는 炉.	煖爐(난로) 火:爐(화로) 爐邊談話(노변담화)
片 0	片:	①조각 편	나무[木]의 한가운데를 세로로 자른 그 오른쪽 반의 모양을 나타낸 指事字. 한쪽, 조각, 쪼개다 등의 뜻으로 쓰인다.	斷:片(단편) 破:片(파편)
片 4	版	①판목 판	片이 뜻으로, 反이 聲으로 작용한 形聲字. 널, 널빤지, 책, 판목, 이름표 등의 뜻으로 쓰인다.	版木(판목) 出版(출판)
犬 4	狂	①미칠 광	犭(犬)이 뜻으로, 㞷의 생략형인 王이 聲으로 작용한 形聲字. 미치다, 경망하다, 사납다 등의 뜻으로 쓰인다.	狂氣(광기) 狂亂(광란) 狂風(광풍) 發狂(발광)
犬 8	猛:	①사나울 맹	犭(犬)이 뜻으로, 孟(맏 맹)이 聲으로 작용한 形聲字. 사납다, 엄하다, 잔혹하다, 성내다, 갑자기 등의 뜻으로 쓰인다.	猛:獸(맹수) 猛:烈(맹렬) 猛:威(맹위) 勇:猛(용맹)

	漢字	訓音	도 움 말	用 例
牙 0	牙	① 어금니 아	앞니보다 큰 어금니의 모습을 본뜬 象形字. 사람이나 동물의 이빨[齒]의 총칭으로 쓰인다.	牙城(아성)　象牙(상아) 齒牙(치아)
犬 9	猶	① 오히려 유	犭(犬)이 뜻으로, 酋(두목 추)가 聲으로 작용한 形聲字. 원래는 어미 원숭이류에 속하는 짐승을 나타내던 字였으나 본래의 의미보다 오히려, 마치 ~과 같다, 주저하다 등의 뜻으로 쓰인다.	猶豫(유예)
犬 11	獄	① 감옥 옥	두 마리의 개가 싸우고 있는 모습과, 피고와 원고가 말[言]로 서로 반박한다는 뜻을 지닌 會:意字. 감옥, 송사, 판결, 죄 등의 뜻으로 쓰인다.	監獄(감옥) 地獄(지옥)
犬 14	獲	① 얻을 획	犭(犬)이 뜻으로, 蒦(잴 확)이 聲으로 작용한 形聲字. 사냥하여 짐승을 잡다, 얻다, 빼앗다 등의 뜻으로 쓰인다.	獲得(획득) 漁獲(어획)
犬 15	獸	① 짐승 수	犬과 嘼(산짐승 휴)가 결합된 會:意字. 주로 네 발 달린 짐승을 이른다. 略字는 獣.	野:獸(야수)　鳥獸(조수) 人面獸心(인면수심)
犬 16	獻:	① 드릴 헌 ② 바칠 헌	犬이 뜻으로, 鬳(솥 권)이 聲으로 작용한 形聲字. 종묘에서 祭(제)를 올릴 때 쓰는 개를 말하는 것으로 여기에서 '바치다'라는 뜻이 되었다. 올리다, 권하다, 드리다 등의 뜻으로 쓰인다. 略字는 献.	獻:納(헌납) 獻:身(헌신)
玄 0	玄	① 검을 현	덮개를 나타내는 亠와 보려고 해도 잘 보이지 않는 가는 실을 뜻하는 幺가 결합되어 숨겨진 사물의 뜻을 지닌 會:意字. 검다, 하늘, 멀다, 고요하다, 불가사의하다 등의 뜻으로 쓰인다.	玄米(현미) 玄孫(현손)
玄 6	率	① 비율 율 ② 거느릴 솔	날짐승을 잡을 때 쓰려고 실로 땋아서 만든 그물을 본뜬 字라고 하니 부수인 玄은 아무런 의미가 없다. 본래의 뜻은 사라지고 거느리다, 앞서다, 가벼운 모양, 거칠다, 비율 등의 뜻으로 쓰인다.	率先(솔선)　率直(솔직) 輕率(경솔)　比:率(비율)
玉 6	珠	① 구슬 주	玉이 뜻으로, 朱가 聲으로 작용한 形聲字. 바다에서 産出되는 眞珠 또는, 원형의 玉을 뜻하며, 轉하여 원형으로 된 구슬 같은 물건을 이를 때 쓰인다.	珠簾(주렴)　珠玉(주옥) 眞珠(진주)
玉 8	琴	① 거문고 금	琴이라는 악기의 모양을 본뜬 象形字. 거문고라는 訓은 우리 식이고 거문고와 금은 엄연히 다른 악기이다. 따라서 이를 풀이할 때는 그냥 '금'이라고 해야 한다. 瑟(슬)도 '비파'가 아니라 그냥 '슬'이다.	琴瑟(금슬)

부수순 앞에서 익힌 40자를 부수순으로 배열했습니다. 빈칸에 訓音을 쓰세요.

1

淫( )　淨( )　淑( )　凉( )

淺( )　淡( )　渡( )　湯( )

溪( )　滅( )　漏( )　漆( )

漸( )　漠( )　滯( )　潤( )

潛( )　澤( )　濕( )　炎( )

2

烏( )　照( )　熟( )　燒( )

燕( )　爐( )　片( )　版( )

狂( )　猛( )　牙( )　猶( )

獄( )　獲( )　獸( )　獻( )

玄( )　率( )　珠( )　琴( )

☞ 정답은 *151*쪽에서 확인하세요.

가나다순 앞에서 익힌 40자를 가나다순으로 배열했습니다. 빈칸에 訓音을 쓰세요.

1

溪( )　狂( )　琴( )　淡( )

渡( )　凉( )　爐( )　漏( )

漠( )　猛( )　滅( )　燒( )

獸( )　淑( )　熟( )　濕( )

牙( )　燕( )　炎( )　烏( )

2

獄( )	猶( )	潤( )	率( )
淫( )	潛( )	漸( )	淨( )
照( )	珠( )	淺( )	滯( )
漆( )	湯( )	澤( )	版( )
片( )	獻( )	玄( )	獲( )

☞ 정답은 *152*쪽에서 확인하세요.

무 순 앞에서 익힌 40자를 순서 없이 배열했습니다. 빈칸에 **訓音**을 쓰세요.

1

淫( )	玄( )	漠( )	淺( )
獄( )	版( )	猛( )	照( )
涼( )	淨( )	濕( )	燕( )
獻( )	獲( )	獸( )	渡( )
淡( )	炎( )	溪( )	狂( )

2

澤( )	燒( )	熟( )	片( )
珠( )	滯( )	湯( )	猶( )
烏( )	爐( )	牙( )	漏( )
滅( )	琴( )	漆( )	漸( )
淑( )	潛( )	潤( )	率( )

☞ 정답은 *152*쪽에서 확인하세요.

	漢字	訓音	도움말	用例
瓦 0	瓦:	①기와 와	지붕에 얹은 기와의 모양을 본뜬 象形字. 기와, 실패 등의 뜻으로 쓰인다.	瓦:裂(와열) 瓦:解(와해)
甘 4	甚:	①심할 심	甘(달 감)과 匹(짝 필)이 결합되어 단짝이라는 뜻을 지닌 會:意字. 편안하고 즐겁다, 심하다, 두텁다, 진실로 등의 뜻으로 쓰인다.	極甚(극심) 甚:至於(심지어)
田 5	畜	①짐승 축 ②가축 축 ③쌓을 축	농사를 지어 밭 사이에 쌓아놓은 생산물을 총칭한 것에서 '쌓다'는 뜻을 지닌 자였으나, 蓄(쌓을 축)이 이를 대신하고 畜은 주로 가축, 기르다, 사랑하다 등의 뜻으로 쓰인다.	畜舍(축사)　家畜(가축) 牧畜(목축)
田 6	畢	①마칠 필	사냥을 나타내는 田이 뜻으로, 사냥도구를 나타내는 華(키 필)이 뜻과 聲을 겸한 兼聲會意字. '그물질하다'가 본뜻이나 주로 마치다, 끝내다, 모두 등의 뜻으로 쓰인다.	畢竟(필경)　畢生(필생) 未:畢(미필)
田 10	畿	①경기 기	田이 뜻으로, 幾(몇 기)의 생략형이 聲으로 작용한 形聲字. 王都를 중심으로 500리 이내의 땅을 이른다. 京畿(경기) 등의 地名으로 쓰인다.	畿湖(기호) 京畿(경기)
疋 7	疏	①트일 소	疋(발 소)와 㐬(子의 古:字)가 결합하여 아이가 나오려고 태가 뚫리고 발이 움직인다는 뜻에서 소통의 뜻과 트이다, 멀다, 거칠다 등의 뜻으로 쓰인다. 疎와 同字이나 관례에 따라 단어를 제시하도록 한다.	疏外(소외)　疏脫(소탈) 疏通(소통)　疏忽(소홀)
疒 4	疫	①전염병 역 ②돌림병 역	疒(병들 녁)이 뜻으로, 殳(몽둥이 수)가 聲으로 작용한 形聲字. 음의 차이가 있으나 役(부릴 역)이나 㶱(굴뚝 역)도 같은 경우이다. 유행성 급성 전염병의 총칭으로 쓰인다.	疫病(역병)　檢:疫(검역) 防疫(방역)
疒 5	疾	①병 질	疒(병들 녁)이 뜻으로, 矢(화살 시)가 聲으로 작용한 形聲字. 甲骨文에는 大[사람]와 矢의 결합으로 사람이 화살에 맞아 다친 것을 나타낸 會:意字로 보인다. 병, 앓다, 미워하다, 빠르다, 빨리 등의 뜻으로 쓰인다.	疾病(질병)　疾走(질주) 疾風(질풍)
疒 5	症°	①증세 증	疒(병들 녁)이 뜻으로, 正이 聲으로 작용한 形聲字. 주로 병의 증세라는 뜻으로 쓰인다.	症狀(증상)　症勢(증세) 痛症(통증)
白 4	皇	①임금 황	異:說이 많으나 왕이 머리에 면류관을 쓰고 단정히 앉아 있는 모습의 象形字라는 주장이 설득력이 있다. 임금, 천자, 크다, 아름답다 등의 뜻으로 쓰인다.	皇帝(황제) 張皇(장황)

	漢字	訓音	도 움 말	用 例
皮 0	皮	① 가죽 피	손[又]으로 벗겨낸 짐승의 가죽을 나타낸 象形字. 革(가죽 혁)이 털이 없는 가죽을 뜻하는 반면에 皮는 털이 그대로 남아 있는 가죽을 뜻한다.	皮革(피혁) 毛皮(모피) 脫皮(탈피)
皿 8	盟	① 맹세 맹 ② 맹세할 맹	血의 생략형이 뜻으로, 明이 聲으로 작용한 形聲字. 고대에 동맹의 의식으로 짐승의 피를 마셨기 때문에 血이 뜻으로 작용했으나 隸:書(예서)에서 자형이 바뀌었다. 맹세하다, 약속 등의 뜻으로 쓰인다.	盟約(맹약) 同盟(동맹)
皿 10	盤	① 소반 반	皿(그릇 명)이 뜻으로, 般(옮길 반)이 聲으로 작용한 形聲字. 쟁반, 대야, 바닥, 너럭바위 등의 뜻으로 쓰인다.	盤石(반석) 基盤(기반) 小:盤(소반) 巖盤(암반)
目 3	盲	① 소경 맹 ② 눈멀 맹	目과 亡(망할 망)이 결합되어 눈이 멀어졌다는 뜻을 지닌 會:意字. 눈이 멀다, 소경, 눈이 어둡다, 사리를 분별하지 못하다 등의 뜻으로 쓰인다.	盲信(맹신) 盲點(맹점) 盲目的(맹목적)
目 10	眠	① 잘 면 ② 잠잘 면	目이 뜻으로, 民이 聲으로 작용한 形聲字. 잠, 잠자다 등의 뜻으로 쓰인다.	冬:眠(동면) 永:眠(영면)
目 8	睦	① 화목할 목	目이 뜻으로, 坴(언덕 륙)이 聲으로 작용한 形聲字라고는 하나 음의 차이가 크다. 눈길이 온순할 때 화목하게 된다는 뜻일 것 같다. 화목하다, 공손하다, 도탑다 등의 뜻으로 쓰인다.	親睦(친목) 和睦(화목)
目 12	瞬	① 눈깜짝일 순	目이 뜻으로, 舜(순임금 순)이 聲으로 작용한 形聲字. 눈을 깜짝이다, 잠깐 사이 등의 뜻으로 쓰인다.	瞬間(순간) 瞬息間(순식간)
石 7	硬	① 굳을 경	石이 뜻으로, 更이 聲으로 작용한 形聲字. 단단하다, 완강하다, 억지로 등의 뜻으로 쓰인다.	硬直(경직) 硬化(경화) 强硬(강경) 生硬(생경)
石 9	碧	① 푸를 벽	玉·白·石이 모두 뜻으로 작용한 會:意字라는 설, 玉·石이 뜻으로, 白이 聲으로 작용한 形聲字라는 설, 石이 뜻으로, 珀(호박 박)이 聲으로 작용한 形聲字라는 설이 있다. 푸른 빛, 푸른 옥 등의 뜻으로 쓰인다.	碧溪(벽계) 碧空(벽공)
石 11	磨	① 갈 마	石이 뜻으로, 麻(삼 마)가 聲으로 작용한 形聲字. 돌을 다듬다, 문지르다, 갈다 등의 뜻으로 쓰인다.	磨滅(마멸) 鍊:磨(연마)

	漢字	訓音	도 움 말	用 例
石 13	礎	①주춧돌 초	石이 뜻으로, 楚(가시나무 초)가 聲으로 작용한 形聲字. 주춧돌이란 뜻으로 쓰인다.	礎石(초석) 基礎(기초)
示 3	祀	①제사 사	귀신을 뜻하는 示가 뜻으로, 巳(지지 사)가 聲으로 작용한 形聲字. 제사, 제사지내다 등의 뜻으로 쓰이며 해[年]라는 뜻으로 쓰일 때도 있으나 초급 수준을 넘어선다.	祭:祀(제사)
示 4	祈	①빌 기	示가 뜻으로, 斤(도끼 근)이 聲으로 작용한 形聲字. 음에 차이가 있으나 圻(경기 기)나 沂(물이름 기)에서도 聲으로 작용했다. 빌다, 구하다, 고하다 등의 뜻으로 쓰인다.	祈雨祭(기우제)
示 8	祿	①녹 록	礻(示)가 뜻으로, 彔(깎을 록)이 聲으로 작용한 形聲字. 복, 관리의 봉급 등의 뜻으로 쓰인다.	祿邑(녹읍) 貫:祿(관록) 國祿(국록) 福祿(복록)
示 9	禍:	①재앙 화	示가 뜻으로, 咼(화할 화)가 聲으로 작용한 形聲字. 재앙, 재난, 근심, 죄 등의 뜻으로 쓰인다.	禍:根(화근) 禍:亂(화란) 禍:福(화복)
示 12	禪	①선 선 ②봉선 선	礻(示)가 뜻으로, 單(두를 선, 홑 단)이 聲으로 작용한 形聲字. 산천에 제사를 지낸다는 뜻의 字였으나 양위하다, 계승하다, 바꾸다 등의 뜻과 불교와 유관한 사물에 붙이는 말로 쓰인다. 略字는 禅.	禪房(선방) 禪宗(선종) 坐:禪(좌선) 參禪(참선)
禸 8	禽	①날짐승 금	禸(짐승발자국 유)가 뜻으로, 今이 聲으로 작용한 形聲字에 다시 짐승의 머리를 뜻하는 凶[吉凶의 凶이 아닌 단순한 부호]을 더하였다. 날짐승, 짐승, 사로잡다[擒과 통용] 등의 뜻으로 쓰인다.	禽獸(금수) 猛:禽類(맹금류)
禾 5	秩	①차례 질	禾가 뜻으로, 失이 聲으로 작용한 形聲字. 음에 차이가 있으나 疾(병 질)이나 帙(책갑 질)에서도 聲으로 작용했다. 차례, 녹봉, 10년 등의 뜻으로 쓰인다.	秩序(질서)
禾 5	租	①조세 조 ②구실 조	禾가 뜻으로, 且가 聲으로 작용한 形聲字. 田地에 대한 조세, 세금, 구실을 거두다 등의 뜻으로 쓰인다.	租稅(조세)
禾 7	稀	①드물 희	禾가 뜻으로, 希(바랄 희)가 聲으로 작용한 形聲字. 드물다, 성기다, 적다 등의 뜻으로 쓰인다.	稀貴(희귀) 稀微(희미) 稀薄(희박) 稀釋(희석)

	漢字	訓音	도 움 말	用 例
禾 8	稚	①어릴 치	禾가 뜻으로, 隹(새 추)가 聲으로 작용한 形聲字이나 음이 약간 변했다. 원래는 어린 벼를 뜻하기 위한 字로 穉(어릴 치)가 쓰였으나 획수가 적은 稚가 더 많이 쓰인다.	稚魚(치어) 幼稚(유치)
禾 10	稿:	①원고 고 ②볏짚 고	禾가 뜻으로, 高가 聲으로 작용한 形聲字. 볏짚, 원고 등의 뜻으로 쓰인다.	稿:料(고료)　寄稿(기고) 原稿(원고)　草稿(초고)
穴 0	穴	①굴 혈 ②구멍 혈	≪說文≫에는 宀이 뜻으로, 八이 聲으로 작용한 形聲字라고 하였으나, 반 지하의 움집 모양을 본뜬 象形字라는 설도 있다. 구멍, 굴, 무덤 등의 뜻과 함께 침을 놓거나 뜸을 뜨는 인체의 부위를 나타내기도 한다.	穴居(혈거)　墓:穴(묘혈) 虎:穴(호혈)
穴 4	突	①갑자기 돌	개〔犬〕가 굴속에 있다가 갑자기 뛰쳐나오는 것을 나타낸 會:意字. 갑자기, 부딪치다, 불룩하게 나오다 등의 뜻으로 쓰인다.	突起(돌기)　突發(돌발) 突變(돌변)　突然(돌연)
竹 5	符。	①부호 부 ②부절 부	竹이 뜻으로, 付(줄 부)가 聲으로 작용한 形聲字. 부절, 부적, 꼭 들어맞다 등의 뜻으로 쓰인다.	符:合(부합) 符:號(부호)
竹 5	笛	①피리 적	竹이 뜻으로, 由가 聲으로 작용한 形聲字. 음에 차이가 있으나 迪(나아갈 적)에서도 聲으로 작용했다. 대나무에 구멍을 뚫어서 부는 악기를 이른다.	玉笛(옥적)
竹 6	策	①꾀 책	竹이 뜻으로, 束(가시 자)가 聲으로 작용한 形聲字. 음에 차이가 있으나 茦(풀가시 책)에서도 聲으로 작용했다. 말의 채찍, 지팡이, 책, 문서, 세우다, 꾀 등의 뜻과 함께 문체의 하나로도 쓰인다.	策略(책략)　策定(책정) 對:策(대책)　妙:策(묘책)
竹 13	簿:	①문서 부 ②장부 부	竹이 뜻으로, 溥(넓을 보)가 聲으로 작용한 形聲字. 문서, 장부라는 뜻으로 쓰인다.	帳簿(장부) 家計簿(가계부)
米 6	粧	①단장할 장	米가 뜻으로, 庄(농막 장)이 聲으로 작용한 形聲字. '단장하다'는 뜻으로 쓰인다.	化粧(화장) 銀粧刀(은장도)
米 10	糖	①엿 당 ②사탕 탕	米가 뜻으로, 唐(나라 당)이 聲으로 작용한 形聲字. 엿이나 사탕이란 뜻으로 쓰이는데 설탕이나 사탕처럼 단어의 뒤에 올 때 '탕'으로 읽는 경우가 많다.	糖度(당도)　糖類(당류) 糖分(당분)

부수순
앞에서 익힌 40자를 부수순으로 배열했습니다. 빈칸에 訓音을 쓰세요.

1

瓦(　　　)　甚(　　　)　畜(　　　)　畢(　　　)
畿(　　　)　疏(　　　)　疫(　　　)　疾(　　　)
症(　　　)　皇(　　　)　皮(　　　)　盟(　　　)
盤(　　　)　盲(　　　)　眠(　　　)　睦(　　　)
瞬(　　　)　硬(　　　)　碧(　　　)　磨(　　　)

2

礎(　　　)　祀(　　　)　祈(　　　)　祿(　　　)
禍(　　　)　禪(　　　)　禽(　　　)　秩(　　　)
租(　　　)　稀(　　　)　稚(　　　)　稿(　　　)
穴(　　　)　突(　　　)　符(　　　)　笛(　　　)
策(　　　)　簿(　　　)　粧(　　　)　糖(　　　)

☞ 정답은 157쪽에서 확인하세요.

가나다순
앞에서 익힌 40자를 가나다순으로 배열했습니다. 빈칸에 訓音을 쓰세요.

1

硬(　　　)　稿(　　　)　禽(　　　)　祈(　　　)
畿(　　　)　糖(　　　)　突(　　　)　祿(　　　)
磨(　　　)　盟(　　　)　盲(　　　)　眠(　　　)
睦(　　　)　盤(　　　)　碧(　　　)　簿(　　　)
符(　　　)　祀(　　　)　禪(　　　)　疏(　　　)

2

瞬( )	甚( )	疫( )	瓦( )
粧( )	笛( )	租( )	症( )
秩( )	疾( )	策( )	礎( )
畜( )	稚( )	皮( )	畢( )
穴( )	禍( )	皇( )	稀( )

☞ 정답은 158쪽에서 확인하세요.

무 순 앞에서 익힌 40자를 순서 없이 배열했습니다. 빈칸에 訓音을 쓰세요.

1

瓦( )	策( )	盲( )	畿( )
穴( )	秩( )	稀( )	祀( )
畢( )	甚( )	碧( )	禍( )
笛( )	突( )	符( )	疫( )
磨( )	疏( )	症( )	硬( )

2

租( )	祿( )	祈( )	禽( )
粧( )	眠( )	疾( )	稿( )
礎( )	禪( )	稚( )	皮( )
皇( )	糖( )	盟( )	盤( )
畜( )	瞬( )	睦( )	簿( )

☞ 정답은 158쪽에서 확인하세요.

	漢字	訓音	도 움 말	用 例
糸 4	紋	①무늬 문	糸가 뜻으로, 文이 聲으로 작용한 形聲字. 직물의 무늬, 주름 등의 뜻으로 쓰인다.	指紋(지문) 波紋(파문)
糸 4	紛	①어지러울 분	糸가 뜻으로, 分이 聲으로 작용한 形聲字. 어지럽다, 섞이다, 말썽이 나다 등의 뜻으로 쓰인다.	紛亂(분란)　紛失(분실) 紛爭(분쟁)
糸 4	索	①찾을 색 ②동아줄 삭	두 손으로 새끼줄을 꼰다는 뜻을 지닌 會:意字. 동아줄, 새끼를 꼬다 등의 뜻일 때는 음이 '삭'이고, '찾다'라는 뜻일 때는 음이 '색'임을 주의해야 한다.	索漠(삭막)　索出(색출) 思索(사색)　探索(탐색)
糸 5	累:	①여러 루: ②쌓을 루	어떤 물건을 포개놓고 새끼줄이나 실로 묶어놓은 것과 관련이 있을 것이라는 풀이가 있다. 묶다, 동여매다, 쌓이다, 포개다, 번거로움 등의 뜻으로 쓰인다.	累:計(누계)　累:代(누대) 累:積(누적)　累:進(누진)
糸 5	紫°	①자줏빛 자	糸가 뜻으로, 此가 聲으로 작용한 形聲字. 자줏빛을 나타낸다.	紫:外線(자외선)
糸 6	絡	①이을 락 ②얽을 락	糸가 뜻으로, 各이 聲으로 작용한 形聲字. 음에 차이가 있으나 洛(물이름 락)이나 烙(지질 락)에서도 聲으로 작용했다. 헌 솜, 두레박 끈, 얽다, 묶다, 맥락 등의 뜻으로 쓰인다.	脈絡(맥락) 連絡(연락)
糸 8	緊	①긴할 긴 ②얽을 긴	糸가 뜻으로, 臤(단단할 견)이 聲으로 작용한 形聲字. 굳게 얽다, 감다, 엄하다, 단단하다, 매우 등의 뜻으로 쓰인다.	緊急(긴급)　緊密(긴밀) 緊迫(긴박)　緊要(긴요)
糸 8	維	①벼리 유 ②바 유	糸가 뜻으로, 隹(새 추)가 聲으로 작용한 形聲字. 음에 차이가 있으나 唯(오직 유)도 같은 경우이다. 밧줄, 벼리[그물의 위쪽 코를 꿰어 놓은 줄], 매다, 받치다 등의 뜻과 함께 發語詞(발어사)로도 쓰인다.	維持(유지) 進退維谷(진퇴유곡)
糸 8	綱	①벼리 강	糸가 뜻으로, 岡(산등성이 강)이 聲으로 작용한 形聲字. 벼리[그물의 위쪽 코를 꿰어 놓은 줄], 사물의 가장 주가 되는 것, 근본, 통괄하다 등의 뜻으로 쓰인다.	綱領(강령)　紀綱(기강) 大:綱(대강)　要綱(요강)
糸 8	綿	①솜 면	糸와 帛(비단 백)이 결합되어 하얀 솜을 뜻하는 會:意字. 원래는 緜자였으나 지금은 綿이 보편적으로 쓰인다. 솜, 이어지다, 잇다, 퍼지다, 아득하다 등의 뜻으로 쓰인다.	綿密(면밀) 周到綿密(주도면밀)

	漢字	訓音	도 움 말	用 例
糸 9	緩:	①느릴 완	糸가 뜻으로, 爰(이에 원)이 聲으로 작용한 形聲字. 느리다, 느슨하다, 늦추다, 누그러지다, 처지다 등의 뜻으로 쓰인다.	緩:急(완급) 緩:慢(완만) 緩:和(완화)
糸 9	編	①엮을 편	糸가 뜻으로, 扁(납작할 편)이 聲으로 작용한 形聲字. 엮다, 늘어놓다, 얽다, 책, 책을 맨 끈 등의 뜻으로 쓰인다.	編成(편성) 編制(편제) 編次(편차) 改:編(개편)
糸 9	緖:	①실마리 서	糸가 뜻으로, 者가 聲으로 작용한 形聲字. 음에 차이가 있으나 暑(더울 서)나 署(관청 서)에서도 聲으로 작용했다. 실마리, 시초, 계통, 차례, 끈 등의 뜻으로 쓰인다.	緖:論(서론) 端緖(단서) 頭緖(두서)
糸 11	縱	①세로 종	糸가 뜻으로, 從이 聲으로 작용한 形聲字. 늘어지다, 용서하다, 놓다, 버리다, 멋대로, 세로, 남북 등의 뜻으로 쓰인다. 略字는 縦.	縱斷(종단) 放:縱(방종) 縱橫無盡(종횡무진)
糸 11	繁	①번성할 번 ②많을 번	고대에 귀인이 타는 말의 갈기에 잡다하게 만든 장식물을 뜻하는 會:意字인 緐의 자형이 변한 字. 많다, 성하다, 바쁘다, 번성하다 등의 뜻으로 쓰인다.	繁盛(번성) 繁榮(번영) 繁昌(번창) 繁華(번화)
网 9	署:	①마을 서 ②관청 서	罒(网, 그물 망)이 뜻으로, 者가 聲으로 작용한 形聲字. 음에 차이가 있으나 暑(더울 서)나 緖(실마리 서)에서도 聲으로 작용했다. 나누어진 부서, 벼슬, 관청, 쓰다, 대리 등의 뜻으로 쓰인다.	署:名(서명) 部署(부서) 官公署(관공서)
羽 0	羽:	①깃 우	鳥類의 두 개의 깃털이 서로 겹친 형상을 본뜬 象形字. 새의 깃, 날개라는 뜻으로 쓰이며 五:音[宮·商·角·徵·羽]의 하나로도 쓰인다.	羽:化(우화) 積羽沈舟(적우침주)
羽 11	翼	①날개 익	羽(깃 우)가 뜻으로, 異(다를 이)가 聲으로 작용한 形聲字. 음에 차이가 있으나 瀷(강이름 익)이나 熤(불빛 익)에서도 聲으로 작용했다. 날개, 돕다, 이루다, 받들다 등의 뜻으로 쓰인다.	右:翼(우익)
而 3	耐:	①견딜 내	수염을 뜻하는 而와 터럭을 뜻하는 彡이 결합되어 수염을 깎는다는 뜻을 지닌 耏(수염 깎을 내)가 약간 변한 字이다. 지금은 耏는 '수염을 깎다'라는 뜻으로, 耐는 '견디다'라는 뜻으로 고정되었다.	忍耐(인내) 耐:久性(내구성)
耒 4	耕	①밭갈 경	耒(쟁기 뢰)와 井田法을 나타내는 井이 결합된 會:意字라는 설과 耒가 뜻으로, 井이 聲으로 작용한 形聲字라는 설이 있다. 밭을 갈다, 고르다, 농사에 힘쓰다, 생계를 꾸리다 등의 뜻으로 쓰인다.	耕作(경작) 耕地(경지) 晝耕夜讀(주경야독)

	漢字	訓音	도 움 말	用　　例
耳 11	聯	① 연이을　련 ② 잇달　　련	귀[耳]가 뺨에 이어져 있다는 뜻과 실[絲]이 이어져 끊어지지 않는다는 뜻이 결합된 會:意字. 잇닿다, 합치다, 연결하다 등의 뜻으로 쓰인다.	聯立(연립)　　聯盟(연맹) 聯想(연상)　　聯合(연합)
肉 3	肖	① 닮을　　초	月(肉)이 뜻으로, 小가 聲으로 작용한 形聲字. 음에 차이가 있으나 抄(뽑을 초)나 秒(초 초)에서도 聲으로 작용했다. '골상이나 육체가 닮다'라는 뜻으로 쓰인다.	不肖(불초) 肖像畵(초상화)
肉 3	肝	① 간　　　간	月(肉)이 뜻으로, 干이 聲으로 작용한 形聲字. 장기의 하나인 간을 이른다.	肝:臟(간장)
肉 4	肺	① 허파　　폐	月(肉)이 뜻으로, 市(무릎덮개 불)이 聲으로 작용한 形聲字. 허파, 마음, 충심 등의 뜻으로 쓰인다. 市을 市(저자 시)로 쓰는 것은 잘못이다.	肺:活量(폐활량)
肉 4	肥	① 살찔　　비	月(肉)과 골절을 나타내는 卩(병부 절)의 變:體가 결합된 會:意字. 살찌다, 살찐 말 등의 뜻으로 쓰인다.	肥:料(비료)　　肥:滿(비만) 天高馬肥(천고마비)
肉 5	胡	① 되　　　호 ② 오랑캐　호	月(肉)이 뜻으로, 古가 聲으로 작용한 形聲字. 見(견)↔現(현), 可(가)↔河(하), 古(고)↔祜(복 호)처럼 한자음에서 ㄱ과 ㅎ은 상통한다. 턱밑 살, 오랑캐, 어찌 등의 뜻으로 쓰인다.	胡角(호각) 胡亂(호란)
肉 5	胃	① 밥통　　위	우리 몸의 일부를 뜻하는 月(肉)에 위 속에 먹은 음식물이 들어 있는 모습을 나타낸 ※를 더한 象形字. 밥통이나 마음이란 뜻으로 쓰인다.	胃壁(위벽)　　胃液(위액) 健:胃(건위)
肉 6	脅	① 위협할　협 ② 갈비　　협	月(肉)이 뜻으로, 劦(힘합할 협)이 聲으로 작용한 形聲字. 옆구리, 갈빗대, 곁, 으르다, 으쓱거리다 등의 뜻으로 쓰인다. 脇으로도 쓴다.	脅迫(협박) 威脅(위협)
肉 6	胸	① 가슴　　흉	月(肉)이 뜻으로, 匈(오랑캐 흉)이 聲으로 작용한 形聲字. 가슴, 가슴속, 마음 등의 뜻으로 쓰인다. 胷으로도 쓴다.	胸骨(흉골)　　胸部(흉부) 胸像(흉상)　　胸中(흉중)
肉 7	脚	① 다리　　각	月(肉)이 뜻으로, 却(물리칠 각)이 聲으로 작용한 形聲字. 月과 卻(却의 本字)이 결합된 腳의 俗字이나 俗字가 더 보편적으로 쓰인다. 다리, 정강이, 물건의 다리 등의 뜻으로 쓰인다.	脚光(각광)　　脚本(각본) 健:脚(건각)　　馬:脚(마각)

부수	漢字	訓音	도움말	用例
肉 8	腐:	①썩을 부	肉이 뜻으로, 府(관청 부)가 聲으로 작용한 形聲字. 썩다, 쓸모없다, 멸망하다, 마음을 상하다 등의 뜻으로 쓰인다.	腐:敗(부패) 陳:腐(진부) 流水不腐(유수불부)
肉 9	腹	①배 복	月(肉)이 뜻으로, 夏(갈 복)이 聲으로 작용한 形聲字. 배, 마음, 앞, 가운데 등의 뜻으로 쓰인다.	腹部(복부) 腹案(복안) 空腹(공복) 私腹(사복)
肉 9	腦	①골 뇌	머리카락을 본뜬 巛〔단순한 부호〕과 정수리를 나타내는 囟(정수리 신)에 月(肉)을 결합하여 뇌를 나타낸 會:意字. 머리, 뇌, 중심 등의 뜻으로 쓰인다. 略字는 脳.	腦裏(뇌리) 頭腦(두뇌)
肉 18	臟:	①오장 장	月(肉)이 뜻으로, 藏(감출 장)이 聲으로 작용한 形聲字. 心〔심장〕, 腎〔신장〕, 肝〔간〕, 肺〔허파〕의 다섯 가지의 장기를 통틀어 이르는 말이다.	臟:器(장기) 內:臟(내장) 五:臟(오장)
臣 11	臨	①임할 림	臥(누울 와)가 뜻으로, 品이 聲으로 작용한 形聲字라고는 하나 음의 차이가 크다. 내려다보다, 나아가다, 다스리다, 대하다 등의 뜻으로 쓰인다.	臨迫(임박) 臨時(임시) 臨終(임종)
至 8	臺	①대 대 ②돈대 대	사방을 바라보기 위하여 높이 쌓아올린 건물을 본뜬 字. 돈대〔평지보다 높직하게 두드러진 평평한 땅〕, 물건을 올려놓는 대 등의 뜻에서 관청, 조정 등의 뜻으로 쓰인다. 略字는 台.	臺帳(대장) 舞:臺(무대) 展:望臺(전망대)
舟 4	般	①일반 반 ②가지 반	舟(배 주)와 상앗대를 뜻하는 殳(몽둥이 수)가 결합된 會:意字. 돌다, 나르다, 되돌아오다 등의 뜻으로 쓰인다.	般若(반야) 萬:般(만반) 全般(전반)
艸 4	芽	①싹 아	++(艸)가 뜻으로, 牙(어금니 아)가 聲으로 작용한 形聲字. 싹, 싹트다, 조짐이 보이다, 처음 등의 뜻으로 쓰인다.	發芽(발아)
艸 4	芳	①꽃다울 방	++(艸)가 뜻으로, 方이 聲으로 작용한 形聲字. 풀이 향기를 내다, 꽃답다, 향기가 좋은 풀이란 뜻에서 아름다움의 비유로 많이 쓰인다.	芳年(방년) 芳春(방춘) 芳名錄(방명록)
艸 5	若	①같을 약	채소〔++〕를 먹기 위하여 손〔右〕으로 골라 뽑는다는 뜻을 지닌 字이나 본래의 뜻과는 달리 같다, 너, 만약, 및, 어떠한가 등의 뜻으로 쓰이며, 불교와 관련된 용어에서는 '야'로 읽는다.	若干(약간) 萬:若(만약) 明若觀火(명약관화)

부수순

앞에서 익힌 40자를 부수순으로 배열했습니다. 빈칸에 訓音을 쓰세요.

1

紋(　　)　紛(　　)　索(　　)　累(　　)
紫(　　)　絡(　　)　緊(　　)　維(　　)
綱(　　)　綿(　　)　緩(　　)　編(　　)
緒(　　)　縱(　　)　繁(　　)　署(　　)
羽(　　)　翼(　　)　耐(　　)　耕(　　)

2

聯(　　)　肖(　　)　肝(　　)　肺(　　)
肥(　　)　胡(　　)　胃(　　)　脅(　　)
胸(　　)　脚(　　)　腐(　　)　腹(　　)
腦(　　)　臟(　　)　臨(　　)　臺(　　)
般(　　)　芽(　　)　芳(　　)　若(　　)

☞ 정답은 163쪽에서 확인하세요.

가나다순

앞에서 익힌 40자를 가나다순으로 배열했습니다. 빈칸에 訓音을 쓰세요.

1

脚(　　)　肝(　　)　綱(　　)　耕(　　)
緊(　　)　耐(　　)　腦(　　)　臺(　　)
絡(　　)　聯(　　)　累(　　)　臨(　　)
綿(　　)　紋(　　)　般(　　)　芳(　　)
繁(　　)　腹(　　)　腐(　　)　紛(　　)

2

肥(　　) 索(　　) 緖(　　) 署(　　)

芽(　　) 若(　　) 緩(　　) 羽(　　)

胃(　　) 維(　　) 翼(　　) 紫(　　)

臟(　　) 縱(　　) 肖(　　) 編(　　)

肺(　　) 脅(　　) 胡(　　) 胸(　　)

☞ 정답은 164쪽에서 확인하세요.

무 순 앞에서 익힌 40자를 순서 없이 배열했습니다. 빈칸에 訓音을 쓰세요.

1

紋(　　) 般(　　) 縱(　　) 紫(　　)

腦(　　) 脅(　　) 脚(　　) 肖(　　)

累(　　) 紛(　　) 耐(　　) 肥(　　)

臺(　　) 臟(　　) 臨(　　) 緊(　　)

耕(　　) 絡(　　) 綱(　　) 翼(　　)

2

胸(　　) 肺(　　) 肝(　　) 胃(　　)

芳(　　) 繁(　　) 維(　　) 腹(　　)

聯(　　) 腐(　　) 胡(　　) 緩(　　)

綿(　　) 若(　　) 編(　　) 緖(　　)

索(　　) 羽(　　) 署(　　) 芽(　　)

☞ 정답은 164쪽에서 확인하세요.

부수	漢字	訓音	도움말	用例
艸 5	茂:	① 무성할 **무** ② 우거질 **무**	++(艸)가 뜻으로, 戊(천간 무)가 聲으로 작용한 形聲字. 우거지다, 풍족하다, 왕성하다, 훌륭하다 등의 뜻으로 쓰인다.	茂:盛(무성)
艸 6	茶	① 차 **다** ② 차 **차**	++(艸)가 뜻으로, 余(나 여)가 聲으로 작용한 荼가 本字인데 당나라 때 陸羽(육우)가 지은 《茶經》에서 한 획을 감하여 지금의 '茶'가 되었다고 한다. 주로 첫음절에 올 때는 음이 '다'가 된다.	茶果(다과)　茶道(다도) 茶禮(차례)　綠茶(녹차)
艸 6	荒	① 거칠 **황**	++(艸)가 뜻으로, 㠩(망할 황)이 聲으로 작용한 形聲字. 거칠다, 흉년, 막되다 등의 뜻으로 쓰인다.	荒唐(황당)　荒涼(황량) 荒野(황야)　荒廢(황폐)
艸 7	荷°	① 멜 **하** ② 연 **하**	++(艸)가 뜻으로, 何가 聲으로 작용한 形聲字. 연꽃과의 다년초를 이르며 메다, 짐, 맡다 등의 뜻으로도 쓰인다.	荷役(하역)　荷重(하중) 手荷物(수하물)
艸 7	莊	① 씩씩할 **장** ② 엄숙할 **장**	++(艸)가 뜻으로, 壯(씩씩할 장)이 聲으로 작용한 形聲字. 풀이 성한 모양, 엄숙하다, 별장 등의 뜻으로 쓰인다. 略字는 荘.	莊嚴(장엄)　莊重(장중) 別莊(별장)
艸 7	莫	① 없을 **막**	해[日]가 풀이 우거진[茻, 잡풀우거질 망] 곳에 지는 모습을 나타낸 會:意字. 본래는 '저물다'라는 뜻의 字였으나 暮(저물 모)가 이를 대신하고 주로 '~보다 더한 것이 없다, ~하지 말라' 등의 뜻으로 쓰인다.	莫强(막강)　莫重(막중) 莫上莫下(막상막하)
艸 8	菌	① 버섯 **균**	++(艸)가 뜻으로, 囷(곳집 균)이 聲으로 작용한 形聲字. 버섯 또는 세균이란 뜻으로 쓰인다.	滅菌(멸균)　病:菌(병균) 殺菌(살균)　細:菌(세균)
艸 8	菊	① 국화 **국**	++(艸)가 뜻으로, 匊(움킬 국)이 聲으로 작용한 形聲字. 국화를 나타낸다.	菊花(국화) 黃菊(황국)
艸 8	菜:	① 나물 **채**	++(艸)가 뜻으로, 采(캘 채)가 聲으로 작용한 形聲字. 나물, 푸성귀, 반찬 등의 뜻으로 쓰인다.	菜:食(채식) 野:菜(야채)
艸 9	著:	① 나타날 **저** ② 드러날 **저저** ③ 입을 **착**	++(艸)가 뜻으로, 者가 聲으로 작용한 形聲字. 나타나다, 뚜렷하다, 글을 짓다, 붙다 [着은 俗字] 등의 뜻으로 쓰인다.	著:名(저명)　著:書(저서) 著:述(저술)　論著(논저)

1단계・훈음 익히기

부수	漢字	訓音	도 움 말	用 例
艸 9	葬:	① 장사지낼 장	죽은 사람〔死〕을 풀이 우거진〔茻, 잡풀우거질 망〕 곳에 묻어 장사 지낸다는 뜻을 지닌 會:意字이다.	葬:禮(장례)　葬:事(장사) 葬:儀(장의)　火:葬(화장)
艸 10	蓋:	① 덮을 개	++(艸)가 뜻으로, 盍〔盇(덮을 합)의 本字〕이 聲으로 작용한 形聲字라고는 하나 음의 차이가 있다. 덮다, 뚜껑, 일산, 하늘 등의 뜻과 함께 한문 문장에서 대개, 대체로 등의 뜻으로도 쓰인다.	蓋:石(개석)　覆蓋(복개) 蓋:然性(개연성)
艸 10	蒙	① 입을 몽	++(艸)가 뜻으로, 冢(덮어쓸 몽)이 聲으로 작용한 形聲字. 원래 '새삼'을 나타내던 字였는데 새삼은 나무와 풀을 덮는다는 뜻에서 덮다, 숨기다, 무릅쓰다, 어리석다, 어린 모양 등의 뜻으로 확대되어 쓰인다.	童:蒙(동몽)
艸 10	蒼	① 푸를 창	++(艸)가 뜻으로, 倉(곳집 창)이 聲으로 작용한 形聲字. 푸른색, 백성, 하늘 등의 뜻으로 쓰인다.	蒼天(창천) 億兆蒼生(억조창생)
艸 10	蒸	① 찔 증	++(艸)가 뜻으로, 烝(찔 증)이 聲으로 작용한 形聲字. '삼대'를 가리키던 字였으나 주로 찌다, 덥다, 김이 오르다 등의 뜻으로 쓰인다.	蒸氣(증기) 蒸發(증발)
艸 11	蓮	① 연꽃 련	++(艸)가 뜻으로, 連이 聲으로 작용한 形聲字. 연꽃, 연밥, 연뿌리 등의 뜻으로 쓰인다.	蓮根(연근) 木蓮(목련)
艸 13	薄	① 엷을 박	++(艸)가 뜻으로, 溥(넓을 보)가 聲으로 작용한 形聲字. 얇다, 적다, 각박하다, 비옥하지 않다 등의 뜻으로 쓰인다.	薄待(박대)　薄德(박덕) 薄氷(박빙)　薄情(박정)
艸 14	藏:	① 감출 장	++(艸)가 뜻으로, 臧(착할 장)이 聲으로 작용한 形聲字. 갈무리하다, 숨기다, 저장하다, 숨다 등의 뜻으로 쓰인다.	藏:書(장서)　冷:藏(냉장) 祕:藏(비장)　所:藏(소장)
艸 16	蘇	① 되살아날 소	++(艸)가 뜻으로, 穌(되살아날 소)가 聲으로 작용한 形聲字. 원래는 '차조기'라는 1년생 풀을 가리키던 字였으나 지금은 되살아나다, 깨다, 쉬다 등의 뜻으로 쓰이며 姓으로도 쓰인다.	蘇生(소생)
艸 17	蘭	① 난초 란	++(艸)가 뜻으로, 闌(가로막을 란)이 聲으로 작용한 形聲字. 난초를 가리킨다.	蘭香(난향) 金蘭之交(금란지교)

	漢字	訓音	도 움 말	用 例
虍 2	虎	①범 호	옆에서 본 범의 모습을 본뜬 象形字. 용맹함이나 사나움의 비유로도 쓰인다. 간혹 武(군사 무)를 대신하기도 하는데 이는 武가 임금의 이름에 있을 때 이를 피하기 위하여 虎를 썼으니 虎班〔武班〕이 그 예이다.	虎死留皮 (호사유피) 三人成虎 (삼인성호)
虫 5	蛇	①뱀 사	虫이 뜻으로, 它(뱀 사, 다를 타)가 뜻과 聲을 겸한 兼聲會意字. 它만으로도 뱀이라는 뜻을 지니고 있으나 虺(이무기 훼)와 同字인 虫을 더하여 뜻을 분명히 하였다.	蛇足(사족)　毒蛇(독사) 長蛇陣(장사진)
行 9	衝	①찌를 충	行이 뜻으로, 重이 聲으로 작용한 形聲字. 찌르다, 맞부딪치다, 향하다 등의 뜻으로 쓰인다.	衝擊(충격)　衝突(충돌) 衝動(충동)　要衝(요충)
行 10	衡	①저울대 형	部首 行이 聲으로 작용하고 角과 大가 결합되어 뿔나무를 나타낸다는 풀이가 있다. 저울대, 저울, 무게를 달다 등의 뜻으로 쓰인다. 橫과 통용될 때는 음이 횡이다.	衡平(형평)　均衡(균형) 平衡(평형) 度:量衡(도량형)
衣 4	衰	①쇠할 쇠	너덜너덜한 옷자락의 모습을 본뜬 象形字. 蓑(도롱이 사)의 本字였으나 지금은 약해지다, 여위다, 세력이 없어지다, 줄다 등의 뜻으로 쓰인다. 상복 이름으로 쓰일 때는 음이 '최'가 되나 초급 수준을 넘어선다.	衰亡(쇠망)　衰微(쇠미) 衰弱(쇠약)　衰殘(쇠잔)
衣 4	被:	①입을 피	衣가 뜻으로, 皮(가죽 피)가 聲으로 작용한 形聲字. 이불, 덮다, 옷을 입다, 은혜를 입다, 당하다 등의 뜻으로 쓰인다.	被:殺(피살)　被:選(피선) 被:襲(피습)　被:害(피해)
衣 6	裂	①찢어질 렬 ②찢을 렬	衣가 뜻으로, 列이 聲으로 작용한 形聲字. 찢다, 깨지다, 무너지다 등의 뜻으로 쓰인다.	裂傷(열상)　決裂(결렬) 分裂(분열)　破:裂(파열)
衣 6	裁	①옷마를 재 ②마름질 재	衣가 뜻으로, 𢦒(다칠 재, 戈+才, 才聲)의 생략형인 𢦒가 聲으로 작용한 形聲字. 𢦒가 포함된 字는 載(실을 재)나 哉(어조사 재) 처럼 음이 '재'로 된다. 마름질하다, 자르다, 헤아리다 등의 뜻으로 쓰인다.	裁可(재가)　裁量(재량) 決裁(결재)　制裁(제재)
衣 7	裏:	①속 리	衣가 뜻으로, 里가 聲으로 작용한 形聲字. 속, 가슴 속, 내부, 마음, 안 등의 뜻으로 쓰인다. 裡는 同字이다.	裏:面(이면) 表裏不同(표리부동)
衣 7	補:	①기울 보	衣가 뜻으로, 甫(아무개 보)가 聲으로 작용한 形聲字. 옷 따위의 해진 데를 깁다, 고치다, 더하다 등의 뜻으로 쓰인다.	補:强(보강)　補:修(보수) 補:完(보완)　補:助(보조)

	漢字	訓音	도 움 말	用 例
衣 7	裕	①넉넉할 유	衣가 뜻으로, 谷(골 곡)이 聲으로 작용한 形聲字. 음에 차이가 있으나 欲(하고자할 욕)이나 浴(멱감을 욕)처럼 유사한 경우가 있다. 넉넉하다, 너그럽다, 넉넉하게 하다 등의 뜻으로 쓰인다.	裕福(유복) 餘裕(여유)
衣 8	裳	①치마 상	衣가 뜻으로, 尙(우러를 상)이 聲으로 작용한 形聲字. 치마를 가리키는데 아랫도리에 입는 옷을 이른다.	衣裳(의상) 同價紅裳(동가홍상)
衣 16	襲	①엄습할 습	애초에는 衣자 위에 두 개의 龍자가 聲으로 작용한 形聲字라고는 하나 음을 유추하기 어렵다. 불의에 쳐들어가다, 잇다, 들어가다, 죽은 사람에게 옷을 입히다 등의 뜻으로 쓰인다.	襲擊(습격) 急襲(급습) 奇襲(기습) 世:襲(세습)
襾 12	覆	①엎을 복 ②덮을 부	襾가 뜻으로, 復이 聲으로 작용한 形聲字. 엎어지다, 넘어지다, 뒤집다, 되풀이하다, 덮다 등의 뜻으로 쓰인다.	覆蓋(복개) 覆面(복면) 翻覆(번복) 顚:覆(전복)
角 13	觸	①닿을 촉	角이 뜻으로, 蜀(나라이름 촉)이 聲으로 작용한 形聲字. 닿다, 부딪치다, 범하다 등의 뜻으로 쓰인다. 略字는 触.	觸覺(촉각) 觸感(촉감) 觸手(촉수) 感:觸(감촉)
言 4	訣	①이별할 결 ②글 사	言이 뜻으로, 夬(깍지 결, 터놓을 쾌)이 聲으로 작용한 形聲字. 헤어지다, 비결, 끊다 등의 뜻으로 쓰인다.	訣別(결별) 永:訣(영결)
言 4	訟:	①송사할 송	言이 뜻으로, 公이 聲으로 작용한 形聲字. 음의 차이가 있으나 頌(칭송할 송)이나 松(소나무 송)도 같은 경우이다. 당국에 호소하여 시비를 가려주기를 원하는 일을 이른다.	訟:事(송사) 訴訟(소송) 爭訟(쟁송)
言 5	詞	①말 사 ②글 사	言이 뜻으로, 司(맡을 사)가 聲으로 작용한 形聲字. 말, 문장, 설명하다 등의 뜻으로 쓰인다. 주로 단어의 마지막에 붙어 품사가 되거나 앞에 쓰인 글자의 성격을 분명히 해 준다.	動:詞(동사) 品詞(품사)
言 5	訴	①호소할 소 ②하소연할 소	言이 뜻으로, 厈(물리칠 척)이 聲으로 작용한 形聲字였으나 隸:書에서 현재의 자형으로 바뀌었다. 하소연하다, 알리다, 헐뜯어 말하다, 송사하다 등의 뜻으로 쓰인다.	告:訴(고소) 呼訴(호소)
言 6	誇:	①자랑할 과	言이 뜻으로, 夸(자랑할 과)가 뜻과 聲을 겸한 兼聲會意字. 자랑하다, 자랑, 자만하다 등의 뜻으로 쓰인다.	誇:示(과시) 誇:張(과장)

부수순 앞에서 익힌 40자를 부수순으로 배열했습니다. 빈칸에 訓音을 쓰세요.

1

茂( ) 茶( ) 荒( ) 荷( )

莊( ) 莫( ) 菌( ) 菊( )

菜( ) 著( ) 葬( ) 蓋( )

蒙( ) 蒼( ) 蒸( ) 蓮( )

薄( ) 藏( ) 蘇( ) 蘭( )

2

虎( ) 蛇( ) 衝( ) 衡( )

衰( ) 被( ) 裂( ) 裁( )

裏( ) 補( ) 裕( ) 裳( )

襲( ) 覆( ) 觸( ) 訣( )

訟( ) 詞( ) 訴( ) 誇( )

☞ 정답은 167쪽에서 확인하세요.

가나다순 앞에서 익힌 40자를 가나다순으로 배열했습니다. 빈칸에 訓音을 쓰세요.

1

蓋( ) 訣( ) 誇( ) 菊( )

菌( ) 茶( ) 蘭( ) 蓮( )

裂( ) 裏( ) 莫( ) 蒙( )

茂( ) 薄( ) 補( ) 覆( )

詞( ) 蛇( ) 裳( ) 訴( )

2

蘇(　　)　訟(　　)　哀(　　)　襲(　　)

裕(　　)　莊(　　)　藏(　　)　葬(　　)

裁(　　)　著(　　)　蒸(　　)　蒼(　　)

菜(　　)　觸(　　)	衝(　　)　被(　　)

荷(　　)　衡(　　)　虎(　　)　荒(　　)

☞ 정답은 170쪽에서 확인하세요.

무 순 앞에서 익힌 40자를 순서 없이 배열했습니다. 빈칸에 訓音을 쓰세요.

1

茂(　　)　訟(　　)　蒼(　　)　莊(　　)

襲(　　)　裁(　　)　補(　　)　蛇(　　)

荷(　　)　茶(　　)　蘇(　　)　哀(　　)

訣(　　)　覆(　　)　觸(　　)　菌(　　)

蘭(　　)　莫(　　)　菜(　　)　裏(　　)

2

藏(　　)　衡(　　)　衝(　　)　裂(　　)

訴(　　)　蒸(　　)　菊(　　)　裳(　　)

虎(　　)　裕(　　)　被(　　)　葬(　　)

著(　　)　誇(　　)　蓋(　　)　蒙(　　)

荒(　　)　薄(　　)　蓮(　　)　詞(　　)

☞ 정답은 170쪽에서 확인하세요.

	漢字	訓音	도움말	用例
言 6	詳	①자세할 상	言이 뜻으로, 羊이 聲으로 작용한 形聲字. 음에 차이가 있으나 한자음에서 余(나 여)↔徐(천천히 서), 如↔恕(용서할 서), 羊↔祥(상서 상)처럼 음이 상통한다. 자세하다, 모조리, 골고루 등의 뜻으로 쓰인다.	詳論(상론)　詳細(상세) 詳述(상술)
言 7	誘	①꾈 유	말[言]을 뛰어나게[秀] 잘 해서 상대방의 마음을 빼앗는다는 뜻을 지닌 會:意字. 꾀다, 유인하다, 유혹하다, 속이다, 헷갈리게 하다 등의 뜻으로 쓰인다.	誘發(유발)　誘引(유인) 誘惑(유혹)　勸:誘(권유)
言 9	諸	①모두 제 ②어조사 저	言이 뜻으로, 者가 聲으로 작용한 形聲字. 모든, 여러 등의 뜻으로 쓰이며, 어조사로 쓰일 때는 음이 '저'가 된다.	諸般(제반) 諸子百家(제자백가)
言 9	謀	①꾀 모 ②꾀할 모	言이 뜻으로, 某(아무개 모)가 聲으로 작용한 形聲字. 꾀하다, 꾀, 술책, 헤아리다 등의 뜻으로 쓰인다.	謀略(모략)　無謀(무모) 陰謀(음모)　謀利輩(모리배)
言 9	謂	①이를 위	言이 뜻으로, 胃(밥통 위)가 聲으로 작용한 形聲字. 이르다, 말하다, 생각하다 등의 뜻으로 쓰인다.	所謂(소위)
言 9	諾	①허락할 낙	言이 뜻으로, 若이 聲으로 작용한 形聲字. 대답하다, 허락하다, 따르다 등의 뜻으로 쓰인다.	受諾(수락)　承諾(승낙) 應:諾(응낙)　許諾(허락)
言 10	謙	①겸손할 겸	言이 뜻으로, 兼(겸할 겸)이 聲으로 작용한 形聲字. 겸손하다, 공손하다, 삼가다 등의 뜻으로 쓰인다.	謙辭(겸사)　謙讓(겸양) 謙虛(겸허)
言 12	譜:	①족보 보 ②계보 보	言이 뜻으로, 普(널리 보)가 聲으로 작용한 形聲字. 계보·족보처럼 순서나 차례를 세워 계통에 따라 적어놓은 것을 이른다.	系:譜(계보)　世:譜(세보) 樂譜(악보)　族譜(족보)
言 13	譯	①번역할 역	言이 뜻으로, 睪(엿볼 역)이 聲으로 작용한 形聲字. 통변하다, 통역하다, 뜻을 풀어 밝히다 등의 뜻으로 쓰인다. 略字는 訳.	譯文(역문)　國譯(국역) 意譯(의역)　通譯(통역)
言 14	譽。	①기릴 예 ②명예 예	言이 뜻으로, 與가 聲으로 작용한 形聲字. 기리다, 칭찬하다, 영예 등의 뜻으로 쓰인다. 略字는 誉.	名譽(명예) 榮譽(영예)

부수	漢字	訓音	도움말	用例
言 17	讓:	① 사양할 양	言이 뜻으로, 襄(도울 양)이 聲으로 작용한 形聲字. 사양하다, 양보하다, 자기를 낮추다 등의 뜻으로 쓰인다.	讓步(양보) 辭讓(사양)
谷 0	谷	① 골 곡	샘물이 솟아나는 구멍을 뜻하는 口와 그 위로 물이 반쯤 솟아나는 모양을 나타내어, 샘물이 솟아 산과 산 사이를 지나간다는 뜻을 지닌 會:意字. 골, 골짜기, 좁은 길 등의 뜻으로 쓰인다.	溪谷(계곡) 深:谷(심곡)
豕 7	豪	① 호걸 호	豕가 뜻으로, 高의 생략형이 聲으로 작용한 形聲字. 호걸, 신분이 높은 사람 또는 부자, 빼어나다, 뛰어나다, 거드름을 피우다 등의 뜻으로 쓰인다.	豪傑(호걸) 豪氣(호기) 豪雨(호우) 豪快(호쾌)
豸 7	貌	① 모양 모	원래는 서있는 사람[儿]의 얼굴모양[白]을 나타낸 皃(모양 모)자만으로도 완전한 字였으나 후에 豸(발없는벌레 치)가 보태졌다. 얼굴, 형상, 겉보기, 자태 등의 뜻으로 쓰인다.	面:貌(면모) 外:貌(외모) 容貌(용모) 體貌(체모)
貝 2	貞	① 곧을 정	점[卜, 점 복]을 치고 복채[貝]를 지불한다는 뜻을 지닌 會:意字. 원래는 '점을 치다'라는 뜻의 字였으나 본뜻보다는 주로 곧다, 여자의 절개, 진실한 마음 등의 뜻으로 쓰인다.	貞潔(정결) 貞節(정절) 貞操(정조)
貝 3	貢:	① 바칠 공	貝가 뜻으로, 工이 聲으로 작용한 形聲字. 바치다, 드리다, 나라에 바치는 지방의 산물 등의 뜻으로 쓰인다.	貢:物(공물)
貝 4	貫。	① 꿸 관	貝가 뜻으로, 毌(꿸 관)이 뜻과 聲을 겸한 兼聲會意字. 꿰다, 꿰뚫다, 이어지다, 변하지 않다 등의 뜻으로 쓰인다.	貫徹(관철) 貫:通(관통) 貫鄕(관향) 貫革(관혁)
貝 5	貸:	① 빌릴 대	貝가 뜻으로, 代가 聲으로 작용한 形聲字. '물건이나 돈을 빌리다'는 뜻으로 쓰인다.	貸:與(대여) 貸:切(대절) 貸:借(대차) 貸:出(대출)
貝 5	貿:	① 무역할 무 ② 바꿀 무	貝가 뜻으로, 卯(넷째지지 묘)가 聲으로 작용한 形聲字. 바꾸다, 무역하다, 장사하다, 물품을 교역하다 등의 뜻으로 쓰인다.	貿:易(무역)
貝 5	賀:	① 하례할 하	貝가 뜻으로, 加가 聲으로 작용한 形聲字. 可(가)↔河(하), 古(고)↔祜(복 호)처럼 한 자음에서 ㄱ과 ㅎ은 상통한다. 하례하다, 예물을 보내어 경축하다, 가상히 여기다 등의 뜻으로 쓰인다.	賀:客(하객) 賀:禮(하례) 祝賀(축하) 年賀狀(연하장)

	漢字	訓音	도 움 말	用 例
貝 6	賃	① 품삯 임 ② 품팔이 임	貝가 뜻으로, 任(맡을 임)이 聲으로 작용한 形聲字. 품팔이, 고용하다, 품삯, 세를 주고 물건을 임시로 빌려쓰다 등의 뜻으로 쓰인다.	賃:金(임금) 賃:貸(임대) 賃:借(임차) 勞賃(노임)
貝 8	賦	① 부세 부	貝가 뜻으로, 武(군사 무)가 聲으로 작용한 形聲字라고는 하나 음의 차이가 크다. 조세를 바치다, 부역, 주다, 詩歌를 짓다 등의 뜻으로 쓰인다.	賦:課(부과) 賦:稅(부세) 賦:與(부여) 賦:役(부역)
貝 8	賤	① 천할 천	貝가 뜻으로, 戔(적을 전)이 聲으로 작용한 形聲字. 천하다, 값이 싸다, 신분이 낮다, 업신여기다, 버리다 등의 뜻으로 쓰인다. 略字는 賎.	賤:待(천대) 賤:視(천시) 貴:賤(귀천) 微賤(미천)
貝 9	賴	① 의뢰할 뢰 ② 힘입을 뢰	화폐의 뜻으로 쓰이는 조개〔貝〕를 칼〔刀〕로 다듬어 다발로 묶는다〔束〕는 뜻에서 이득을 본다는 뜻을 지닌 會意字. 의미가 확대되어 힘입다, 의지하다 등의 뜻으로 쓰인다.	信:賴(신뢰) 依賴(의뢰)
貝 12	贊	① 도울 찬	貝가 뜻으로, 兟(나아갈 신)이 聲으로 작용한 形聲字. 돕다, 추천하다, 알리다, 찬성의 뜻을 표하다 등의 뜻으로 쓰인다. 略字는 賛.	贊:成(찬성) 贊:助(찬조)
走 5	越	① 넘을 월	走(달릴 주)가 뜻으로, 戉(도끼 월)이 聲으로 작용한 形聲字. 넘다, 건너다, 앞지르다, 빠르다 등의 뜻으로 쓰인다.	越冬(월동) 越等(월등) 卓越(탁월)
走 5	超	① 뛰어넘을 초	走(달릴 주)가 뜻으로, 召(부를 소)가 聲으로 작용한 形聲字. 넘다, 뛰어넘다, 뛰어나다, 앞으로 나아가다 등의 뜻으로 쓰인다.	超過(초과) 超然(초연) 超越(초월) 超脫(초탈)
足 5	距	① 상거할 거 ② 떨어질 거	足이 뜻으로, 巨(클 거)가 聲으로 작용한 形聲字. 공간 또는 시간적으로 사이가 뜨다, 서로 떨어지다 등의 뜻으로 쓰인다.	距:離(거리)
足 6	跡	① 발자취 적	足이 뜻으로, 亦(또 역)이 聲으로 작용한 形聲字. 발자취, 자취, 흔적, 밟다 등의 뜻으로 쓰인다. 迹·蹟은 모두 같은 음과 뜻의 한자이다.	人跡(인적) 潛跡(잠적) 足跡(족적) 筆跡(필적)
足 8	踏	① 밟을 답	足이 뜻으로, 沓(유창할 답)이 聲으로 작용한 形聲字. 밟다, 디디다, 발판 등의 뜻으로 쓰인다.	踏步(답보) 踏査(답사) 踏襲(답습)

부수	漢字	訓音	도움말	用例
足 8	踐:	① 밟을 천	足이 뜻으로, 戔(적을 전)이 聲으로 작용한 形聲字. 밟다, 걷다, 행하다 등의 뜻으로 쓰인다. 略字는 践.	實踐(실천)
足 11	蹟	① 자취 적	足이 뜻으로, 責(꾸짖을 책)이 聲으로 작용한 形聲字. 자취, 지나간 자국 등의 뜻으로 쓰인다.	古:蹟(고적)　奇蹟(기적) 史:蹟(사적)
車 4	軟:	① 연할 연 ② 부드러울 연	車가 뜻으로, 耎(가냘플 연)이 聲으로 작용한 輭(부드러울 연)의 俗字. '수레가 잘 구르다'가 본래의 뜻이었으나 그 보다는 연하다, 보들보들하다, 몰랑몰랑하다, 연약하다 등의 뜻으로 쓰인다.	軟:性(연성)　軟:弱(연약) 柔軟(유연)
車 6	較	① 비교 교 ② 견줄 교	車가 뜻으로, 交가 聲으로 작용한 形聲字. 견주다, 비교하다, 겨루다 등의 뜻으로 쓰인다.	比:較(비교)
車 6	載:	① 실을 재	車가 뜻으로, 𢦒(다칠 재, 戈+才, 才聲)의 생략형인 𢦏가 聲으로 작용한 形聲字. 𢦒가 포함된 字는 栽(마름질할 재)나 哉(어조사 재)처럼 음이 '재'로 된다. 싣다, 짐지우다, 타다, 적다 등의 뜻으로 쓰인다.	記載(기재)　登載(등재) 連載(연재)　積載(적재)
車 8	輩:	① 무리 배	車가 뜻으로, 非가 聲으로 작용한 形聲字. 무리, 동아리, 패, 짝 등의 뜻으로 쓰인다.	輩:出(배출) 先後輩(선후배)
車 9	輸	① 나를 수	車가 뜻으로, 兪(점점 유)가 聲으로 작용한 形聲字. 음에 차이가 있으나 한자음에서 余(나 여)↔徐(천천히 서), 如↔恕(용서할 서), 羊↔祥(상서 상)처럼 'ㅇ'과 'ㅅ' 음은 상통한다.	輸送(수송)　輸出(수출) 輸血(수혈)　運:輸(운수)
辰 0	辰	① 별 진 ② 지지 진 ③ 때 신	조개가 조가비를 벌리고 발[살]을 내놓은 모양을 본뜬 象形字. 이제는 蜃(조개 신)이 이를 대신하고 辰은 12支 중 다섯 번째의 地支로 차용되고 있다. 주로 다섯째 지지로 쓰이며 때나 시각이란 뜻으로도 쓰인다.	北辰(북신) 星辰(성신)
辰 3	辱	① 욕될 욕	고대에 농사의 때[辰]를 잃은 사람은 법[寸]에 따라 죽이거나 욕보였다는 뜻을 지닌 會:意字. 욕되게 하다, 욕보이다, 더럽히다, 수치 등의 뜻으로 쓰인다.	辱說(욕설)　困:辱(곤욕) 屈辱(굴욕)　雪辱(설욕)
辶 5	迫	① 핍박할 박 ② 닥칠 박	辶(辵, 쉬엄쉬엄갈 착)이 뜻으로, 白이 聲으로 작용한 形聲字. 닥치다, 다그치다, 군색하다, 다급하다, 재촉하다 등의 뜻으로 쓰인다.	迫頭(박두)　迫害(박해) 急迫(급박)　壓迫(압박)

부수순
앞에서 익힌 40자를 부수순으로 배열했습니다. 빈칸에 訓音을 쓰세요.

1

詳(　) 誘(　) 諸(　) 謀(　)
謂(　) 諾(　) 謙(　) 譜(　)
譯(　) 譽(　) 讓(　) 谷(　)
豪(　) 貌(　) 貞(　) 貢(　)
貫(　) 貸(　) 貿(　) 賀(　)

2

賃(　) 賦(　) 賤(　) 賴(　)
贊(　) 越(　) 超(　) 距(　)
跡(　) 踏(　) 踐(　) 蹟(　)
軟(　) 較(　) 載(　) 輩(　)
輸(　) 辰(　) 辱(　) 迫(　)

☞ 정답은 175쪽에서 확인하세요.

가나다순
앞에서 익힌 40자를 가나다순으로 배열했습니다. 빈칸에 訓音을 쓰세요.

1

距(　) 謙(　) 谷(　) 貢(　)
貫(　) 較(　) 諾(　) 踏(　)
貸(　) 賴(　) 謀(　) 貌(　)
貿(　) 迫(　) 輩(　) 譜(　)
賦(　) 詳(　) 輸(　) 讓(　)

2

譯( )	軟( )	譽( )	辱( )
越( )	謂( )	誘( )	賃( )
載( )	跡( )	蹟( )	貞( )
諸( )	辰( )	贊( )	踐( )
賤( )	超( )	賀( )	豪( )

☞ 정답은 176쪽에서 확인하세요.

무 순 앞에서 익힌 40자를 순서 없이 배열했습니다. 빈칸에 訓音을 쓰세요.

1

詳( )	輸( )	貌( )	謂( )
軟( )	距( )	踏( )	賦( )
謀( )	誘( )	貿( )	贊( )
輩( )	較( )	載( )	謙( )
諾( )	賀( )	譯( )	貸( )

2

跡( )	賴( )	賤( )	超( )
辱( )	貞( )	譜( )	蹟( )
賃( )	越( )	踐( )	讓( )
譽( )	迫( )	谷( )	豪( )
諸( )	貫( )	貢( )	辰( )

☞ 정답은 176쪽에서 확인하세요.

부수	漢字	訓音	도 움 말	用 例
辶 5	述	① 펼 술 ② 지을 술	辶(辵, 쉬엄쉬엄갈 착)이 뜻으로, 朮(차조 출)이 聲으로 작용한 形聲字. 짓다, 말하다, 글로 표현하다, 뜻을 말하다 등의 뜻으로 쓰인다.	述懷(술회)　口:述(구술) 記述(기술)
辶 6	追	① 쫓을 추	辶(辵, 쉬엄쉬엄갈 착)이 뜻으로, 自[堆(언덕 퇴)의 本字]가 聲으로 작용한 形聲字. 쫓다, 쫓아 버리다, 따르다, 옛날로 거슬러 올라가다 등의 뜻으로 쓰인다.	追加(추가)　追擊(추격) 追求(추구)　追窮(추궁)
辶 7	透	① 사무칠 투 ② 통할 투	辶(辵)이 뜻으로, 秀(빼어날 수)가 聲으로 작용한 形聲字라고는 하나 음의 차이가 크다. 뛰어넘다, 다하다, 통해서 보다 등의 뜻으로 쓰인다.	透過(투과)　透明(투명) 透視(투시)　透映(투영)
辶 7	途:	① 길 도	辶(辵, 쉬엄쉬엄갈 착)이 뜻으로, 余(나 여)가 聲으로 작용한 形聲字. 음에 차이가 있으나 荼(씀바귀 도)나 唺(토할 도)도 같은 경우이다. 길이란 뜻으로 쓰인다.	途:中(도중)　中途(중도) 前途有望(전도유망)
辶 7	逢°	① 만날 봉	辶(辵, 쉬엄쉬엄갈 착)이 뜻으로, 夆(이끌 봉)이 聲으로 작용한 形聲字. 만나다, 마주치다, 맞다 등의 뜻으로 쓰인다.	逢變(봉변)　逢着(봉착) 相逢(상봉)
辶 8	逸	① 편안할 일 ② 달아날 일	辶(辵, 쉬엄쉬엄갈 착)과 兔(토끼 토)가 결합된 會意字. 달아나다, 없어지다, 뛰어나다, 잃다, 난잡하다 등의 뜻으로 쓰인다.	逸脫(일탈)　逸品(일품) 逸話(일화)　安逸(안일)
辶 12	遷:	① 옮길 천	辶(辵)이 뜻으로, 䙴(높이오를 선)이 聲으로 작용한 形聲字. 옮기다, 바꾸다, 오르다, 달라지다 등의 뜻으로 쓰인다.	遷:官(천관)　遷:都(천도) 變:遷(변천)　左:遷(좌천)
辶 13	還	① 돌아올 환	辶(辵, 쉬엄쉬엄갈 착)이 뜻으로, 睘이 聲으로 작용한 形聲字. 돌아오다, 돌려보내다, 도리어, 또 등의 뜻으로 쓰인다.	還甲(환갑)　還給(환급) 歸:還(귀환)
邑 4	邪	① 간사할 사 ② 어조사 야	阝(邑)이 뜻으로, 牙(어금니 아)가 聲으로 작용한 形聲字. 원래는 琅琊(낭야)라는 고을을 나타내던 字였으나 본뜻과 달리 주로 간사하다, 속이다, 사사롭다 등의 뜻으로 쓰인다. 어조사로 쓰일 때는 음이 '야'이다.	邪道(사도)　邪惡(사악) 邪思妄念(사사망념)
邑 7	郎	① 사내 랑 ② 사나이 랑	阝(邑)이 뜻으로, 良이 聲으로 작용한 形聲字. 춘추시대 魯(노)나라에서는 近邑, 遠邑을 모두 郎이라고 하였다. 후에 본뜻보다는 주로 어질고 훌륭한 사나이, 젊은이, 남편 등의 뜻으로 쓰인다.	郞君(낭군) 新郞(신랑)

	漢字	訓音	도 움 말	用 例
酉 8	醉:	①취할 취	酉(술 유)와 卒(마칠 졸)이 결합된 會:意字. 술이 끝날 때까지 마시면 결국 취하게 된다는 뜻을 지닌 字이다. 술에 취하다, 마음을 빼앗기다, 정신을 못 차리다 등의 뜻으로 쓰인다. 略字는 酔.	醉:氣(취기)　滿:醉(만취) 深:醉(심취)
釆 13	釋	①풀 석	釆(분별할 변)이 뜻으로, 睪(엿볼 역)이 聲으로 작용한 形聲字. 죄의 유무를 분별하고〔釆〕살펴서〔睪〕죄 없는 자는 풀어준다는 뜻을 지닌 字이다. 풀다, 놓다, 놓아주다, 풀리다 등의 뜻으로 쓰인다. 略字는 釈.	釋放(석방) 釋然(석연)
金 6	銘	①새길 명	金이 뜻으로, 名이 聲으로 작용한 形聲字. 새기다, 마음에 새기다, 金石에 새긴 글 등의 뜻으로 쓰인다.	銘心(명심)　感:銘(감명) 座:右銘(좌우명)
金 8	鋼	①강철 강	金이 뜻으로, 岡(메 강)이 聲으로 작용한 形聲字. 강철을 뜻한다.	鋼管(강관)　鋼鐵(강철) 鋼板(강판)　鐵鋼(철강)
金 8	錯	①어긋날 착 ②섞일 착	金이 뜻으로, 昔(예 석)이 聲으로 작용한 形聲字. 어그러지다, 어지럽다, 뒤섞이다 등의 뜻으로 쓰인다.	錯覺(착각)　錯誤(착오) 錯雜(착잡)　交錯(교착)
金 8	錦:	①비단 금	帛(비단 백)이 뜻으로, 金이 聲으로 작용한 形聲字. 형성은 대부분 부수가 뜻으로 작용하지만 214개 부수에 帛이 없는데도 여기에서는 뜻으로 작용한 특이한 경우이다. 비단, 아름답다 등의 뜻으로 쓰인다.	錦:衣玉食(금의옥식) 錦:衣還鄕(금의환향)
金 9	鍊	①쇠불릴 련 ②단련할 련	金이 뜻으로, 柬(가릴 간)이 聲으로 작용한 形聲字. 음에 차이가 있으나 練(익힐 련)이나 煉(불릴 련)도 같은 경우이다. 쇠붙이를 정련하다, 다루다, 심신을 닦다 등의 뜻으로 쓰이며 간혹 練과 통용하기도 한다.	鍊武(연무)　修鍊(수련) 精鍊(정련)　訓:鍊(훈련)
金 10	鎖:	①쇠사슬 쇄	金이 뜻으로, 貨(자잘할 쇄)가 聲으로 작용한 形聲字. 자물쇠, 잠그다, 사슬, 옭아매다 등의 뜻으로 쓰인다.	鎖:國(쇄국)　封鎖(봉쇄) 閉:鎖(폐쇄)
金 10	鎭°	①진압할 진 ②누를 진	金이 뜻으로, 眞이 聲으로 작용한 形聲字. 누르다, 억제하다, 안정시키다, 평정하다 등의 뜻으로 쓰인다. 略字는 鎮.	鎭:壓(진압)　鎭:靜(진정) 鎭:重(진중)
金 14	鑑	①거울 감	金이 뜻으로, 監(살필 감)이 聲으로 작용한 形聲字. 거울, 본보기, 비추다, 살피다, 사물을 분별하는 능력 등의 뜻으로 쓰인다.	鑑賞(감상)　鑑識(감식) 鑑定(감정)

	漢字	訓音	도 움 말	用 例
金 14	鑄:	①쇠불릴 주	金이 뜻으로, 壽가 聲으로 작용한 形聲字. 금속을 녹여 거푸집에 넣어서 기물을 만든다는 뜻에서 轉하여 인재를 양성한다는 뜻으로도 쓰인다.	鑄:物(주물) 鑄:造(주조)
門 6	閣	①집 각 ②문설주 각	門이 뜻으로, 各이 聲으로 작용한 形聲字. 집, 누각, 대궐, 관서 등의 뜻으로 쓰인다.	內:閣(내각) 碑閣(비각)
阜 5	阿	①언덕 아 ②가까울 아	阝(阜, 언덕 부)가 뜻으로, 可가 聲으로 작용한 形聲字. 원래는 구불구불하고 큰 언덕을 뜻하던 字였으나 지금은 주로 알랑거리다, 가깝다, 영합하다 등의 뜻으로 쓰인다.	阿附(아부) 曲學阿世(곡학아세)
阜 5	附:	①붙을 부	阝(阜, 언덕 부)가 뜻으로, 付(줄 부)가 聲으로 작용한 形聲字. 붙다, 붙이다, 의지하다, 따르다, 맞추다 등의 뜻으로 쓰인다.	附:加(부가) 附:近(부근)
阜 8	陳。	①베풀 진 ②진열할 진	阝(阜, 언덕 부)와 木이 뜻으로, 申(지지 신)이 聲으로 작용한 形聲字. 언덕에 나무가 서 있다는 뜻에서 진열하다, 늘어놓다, 베풀다, 자세하게 말하다, 행렬 등의 뜻으로 쓰인다.	陳:列(진열) 陳:情書(진정서)
阜 8	陷:	①빠질 함	阝(阜, 언덕 부)가 뜻으로, 臽(함정 함)이 뜻과 聲을 겸한 兼聲會意字. 빠지다, 빠뜨리다, 함정, 무너뜨리다, 무너지다 등의 뜻으로 쓰인다.	陷:落(함락)　陷:沒(함몰) 缺陷(결함)　謀陷(모함)
阜 8	陶	①질그릇 도	阝(阜, 언덕 부)가 뜻으로, 匋(질그릇 도)가 뜻과 聲을 겸한 兼聲會意字. 匋는 陶의 本字. 질그릇, 기르다, 기뻐하다 등의 뜻으로 쓰인다. 사람 이름에 쓰일 때 '요'로 읽는 경우가 있으나 초급 수준을 벗어난다.	陶工(도공)　陶器(도기) 陶醉(도취)
阜 8	陵	①언덕 릉	阝(阜, 언덕 부)가 뜻으로, 夌(언덕 릉)이 뜻과 聲을 겸한 兼聲會意字. 언덕, 임금의 무덤, 앞지르다 등의 뜻으로 쓰이며, 凌(업신여길 릉)과 통용하기도 한다.	陵園(능원)　王陵(왕릉) 武陵桃源(무릉도원)
阜 9	隆	①높을 륭	生이 뜻으로, 降(항복할 항)이 聲으로 작용한 形聲字. 크다, 높다, 성하다, 풍성하고 크다 등의 뜻으로 쓰인다.	隆起(융기)　隆盛(융성) 隆崇(융숭)
阜 10	隔	①사이뜰 격	阝(阜)가 뜻으로, 鬲(솥 력)이 聲으로 작용한 形聲字. 물건을 중간에 놓아 가로막다, 시간이나 공간에 사이가 뜨다, 간막이 등의 뜻으로 쓰인다.	隔年(격년)　隔離(격리) 間:隔(간격)　懸:隔(현격)

	漢字	訓音	도 움 말	用 例
阜 13	隨	①따를 수	辶(辵, 쉬엄쉬엄갈 착)이 뜻으로, 隋(나라 이름 수)가 聲으로 작용한 形聲字. 따르다, 쫓다, 내맡기다 등의 뜻으로 쓰인다.	隨時(수시)　隨筆(수필) 隨想錄(수상록)
隹 4	雅:	①고울 아	隹(새 추)가 뜻으로, 牙(어금니 아)가 聲으로 작용한 形聲字. 원래는 까마귀를 뜻하는 鴉(갈가마귀 아)의 古:字였으나 주로 고상하다, 바르다, 아름답다 등의 뜻으로 쓰인다.	雅:量(아량)　雅:樂(아악) 雅:趣(아취)　古:雅(고아)
隹 10	雙	①두 쌍쌍 ②쌍 쌍	한 손[又]으로 두 마리의 새[隹]를 잡고 있는 모습에서 뜻을 취한 會:意字. 짝수, 쌍, 짝, 둘 등의 뜻으로 쓰인다. 略字는 双.	雙璧(쌍벽)
雨 5	雷	①우레 뢰	本字 靁는 비[雨]가 내릴 때 둥글둥글한 검은 뭉게구름이 서로 엉겨[畾] 여기서 雷聲이 생기는 현상을 나타낸 指事字. 우레라는 뜻으로 쓰인다.	雷聲(뇌성)　落雷(낙뢰) 避:雷針(피뢰침)
雨 6	需	①쓰일 수 ②쓸 수 ③구할 수	비[雨]를 맞고 잠시 멈추어[而] 기다린다는 뜻을 지닌 會:意字. 원래는 기다린다는 뜻의 字였으나 주로 제공하다, 필요로 하다, 필요로 하는 물건 등의 뜻으로 쓰인다.	需給(수급)　需要(수요) 內:需(내수)　特需(특수)
雨 7	震:	①우레 진 ②벼락 진	雨가 뜻으로, 辰이 聲으로 작용한 形聲字. 천둥소리, 흔들리다, 벼락을 치다, 떨다 등의 뜻으로 쓰인다.	震:怒(진노)　震:動(진동) 强震(강진)　耐:震(내진)
雨 9	霜	①서리 상	雨가 뜻으로, 相이 聲으로 작용한 形聲字. 서리를 가리킨다. 雨가 부수인 字는 날씨, 기후 현상과 관련이 있다.	霜降(상강)　霜葉(상엽) 秋霜(추상)　風霜(풍상)
雨 12	露	①이슬 로	雨가 뜻으로, 路가 聲으로 작용한 形聲字. 이슬, 은혜를 베풀다, 드러내다, 새다 등의 뜻으로 쓰인다.	露天(노천) 露出(노출)
雨 16	靈	①신령 령	巫(무당 무)가 뜻으로, 霝(비올 령)이 聲으로 작용한 形聲字. 처음에는 玉으로 쓰다가 후에 巫로 바뀌었으니, 옥을 가지고 神을 모시는 무당을 가리키던 字였다. 신령, 정신, 귀신 등의 뜻으로 쓰인다. 略字는 灵.	靈感(영감)　靈物(영물) 靈前(영전)　靈魂(영혼)
音 10	韻:	①운 운	音이 뜻으로, 員이 聲으로 작용한 形聲字. 韻이란 한자를 四聲에 따라 나누고, 中·終聲의 동일성이나 유사성에 따라 나눈 부류를 말한다. 소리의 울림, 소리의 운, 기품, 운치 등의 뜻으로 쓰인다.	韻:文(운문)　韻:律(운율) 韻:致(운치)

부수순 앞에서 익힌 40자를 부수순으로 배열했습니다. 빈칸에 訓音을 쓰세요.

1

述(　　) 追(　　) 透(　　) 途(　　)

逢(　　) 逸(　　) 遷(　　) 還(　　)

邪(　　) 郞(　　) 醉(　　) 釋(　　)

銘(　　) 鋼(　　) 錯(　　) 錦(　　)

鍊(　　) 鎖(　　) 鎭(　　) 鑑(　　)

2

鑄(　　) 閣(　　) 阿(　　) 附(　　)

陳(　　) 陷(　　) 陶(　　) 陵(　　)

隆(　　) 隔(　　) 隨(　　) 雅(　　)

雙(　　) 雷(　　) 需(　　) 震(　　)

霜(　　) 露(　　) 靈(　　) 韻(　　)

정답은 *181*쪽에서 확인하세요.

가나다순 앞에서 익힌 40자를 가나다순으로 배열했습니다. 빈칸에 訓音을 쓰세요.

1

閣(　　) 鑑(　　) 鋼(　　) 隔(　　)

錦(　　) 陶(　　) 途(　　) 郞(　　)

鍊(　　) 靈(　　) 露(　　) 雷(　　)

隆(　　) 陵(　　) 銘(　　) 逢(　　)

附(　　) 邪(　　) 霜(　　) 釋(　　)

2

鎖( )	隨( )	需( )	述( )
雙( )	阿( )	雅( )	韻( )
逸( )	鑄( )	震( )	陳( )
鎭( )	錯( )	遷( )	追( )
醉( )	透( )	陷( )	還( )

☞ 정답은 182쪽에서 확인하세요.

무 순 앞에서 익힌 40자를 순서 없이 배열했습니다. 빈칸에 訓音을 쓰세요.

1

述( )	霜( )	鋼( )	逢( )
雙( )	陵( )	隔( )	閣( )
途( )	追( )	鎭( )	陳( )
震( )	雷( )	需( )	遷( )
鑑( )	逸( )	邪( )	隆( )

2

鎖( )	附( )	阿( )	陶( )
靈( )	錯( )	還( )	雅( )
鑄( )	隨( )	陷( )	醉( )
郞( )	韻( )	釋( )	銘( )
透( )	鍊( )	錦( )	露( )

☞ 정답은 182쪽에서 확인하세요.

	漢字	訓音		도 움 말	用 例
音 13	響:	①울릴	향	音이 뜻으로, 鄕이 聲으로 작용한 形聲字. 소리, 울림, 울리다, 응답 등의 뜻으로 쓰인다.	反:響(반향) 音響(음향)
頁 2	頃	①이랑 ②잠깐	경 경	머리를 뜻하는 頁(머리 혈)과 人을 뒤집어 놓은 匕가 결합된 會:意字. 원래는 기울다는 뜻의 字였으나 傾(기울 경)이 이를 대신하고 주로 논밭의 넓이, 잠시, 요사이, 때 등의 뜻으로 쓰인다.	頃刻(경각)
頁 2	頂	①정수리	정	頁(머리 혈)이 뜻으로, 丁(장정 정) 聲으로 작용한 形聲字. 정수리〔머리 위의 숫구멍이 있는 자리〕, 꼭대기, 물건의 가장 높은 곳 등의 뜻으로 쓰인다.	頂上(정상) 山頂(산정) 絶頂(절정)
頁 3	項	①항목 ②목	항 항	頁(머리 혈)이 뜻으로, 工이 聲으로 작용한 形聲字. 음에 차이가 있으나 缸(항아리 항)이나 肛(똥구멍 항)도 같은 경우이다. 사람의 목, 목덜미, 조목 등의 뜻으로 쓰인다.	事:項(사항) 條項(조항)
頁 9	顔:	①낯 ②얼굴	안 안	頁(머리 혈)이 뜻으로, 彦(선비 언)이 聲으로 작용한 形聲字. 얼굴, 낯, 용모 등의 뜻으로 쓰인다.	顔:料(안료) 顔:面(안면) 顔:色(안색) 童:顔(동안)
食 4	飯	①밥	반	食이 뜻으로, 反이 聲으로 작용한 形聲字. 밥, 밥을 먹이다, 끼 등의 뜻으로 쓰인다. 食이 부수인 字는 대부분 음식과 관련이 있다.	朝飯(조반) 飯床器(반상기)
食 5	飾	①꾸밀	식	食이 부수로 지정되어 있으나 여기서는 聲으로 작용했으며, 사람이 巾(수건 건)으로 닦는다는 뜻에서 더러운 것을 씻다, 꾸미다, 단장하다, 꾸미개 등의 뜻으로 쓰인다.	假:飾(가식) 服飾(복식) 修飾(수식) 裝飾(장식)
食 8	館	①집	관	食이 뜻으로, 官이 聲으로 작용한 形聲字. 손님을 묵게 하여 음식을 대접하는 집이라는 뜻에서 발전하여 관청, 글방, 접대하다 등의 뜻으로 쓰인다.	客館(객관) 大:使館(대사관) 圖書館(도서관)
馬 8	騎	①말탈	기	馬가 뜻으로, 奇가 聲으로 작용한 形聲字. 말을 타다, 걸터앉다, 말을 탄 군사 등의 뜻으로 쓰인다.	騎馬(기마) 騎兵(기병) 騎乘(기승) 單騎(단기)
馬 13	驛	①역 ②역참	역 역	馬가 뜻으로, 睪(엿볼 역)이 聲으로 작용한 形聲字. 옛날 역말을 갈아타거나 공무로 내왕하는 관원이 중도에서 쉬거나 유숙하는 곳을 이른다. 서울역, 부산역, 봉천역 등으로 많이 쓰인다. 略字는 駅.	驛舍(역사) 終着驛(종착역)

漢字		訓音	도 움 말	用 例
鬼 0	鬼	①귀신 귀	괴물의 머리〔凶〕를 한 사람〔儿〕에 사람을 해치는 음기〔厶〕가 보태진 字라고 하나 이해가 쉽지 않다. 아무튼 鬼가 부수인 字는 대부분 귀신이나 귀신의 역할과 관련이 있다.	鬼:神(귀신)　鬼:才(귀재) 神出鬼沒(신출귀몰)
鬼 4	魂	①넋 혼	鬼가 뜻으로, 云이 聲으로 작용한 形聲字. 넋, 마음, 정령 등의 뜻으로 쓰인다.	魂靈(혼령) 忠魂(충혼)
鳥 3	鳳	①봉황새 봉	鳥가 뜻으로, 凡이 聲으로 작용한 形聲字. 전설상의 새인 봉황을 뜻한다.	鳳:仙花(봉선화)
鳥 10	鶴	①학 학 ②두루미 학	鳥가 뜻으로, 寉(두루미 학)이 뜻과 聲을 겸한 兼聲會意字. 온 몸이 희고 꼬리가 검은 새를 이르며, 흰색의 비유로도 쓰인다.	鶴髮(학발) 鶴首苦待(학수고대)
鹵 13	鹽	①소금 염	鹵(소금밭 로)가 뜻으로, 監(볼 감)이 聲으로 작용한 形聲字라고는 하나 음의 차이가 있다. 人工의 소금, 절이다 등의 뜻으로 쓰이며 자획이 복잡하여 속자인 塩이 많이 쓰인다. 略字는 塩.	鹽分(염분)　鹽田(염전) 食鹽水(식염수)
麥 0	麥	①보리 맥	보릿대의 단단한 줄기와 까끄라기를 본뜬 象形字인 來(보리 래)가 本字였으나 나중에 夊가 더하여져 來는 '오다'는 뜻으로, 麥은 '보리'라는 뜻으로 굳어졌다.	麥芽(맥아)　麥酒(맥주) 小:麥(소맥)
麻 0	麻	①삼 마	본래는 사람이 집 안에서 삼 실을 삼는다는 뜻을 지닌 字였는데 아울러 '삼'이란 뜻으로 쓰이게 되었다.	麻織(마직)　麻布(마포) 大:麻(대마)
黑 4	默	①잠잠할 묵	黑이 부수로 지정되어 있으나 오히려 聲으로 작용했으며 犬이 뜻으로 쓰인 形聲字. 음에 차이가 있으나 墨(먹 묵)이나 嘿(고요할 묵)도 같은 경우이다. 개가 소리를 내지 않고 사람을 따른다는 뜻을 지닌 字이다.	默契(묵계)　默過(묵과) 默念(묵념)　默想(묵상)
鼓 0	鼓	①북 고	支는 막대를 뜻하는 屮〔부호〕과 손을 뜻하는 又가 결합된 字로 손으로 막대를 들고 때려서 소리를 내는 악기(壴, 악기 주), 즉 북을 이른다. 북, 두드리다, 연주하다, 북돋우다 등의 뜻으로 쓰인다.	鼓動(고동)　鼓舞(고무) 鼓吹(고취)
齊 0	齊	①가지런할 제	齊는 ⺿로, 혹은 ⺿⺿로도 썼으니 벼나 보리 이삭의 위가 가지런함을 나타낸 글자. 그러나 현재의 자형과는 차이가 커서 이해가 쉽지는 않다. 가지런하다, 다스리다, 일제히 등의 뜻으로 쓰인다. 略字는 斉.	齊唱(제창)　均齊(균제) 一齊(일제)

부수순 앞에서 익힌 40자를 부수순으로 배열했습니다. 빈칸에 訓音을 쓰세요.

1

響(　　　)　頃(　　　)　頂(　　　)　項(　　　)

顔(　　　)　飯(　　　)　飾(　　　)　館(　　　)

騎(　　　)　驛(　　　)　鬼(　　　)　魂(　　　)

鳳(　　　)　鶴(　　　)　鹽(　　　)　麥(　　　)

麻(　　　)　默(　　　)　鼓(　　　)　齊(	　　)

☞ 정답은 185쪽에서 확인하세요.

가나다순 앞에서 익힌 40자를 가나다순으로 배열했습니다. 빈칸에 訓音을 쓰세요.

1

頃(　　　)　鼓(　　　)　館(　　　)　鬼(　　　)

騎(　　　)　麻(　　　)　麥(　　　)　默(　　　)

飯(　　　)　鳳(　　　)　飾(　　　)　顔(　　　)

驛(　　　)　鹽(　　　)　頂(　　　)　齊(　　　)

鶴(　　　)　項(　　　)　響(　　　)　魂(　　　)

☞ 정답은 185쪽에서 확인하세요.

1단계 · 훈음 익히기 83

무 순 앞에서 익힌 40자를 순서 없이 배열했습니다. 빈칸에 **訓音**을 쓰세요.

1

響(　　　)　鶴(　　　)　顔(　　　)　項(　　　)

頃(　　　)　鼓(　　　)　飾(　　　)　飯(　　　)

齊(　　　)　騎(　　　)　默(　　　)　鹽(　　　)

館(　　　)　鬼(　　　)　驛(　　　)　魂(　　　)

鳳(　　　)　頂(　　　)　麻(　　　)　麥(　　　)

☞ 정답은 186쪽에서 확인하세요.

부수순 앞에서 익힌 3급Ⅱ 한자를 모두 부수순으로 배열했습니다. 빈칸에 **訓音**을 쓰세요.

1

丈( )　丘( )　丙( )　丹( )
久( )　之( )　乘( )　乙( )
乾( )　井( )　亞( )　亦( )
亭( )　介( )　付( )　企( )
仲( )　仰( )　何( )　但( )
伯( )　侍( )　佳( )　供( )
促( )　倒( )　借( )　値( )
倫( )　倉( )　偏( )　側( )
偶( )　債( )

☞ 정답은 187쪽에서 확인하세요.

2

催( )　僞( )　僧( )　像( )
償( )　兆( )　免( )　克( )
兔( )　其( )　兼( )　冠( )
凍( )　凡( )　刀( )　刊( )
刷( )　刺( )　削( )　剛( )
割( )　劃( )　劍( )　勵( )
勿( )　卑( )　卽( )　及( )
司( )　吐( )　吏( )　含( )
吹( )　哀( )

☞ 정답은 187쪽에서 확인하세요.

3급Ⅱ 한자 모두에 대한 부수순 익히기가 계속됩니다. 빈칸에 訓音을 쓰세요.

3

哲( )	唐( )	哭( )	啓( )
喪( )	坐( )	垂( )	培( )
執( )	塞( )	塔( )	墨( )
壞( )	壤( )	壬( )	壽( )
夢( )	央( )	奏( )	契( )
奔( )	奪( )	奮( )	奴( )
妄( )	妃( )	姑( )	妻( )
娘( )	婢( )	媒( )	孟( )
宇( )	宙( )		

☞ 정답은 188쪽에서 확인하세요.

4

宴( )	寂( )	寧( )	寡( )
寬( )	審( )	封( )	尙( )
尺( )	尾( )	履( )	岸( )
峯( )	嶺( )	巖( )	巡( )
巧( )	己( )	帥( )	幕( )
幹( )	幼( )	幽( )	廊( )
廢( )	廷( )	弄( )	弊( )
弓( )	彩( )	影( )	役( )
征( )	彼( )		

☞ 정답은 188쪽에서 확인하세요.

부수순 3급Ⅱ 한자 모두에 대한 부수순 익히기가 계속됩니다. 빈칸에 訓音을 쓰세요.

5

徑( )	徐( )	御( )	微( )
徹( )	徵( )	忍( )	忽( )
怪( )	恭( )	恕( )	恐( )
恥( )	恒( )	悠( )	悅( )
悟( )	悔( )	惜( )	惑( )
愁( )	愚( )	慈( )	愼( )
慧( )	慾( )	慣( )	慕( )
憂( )	憎( )	憶( )	懇( )
懸( )	懷( )		

☞ 정답은 189쪽에서 확인하세요.

6

戀( )	我( )	戚( )	戱( )
抑( )	扶( )	拔( )	拂( )
拓( )	抵( )	拘( )	拾( )
拳( )	捕( )	振( )	排( )
掌( )	換( )	揚( )	摘( )
旋( )	旦( )	旬( )	昇( )
昌( )	晚( )	暫( )	曆( )
曾( )	斜( )	枝( )	架( )
柱( )	染( )		

☞ 정답은 189쪽에서 확인하세요.

부수순 3급Ⅱ 한자 모두에 대한 부수순 익히기가 계속됩니다. 빈칸에 訓音을 쓰세요.

7

柔(	)	桂(	)	桃(	)	桑(	)
株(	)	栽(	)	栗(	)	梁(	)
梅(	)	械(	)	森(	)	楓(	)
槪(	)	樓(	)	橫(	)	欄(	)
欲(	)	此(	)	殆(	)	殊(	)
殿(	)	池(	)	汗(	)	沙(	)
沒(	)	沈(	)	泥(	)	沿(	)
泰(	)	洪(	)	洲(	)	浸(	)
浦(	)	浩(	)				

☞ 정답은 190쪽에서 확인하세요.

8

浮(	)	浪(	)	淫(	)	淨(	)
淑(	)	涼(	)	淺(	)	淡(	)
渡(	)	湯(	)	溪(	)	滅(	)
漏(	)	漆(	)	漸(	)	漠(	)
滯(	)	潤(	)	潛(	)	澤(	)
濕(	)	炎(	)	烏(	)	照(	)
熟(	)	燒(	)	燕(	)	爐(	)
片(	)	版(	)	狂(	)	猛(	)
牙(	)	猶(	)				

☞ 정답은 190쪽에서 확인하세요.

부수순 3급Ⅱ 한자 모두에 대한 부수순 익히기가 계속됩니다. 빈칸에 **訓音**을 쓰세요.

9

獄( )	獲( )	獸( )	獻( )
玄( )	率( )	珠( )	琴( )
瓦( )	甚( )	畜( )	畢( )
畿( )	疏( )	疫( )	疾( )
症( )	皇( )	皮( )	盟( )
盤( )	盲( )	眠( )	睦( )
瞬( )	硬( )	碧( )	磨( )
礎( )	祀( )	祈( )	祿( )
禍( )	禪( )		

☞ 정답은 191쪽에서 확인하세요.

10

禽( )	秩( )	租( )	稀( )
稚( )	稿( )	穴( )	突( )
符( )	笛( )	策( )	簿( )
粧( )	糖( )	紋( )	紛( )
索( )	累( )	紫( )	絡( )
緊( )	維( )	綱( )	綿( )
緩( )	編( )	緖( )	縱( )
繁( )	署( )	羽( )	翼( )
耐( )	耕( )		

☞ 정답은 191쪽에서 확인하세요.

11

聯( )　肖( )　肝( )　肺( )

肥( )　胡( )　胃( )　脅( )

胸( )　脚( )　腐( )　腹( )

腦( )　臟( )　臨( )　臺( )

般( )　芽( )　芳( )　若( )

茂( )　茶( )　荒( )　荷( )

莊( )　莫( )　菌( )　菊( )

菜( )　著( )　葬( )　蓋( )

蒙( )　蒼( )

☞ 정답은 192쪽에서 확인하세요.

12

蒸( )　蓮( )　薄( )　藏( )

蘇( )　蘭( )　虎( )　蛇( )

衝( )　衡( )　衰( )　被( )

裂( )　裁( )　裏( )　補( )

裕( )　裳( )　襲( )　覆( )

觸( )　訣( )　訟( )　詞( )

訴( )　誇( )　詳( )　誘( )

諸( )　謀( )　謂( )　諾( )

謙( )　譜( )

☞ 정답은 192쪽에서 확인하세요.

부수순 3급Ⅱ 한자 모두에 대한 부수순 익히기가 계속됩니다. 빈칸에 訓音을 쓰세요.

13

譯( )	譽( )	讓( )	谷( )
豪( )	貌( )	貞( )	貢( )
貫( )	貸( )	貿( )	賀( )
賃( )	賦( )	賤( )	賴( )
贊( )	越( )	超( )	距( )
跡( )	踏( )	踐( )	蹟( )
軟( )	較( )	載( )	輩( )
輸( )	辰( )	辱( )	迫( )
述( )	追( )		

☞ 정답은 193쪽에서 확인하세요.

14

透( )	途( )	逢( )	逸( )
遷( )	還( )	邪( )	郞( )
醉( )	釋( )	銘( )	鋼( )
錯( )	錦( )	鍊( )	鎖( )
鎭( )	鑑( )	鑄( )	閣( )
阿( )	附( )	陳( )	陷( )
陶( )	陵( )	隆( )	隔( )
隨( )	雅( )	雙( )	雷( )
需( )	震( )		

☞ 정답은 193쪽에서 확인하세요.

부수순

3급Ⅱ 한자 모두에 대한 부수순 익히기가 계속됩니다. 빈칸에 **訓音**을 쓰세요.

15

霜(　　) 露(　　) 靈(　　) 韻(　　)

響(　　) 頃(　　) 頂(　　) 項(　　)

顔(　　) 飯(　　) 飾(　　) 館(　　)

騎(　　) 驛(　　) 鬼(　　) 魂(　　)

鳳(　　) 鶴(　　) 鹽(　　) 麥(　　)

麻(　　) 默(　　) 鼓(　　) 齊(　　)

☞ 정답은 194쪽에서 확인하세요.

가나다순 앞에서 익힌 3급Ⅱ 한자를 모두 가나다순으로 배열했습니다. 빈칸에 訓音을 쓰세요.

1

架(　　)　佳(　　)　脚(　　)　閣(　　)
懇(　　)　幹(　　)　刊(　　)　肝(　　)
鑑(　　)　鋼(　　)　剛(　　)　綱(　　)
介(　　)　蓋(　　)　概(　　)　距(　　)
乾(　　)　劍(　　)　隔(　　)　訣(　　)
兼(　　)　謙(　　)　徑(　　)　硬(　　)
頃(　　)　耕(　　)　械(　　)　啓(　　)
溪(　　)　契(　　)　桂(　　)　姑(　　)
稿(　　)　鼓(　　)

☞ 정답은 195쪽에서 확인하세요.

2

谷(　　)　哭(　　)　供(　　)　貢(　　)
恐(　　)　恭(　　)　寡(　　)　誇(　　)
慣(　　)　館(　　)　寬(　　)　冠(　　)
貫(　　)　狂(　　)　怪(　　)　壞(　　)
較(　　)　巧(　　)　久(　　)　拘(　　)
丘(　　)　菊(　　)　弓(　　)　拳(　　)
鬼(　　)　菌(　　)　克(　　)　錦(　　)
琴(　　)　禽(　　)　及(　　)　騎(　　)
祈(　　)　畿(　　)

☞ 정답은 195쪽에서 확인하세요.

1단계・훈음 익히기　93

가나다순

3급 II 한자 모두에 대한 가나다순 익히기가 계속됩니다. 빈칸에 訓音을 쓰세요.

3

其( )	企( )	緊( )	諾( )
娘( )	耐( )	寧( )	奴( )
腦( )	泥( )	茶( )	丹( )
但( )	旦( )	淡( )	踏( )
唐( )	糖( )	臺( )	貸( )
途( )	倒( )	渡( )	刀( )
陶( )	桃( )	突( )	凍( )
絡( )	欄( )	蘭( )	郞( )
廊( )	浪( )		

☞ 정답은 196쪽에서 확인하세요.

4

梁( )	涼( )	勵( )	曆( )
蓮( )	戀( )	鍊( )	聯( )
裂( )	靈( )	嶺( )	爐( )
露( )	祿( )	弄( )	賴( )
雷( )	漏( )	累( )	樓( )
倫( )	栗( )	隆( )	陵( )
裏( )	吏( )	履( )	臨( )
磨( )	麻( )	幕( )	漠( )
莫( )	晩( )		

☞ 정답은 196쪽에서 확인하세요.

가나다순 3급Ⅱ 한자 모두에 대한 가나다순 익히기가 계속됩니다. 빈칸에 訓音을 쓰세요.

5

妄(　)　梅(　)　媒(　)　麥(　)
猛(　)　孟(　)　盟(　)　盲(　)
免(　)　綿(　)　眠(　)　滅(　)
銘(　)　貌(　)　慕(　)　謀(　)
睦(　)　沒(　)　夢(　)　蒙(　)
貿(　)　茂(　)　墨(　)　默(　)
紋(　)　勿(　)　尾(　)　微(　)
迫(　)　薄(　)　盤(　)　般(　)
飯(　)　拔(　)

☞ 정답은 197쪽에서 확인하세요.

6

芳(　)　輩(　)　培(　)　排(　)
伯(　)　繁(　)　凡(　)　碧(　)
丙(　)　譜(　)　補(　)　覆(　)
腹(　)　鳳(　)　峯(　)　逢(　)
封(　)　扶(　)　附(　)　腐(　)
付(　)　符(　)　賦(　)　浮(　)
簿(　)　紛(　)　奔(　)　奮(　)
拂(　)　卑(　)　肥(　)　妃(　)
婢(　)　沙(　)

☞ 정답은 197쪽에서 확인하세요.

가나다순 3급Ⅱ 한자 모두에 대한 가나다순 익히기가 계속됩니다. 빈칸에 **訓音**을 쓰세요.

7

邪(	)	斜(	)	司(	)	詞(	)
蛇(	)	祀(	)	削(	)	森(	)
詳(	)	像(	)	裳(	)	償(	)
霜(	)	尙(	)	桑(	)	喪(	)
塞(	)	索(	)	徐(	)	署(	)
緖(	)	恕(	)	釋(	)	惜(	)
旋(	)	禪(	)	疏(	)	燒(	)
訴(	)	蘇(	)	訟(	)	刷(	)
鎖(	)	衰(	)				

☞ 정답은 198쪽에서 확인하세요.

8

獸(	)	需(	)	殊(	)	帥(	)
垂(	)	輸(	)	隨(	)	愁(	)
壽(	)	熟(	)	淑(	)	旬(	)
巡(	)	瞬(	)	述(	)	拾(	)
襲(	)	濕(	)	乘(	)	僧(	)
昇(	)	侍(	)	飾(	)	愼(	)
甚(	)	審(	)	雙(	)	雅(	)
阿(	)	亞(	)	我(	)	牙(	)
芽(	)	岸(	)				

☞ 정답은 198쪽에서 확인하세요.

가나다순 3급Ⅱ 한자 모두에 대한 가나다순 익히기가 계속됩니다. 빈칸에 **訓音**을 쓰세요.

9

顔( )	巖( )	央( )	仰( )
哀( )	若( )	讓( )	揚( )
壤( )	御( )	抑( )	憶( )
疫( )	亦( )	役( )	譯( )
驛( )	宴( )	軟( )	沿( )
燕( )	悅( )	炎( )	鹽( )
染( )	影( )	譽( )	烏( )
悟( )	獄( )	瓦( )	緩( )
慾( )	辱( )		

☞ 정답은 199쪽에서 확인하세요.

10

欲( )	宇( )	偶( )	羽( )
憂( )	愚( )	韻( )	越( )
謂( )	胃( )	偉( )	誘( )
幽( )	柔( )	幼( )	悠( )
猶( )	裕( )	維( )	潤( )
率( )	乙( )	淫( )	己( )
翼( )	忍( )	逸( )	壬( )
賃( )	刺( )	紫( )	慈( )
暫( )	潛( )		

☞ 정답은 199쪽에서 확인하세요.

1단계 · 훈음 익히기 97

가나다순 3급Ⅱ 한자 모두에 대한 가나다순 익히기가 계속됩니다. 빈칸에 **訓音**을 쓰세요.

11

藏(　　)　掌(　　)　臟(　　)　莊(　　)
葬(　　)　粧(　　)　丈(　　)　栽(　　)
載(　　)　裁(　　)　抵(　　)　著(　　)
笛(　　)　寂(　　)　摘(　　)　蹟(　　)
跡(　　)　殿(　　)　漸(　　)　井(　　)
廷(　　)　頂(　　)　淨(　　)　征(　　)
貞(　　)　亭(　　)　諸(　　)　齊(　　)
照(　　)　租(　　)　兆(　　)　縱(　　)
坐(　　)　洲(　　)

☞ 정답은 200쪽에서 확인하세요.

12

宙(　　)　柱(　　)　株(　　)　鑄(　　)
奏(　　)　珠(　　)　仲(　　)　卽(　　)
蒸(　　)　症(　　)　憎(　　)　曾(　　)
池(　　)　之(　　)　枝(　　)　辰(　　)
振(　　)　鎭(　　)　陳(　　)　震(　　)
秩(　　)　疾(　　)　執(　　)　徵(　　)
借(　　)　此(　　)　錯(　　)　贊(　　)
蒼(　　)　昌(　　)　倉(　　)　菜(　　)
彩(　　)　債(　　)

☞ 정답은 200쪽에서 확인하세요.

가나다순 3급Ⅱ 한자 모두에 대한 가나다순 익히기가 계속됩니다. 빈칸에 訓音을 쓰세요.

13

策( )	妻( )	拓( )	戚( )
尺( )	淺( )	賤( )	踐( )
遷( )	哲( )	徹( )	滯( )
礎( )	肖( )	超( )	觸( )
促( )	催( )	追( )	畜( )
衝( )	吹( )	醉( )	側( )
恥( )	稚( )	値( )	漆( )
沈( )	浸( )	奪( )	塔( )
湯( )	殆( )		

☞ 정답은 201쪽에서 확인하세요.

14

泰( )	澤( )	吐( )	兎( )
透( )	版( )	編( )	片( )
偏( )	肺( )	弊( )	廢( )
浦( )	捕( )	楓( )	被( )
皮( )	彼( )	畢( )	何( )
賀( )	荷( )	鶴( )	汗( )
割( )	陷( )	含( )	項( )
恒( )	響( )	獻( )	玄( )
懸( )	穴( )		

☞ 정답은 201쪽에서 확인하세요.

가나다순 3급Ⅱ 한자 모두에 대한 가나다순 익히기가 계속됩니다. 빈칸에 **訓音**을 쓰세요.

15

脅(	)	衡(	)	慧(	)	虎(	)
豪(	)	浩(	)	胡(	)	惑(	)
魂(	)	忽(	)	洪(	)	禍(	)
還(	)	換(	)	荒(	)	皇(	)
懷(	)	悔(	)	獲(	)	劃(	)
橫(	)	胸(	)	稀(	)	戲(	)

☞ 정답은 202쪽에서 확인하세요.

앞에서 익힌 3급Ⅱ 한자를 모두 순서 없이 배열했습니다. 빈칸에 **訓音**을 쓰세요.

1

漏( )　隨( )　愼( )　梁( )
幽( )　丈( )　蒸( )　汗( )
忽( )　葬( )　碧( )　姑( )
狂( )　垂( )　憶( )　像( )
覆( )　奪( )　拳( )　淑( )
巖( )　漠( )　介( )　恥( )
脅( )　巡( )　還( )　貿( )
栗( )　錦( )　稿( )　露( )
湯( )　飯( )

☞ 정답은 203쪽에서 확인하세요.

2

驛( )　鬼( )　載( )　鳳( )
縱( )　浪( )　吏( )　抵( )
荒( )　符( )　穴( )　虎( )
菌( )　獸( )　鎭( )　契( )
壤( )　飾( )　久( )　磨( )
署( )　壽( )　蹟( )　笛( )
浸( )　債( )　倫( )　央( )
距( )　奔( )　悟( )　塔( )
腹( )　甚( )

☞ 정답은 203쪽에서 확인하세요.

무순

3급Ⅱ 한자 모두에 대한 무순 익히기가 계속됩니다. 빈칸에 **訓音**을 쓰세요.

3

偏( )	輸( )	爐( )	婢( )
岸( )	欲( )	荷( )	戀( )
烏( )	兎( )	捕( )	懇( )
稚( )	侍( )	猛( )	誇( )
徹( )	殆( )	弓( )	惜( )
我( )	沈( )	丹( )	陵( )
刺( )	片( )	丘( )	旦( )
慾( )	何( )	貸( )	斜( )
旬( )	憂( )		

☞ 정답은 204쪽에서 확인하세요.

4

悠( )	礎( )	鶴( )	審( )
胸( )	勵( )	芳( )	慧( )
倒( )	聯( )	拓( )	版( )
恐( )	禪( )	硬( )	恭( )
割( )	旋( )	蒙( )	唐( )
廊( )	鍊( )	帥( )	殿( )
征( )	娘( )	妃( )	坐( )
悔( )	獲( )	症( )	粧( )
透( )	盲( )		

☞ 정답은 204쪽에서 확인하세요.

5

薄( )	洪( )	泰( )	孟( )
履( )	拔( )	排( )	殊( )
燕( )	潛( )	廷( )	廢( )
僧( )	詳( )	哭( )	茶( )
芽( )	賃( )	跡( )	催( )
緊( )	浮( )	翼( )	鑑( )
巧( )	哀( )	綿( )	襲( )
賤( )	編( )	貢( )	貌( )
喪( )	藏( )		

☞ 정답은 205쪽에서 확인하세요.

6

菜( )	超( )	楓( )	蓋( )
麥( )	偽( )	靈( )	乘( )
累( )	削( )	塞( )	抑( )
辱( )	祈( )	祿( )	微( )
禍( )	摘( )	皇( )	熟( )
慣( )	但( )	銘( )	胃( )
之( )	慕( )	閣( )	壬( )
蘇( )	槪( )	頃( )	其( )
森( )	裕( )		

☞ 정답은 205쪽에서 확인하세요.

무 순

3급Ⅱ 한자 모두에 대한 무순 익히기가 계속됩니다. 빈칸에 訓音을 쓰세요.

7

宴( )	幼( )	側( )	寡( )
剛( )	雙( )	掌( )	隆( )
培( )	淨( )	租( )	恒( )
樓( )	夢( )	維( )	乾( )
彩( )	刊( )	刀( )	簿( )
肥( )	悅( )	吐( )	貫( )
雷( )	滅( )	繁( )	譜( )
仰( )	洲( )	陳( )	倉( )
追( )	魂( )		

8

劍( )	峯( )	鑄( )	促( )
兼( )	著( )	蒼( )	桑( )
宇( )	奴( )	鼓( )	墨( )
腐( )	徐( )	肖( )	衡( )
糖( )	嶺( )	淺( )	懷( )
雅( )	械( )	奏( )	桂( )
妄( )	勿( )	獄( )	莫( )
臺( )	臨( )	梅( )	瓦( )
緖( )	尺( )		

무순 3급Ⅱ 한자 모두에 대한 무순 익히기가 계속됩니다. 빈칸에 **訓音**을 쓰세요.

9

供( )	遷( )	振( )	燒( )
邪( )	彼( )	拂( )	詞( )
豪( )	値( )	訣( )	欄( )
禽( )	秩( )	恕( )	肺( )
胡( )	讓( )	臟( )	此( )
戚( )	兆( )	愁( )	役( )
己( )	池( )	徵( )	幕( )
睦( )	瞬( )	含( )	渡( )
執( )	鋼( )		

☞ 정답은 207쪽에서 확인하세요.

10

眠( )	盤( )	霜( )	訟( )
需( )	韻( )	頂( )	錯( )
畜( )	皮( )	被( )	項( )
響( )	獻( )	尾( )	莊( )
逢( )	冠( )	拾( )	誘( )
栽( )	寂( )	付( )	乙( )
戱( )	淡( )	率( )	震( )
滯( )	隔( )	及( )	迫( )
辰( )	浩( )		

☞ 정답은 207쪽에서 확인하세요.

무순

3급Ⅱ 한자 모두에 대한 무순 익히기가 계속됩니다. 빈칸에 訓音을 쓰세요.

11

貞( )　拘( )　牙( )　猶( )
克( )　怪( )　曾( )　裂( )
訴( )　偶( )　株( )　憎( )
啓( )　默( )　逸( )　騎( )
弄( )　沿( )　琴( )　諾( )
寬( )　腦( )　媒( )　沒( )
扶( )　淫( )　紫( )　橫( )
賴( )　顔( )　照( )　架( )
溪( )　耐( )

☞ 정답은 208쪽에서 확인하세요.

12

寧( )　伯( )　疏( )　暫( )
疾( )　稀( )　畿( )　浦( )
珠( )　佳( )　凍( )　尙( )
阿( )　緩( )　借( )　劃( )
陶( )　卽( )　玄( )　譯( )
亞( )　謙( )　茂( )　紋( )
蓮( )　漆( )　柱( )　般( )
司( )　昌( )　釋( )　刷( )
哀( )　謂( )

☞ 정답은 208쪽에서 확인하세요.

13

忍( )	策( )	脚( )	軟( )
畢( )	昇( )	弊( )	疫( )
愚( )	凡( )	耕( )	館( )
述( )	井( )	若( )	紛( )
賀( )	谷( )	踏( )	免( )
蛇( )	澤( )	亦( )	鎖( )
炎( )	菊( )	贊( )	惑( )
封( )	奮( )	絡( )	壞( )
影( )	潤( )		

14

踐( )	桃( )	漸( )	換( )
亭( )	盟( )	幹( )	染( )
懸( )	郞( )	醉( )	晩( )
慈( )	附( )	枝( )	齊( )
徑( )	觸( )	丙( )	曆( )
裁( )	越( )	裏( )	麻( )
沙( )	濕( )	泥( )	賦( )
卑( )	祀( )	揚( )	較( )
謀( )	仲( )		

무순

3급Ⅱ 한자 모두에 대한 무순 익히기가 계속됩니다. 빈칸에 **訓音**을 쓰세요.

15

衝(　　　)　途(　　　)　御(　　　)　鹽(　　　)

輩(　　　)　陷(　　　)　企(　　　)　綱(　　　)

宙(　　　)　柔(　　　)　妻(　　　)　涼(　　　)

諸(　　　)　補(　　　)　索(　　　)　羽(　　　)

吹(　　　)　哲(　　　)　蘭(　　　)　裳(　　　)

肝(　　　)　突(　　　)　償(　　　)　譽(　　　)

☞ 정답은 210쪽에서 확인하세요.

2단계
한자 쓰기

[학습 포인트]

⊙ 제시된 쓰기 순서대로 쓰세요. 쓰기가 쉽고 모양이 좋습니다.
⊙ 부수를 항상 분리하고, 부수의 뜻을 생각하세요. 해당 한자의 뜻을 연상할 수 있습니다.
⊙ 부수를 제외한 나머지에서 음을 찾으세요. 한자가 복잡할수록 대부분 그 글자 안에 음이 있습니다.
⊙ 용례를 함께 익히면 학습 효과가 빠릅니다.

丈 어른 장	一ナ丈							丈:母(장모)　丈:夫(장부) 丈:人(장인)
丘 언덕 구	ノ厂斤丘丘							砂丘(사구) 丘陵地(구릉지) 首丘初心(수구초심)
丙 남녘 병	一冂丙丙丙							丙亂(병란)
丹 붉을 단	ノ刀月丹							丹心(단심)　丹楓(단풍) 契丹(거란)　牧丹(목란)
久 오랠 구	ノク久							永:久(영구)　悠久(유구) 長久(장구)　持久(지구) 耐:久性(내구성) 恒久的(항구적)
之 갈 지	、 ㇉ 之							之東之西(지동지서)
乘 탈 승	二千禾乖乘乘							乘客(승객)　乘機(승기) 乘馬(승마)　便乘(편승) 合乘(합승)　乘務員(승무원) 相乘作用(상승작용)
乙 새 을	乙							甲乙(갑을)
乾 하늘 건	十古卓草乾乾							乾杯(건배) 乾魚物(건어물) 乾電池(건전지)
井 우물 정	一二㐅井							井華水(정화수) 坐:井觀天(좌정관천)

2단계 • 한자 쓰기

한자	획순						용례
亞 버금 아	一 T 丂 乎 亞 亞						亞流(아류)　亞洲(아주) 東南亞(동남아)
亦 또 역	、一 亠 广 亣 亦						亦是(역시)
亭 정자 정	、一 亠 古 高 亭						亭子(정자)
介 끼일 개	丿 人 介 介						介入(개입)
付 부칠 부	丿 亻 仁 付 付						交付(교부)　送付(송부) 反對給付(반대급부)
企 꾀할 기	人 个 슈 쇼 企 企						企圖(기도)　企業(기업) 企劃(기획)
仲 버금 중	丿 亻 伫 仲 仲						仲介(중개)　仲媒(중매) 仲裁(중재)　仲秋(중추) 伯仲之勢(백중지세)
仰 우러를 앙	丿 亻 亻 仰 仰 仰						崇仰(숭앙)　信仰(신앙) 推仰(추앙) 仰望不及(앙망불급) 仰天大笑(앙천대소)
何 어찌 하	丿 亻 仁 仃 何 何						何等(하등) 何如間(하여간)
但 다만 단	丿 亻 亻 但 但 但						非但(비단)

한자	필순							단어
伯 (맏 백)	亻 亻' 伯 伯 伯							伯父(백부) 畵:伯(화백)
侍 (모실 시)	亻 亻' 仕 伴 侍 侍							侍:立(시립)
佳 (아름다울 가)	亻 亻' 仕 佳 佳 佳							佳:人(가인) 佳:作(가작) 百年佳約(백년가약)
供 (이바지할 공)	亻 亻' 仕 世 供 供							供:給(공급) 供:與(공여) 提供(제공)
促 (재촉할 촉)	亻 亻' 亻卩 伊 促 促							促迫(촉박) 促發(촉발) 促進(촉진) 督促(독촉)
倒 (넘어질 도)	亻 亻' 亻丶 仴 伴 倒							倒:産(도산) 倒:錯(도착) 倒:置(도치) 傾倒(경도) 壓倒(압도) 卒倒(졸도) 先後倒錯(선후도착)
借 (빌릴 차)	亻 亻' 仕 世 借 借							借:名(차명) 借:用(차용)
値 (값 치)	亻 亻' 佑 值 值 值							價:值(가치) 數:値(수치)
倫 (인륜 륜)	亻 亻' 伶 伶 倫 倫							倫理(윤리) 五:倫(오륜) 人倫(인륜) 絶倫(절륜) 天倫(천륜)
倉 (곳집 창)	人 今 今 今 倉 倉							倉庫(창고) 穀倉(곡창)

漢字	필순						용례
偏 (치우칠 편)	亻亻伂偏偏						偏見(편견) 偏母(편모) 偏食(편식) 偏愛(편애) 偏重(편중) 偏向(편향) 偏頗的(편파적)
側 (곁 측)	亻亻但俱側						側近(측근) 側面(측면) 兩:側(양측)
偶 (짝 우)	亻亻但侶偶						偶:發(우발) 偶:像(우상) 偶然(우연) 配:偶者(배우자) 偶:發事故(우발사고)
債 (빚 채)	亻什佳債債						債:權(채권) 債:務(채무) 國債(국채) 負:債(부채) 外:債(외채)
催 (재촉할 최)	亻仳忙催催						開催(개최) 主催(주최) 催眠術(최면술)
僞 (거짓 위)	亻亻伫僞僞						僞計(위계) 僞善(위선) 僞裝(위장) 僞造(위조) 眞僞(진위) 虛僞(허위)
僧 (중 승)	亻亻伫僧僧						僧舞(승무) 高僧(고승) 老:僧(노승)
像 (모양 상)	亻亻伫像像						假:像(가상) 銅:像(동상) 想:像(상상) 實像(실상) 肖像(초상)
償 (갚을 상)	亻伫俨償償						償債(상채) 償還(상환) 無償(무상) 報:償(보상)
兆 (억조 조)	丿丬兆兆兆						吉兆(길조) 亡:兆(망조) 徵兆(징조) 億兆蒼生(억조창생)

부수순

앞에서 익힌 40자를 부수순으로 배열했습니다. 빈칸에 漢字를 쓰세요.

1

어른 장( )	언덕 구( )	남녘 병( )	붉을 단( )
오랠 구( )	갈 지( )	탈 승( )	새 을( )
하늘 건( )	우물 정( )	버금 아( )	또 역( )
정자 정( )	끼일 개( )	부칠 부( )	꾀할 기( )
버금 중( )	우러를 앙( )	어찌 하( )	다만 단( )

2

맏 백( )	모실 시( )	아름다울 가( )	이바지할 공( )
재촉할 촉( )	넘어질 도( )	빌릴 차( )	값 치( )
인류 류( )	곳집 창( )	치우칠 편( )	곁 측( )
짝 우( )	빚 채( )	재촉할 최( )	거짓 위( )
중 승( )	모양 상( )	갚을 상( )	억조 조( )

☞ 정답은 13쪽에서 확인하세요.

가나다순

앞에서 익힌 40자를 가나다순으로 배열했습니다. 빈칸에 漢字를 쓰세요.

1

아름다울 가( )	끼일 개( )	하늘 건( )	이바지할 공( )
언덕 구( )	오랠 구( )	꾀할 기( )	붉을 단( )
다만 단( )	넘어질 도( )	인류 류( )	맏 백( )
남녘 병( )	부칠 부( )	모양 상( )	갚을 상( )
탈 승( )	중 승( )	모실 시( )	버금 아( )

2

우러를	앙(	)	또	역(	)	짝	우(	)	거짓	위(	)
새	을(	)	어른	장(	)	정자	정(	)	우물	정(	)
억조	조(	)	버금	중(	)	갈	지(	)	빌릴	차(	)
곳집	창(	)	빚	채(	)	재촉할	촉(	)	재촉할	최(	)
곁	측(	)	값	치(	)	치우칠	편(	)	어찌	하(	)

무 순 앞에서 익힌 40자를 순서 없이 배열했습니다. 빈칸에 漢字를 쓰세요.

1

어른	장(	)	모양	상(	)	끼일	개(	)	오랠	구(	)
빚	채(	)	인류	류(	)	치우칠	편(	)	모실	시(	)
붉을	단(	)	언덕	구(	)	어찌	하(	)	넘어질	도(	)
중	승(	)	재촉할	최(	)	거짓	위(	)	탈	승(	)
다만	단(	)	갈	지(	)	하늘	건(	)	우러를	앙(	)

2

곳집	창(	)	재촉할	촉(	)	이바지할	공(	)	값	치(	)
억조	조(	)	부칠	부(	)	새	을(	)	짝	우(	)
맏	백(	)	아름다울	가(	)	빌릴	차(	)	버금	아(	)
우물	정(	)	곁	측(	)	또	역(	)	정자	정(	)
남녘	병(	)	버금	중(	)	꾀할	기(	)	갚을	상(	)

한자	훈음	필순							용례
免	면할 면	勹 冎 冎 免 免							免稅(면세) 免疫(면역) 免除(면제) 免許(면허) 放免(방면)
克	이길 극	一 十 古 古 声 克							克己(극기) 克明(극명) 克服(극복) 克己復禮(극기복례)
兎	토끼 토	一 亇 冃 冄 免 兎							兎缺(토결)
其	그 기	一 卄 甘 甘 苴 其							其實(기실) 其他(기타)
兼	겸할 겸	丷 亠 当 普 兼 兼							兼備(겸비) 兼用(겸용) 兼任(겸임) 兼職(겸직) 兼人之勇(겸인지용)
冠	갓 관	一 冖 元 冠 冠							冠禮(관례) 弱冠(약관) 衣冠(의관) 冠婚喪祭(관혼상제)
凍	얼 동	冫 冫 泃 洰 凍 凍							凍結(동결) 凍死(동사) 凍傷(동상) 凍破(동파) 冷凍(냉동) 解凍(해동)
凡	무릇 범	丿 几 凡							凡例(범례) 凡民(범민) 凡夫(범부) 凡事(범사) 凡常(범상) 非凡(비범) 平凡(평범)
刀	칼 도	刀 刀							刀劍(도검) 果刀(과도) 寶刀(보도)
刊	새길 간	一 二 千 刊 刊							刊行(간행) 發刊(발간) 新刊(신간) 創刊(창간)

刷 인쇄할 쇄	ㄱ 尸 吊 吊 刷							刷新(쇄신) 印刷(인쇄)
刺 찌를 자	一 ㄕ 市 束 刺							刺客(자객) 刺傷(자상)
削 깎을 삭	丨 丷 肖 肖 削							削減(삭감) 削除(삭제) 削奪官職(삭탈관직)
剛 굳셀 강	冂 門 門 岡 剛							剛斷(강단) 剛度(강도) 剛柔兼全(강유겸전)
割 벨 할	宀 宀 宔 害 割							割愛(할애) 割引(할인) 分割(분할) 群雄割據(군웅할거)
劃 그을 획	一 聿 書 畫 劃							劃策(획책) 計劃(계획) 區劃(구획) 企劃(기획) 劃期的(획기적) 劃一的(획일적)
劍 칼 검	人 合 命 僉 劍							劍道(검도) 劍舞(검무) 劍法(검법) 寶劍(보검) 刻舟求劍(각주구검)
勵 힘쓸 려	厂 厈 厲 厲 勵							激勵(격려) 督勵(독려) 獎勵(장려)
勿 말 물	丿 勹 勺 勿							勿驚(물경) 勿論(물론) 勿忘草(물망초) 勿失好機(물실호기)
卑 낮을 비	丿 白 白 鬼 卑							卑屈(비굴) 卑近(비근) 卑俗(비속) 卑賤(비천) 卑下(비하) 尊卑(존비) 男尊女卑(남존여비)

卽 곧 즉	´ ┌ ㅂ 皀 皀 卽								卽刻(즉각)　卽答(즉답) 卽席(즉석)　卽時(즉시) 卽位(즉위) 卽興的(즉흥적)
及 미칠 급	ㄅ 乃 及								及第(급제)　普:及(보급) 言及(언급)　波及(파급) 及其也(급기야) 推己及人(추기급인)
司 맡을 사	ㄱ 司 司 司 司								司法(사법) 司會(사회)
吐 토할 토	ㅁ ㅁ ㅁ 吐 吐 吐								吐:露(토로) 實吐(실토)
吏 관리 리	一 ㄷ ㅋ 吏 吏 吏								吏:讀(이두) 官吏(관리)
含 머금을 함	ノ 人 ㅅ 今 今 含 含								含量(함량)　包含(포함) 含憤蓄怨(함분축원)
吹 불 취	ㅁ ㅁ' ㅁ” 吹 吹 吹 吹								吹:打(취타)
哀 슬플 애	` 一 亠 亡 宁 亨 哀 哀								哀歌(애가)　哀傷(애상) 哀惜(애석)　哀願(애원) 哀歡(애환)　悲:哀(비애) 哀慶事(애경사)
哲 밝을 철	一 † † 折 折 折 哲 哲								哲學(철학) 明哲(명철)
唐 당나라 당	` 广 庐 庐 庐 唐 唐								唐突(당돌)

한자	훈음	필순	연습	용례
哭	울 곡	口 吅 吅 哭 哭		哭聲(곡성)
啓	열 계	⺌ 户 户 产 改 啓		啓:導(계도) 啓:發(계발)
喪	잃을 상	十 吉 吉 吉 喪 喪		喪服(상복) 喪失(상실) 問:喪(문상) 喪家之狗(상가지구)
坐	앉을 좌	人 人人 坐 坐 坐 坐		坐:視(좌시) 坐:定(좌정) 端坐(단좌) 對:坐(대좌) 坐:見千里(좌견천리) 坐:不安席(좌불안석) 坐:食山空(좌식산공)
垂	드리울 수	二 千 乒 垂 垂		垂楊(수양) 垂訓(수훈) 懸:垂幕(현수막) 垂簾聽政(수렴청정)
培	북돋울 배	一 圭 圵 垃 垃 培		培:養(배양)
執	잡을 집	土 幸 幸 剌 執 執		執權(집권) 執務(집무) 執中(집중) 執着(집착) 執行(집행) 固執(고집) 我:執(아집)
塞	막힐 색	宀 宀 宺 実 塞		窮塞(궁색) 語:塞(어색) 要塞(요새) 塞翁之馬(새옹지마)
塔	탑 탑	圭 圹 圹 塔 塔 塔		塔碑(탑비) 佛塔(불탑) 寺塔(사탑) 石塔(석탑) 金子塔(금자탑)
墨	먹 묵	口 四 里 黑 黑 墨		墨客(묵객) 墨守(묵수) 墨香(묵향) 水墨畵(수묵화)

부수순
앞에서 익힌 40자를 부수순으로 배열했습니다. 빈칸에 漢字를 쓰세요.

1

면할 **면**( )	이길 **극**( )	토끼 **토**( )	그 **기**( )
겸할 **겸**( )	갓 **관**( )	얼 **동**( )	무릇 **범**( )
칼 **도**( )	새길 **간**( )	인쇄할 **쇄**( )	찌를 **자**( )
깎을 **삭**( )	굳셀 **강**( )	벨 **할**( )	그을 **획**( )
칼 **검**( )	힘쓸 **려**( )	말 **물**( )	낮을 **비**( )

2

곧 **즉**( )	미칠 **급**( )	맡을 **사**( )	토할 **토**( )
관리 **리**( )	머금을 **함**( )	불 **취**( )	슬플 **애**( )
밝을 **철**( )	당나라 **당**( )	울 **곡**( )	열 **계**( )
잃을 **상**( )	앉을 **좌**( )	드리울 **수**( )	북돋울 **배**( )
잡을 **집**( )	막힐 **색**( )	탑 **탑**( )	먹 **묵**( )

☞ 정답은 19쪽에서 확인하세요.

가나다순
앞에서 익힌 40자를 가나다순으로 배열했습니다. 빈칸에 漢字를 쓰세요.

1

새길 **간**( )	굳셀 **강**( )	칼 **검**( )	겸할 **겸**( )
열 **계**( )	울 **곡**( )	갓 **관**( )	이길 **극**( )
미칠 **급**( )	그 **기**( )	당나라 **당**( )	칼 **도**( )
얼 **동**( )	힘쓸 **려**( )	관리 **리**( )	면할 **면**( )
먹 **묵**( )	말 **물**( )	북돋울 **배**( )	무릇 **범**( )

2단계 • 한자 쓰기 121

2

낮을 비( )	맡을 사( )	깎을 삭( )	잃을 상( )
막힐 색( )	인쇄할 쇄( )	드리울 수( )	슬플 애( )
찌를 자( )	앉을 좌( )	곧 즉( )	잡을 집( )
밝을 철( )	불 취( )	탑 탑( )	토할 토( )
토끼 토( )	벨 할( )	머금을 함( )	그을 획( )

☞ 정답은 20쪽에서 확인하세요.

무 순 앞에서 익힌 40자를 순서 없이 배열했습니다. 빈칸에 漢字를 쓰세요.

1

면할 면( )	잡을 집( )	굳셀 강( )	겸할 겸( )
잃을 상( )	슬플 애( )	당나라 당( )	미칠 급( )
그 기( )	이길 극( )	말 물( )	관리 리( )
북돋울 배( )	앉을 좌( )	드리울 수( )	얼 동( )
갓 관( )	낮을 비( )	칼 도( )	힘쓸 려( )

2

밝을 철( )	토할 토( )	맡을 사( )	불 취( )
탑 탑( )	벨 할( )	무릇 범( )	열 계( )
곧 즉( )	울 곡( )	머금을 함( )	인쇄할 쇄( )
새길 간( )	먹 묵( )	찌를 자( )	깎을 삭( )
토끼 토( )	칼 검( )	그을 획( )	막힐 색( )

☞ 정답은 20쪽에서 확인하세요.

한자	훈음	획순							예시
壞	무너질 괴	土圹垆壞壞							壞:滅(괴멸) 破:壞(파괴)
壤	흙덩이 양	土圹垆壌壤							土壤(토양) 天壤之差(천양지차)
壬	북방 임	一二千壬							
壽	목숨 수	士吉吉壽壽							壽命(수명) 壽宴(수연) 長壽(장수) 天壽(천수) 壽福康寧(수복강녕)
夢	꿈 몽	艹苎莅夢							夢:想(몽상) 吉夢(길몽) 惡夢(악몽) 一場春夢(일장춘몽)
央	가운데 앙	丶口口央央							中央(중앙)
奏	아뢸 주	三夫夫奏奏							奏:樂(주악) 奏:請(주청) 伴:奏(반주) 演:奏(연주) 合奏(합주)
契	맺을 계	三丰初契契							契丹(거란) 契:約(계약) 默契(묵계) 契:酒生面(계주생면) 金石之契(금석지계)
奔	달릴 분	一大本奉奔							奔走(분주) 自由奔放(자유분방)
奪	빼앗을 탈	六木本奞奪							奪取(탈취) 奪還(탈환) 強:奪(강탈) 削奪官職(삭탈관직)

한자	훈음	필순							용례
奮	떨칠 분	大本奞奮奮							奮:激(분격)　奮:起(분기) 奮:發(분발)　奮:然(분연) 奮:戰(분전)　奮:鬪(분투) 興:奮(흥분)
奴	종 노	ㄑㄅ女奴奴							奴婢(노비)　賣:國奴(매국노) 守錢奴(수전노)
妄	망령될 망	、一亡妄妄							妄:發(망발)　妄:想(망상) 妄:言(망언)　虛妄(허망)
妃	왕비 비	ㄑㄅ女妃妃							王妃(왕비)
姑	시어미 고	ㄑㄅ女奵姑姑							姑母(고모)　姑從(고종) 姑息之計(고식지계)
妻	아내 처	一ㅋ垂妻妻							妻男(처남) 妻子息(처자식)
娘	계집 낭	ㄅ女妒妒娘							娘子(낭자) 娘子軍(낭자군)
婢	계집종 비	ㄅ女奻婢婢							侍:婢(시비)
媒	중매 매	女奻姑姑媒							媒介(매개)　媒質(매질) 媒體(매체)　觸媒(촉매)
孟	맏 맹	了子孓孟孟							孟:春(맹춘) 孟:夏(맹하)

宇 집 우	丶 宀 宀 宇 宇							宇:宙(우주)
宙 집 주	丶 宀 宀 宁 宙 宙							宇:宙(우주)
宴 잔치 연	丶 宀 宁 宴 宴 宴							宴:會席(연회석) 送:別宴(송별연)
寂 고요할 적	丶 宀 宀 宗 宗 寂							寂然(적연) 閑寂(한적)
寧 편안 녕	丶 宀 宀 宀 寍 寧							寧日(영일)　康寧(강녕) 安寧(안녕)　丁寧(정녕)
寡 적을 과	丶 宀 宀 宣 宣 寡							寡:默(과묵) 寡:聞淺識(과문천식)
寬 너그러울 관	丶 宀 宀 宀 寛 寬							寬大(관대) 寬容(관용)
審 살필 심	丶 宀 宀 宛 宋 審							審理(심리)　審問(심문) 審査(심사)　審:議(심의) 審:判(심판)　豫:審(예심) 審美眼(심미안)
封 봉할 봉	土 圭 圭 封 封							封書(봉서)　封印(봉인) 開封(개봉)　同封(동봉) 密封(밀봉) 封建國家(봉건국가) 封建思想(봉건사상)
尚 오히려 상	丨 丬 丬 尙 尙 尚							尙:存(상존)　高尙(고상) 崇尙(숭상)

한자	훈음	필순								예시
尺	자 척	ㄱㄱㄲ尺								尺度(척도) 三尺童子(삼척동자)
尾	꼬리 미	ㄱ尸尸尸屋尾								尾行(미행) 末尾(말미) 首尾(수미) 徹頭徹尾(철두철미)
履	밟을 리	尸尸尸尸屈履								履:修(이수) 履:歷(이력) 履:行(이행)
岸	언덕 안	山屵屵屵屵岸								彼:岸(피안) 海:岸(해안)
峯	봉우리 봉	山夕夕夆峯峯								峰頂(봉정) 高峰(고봉)
嶺	고개 령	山岑岑嶺嶺嶺								嶺東(영동) 雪嶺(설령)
巖	바위 암	山严严嚴嚴巖								巖壁(암벽) 巖石(암석) 奇巖絶壁(기암절벽) 奇巖怪石(기암괴석)
巡	돌 순	〈 巛 巛 巡 巡								巡訪(순방) 巡視(순시) 巡察(순찰)
巧	공교할 교	一丁工巧巧								巧妙(교묘) 技巧(기교) 精巧(정교)
已	이미 이	ㄱㄱ已								不得已(부득이) 已:往之事(이왕지사)

부수순 앞에서 익힌 40자를 부수순으로 배열했습니다. 빈칸에 漢字를 쓰세요.

1

무너질 괴( )	흙덩이 양( )	북방 임( )	목숨 수( )
꿈 몽( )	가운데 앙( )	아뢸 주( )	맺을 계( )
달릴 분( )	빼앗을 탈( )	떨칠 분( )	종 노( )
망령될 망( )	왕비 비( )	시어미 고( )	아내 처( )
계집 낭( )	계집종 비( )	중매 매( )	맏 맹( )

2

집 우( )	집 주( )	잔치 연( )	고요할 적( )
편안 녕( )	적을 과( )	너그러울 관( )	살필 심( )
봉할 봉( )	오히려 상( )	자 척( )	꼬리 미( )
밟을 리( )	언덕 안( )	봉우리 봉( )	고개 령( )
바위 암( )	돌 순( )	공교할 교( )	이미 이( )

☞ 정답은 25쪽에서 확인하세요.

가나다순 앞에서 익힌 40자를 가나다순으로 배열했습니다. 빈칸에 漢字를 쓰세요.

1

맺을 계( )	시어미 고( )	적을 과( )	너그러울 관( )
무너질 괴( )	공교할 교( )	계집 낭( )	편안 녕( )
종 노( )	고개 령( )	밟을 리( )	망령될 망( )
중매 매( )	맏 맹( )	꿈 몽( )	꼬리 미( )
봉우리 봉( )	봉할 봉( )	떨칠 분( )	달릴 분( )

2

왕비	비( )	계집종	비( )	오히려	상( )	목숨	수( )
돌	순( )	살필	심( )	언덕	안( )	바위	암( )
가운데	앙( )	흙덩이	양( )	잔치	연( )	집	우( )
이미	이( )	북방	임( )	고요할	적( )	아뢸	주( )
집	주( )	아내	처( )	자	척( )	빼앗을	탈( )

☞ 정답은 26쪽에서 확인하세요.

무 순 앞에서 익힌 40자를 순서 없이 배열했습니다. 빈칸에 **漢字**를 쓰세요.

1

무너질	괴( )	바위	암( )	왕비	비( )	꿈	몽( )
밟을	리( )	살필	심( )	오히려	상( )	집	주( )
목숨	수( )	흙덩이	양( )	중매	매( )	편안	녕( )
고개	령( )	언덕	안( )	봉우리	봉( )	아뢸	주( )
맏	맹( )	가운데	앙( )	빼앗을	탈( )	봉할	봉( )

2

계집종	비( )	고요할	적( )	잔치	연( )	너그러울	관( )
공교할	교( )	시어미	고( )	맺을	계( )	꼬리	미( )
집	우( )	적을	과( )	자	척( )	달릴	분( )
떨칠	분( )	이미	이( )	종	노( )	망령될	망( )
북방	임( )	계집	낭( )	아내	처( )	돌	순( )

☞ 정답은 26쪽에서 확인하세요.

한자	획순								단어
帥 (장수 수)	⺊ 厂 自 帥 帥								元帥(원수) 將帥(장수)
幕 (장막 막)	一 艹 苗 莫 幕								幕間(막간)　幕舍(막사) 開幕(개막)　字幕(자막) 終幕(종막)　黑幕(흑막)
幹 (줄기 간)	十 古 卓 卓 幹 幹								幹部(간부)　幹事(간사) 骨幹(골간)　根幹(근간) 才幹(재간) 幹線道路(간선도로)
幼 (어릴 유)	乙 幺 幺 幻 幼								幼年(유년) 幼兒期(유아기) 長幼有序(장유유서)
幽 (그윽할 유)	ㅣ 쇠 丝 幽 幽								幽靈(유령)　幽明(유명) 深山幽谷(심산유곡)
廊 (사랑채 랑)	广 庐 庐 廊 廊								畫:廊(화랑) 行廊(행랑)
廢 (폐할 폐)	广 庐 庐 廖 廢								廢:棄(폐기)　廢:物(폐물) 廢:止(폐지)　廢:品(폐품) 存廢(존폐)
廷 (조정 정)	一 二 壬 廷 廷								法廷(법정) 朝廷(조정)
弄 (희롱할 롱)	丁 王 王 丟 弄 弄								弄:談(농담) 愚弄(우롱)
弊 (폐단 폐)	艹 片 闲 敝 弊								弊:端(폐단)　弊:害(폐해) 語:弊(어폐)　疲:弊(피폐)

2단계 • 한자 쓰기　129

한자	필순							용례
弓 활 궁	ㄱㄱ弓							弓術(궁술) 國弓(국궁)
彩 채색 채	一灬严采彩							彩:色(채색)　光彩(광채) 色彩(색채)　水彩畵(수채화)
影 그림자 영	日旦昙景影							影:響(영향) 投影(투영)
役 부릴 역	彳彳彳役役							役夫(역부)　役事(역사) 役割(역할)　苦役(고역) 勞役(노역)　主役(주역) 雜役(잡역)
征 칠 정	彳彳彳征征							征伐(정벌)　征服(정복) 遠:征(원정)　出征(출정)
彼 저 피	彳彳彳彼彼							彼:我(피아)　彼:岸(피안) 彼:此(피차) 知彼知己(지피지기)
徑 지름길 경	彳彳彳徑徑							口:徑(구경)　半:徑(반경) 直徑(직경)
徐 천천히 서	彳彳徐徐徐							徐:行(서행) 徐羅伐(서라벌)
御 거느릴 어	彳彳彳御御							御:醫(어의) 御:前(어전)
微 작을 미	彳彳彳微微							微動(미동)　微量(미량) 微力(미력)　微明(미명) 微妙(미묘)　微物(미물) 微細(미세)　微笑(미소)

徹 통할 철	彳彳彳彳徉徹							徹夜(철야) 徹頭徹尾(철두철미) 徹天之恨(철천지한)
徵 부를 징	彳彳彳徣徵徵							徵兵(징병) 徵收(징수) 徵候(징후) 象徵(상징) 特徵(특징)
忍 참을 인	フ刀刃忍忍							忍苦(인고) 忍耐(인내) 忍辱(인욕) 殘忍(잔인)
忽 갑자기 홀	ノ勹勿勿忽忽							忽待(홀대) 忽然(홀연)
怪 괴이할 괴	丷忄忄怿怪							怪:奇(괴기) 怪:談(괴담) 怪:力(괴력) 怪:變(괴변) 怪:漢(괴한) 奇怪(기괴)
恭 공손할 공	一卄卄共恭恭							恭敬(공경) 恭待(공대)
恕 용서할 서	夕女如恕恕							容恕(용서)
恐 두려울 공	一エ巩恐恐							恐:水病(공수병)
恥 부끄러울 치	一т耳耻恥							恥辱(치욕)
恒 항상 항	丷忄忄恒恒							恒常(항상) 恒久的(항구적) 恒茶飯事(항다반사)

한자	필순							용례
悠 멀 유	亻仁攸攸悠							悠久(유구)　悠長(유장) 悠悠自適(유유자적)
悅 기쁠 열	忄忄悅悅							悅樂(열락) 喜悅(희열)
悟 깨달을 오	忄忄悟悟							悟道(오도)　覺悟(각오) 大悟(대오)
悔 뉘우칠 회	忄忄悔悔							悔改(회개)　悔恨(회한) 後悔(후회)
惜 아낄 석	忄忄惜惜							惜別(석별)　哀惜(애석) 買占賣惜(매점매석)
惑 미혹할 혹	一或或惑							當惑(당혹) 不惑(불혹)
愁 근심 수	二禾秋愁							愁心(수심)　客愁(객수) 哀愁(애수)　鄕愁(향수)
愚 어리석을 우	口日禺愚							愚弄(우롱)　愚直(우직) 愚問賢答(우문현답)
慈 사랑 자	玆慈							慈堂(자당)　慈悲(자비) 慈善(자선)　慈愛(자애) 仁慈(인자)
愼 삼갈 신	忄忄愼愼							愼重(신중)　謹愼(근신) 愼終如始(신종여시) 愼終追遠(신종추원)

부수순

앞에서 익힌 40자를 부수순으로 배열했습니다. 빈칸에 漢字를 쓰세요.

1

장수 수( )	장막 막( )	줄기 간( )	어릴 유( )
그윽할 유( )	사랑채 랑( )	폐할 폐( )	조정 정( )
희롱할 롱( )	폐단 폐( )	활 궁( )	채색 채( )
그림자 영( )	부릴 역( )	칠 정( )	저 피( )
지름길 경( )	천천히 서( )	거느릴 어( )	작을 미( )

2

통할 철( )	부를 징( )	참을 인( )	갑자기 홀( )
괴이할 괴( )	공손할 공( )	용서할 서( )	두려울 공( )
부끄러울 치( )	항상 항( )	멀 유( )	기쁠 열( )
깨달을 오( )	뉘우칠 회( )	아낄 석( )	미혹할 혹( )
근심 수( )	어리석을 우( )	사랑 자( )	삼갈 신( )

☞ 정답은 31쪽에서 확인하세요.

가나다순

앞에서 익힌 40자를 가나다순으로 배열했습니다. 빈칸에 漢字를 쓰세요.

1

줄기 간( )	지름길 경( )	공손할 공( )	두려울 공( )
괴이할 괴( )	활 궁( )	사랑채 랑( )	희롱할 롱( )
장막 막( )	작을 미( )	천천히 서( )	용서할 서( )
아낄 석( )	장수 수( )	근심 수( )	삼갈 신( )
거느릴 어( )	부릴 역( )	기쁠 열( )	그림자 영( )

2

깨달을 오( )	어리석을 우( )	멀 유( )	어릴 유( )
그윽할 유( )	참을 인( )	사랑 자( )	칠 정( )
조정 정( )	부를 징( )	채색 채( )	통할 철( )
부끄러울 치( )	폐할 폐( )	폐단 폐( )	저 피( )
항상 항( )	미혹할 혹( )	갑자기 홀( )	뉘우칠 회( )

☞ 정답은 32쪽에서 확인하세요.

무 순 앞에서 익힌 40자를 순서 없이 배열했습니다. 빈칸에 漢字를 쓰세요.

1

장수 수( )	근심 수( )	부릴 역( )	그윽할 유( )
깨달을 오( )	두려울 공( )	항상 항( )	부를 징( )
어릴 유( )	장막 막( )	거느릴 어( )	괴이할 괴( )
미혹할 혹( )	뉘우칠 회( )	아낄 석( )	폐할 폐( )
사랑채 랑( )	작을 미( )	희롱할 롱( )	천천히 서( )

2

부끄러울 치( )	갑자기 홀( )	참을 인( )	용서할 서( )
사랑 자( )	칠 정( )	조정 정( )	기쁠 열( )
통할 철( )	공손할 공( )	멀 유( )	활 궁( )
폐단 폐( )	삼갈 신( )	채색 채( )	그림자 영( )
줄기 간( )	지름길 경( )	저 피( )	어리석을 우( )

☞ 정답은 32쪽에서 확인하세요.

한자	필순							용례
慧 슬기로울 혜	十丰扺彗彗慧慧							智慧(지혜)
慾 욕심 욕	八父谷欲慾							慾望(욕망) 慾心(욕심)
慣 익숙할 관	忄忄忄忄慣慣							慣例(관례) 慣習(관습) 慣用(관용) 習慣(습관)
慕 그릴 모	十艹艹苩莫慕							思慕(사모) 愛:慕(애모)
憂 근심 우	一百直惪憂							憂慮(우려) 憂愁(우수) 憂國之士(우국지사) 內:憂外患(내우외환)
憎 미울 증	忄忄忄忄憎憎							憎惡(증오) 可:憎(가증) 愛:憎(애증)
憶 생각할 억	忄忄忄忄憶憶							記憶(기억)
懇 간절할 간	夕夛豸貇懇							懇:切(간절) 懇:請(간청)
懸 달 현	目県縣懸							懸:案(현안) 懸:板(현판) 懸:賞金(현상금) 懸:河之辯(현하지변)
懷 품을 회	忄忄忄忄忄懷							懷古(회고) 懷疑(회의) 感:懷(감회)

2단계 · 한자 쓰기 135

한자	훈음	필순							용례
戀	그리워할 련	幺 糸 結 戀 戀 戀							戀歌(연가) 戀慕(연모) 悲戀(비련)
我	나 아	二 于 扎 我 我							我執(아집) 我歌查唱(아가사창) 我田引水(아전인수) 物我一體(물아일체)
戚	친척 척	厂 尸 戚 戚 戚							戚臣(척신) 外戚(외척) 親戚(친척)
戲	놀이 희	卜 广 卢 虛 戲							戲曲(희곡) 戲弄(희롱) 戲畫(희화) 遊戲(유희)
抑	누를 억	一 扌 扣 抑 抑							抑留(억류) 抑壓(억압) 抑制(억제) 抑止(억지) 抑何心情(억하심정)
扶	도울 부	扌 扌 扌 扶 扶							扶養(부양) 扶助(부조) 相扶相助(상부상조)
拔	뽑을 발	扌 扌 扩 拔 拔							拔群(발군) 奇拔(기발) 選拔(선발) 海拔(해발) 拔本塞源(발본색원)
拂	털 불	扌 扣 扫 拂 拂							拂入(불입) 完拂(완불) 支拂(지불) 還拂(환불) 後拂(후불)
拓	넓힐 척	扌 扌 扩 拓 拓							干拓(간척) 開拓(개척) 拓本(탁본)
抵	막을 저	扌 扌 扯 抵 抵							抵觸(저촉) 抵抗(저항) 大抵(대저)

한자	획순						단어
拘 (잡을 구)	扌扪扪拘拘						拘束(구속) 不拘(불구)
拾 (주울 습)	扌扒扒拾拾拾						拾得(습득) 收拾(수습)
拳 (주먹 권)	⺌䒑䒑关卷拳						拳銃(권총) 拳鬪(권투)
捕 (잡을 포)	扌扌折捎捕						捕捉(포착) 捕獲(포획) 生捕(생포) 捕盜大將(포도대장)
振 (떨칠 진)	扌扩扩拆振						振動(진동) 振作(진작) 振興(진흥)
排 (밀칠 배)	扌扌刦挂排排						排氣(배기) 排定(배정) 排除(배제) 排斥(배척) 排置(배치) 排他(배타)
掌 (손바닥 장)	⺌⺌冖堂堂掌						管掌(관장) 仙人掌(선인장) 掌中寶玉(장중보옥)
換 (바꿀 환)	扌扒扒換換						換局(환국) 換算(환산) 交換(교환) 變換(변환) 轉換(전환) 換節期(환절기)
揚 (날릴 양)	扌扣押揚揚						揚名(양명) 止揚(지양)
摘 (딸 적)	扌扩㨪摘摘						摘發(적발) 摘示(적시)

漢字	훈음	필순							예
旋	돌 선	亠方方方斿旋							旋律(선율)　旋回(선회) 周旋(주선)
旦	아침 단	丶冂日日旦							元旦(원단)
旬	열흘 순	丿勹勹旬旬旬							旬報(순보)　三旬(삼순) 初旬(초순)
昇	오를 승	日旦旱昇昇							昇格(승격)　昇級(승급) 昇華(승화)　上:昇(상승) 昇降機(승강기)
昌	창성할 창	丶冂日昌昌							昌盛(창성)
晩	늦을 만	冂日旷晩晩							晩:年(만년)　晩:秋(만추) 晩:學(만학) 大:器晩成(대기만성) 晩:時之歎(만시지탄)
暫	잠깐 잠	一曰車斬暫							暫:時(잠시)　暫定(잠정) 暫定的(잠정적)
曆	책력 력	厂厂厂厤曆曆							曆法(역법)　西曆(서력) 陽曆(양력)　冊曆(책력)
曾	일찍 증	丷丷ソ丛网曾曾							曾祖父(증조부) 未:曾有(미증유)
斜	비낄 사	人人仒余余斜							斜線(사선)　斜陽(사양) 傾斜(경사)

부수순

앞에서 익힌 40자를 부수순으로 배열했습니다. 빈칸에 漢字를 쓰세요.

1

슬기로울 혜( )	욕심 욕( )	익숙할 관( )	그릴 모( )
근심 우( )	미울 증( )	생각할 억( )	간절할 간( )
달 현( )	품을 회( )	그리워할 련( )	나 아( )
친척 척( )	놀이 희( )	누를 억( )	도울 부( )
뽑을 발( )	털 불( )	넓힐 척( )	막을 저( )

2

잡을 구( )	주울 습( )	주먹 권( )	잡을 포( )
떨칠 진( )	밀칠 배( )	손바닥 장( )	바꿀 환( )
날릴 양( )	딸 적( )	돌 선( )	아침 단( )
열흘 순( )	오를 승( )	창성할 창( )	늦을 만( )
잠깐 잠( )	책력 력( )	일찍 증( )	비낄 사( )

☞ 정답은 37쪽에서 확인하세요.

가나다순

앞에서 익힌 40자를 가나다순으로 배열했습니다. 빈칸에 漢字를 쓰세요.

1

간절할 간( )	익숙할 관( )	잡을 구( )	주먹 권( )
아침 단( )	책력 력( )	그리워할 련( )	늦을 만( )
그릴 모( )	뽑을 발( )	밀칠 배( )	도울 부( )
털 불( )	비낄 사( )	돌 선( )	열흘 순( )
주울 습( )	오를 승( )	나 아( )	날릴 양( )

2

생각할 억( )	누를 억( )	욕심 욕( )	근심 우( )
잠깐 잠( )	손바닥 장( )	막을 저( )	딸 적( )
일찍 증( )	미울 증( )	떨칠 진( )	창성할 창( )
넓힐 척( )	친척 척( )	잡을 포( )	달 현( )
슬기로울 혜( )	바꿀 환( )	품을 회( )	놀이 희( )

☞ 정답은 38쪽에서 확인하세요.

무 순 앞에서 익힌 40자를 순서 없이 배열했습니다. 빈칸에 漢字를 쓰세요.

1

슬기로울 혜( )	잠깐 잠( )	놀이 희( )	근심 우( )
열흘 순( )	바꿀 환( )	딸 적( )	주울 습( )
그릴 모( )	욕심 욕( )	넓힐 척( )	떨칠 진( )
늦을 만( )	오를 승( )	창성할 창( )	생각할 억( )
막을 저( )	미울 증( )	달 현( )	털 불( )

2

날릴 양( )	잡을 포( )	주먹 권( )	손바닥 장( )
일찍 증( )	누를 억( )	간절할 간( )	아침 단( )
잡을 구( )	밀칠 배( )	돌 선( )	그리워할 련( )
품을 회( )	비낄 사( )	나 아( )	친척 척( )
익숙할 관( )	뽑을 발( )	도울 부( )	책력 력( )

☞ 정답은 38쪽에서 확인하세요.

한자	획순							예시
枝 (가지 지)	一十才木朴枝							枝葉(지엽) / 金枝玉葉(금지옥엽)
架 (시렁 가)	フカ加架架							架空(가공) 架橋(가교) / 書架(서가) / 高架道路(고가도로)
柱 (기둥 주)	木木杧杧柱							電柱(전주)
染 (물들 염)	氵氵氿染染							染料(염료) 染色(염색) / 傳染(전염) 傳染病(전염병)
柔 (부드러울 유)	一マ 予 矛 柔							柔順(유순) 柔軟(유연) / 外柔內剛(외유내강) / 優柔不斷(우유부단)
桂 (계수나무 계)	木木朴朴柱桂							桂冠(계관) 桂皮(계피) / 桂林一枝(계림일지)
桃 (복숭아 도)	木木杙杙桃桃							桃李(도리) / 武陵桃源(무릉도원)
桑 (뽕나무 상)	フヌ叒桑桑							扶桑(부상) / 桑田碧海(상전벽해)
株 (그루 주)	木木朴朴株株							株價(주가) 株式(주식) / 守株待兎(수주대토)
栽 (심을 재)	土丰 丰 栽 栽 栽							栽培(재배)

栗 밤 률	一 冖 襾 西 栗 栗							栗子(율자)
梁 들보 량	氵 刃 汈 汲 梁 梁							橋梁(교량)　棟梁(동량) 棟梁之材(동량지재) 梁上君子(양상군자)
梅 매화 매	木 朾 栂 栂 梅 梅							梅實(매실)　梅香(매향) 寒梅(한매)
械 기계 계	木 朾 栩 械 械 械							機械(기계)
森 수풀 삼	一 十 木 森 森 森							森林(삼림) 森羅萬象(삼라만상)
楓 단풍 풍	木 机 机 枫 楓 楓							楓林(풍림) 霜楓(상풍)
槪 대개 개	木 杆 栺 桠 榧 槪							槪:觀(개관)　槪:念(개념) 槪:略(개략)　槪:要(개요) 氣槪(기개)　節槪(절개)
樓 다락 루	木 杞 桕 榑 榑 樓							樓閣(누각)　樓臺(누대) 高樓(고루)　望:樓(망루) 城樓(성루)
橫 가로 횡	木 枯 梏 楛 橫 橫							橫財(횡재)　橫暴(횡포) 專橫(전횡) 橫斷步道(횡단보도) 非:命橫死(비명횡사)
欄 난간 란	木 杆 椚 榈 欄 欄							欄干(난간)

한자	획순							예시
欲 (하고자할 욕)	八 公 谷 欲 欲							欲求(욕구) 欲速不達(욕속부달)
此 (이 차)	丨 卜 ㅏ 止 此 此							此際(차제) 此後(차후) 此日彼日(차일피일)
殆 (거의 태)	一 ア 歹 歹 殆 殆							殆半(태반) 危殆(위태)
殊 (다를 수)	一 ア 歹 歹 殊 殊							殊常(수상) 特殊(특수)
殿 (전각 전)	尸 屈 展 殿 殿							殿:閣(전각) 殿:堂(전당) 宮殿(궁전)
池 (못 지)	丶 氵 沙 池 池							電:池(전지) 貯:水池(저수지)
汗 (땀 한)	丶 氵 汀 汗							汗:蒸幕(한증막) 不汗黨(불한당)
沙 (모래 사)	丶 氵 沙 沙 沙							沙器(사기) 沙漠(사막) 黃沙(황사)
沒 (빠질 몰)	丶 氵 沙 沒 沒							沒頭(몰두) 沒落(몰락) 沒敗(몰패) 出沒(출몰) 沒常識(몰상식) 沒廉恥(몰염치)
沈 (가라앉을 침)	丶 氵 汁 沈 沈							沈降(침강) 沈沒(침몰) 沈默(침묵) 沈潛(침잠) 沈着(침착) 沈痛(침통)

한자	훈음	필순						용례
泥	진흙 니	氵氵汀泥泥						汚:泥(오니) 雲泥之差(운니지차) 泥田鬪狗(이전투구)
沿	물따라갈 연	氵氵汎沿沿						沿邊(연변) 沿岸(연안) 沿海(연해) 沿:革(연혁)
泰	클 태	三 声 夫 泰 泰						泰斗(태두) 泰然(태연) 泰平(태평) 泰然自若(태연자약) 國泰民安(국태민안)
洪	넓을 홍	氵氵洪洪洪						洪水(홍수)
洲	물가 주	氵氵汕洲洲						六大洲(육대주)
浸	잠길 침	氵氵汩浸浸						浸:潤(침윤) 浸:透(침투) 浸:出水(침출수)
浦	개 포	氵氵汩浦浦						浦口(포구)
浩	넓을 호	氵氵汇洪浩						浩:然之氣(호연지기)
浮	뜰 부	氵氵泙浮浮						浮力(부력) 浮揚(부양) 浮沈(부침) 浮動票(부동표) 浮浪人(부랑인)
浪	물결 랑	氵氵汩浪浪						浪:費(낭비) 浪:說(낭설) 激浪(격랑) 放:浪(방랑) 風浪(풍랑)

부수순

앞에서 익힌 40자를 부수순으로 배열했습니다. 빈칸에 漢字를 쓰세요.

1

가지 지( )	시렁 가( )	기둥 주( )	물들 염( )
부드러울 유( )	계수나무 계( )	복숭아 도( )	뽕나무 상( )
그루 주( )	심을 재( )	밤 률( )	들보 량( )
매화 매( )	기계 계( )	수풀 삼( )	단풍 풍( )
대개 개( )	다락 루( )	가로 횡( )	난간 란( )

2

하고자할 욕( )	이 차( )	거의 태( )	다를 수( )
전각 전( )	못 지( )	땀 한( )	모래 사( )
빠질 몰( )	잠길 침( )	진흙 니( )	물따라갈 연( )
클 태( )	넓을 홍( )	물가 주( )	잠길 침( )
개 포( )	넓을 호( )	뜰 부( )	물결 랑( )

☞ 정답은 43쪽에서 확인하세요.

가나다순

앞에서 익힌 40자를 가나다순으로 배열했습니다. 빈칸에 漢字를 쓰세요.

1

시렁 가( )	대개 개( )	계수나무 계( )	기계 계( )
진흙 니( )	복숭아 도( )	난간 란( )	물결 랑( )
들보 량( )	다락 루( )	밤 률( )	매화 매( )
빠질 몰( )	뜰 부( )	모래 사( )	수풀 삼( )
뽕나무 상( )	다를 수( )	물따라갈 연( )	물들 염( )

2

하고자할 **욕**( )	부드러울 **유**( )	심을 **재**( )	전각 **전**( )
그루 **주**( )	기둥 **주**( )	물가 **주**( )	가지 **지**( )
못 **지**( )	이 **차**( )	잠길 **침**( )	잠길 **침**( )
클 **태**( )	거의 **태**( )	개 **포**( )	단풍 **풍**( )
땀 **한**( )	넓을 **호**( )	넓을 **홍**( )	가로 **횡**( )

☞ 정답은 44쪽에서 확인하세요.

무 순 앞에서 익힌 40자를 순서 없이 배열했습니다. 빈칸에 漢字를 쓰세요.

1

가지 **지**( )	개 **포**( )	기계 **계**( )	부드러울 **유**( )
클 **태**( )	모래 **사**( )	잠길 **침**( )	이 **차**( )
물들 **염**( )	시렁 **가**( )	가로 **횡**( )	전각 **전**( )
잠길 **침**( )	넓을 **홍**( )	물가 **주**( )	복숭아 **도**( )
계수나무 **계**( )	난간 **란**( )	그루 **주**( )	다락 **루**( )

2

빠질 **몰**( )	다를 **수**( )	거의 **태**( )	땀 **한**( )
뜰 **부**( )	수풀 **삼**( )	뽕나무 **상**( )	물따라갈 **연**( )
하고자할 **욕**( )	진흙 **니**( )	못 **지**( )	밤 **률**( )
심을 **재**( )	물결 **랑**( )	들보 **량**( )	매화 **매**( )
기둥 **주**( )	대개 **개**( )	단풍 **풍**( )	넓을 **호**( )

☞ 정답은 44쪽에서 확인하세요.

漢字	筆順							用例
淫 음란할 음	氵 氵 汙 淫 淫							淫談(음담) 淫亂(음란)
淨 깨끗할 정	氵 氵 氵 淨 淨							淨潔(정결) 淨化(정화)
淑 맑을 숙	氵 氵 汁 沫 淑							淑女(숙녀) 私淑(사숙)
涼 서늘할 량	氵 氵 氵 泸 涼							涼風(양풍)
淺 얕을 천	氵 氵 浅 浅 淺							淺:近(천근) 淺:薄(천박) 深:淺(심천) 日淺(일천)
淡 맑을 담	氵 氵 汐 淡 淡							淡白(담백) 淡:水(담수) 淡:水魚(담수어)
渡 건널 도	氵 氵 汻 沪 渡							賣:渡(매도) 明渡(명도) 讓:渡(양도) 引渡(인도) 過:渡期(과도기)
湯 끓을 탕	氵 氵 沪 渇 湯							湯:藥(탕약) 溫湯(온탕) 浴湯(욕탕)
溪 시내 계	氵 氵 淫 溪 溪							溪谷(계곡) 碧溪水(벽계수)
滅 멸할 멸	氵 氵 氵 沪 淚 滅							滅亡(멸망) 滅門(멸문) 滅族(멸족) 滅種(멸종) 不滅(불멸) 消滅(소멸) 全滅(전멸) 破:滅(파멸)

2단계 • 한자 쓰기

漢字	筆順						用例
漏 샐 루	氵沪漏漏						漏落(누락)　漏水(누수) 漏電(누전)　漏出(누출) 脫漏(탈루)
漆 옻 칠	氵沐溙漆						漆器(칠기) 漆黑(칠흑)
漸 점점 점	氵洉渐漸						漸漸(점점)　漸進(점진) 漸次(점차) 漸入佳境(점입가경)
漠 넓을 막	氵氵沙漠						漠然(막연)
滯 막힐 체	氵沣泄滯						滯納(체납)　滯留(체류) 停滯(정체)　遲滯(지체) 沈滯(침체)
潤 윤택할 윤	氵沪洄潤						潤氣(윤기)　潤澤(윤택) 利潤(이윤)
潛 잠길 잠	氵汛洂潛						潛伏(잠복)　潛跡(잠적) 潛望鏡(잠망경)
澤 못 택	氵泗澤澤						德澤(덕택)　恩澤(은택) 惠澤(혜택)
濕 젖을 습	氵氵溻濕						濕氣(습기)　濕度(습도) 高溫多濕(고온다습)
炎 불꽃 염	丷少火炎						炎毒(염독)　炎暑(염서) 炎症(염증)　暴炎(폭염)

한자	획순						용례
烏 (까마귀 오)	ㄣ ㄣ 卢 鳥 烏 烏						烏竹(오죽) 烏飛梨落(오비이락) 烏合之卒(오합지졸)
照 (비칠 조)	冂 日 昫 昭 照						照:明(조명)　落照(낙조) 對:照(대조)　參照(참조)
熟 (익을 숙)	亠 亨 享 孰 熟						熟考(숙고)　熟達(숙달) 熟練(숙련)　熟語(숙어) 未:熟(미숙)　成熟(성숙)
燒 (사를 소)	火 灶 烌 烧 燒 燒						燒却(소각)　燒失(소실) 全燒(전소)
燕 (제비 연)	艹 芇 莊 茈 燕 燕						燕:尾服(연미복)
爐 (화로 로)	火 炉 炉 燴 爐 爐						煖爐(난로)　火:爐(화로) 爐邊談話(노변담화)
片 (조각 편)	丿 丿' 广 片						斷:片(단편) 破:片(파편)
版 (판목 판)	丿 广 片 版 版						版木(판목) 出版(출판)
狂 (미칠 광)	丿 犭 犴 狂 狂						狂氣(광기)　狂亂(광란) 狂風(광풍)　發狂(발광) 熱狂(열광)　狂信徒(광신도)
猛 (사나울 맹)	丿 犭 犭 犴 猛						猛:獸(맹수)　猛:烈(맹렬) 猛:威(맹위)　勇:猛(용맹)

한자	필순						예시
牙 (어금니 아)	一二牙牙						牙城(아성)　象牙(상아) 齒牙(치아) 伯牙絶絃(백아절현)
猶 (오히려 유)	犭犷猶猶猶						猶豫(유예)
獄 (감옥 옥)	犭犭犴狺獄獄						監獄(감옥) 地獄(지옥)
獲 (얻을 획)	犭犷犷犷獲獲						獲得(획득) 漁獲(어획)
獸 (짐승 수)	口四畱嘼獸						野獸(야수)　鳥獸(조수) 人面獸心(인면수심)
獻 (드릴 헌)	广卢虍虎虘獻						獻:納(헌납) 獻:身(헌신)
玄 (검을 현)	丶亠玄玄						玄米(현미) 玄孫(현손)
率 (비율 율)	亠玄玄玆率						率先(솔선)　率直(솔직) 輕率(경솔)　比:率(비율) 眞率(진솔)　統率(통솔)
珠 (구슬 주)	丁王珏玭珠						珠簾(주렴)　珠玉(주옥) 眞珠(진주)
琴 (거문고 금)	丁王珏珡琴						琴瑟(금슬)

부수순

앞에서 익힌 40자를 부수순으로 배열했습니다. 빈칸에 漢字를 쓰세요.

1

음란할 음( )	깨끗할 정( )	맑을 숙( )	서늘할 량( )
얕을 천( )	맑을 담( )	건널 도( )	끓을 탕( )
시내 계( )	멸할 멸( )	샐 루( )	옻 칠( )
점점 점( )	넓을 막( )	막힐 체( )	불을 윤( )
잠길 잠( )	못 택( )	젖을 습( )	불꽃 염( )

2

까마귀 오( )	비칠 조( )	익을 숙( )	사를 소( )
제비 연( )	화로 로( )	조각 편( )	판목 판( )
미칠 광( )	사나울 맹( )	어금니 아( )	오히려 유( )
감옥 옥( )	얻을 획( )	짐승 수( )	드릴 헌( )
검을 현( )	비율 율( )	구슬 주( )	거문고 금( )

☞ 정답은 49쪽에서 확인하세요.

가나다순

앞에서 익힌 40자를 가나다순으로 배열했습니다. 빈칸에 漢字를 쓰세요.

1

시내 계( )	미칠 광( )	거문고 금( )	맑을 담( )
건널 도( )	서늘할 량( )	화로 로( )	샐 루( )
넓을 막( )	사나울 맹( )	멸할 멸( )	사를 소( )
짐승 수( )	맑을 숙( )	익을 숙( )	젖을 습( )
어금니 아( )	제비 연( )	불꽃 염( )	까마귀 오( )

2

감옥	옥( )	오히려	유( )	불을	윤( )	비율	율( )
음란할	음( )	잠길	잠( )	점점	점( )	깨끗할	정( )
비칠	조( )	구슬	주( )	얕을	천( )	막힐	체( )
옻	칠( )	끓을	탕( )	못	택( )	판목	판( )
조각	편( )	드릴	헌( )	검을	현( )	얻을	획( )

☞ 정답은 50쪽에서 확인하세요.

무 순 앞에서 익힌 40자를 순서 없이 배열했습니다. 빈칸에 漢字를 쓰세요.

1

음란할	음( )	검을	현( )	넓을	막( )	얕을	천( )
감옥	옥( )	판목	판( )	사나울	맹( )	비칠	조( )
서늘할	량( )	깨끗할	정( )	젖을	습( )	제비	연( )
드릴	헌( )	얻을	획( )	짐승	수( )	건널	도( )
맑을	담( )	불꽃	염( )	시내	계( )	미칠	광( )

2

못	택( )	사를	소( )	익을	숙( )	조각	편( )
구슬	주( )	막힐	체( )	끓을	탕( )	오히려	유( )
까마귀	오( )	화로	로( )	어금니	아( )	샐	루( )
멸할	멸( )	거문고	금( )	옻	칠( )	점점	점( )
맑을	숙( )	잠길	잠( )	불을	윤( )	비율	율( )

☞ 정답은 50쪽에서 확인하세요.

한자	획순							예시
瓦 (기와 와)	一厂厂瓦瓦							瓦:裂(와열) 瓦:解(와해)
甚 (심할 심)	一廿甘其甚甚							極甚(극심) 甚:至於(심지어)
畜 (짐승 축)	亠亠玄育畜畜							畜舍(축사)　家畜(가축) 牧畜(목축) 畜産業(축산업)
畢 (마칠 필)	口曰早昍畢畢							畢竟(필경)　畢生(필생) 未:畢(미필)
畿 (경기 기)	幺糸絲絲畿畿							畿湖(기호) 京畿(경기)
疏 (소통할 소)	了正疋疋疏疏							疏外(소외)　疏脫(소탈) 疏通(소통)　疏忽(소홀)
疫 (전염병 역)	亠广疒疒疫疫							疫病(역병)　檢:疫(검역) 防疫(방역)
疾 (병 질)	亠广疒疒疾疾							疾病(질병)　疾走(질주) 疾風(질풍)
症 (증세 증)	亠广疒疒症症							症狀(증상)　症勢(증세) 痛症(통증)
皇 (임금 황)	ノ亇白白阜皇							皇帝(황제) 張皇(장황)

皮	가죽 피	一 厂 广 皮 皮							皮革(피혁)　毛皮(모피) 脫皮(탈피) 皮相的(피상적) 鐵面皮(철면피) 皮骨相接(피골상접)
盟	맹세 맹	冂 日 明 明 盟							盟約(맹약) 同盟(동맹)
盤	소반 반	几 舟 舟 般 盤							盤石(반석)　基盤(기반) 小:盤(소반)　巖盤(암반) 音盤(음반) 盤根錯節(반근착절)
盲	소경 맹	丶 亠 盲 盲							盲信(맹신)　盲點(맹점) 盲目的(맹목적)
眠	잘 면	冂 目 目 眠 眠							冬:眠(동면) 永:眠(영면)
睦	화목할 목	冂 目 目 睦 睦							親睦(친목) 和睦(화목)
瞬	눈깜짝일 순	目 目 瞬 瞬 瞬							瞬間(순간) 瞬息間(순식간)
硬	굳을 경	石 石 硬 硬 硬							硬直(경직)　硬化(경화) 强硬(강경)　生硬(생경)
碧	푸를 벽	王 珀 珀 碧 碧							碧溪(벽계) 碧空(벽공)
磨	갈 마	广 庐 麻 磨							磨滅(마멸) 鍊:磨(연마)

礎 (주춧돌 초)	石 砇 砇 硦 礎 礎								礎石(초석) 基礎(기초)
祀 (제사 사)	丶 亠 亣 祀 祀								祭:祀(제사)
祈 (빌 기)	丶 亠 亣 祁 祈 祈								祈雨祭(기우제)
祿 (녹 록)	衤 衤 衤 祦 祿 祿								祿邑(녹읍) 貫:祿(관록) 國祿(국록) 福祿(복록)
禍 (재앙 화)	丶 亠 亣 祸 禍 禍								禍:根(화근) 禍:亂(화란) 禍:福(화복) 禍:不單行(화불단행) 禍:從口出(화종구출) 轉:禍爲福(전화위복)
禪 (선 선)	衤 衤 衤 禪 禪 禪								禪房(선방) 禪宗(선종) 坐:禪(좌선) 參禪(참선)
禽 (새 금)	人 ᄉ 仐 숑 禽 禽								禽獸(금수) 猛:禽類(맹금류)
秩 (차례 질)	二 千 禾 秒 秩								秩序(질서)
租 (조세 조)	二 千 禾 和 租								租稅(조세)
稀 (드물 희)	二 千 禾 秒 稀								稀貴(희귀) 稀微(희미) 稀薄(희박) 稀釋(희석) 古:稀(고희)

稚	어릴 치	二 禾 利 秆 稚							稚魚(치어) 幼稚(유치)
稿	원고 고	禾 秆 稻 稿 稿							稿料(고료)　寄稿(기고) 原稿(원고)　草稿(초고) 脫稿(탈고)
穴	굴 혈	丶 丷 宀 穴							穴居(혈거)　墓:穴(묘혈) 虎:穴(호혈)
突	갑자기 돌	宀 穴 突 突							突起(돌기)　突發(돌발) 突變(돌변)　突然(돌연) 突進(돌진)　突破(돌파) 突風(돌풍)
符	부호 부	竹 符 符 符							符:合(부합) 符:號(부호)
笛	피리 적	竹 笛 笛 笛							玉笛(옥적)
策	꾀 책	竹 笁 笁 策							策略(책략)　策定(책정) 對:策(대책)　妙:策(묘책) 方策(방책)　祕:策(비책) 政策(정책)
簿	문서 부	竹 笁 箔 簿 簿							帳簿(장부) 家計簿(가계부)
粧	단장할 장	米 料 粧 粧							化粧(화장) 銀粧刀(은장도)
糖	엿 당	米 料 糖 糖							糖度(당도)　糖類(당류) 糖分(당분)

부수순 앞에서 익힌 40자를 부수순으로 배열했습니다. 빈칸에 漢字를 쓰세요.

1

기와	와( )	심할	심( )	짐승	축( )	마칠	필( )
경기	기( )	소통할	소( )	전염병	역( )	병	질( )
증세	증( )	임금	황( )	가죽	피( )	맹세	맹( )
소반	반( )	소경	맹( )	잘	면( )	화목할	목( )
눈깜짝일	순( )	굳을	경( )	푸를	벽( )	갈	마( )

2

주춧돌	초( )	제사	사( )	빌	기( )	녹	록( )
재앙	화( )	선	선( )	새	금( )	차례	질( )
조세	조( )	드물	희( )	어릴	치( )	원고	고( )
굴	혈( )	갑자기	돌( )	부호	부( )	피리	적( )
꾀	책( )	문서	부( )	단장할	장( )	엿	당( )

☞ 정답은 55쪽에서 확인하세요.

가나다순 앞에서 익힌 40자를 가나다순으로 배열했습니다. 빈칸에 漢字를 쓰세요.

1

굳을	경( )	원고	고( )	새	금( )	빌	기( )
경기	기( )	엿	당( )	갑자기	돌( )	녹	록( )
갈	마( )	맹세	맹( )	소경	맹( )	잘	면( )
화목할	목( )	소반	반( )	푸를	벽( )	문서	부( )
부호	부( )	제사	사( )	선	선( )	소통할	소( )

2

눈깜짝일 순( )	심할 심( )	전염병 역( )	기와 와( )
단장할 장( )	피리 적( )	조세 조( )	증세 증( )
차례 질( )	병 질( )	꾀 책( )	주춧돌 초( )
짐승 축( )	어릴 치( )	가죽 피( )	마칠 필( )
굴 혈( )	재앙 화( )	임금 황( )	드물 희( )

☞ 정답은 56쪽에서 확인하세요.

무 순 앞에서 익힌 40자를 순서 없이 배열했습니다. 빈칸에 漢字를 쓰세요.

1

기와 와( )	꾀 책( )	소경 맹( )	경기 기( )
굴 혈( )	차례 질( )	드물 희( )	제사 사( )
마칠 필( )	심할 심( )	푸를 벽( )	재앙 화( )
피리 적( )	갑자기 돌( )	부호 부( )	전염병 역( )
갈 마( )	소통할 소( )	증세 증( )	굳을 경( )

2

조세 조( )	녹 록( )	빌 기( )	새 금( )
단장할 장( )	잘 면( )	병 질( )	원고 고( )
주춧돌 초( )	선 선( )	어릴 치( )	가죽 피( )
임금 황( )	엿 당( )	맹세 맹( )	소반 반( )
짐승 축( )	눈깜짝일 순( )	화목할 목( )	문서 부( )

☞ 정답은 56쪽에서 확인하세요.

紋 (무늬 문)	幺糸糹紋紋								指紋(지문) 波紋(파문)
紛 (어지러울 분)	幺糸糹紛紛								紛亂(분란) 紛失(분실) 紛爭(분쟁)
索 (찾을 색)	十十玄玄索索								索漠(삭막) 索出(색출) 思索(사색) 探索(탐색)
累 (여러 루)	口田田累累累								累:計(누계) 累:代(누대) 累:積(누적) 累:進(누진) 連累(연루) 累:卵之危(누란지위)
紫 (자줏빛 자)	卜止此此紫紫								紫:外線(자외선)
絡 (이을 락)	幺糸糹紛絡絡								脈絡(맥락) 連絡(연락)
緊 (긴할 긴)	王臣臤堅緊								緊急(긴급) 緊密(긴밀) 緊迫(긴박) 緊要(긴요) 緊張(긴장)
維 (벼리 유)	幺糸糹絆維								維持(유지) 進退維谷(진퇴유곡)
綱 (벼리 강)	幺糸糹紀綱綱綱								綱領(강령) 紀綱(기강) 大:綱(대강) 要綱(요강) 三綱五倫(삼강오륜)
綿 (솜 면)	幺糸糹糹綿綿								綿密(면밀) 周到綿密(주도면밀)

한자	필순							용례
緩 느릴 완	幺 糸 紓 紓 緩 緩							緩:急(완급) 緩:慢(완만) 緩:和(완화) 緩:衝地帶(완충지대)
編 엮을 편	幺 糸 紓 絹 絹 編							編成(편성) 編制(편제) 編次(편차) 改:編(개편)
緖 실마리 서	幺 糸 紗 緖 緖 緖							緖:論(서론) 端緖(단서) 頭緖(두서)
縱 세로 종	幺 糸 絲 紓 縱 縱							縱斷(종단) 放:縱(방종) 縱橫無盡(종횡무진)
繁 번성할 번	宀 毎 敏 繁 繁 繁							繁盛(번성) 繁榮(번영) 繁昌(번창) 繁華(번화)
署 마을 서	罒 四 罒 罖 署 署							署:名(서명) 部署(부서) 官公署(관공서)
羽 깃 우	丁 コ 刁 习 羽 羽							羽:化(우화) 積羽沈舟(적우침주)
翼 날개 익	ヨ 羽 習 翌 翼 翼							右:翼(우익)
耐 견딜 내	丆 丙 而 耐 耐							忍耐(인내) 耐:久性(내구성) 耐:震設計(내진설계)
耕 밭갈 경	三 丰 耒 耒 耕 耕							耕作(경작) 耕地(경지) 晝耕夜讀(주경야독)

聯 연이을 련	耳耶聯聯聯							聯立(연립)　聯盟(연맹) 聯想(연상)　聯合(연합)
肖 닮을 초	丨 ⺌ 肖肖肖肖							不肖(불초) 肖像畵(초상화)
肝 간 간	刀月月 肝肝							肝:臟(간장)
肺 허파 폐	刀月月 肺肺肺							肺:活量(폐활량)
肥 살찔 비	刀月月 肥肥肥							肥:料(비료)　肥:滿(비만) 天高馬肥(천고마비)
胡 되 호	一十古 胡胡							胡角(호각) 胡亂(호란)
胃 밥통 위	冂囗田 胃胃							胃壁(위벽)　胃液(위액) 健:胃(건위)
脅 위협할 협	力劦劦 脅脅							脅迫(협박) 威脅(위협)
胸 가슴 흉	刀月肍 胸胸							胸骨(흉골)　胸部(흉부) 胸像(흉상)　胸中(흉중)
脚 다리 각	刀月肝肤 脚							脚光(각광)　脚本(각본) 健:脚(건각)　馬:脚(마각) 行脚(행각)

한자	훈음	필순							용례
腐	썩을 부	广广府府腐腐							腐:敗(부패)　陳:腐(진부) 流水不腐(유수불부) 切齒腐心(절치부심)
腹	배 복	刀月𢒰脜腹							腹部(복부)　腹案(복안) 空腹(공복)　私腹(사복)
腦	골 뇌	刀月𦚞腦腦腦							腦裏(뇌리) 頭腦(두뇌)
臟	오장 장	月𦘭臟臟臟							臟:器(장기)　內:臟(내장) 五:臟(오장)
臨	임할 림	匚臣臨臨臨臨							臨迫(임박)　臨時(임시) 臨終(임종) 臨機應變(임기응변) 臨時變通(임시변통)
臺	대 대	士吉高臺臺							臺帳(대장)　舞:臺(무대) 展:望臺(전망대) 氣象臺(기상대)
般	일반 반	刀月舟舟般							般若(반야)　萬:般(만반) 全般(전반)
芽	싹 아	艹艹节芽							發芽(발아)
芳	꽃다울 방	艹艹芝芳							芳年(방년)　芳春(방춘) 芳名錄(방명록) 綠陰芳草(녹음방초) 流芳百世(유방백세)
若	같을 약	艹艹芋若							若干(약간)　萬:若(만약) 明若觀火(명약관화)

부수순

앞에서 익힌 40자를 부수순으로 배열했습니다. 빈칸에 漢字를 쓰세요.

1

무늬 **문**( )	어지러울 **분**( )	찾을 **색**( )	여러 **루**( )
자줏빛 **자**( )	이을 **락**( )	긴할 **긴**( )	벼리 **유**( )
벼리 **강**( )	솜 **면**( )	느릴 **완**( )	엮을 **편**( )
실마리 **서**( )	세로 **종**( )	번성할 **번**( )	마을 **서**( )
깃 **우**( )	날개 **익**( )	견딜 **내**( )	밭갈 **경**( )

2

연이을 **련**( )	닮을 **초**( )	간 **간**( )	허파 **폐**( )
살찔 **비**( )	되 **호**( )	밥통 **위**( )	위협할 **협**( )
가슴 **흉**( )	다리 **각**( )	썩을 **부**( )	배 **복**( )
골 **뇌**( )	오장 **장**( )	임할 **림**( )	대 **대**( )
일반 **반**( )	싹 **아**( )	꽃다울 **방**( )	같을 **약**( )

☞ 정답은 61쪽에서 확인하세요.

가나다순

앞에서 익힌 40자를 가나다순으로 배열했습니다. 빈칸에 漢字를 쓰세요.

1

다리 **각**( )	간 **간**( )	벼리 **강**( )	밭갈 **경**( )
긴할 **긴**( )	견딜 **내**( )	골 **뇌**( )	대 **대**( )
이을 **락**( )	연이을 **련**( )	여러 **루**( )	임할 **림**( )
솜 **면**( )	무늬 **문**( )	일반 **반**( )	꽃다울 **방**( )
번성할 **번**( )	배 **복**( )	썩을 **부**( )	어지러울 **분**( )

2

살찔	비( )	찾을	색( )	실마리	서( )	마을	서( )
싹	아( )	같을	약( )	느릴	완( )	깃	우( )
밥통	위( )	벼리	유( )	날개	익( )	자줏빛	자( )
오장	장( )	세로	종( )	닮을	초( )	엮을	편( )
허파	폐( )	위협할	협( )	되	호( )	가슴	흉( )

☞ 정답은 62쪽에서 확인하세요.

무 순 앞에서 익힌 40자를 순서 없이 배열했습니다. 빈칸에 漢字를 쓰세요.

1

무늬	문( )	일반	반( )	세로	종( )	자줏빛	자( )
골	뇌( )	위협할	협( )	다리	각( )	닮을	초( )
여러	루( )	어지러울	분( )	견딜	내( )	살찔	비( )
대	대( )	오장	장( )	임할	림( )	긴할	긴( )
밭갈	경( )	이을	락( )	벼리	강( )	날개	익( )

2

가슴	흉( )	허파	폐( )	간	간( )	밥통	위( )
꽃다울	방( )	번성할	번( )	벼리	유( )	배	복( )
연이을	련( )	썩을	부( )	되	호( )	느릴	완( )
솜	면( )	같을	약( )	엮을	편( )	실마리	서( )
찾을	색( )	깃	우( )	마을	서( )	싹	아( )

☞ 정답은 62쪽에서 확인하세요.

한자	획순							예시
茂 (무성할 무)	一 艹 茊 茂 茂							茂:盛(무성)
茶 (차 다)	一 艹 犮 苓 茶							茶果(다과) 茶道(다도) 茶禮(차례) 綠茶(녹차) 茶飯事(다반사)
荒 (거칠 황)	一 艹 艽 芒 荒							荒唐(황당) 荒涼(황량) 荒野(황야) 荒廢(황폐) 救:荒作物(구황작물)
荷 (멜 하)	一 艹 犮 荷 荷							荷役(하역) 荷重(하중) 手荷物(수하물)
莊 (씩씩할 장)	一 艹 莊 莊 莊							莊嚴(장엄) 莊重(장중) 別莊(별장)
莫 (없을 막)	一 艹 苩 苩 莫							莫强(막강) 莫重(막중) 莫上莫下(막상막하) 莫逆之友(막역지우) 莫重大事(막중대사)
菌 (버섯 균)	一 艹 芦 菌 菌							滅菌(멸균) 病:菌(병균) 殺菌(살균) 細:菌(세균)
菊 (국화 국)	一 艹 芍 芍 菊							菊花(국화) 黃菊(황국)
菜 (나물 채)	一 艹 芊 菥 菜							菜:食(채식) 野:菜(야채)
著 (나타날 저)	一 艹 芝 著 著							著:名(저명) 著:書(저서) 著:述(저술) 論著(논저)

葬	장사지낼 장	一 艹 艿 苑 葬							葬:禮(장례)　　葬:事(장사) 葬:儀(장의)　　火:葬(화장)
蓋	덮을 개	一 艹 苎 荟 蓋							蓋:石(개석)　覆蓋(복개) 蓋:然性(개연성)
蒙	어두울 몽	一 艹 艹 芦 蒙							童:蒙(동몽)
蒼	푸를 창	艹 苁 苍 苍 蒼							蒼天(창천) 億兆蒼生(억조창색)
蒸	찔 증	艹 艿 芏 茏 蒸							蒸氣(증기) 蒸發(증발)
蓮	연꽃 련	艹 芒 苩 董 蓮							蓮根(연근) 木蓮(목련)
薄	엷을 박	艹 汁 菏 蒲 薄							薄待(박대)　薄德(박덕) 薄氷(박빙)　薄情(박정) 刻薄(각박)　輕薄(경박)
藏	감출 장	艹 芓 茌 茈 藏							藏:書(장서)　　冷:藏(냉장) 祕:藏(비장)　　所:藏(소장) 貯:藏(저장)　無盡藏(무진장)
蘇	되살아날 소	艹 艿 甾 蒜 蘇							蘇生(소생)
蘭	난초 란	艹 芦 門 蘭 蘭							蘭香(난향) 金蘭之交(금란지교)

한자	훈음	필순							용례
虎	범 호	卜广疒虍虎虎							虎死留皮(호사유피) 三人成虎(삼인성호)
蛇	긴뱀 사	口虫虵蚛蛇蛇							蛇足(사족) 毒蛇(독사) 長蛇陣(장사진) 龍頭蛇尾(용두사미)
衝	찌를 충	彳行禔種衝							衝擊(충격) 衝突(충돌) 衝動(충동) 要衝(요충) 折衝(절충)
衡	저울대 형	彳行徣獉衡							衡平(형평) 均衡(균형) 平衡(평형) 度:量衡(도량형)
衰	쇠할 쇠	亠亡亣吏衰衰							衰亡(쇠망) 衰微(쇠미) 衰弱(쇠약) 衰殘(쇠잔) 衰盡(쇠진) 衰退(쇠퇴) 老:衰(노쇠) 盛衰(성쇠) 興亡盛衰(흥망성쇠)
被	입을 피	冫衤衤衤祁被							被:殺(피살) 被:選(피선) 被:襲(피습) 被:害(피해)
裂	찢어질 렬	歹列列裂裂							裂傷(열상) 決裂(결렬) 分裂(분열) 破:裂(파열) 四:分五裂(사분오열) 支離滅裂(지리멸렬)
裁	옷마를 재	土丰圭耒耓裁							裁可(재가) 裁量(재량) 決裁(결재) 制裁(제재)
裏	속 리	亠盲重裏裏							裏:面(이면) 表裏不同(표리부동)
補	기울 보	衤衤衤衵補補							補:强(보강) 補:修(보수) 補:完(보완) 補:助(보조) 補:充(보충) 候補(후보)

한자	훈음	필순							용례
裕	넉넉할 유	礻 衤 衤 裕							裕福(유복) 餘裕(여유)
裳	치마 상	𠆢 𫯠 𫯠 常 常 裳							衣裳(의상) 同價紅裳(동가홍상)
襲	엄습할 습	亠 𠂆 𠃌 龍 襲							襲擊(습격) 急襲(급습) 奇襲(기습) 世:襲(세습) 因襲(인습)
覆	뒤엎을 복	一 西 覀 覆 覆							覆蓋(복개) 覆面(복면) 翻覆(번복) 顚:覆(전복)
觸	닿을 촉	𠂊 角 角 觸 觸 觸							觸覺(촉각) 觸感(촉감) 觸手(촉수) 感:觸(감촉) 接觸(접촉)
訣	이별할 결	亠 言 訁 訣 訣							訣別(결별) 永:訣(영결)
訟	송사할 송	亠 言 訁 訟 訟							訟:事(송사) 訴訟(소송) 爭訟(쟁송)
詞	말 사	亠 言 訁 訶 詞							動:詞(동사) 品詞(품사)
訴	호소할 소	亠 言 訁 訴 訴							告:訴(고소) 呼訴(호소)
誇	자랑할 과	亠 言 訁 訏 誇							誇:示(과시) 誇:張(과장)

부수순

앞에서 익힌 40자를 부수순으로 배열했습니다. 빈칸에 漢字를 쓰세요.

1

무성할 무( )	차 다( )	거칠 황( )	멜 하( )
씩씩할 장( )	없을 막( )	버섯 균( )	국화 국( )
나물 채( )	나타날 저( )	장사지낼 장( )	덮을 개( )
어두울 몽( )	푸를 창( )	찔 증( )	연꽃 련( )
엷을 박( )	감출 장( )	되살아날 소( )	난초 란( )

2

범 호( )	뱀 사( )	찌를 충( )	저울대 형( )
쇠할 쇠( )	입을 피( )	찢어질 렬( )	옷마를 재( )
속 리( )	기울 보( )	넉넉할 유( )	치마 상( )
엄습할 습( )	엎을 복( )	닿을 촉( )	이별할 결( )
송사할 송( )	말 사( )	호소할 소( )	자랑할 과( )

☞ 정답은 67쪽에서 확인하세요.

가나다순

앞에서 익힌 40자를 가나다순으로 배열했습니다. 빈칸에 漢字를 쓰세요.

1

덮을 개( )	이별할 결( )	자랑할 과( )	국화 국( )
버섯 균( )	차 다( )	난초 란( )	연꽃 련( )
찢어질 렬( )	속 리( )	없을 막( )	어두울 몽( )
무성할 무( )	엷을 박( )	기울 보( )	엎을 복( )
말 사( )	뱀 사( )	치마 상( )	호소할 소( )

2

되살아날 소( )	송사할 송( )	쇠할 쇠( )	엄습할 습( )
넉넉할 유( )	씩씩할 장( )	감출 장( )	장사지낼 장( )
옷마를 재( )	나타날 저( )	찔 증( )	푸를 창( )
나물 채( )	닿을 촉( )	찌를 충( )	입을 피( )
멜 하( )	저울대 형( )	범 호( )	거칠 황( )

☞ 정답은 68쪽에서 확인하세요.

무 순 앞에서 익힌 40자를 순서 없이 배열했습니다. 빈칸에 漢字를 쓰세요.

1

무성할 무( )	송사할 송( )	푸를 창( )	씩씩할 장( )
엄습할 습( )	옷마를 재( )	기울 보( )	뱀 사( )
멜 하( )	차 다( )	되살아날 소( )	쇠할 쇠( )
이별할 결( )	엎을 복( )	닿을 촉( )	버섯 균( )
난초 란( )	없을 막( )	나물 채( )	속 리( )

2

감출 장( )	저울대 형( )	찌를 충( )	찢어질 렬( )
호소할 소( )	찔 증( )	국화 국( )	치마 상( )
범 호( )	넉넉할 유( )	입을 피( )	장사지낼 장( )
나타날 저( )	자랑할 과( )	덮을 개( )	어두울 몽( )
거칠 황( )	엷을 박( )	연꽃 련( )	말 사( )

☞ 정답은 68쪽에서 확인하세요.

詳 자세할 상	亠言訁詳						詳論(상론)　詳細(상세) 詳述(상술)
誘 꾈 유	亠言訁誘誘						誘發(유발)　誘引(유인) 誘惑(유혹)　勸:誘(권유)
諸 모두 제	言訁訡諸諸						諸般(제반) 諸子百家(제자백가)
謀 꾀 모	言訁詳謀謀						謀略(모략)　無謀(무모) 陰謀(음모)　謀利輩(모리배) 權謀術數(권모술수)
謂 이를 위	言訊謂謂						所謂(소위)
諾 허락할 낙	言訁訐諾						受諾(수락)　承諾(승낙) 應:諾(응낙)　許諾(허락)
謙 겸손할 겸	言訁謙謙						謙辭(겸사)　謙讓(겸양) 謙虛(겸허)
譜 족보 보	言訁訐諎譜						系:譜(계보)　世:譜(세보) 樂譜(악보)　族譜(족보)
譯 번역할 역	言訶譯譯						譯文(역문)　國譯(국역) 意譯(의역)　通譯(통역)
譽 기릴 예	與譽						名譽(명예) 榮譽(영예)

한자	획순						용례
讓 사양할 양	言言訁詳謙讓						讓:步(양보) 辭讓(사양)
谷 골 곡	ノ八グ父谷谷						溪谷(계곡) 深:谷(심곡)
豪 호걸 호	亠吉高豪豪						豪傑(호걸)　豪氣(호기) 豪雨(호우)　豪快(호쾌) 强豪(강호)　文豪(문호)
貌 모양 모	⺨豸豹貇貌						面:貌(면모)　外:貌(외모) 容貌(용모)　體貌(체모) 風貌(풍모)
貞 곧을 정	卜卢肖貞貞						貞潔(정결)　貞節(정절) 貞操(정조)
貢 바칠 공	一工页盾貢						貢:物(공물)
貫 꿸 관	口吅毌貫貫						貫:徹(관철)　貫:通(관통) 貫鄕(관향)　貫革(관혁) 本貫(본관) 始終一貫(시종일관) 初志一貫(초지일관)
貸 빌릴 대	亻代俗貸貸						貸:與(대여)　貸:切(대절) 貸:借(대차)　貸:出(대출)
貿 무역할 무	㇇卯卯貿貿						貿:易(무역)
賀 하례할 하	力加加智賀						賀:客(하객)　賀:禮(하례) 祝賀(축하)　年賀狀(연하장)

한자	획순							용례
賃 (품삯 임)	亻任侊侊賃							賃:金(임금)　賃:貸(임대) 賃:借(임차)　勞賃(노임) 運:賃(운임)
賦 (부세 부)	目貝則賦賦							賦:課(부과)　賦:稅(부세) 賦:與(부여)　賦:役(부역) 割賦(할부)　天賦的(천부적) 賦:存資源(부존자원)
賤 (천할 천)	目貝賎賎賤							賤:待(천대)　賤:視(천시) 貴:賤(귀천)　微賤(미천) 貧賤(빈천)
賴 (의뢰할 뢰)	言束剌賴賴							信:賴(신뢰) 依賴(의뢰)
贊 (도울 찬)	丷先兟贊贊							贊:成(찬성) 贊:助(찬조)
越 (넘을 월)	土キ走赶越							越冬(월동)　越等(월등) 卓越(탁월)
超 (넘을 초)	土キ走起超							超過(초과)　超然(초연) 超越(초월)　超脫(초탈)
距 (상거할 거)	口口里距距							距:離(거리)
跡 (발자취 적)	口口足跡跡							人跡(인적)　潛跡(잠적) 足跡(족적)　筆跡(필적)
踏 (밟을 답)	口口足跳踏							踏步(답보)　踏査(답사) 踏襲(답습)

踐	밟을 천	口 足 践 践 踐							實踐(실천)
蹟	자취 적	口 足 踏 蹟 蹟							古:蹟(고적) 奇蹟(기적) 史:蹟(사적)
軟	연할 연	亠 亘 車 軒 軟							軟:性(연성) 軟:弱(연약) 柔軟(유연)
較	비교 교	日 車 軒 較 較							比:較(비교)
載	실을 재	土 言 車 載 載							記載(기재) 登載(등재) 連載(연재) 積載(적재)
輩	무리 배	丨 ㅋ 非 背 輩							輩:出(배출) 先後輩(선후배)
輸	보낼 수	日 車 軒 輸 輸							輸送(수송) 輸出(수출) 輸血(수혈) 運:輸(운수)
辰	별 진	一 厂 厂 辰 辰							北辰(북신) 星辰(성신)
辱	욕될 욕	厂 厂 辰 辰 辱							辱說(욕설) 困:辱(곤욕) 屈辱(굴욕) 雪辱(설욕) 榮辱(영욕) 恥辱(치욕)
迫	핍박할 박	' 白 迫 迫 迫							迫頭(박두) 迫害(박해) 急迫(급박) 壓迫(압박) 切迫(절박) 迫進感(박진감) 强迫觀念(강박관념)

부수순
앞에서 익힌 40자를 부수순으로 배열했습니다. 빈칸에 漢字를 쓰세요.

1

자세할 상( )	꾈 유( )	모두 제( )	꾀 모( )
이를 위( )	허락할 낙( )	겸손할 겸( )	족보 보( )
번역할 역( )	기릴 예( )	사양할 양( )	골 곡( )
호걸 호( )	모양 모( )	곧을 정( )	바칠 공( )
꿸 관( )	빌릴 대( )	무역할 무( )	하례할 하( )

2

품삯 임( )	부세 부( )	천할 천( )	의뢰할 뢰( )
도울 찬( )	넘을 월( )	뛰어넘을 초( )	상거할 거( )
발자취 적( )	밟을 답( )	밟을 천( )	자취 적( )
연할 연( )	비교 교( )	실을 재( )	무리 배( )
보낼 수( )	별 진( )	욕될 욕( )	핍박할 박( )

☞ 정답은 73쪽에서 확인하세요.

가나다순
앞에서 익힌 40자를 가나다순으로 배열했습니다. 빈칸에 漢字를 쓰세요.

1

상거할 거( )	겸손할 겸( )	골 곡( )	바칠 공( )
꿸 관( )	비교 교( )	허락할 낙( )	밟을 답( )
빌릴 대( )	의뢰할 뢰( )	꾀 모( )	모양 모( )
무역할 무( )	핍박할 박( )	무리 배( )	족보 보( )
부세 부( )	자세할 상( )	보낼 수( )	사양할 양( )

2

번역할 **역**(　) 연할 **연**(　) 기릴 **예**(　) 욕될 **욕**(　)

넘을 **월**(　) 이를 **위**(　) 꾈 **유**(　) 품삯 **임**(　)

실을 **재**(　) 발자취 **적**(　) 자취 **적**(　) 곧을 **정**(　)

모두 **제**(　) 별 **진**(　) 도울 **찬**(　) 밟을 **천**(　)

천할 **천**(　) 뛰어넘을 **초**(　) 하례할 **하**(　) 호걸 **호**(　)

☞ 정답은 74쪽에서 확인하세요.

무 순 앞에서 익힌 40자를 순서 없이 배열했습니다. 빈칸에 漢字를 쓰세요.

1

자세할 **상**(　) 보낼 **수**(　) 모양 **모**(　) 이를 **위**(　)

연할 **연**(　) 상거할 **거**(　) 밟을 **답**(　) 부세 **부**(　)

꾀 **모**(　) 꾈 **유**(　) 무역할 **무**(　) 도울 **찬**(　)

무리 **배**(　) 비교 **교**(　) 실을 **재**(　) 겸손할 **겸**(　)

허락할 **낙**(　) 하례할 **하**(　) 번역할 **역**(　) 빌릴 **대**(　)

2

발자취 **적**(　) 의뢰할 **뢰**(　) 천할 **천**(　) 뛰어넘을 **초**(　)

욕될 **욕**(　) 곧을 **정**(　) 족보 **보**(　) 자취 **적**(　)

품삯 **임**(　) 넘을 **월**(　) 밟을 **천**(　) 사양할 **양**(　)

기릴 **예**(　) 핍박할 **박**(　) 골 **곡**(　) 호걸 **호**(　)

모두 **제**(　) 꿸 **관**(　) 바칠 **공**(　) 별 **진**(　)

☞ 정답은 74쪽에서 확인하세요.

한자	획순							용례
述 펼 술	十朮求求述							述懷(술회)　　口述(구술) 記述(기술)
追 쫓을 추	′ㅑ户自追							追加(추가)　追擊(추격) 追求(추구)　追窮(추궁) 追念(추념)　追慕(추모) 追放(추방)　追憶(추억) 追跡(추적)
透 사무칠 투	二禾秀秀透							透過(투과)　透明(투명) 透視(투시)　透映(투영) 透徹(투철)
途 길 도	人今今余途							途:中(도중)　中途(중도) 前途有望(전도유망)
逢 만날 봉	夕久冬夆逢							逢變(봉변)　逢着(봉착) 相逢(상봉)
逸 편안할 일	″冃免免逸							逸脫(일탈)　逸品(일품) 逸話(일화)　安逸(안일)
遷 옮길 천	一西覀巻遷							遷:官(천관)　遷:都(천도) 變:遷(변천)　左:遷(좌천) 改:過遷善(개과천선) 孟:母三遷(맹모삼천)
還 돌아올 환	四罒罒睘還							還甲(환갑)　還給(환급) 歸:還(귀환)
邪 간사할 사	二一牙牙邪							邪道(사도)　邪惡(사악) 邪思妄念(사사망념)
郎 사내 랑	′ㅋ艮良郎							郎君(낭군) 新郎(신랑)

醉 (취할 취)	冖酉酉醉醉							醉氣(취기) 滿醉(만취) 深醉(심취) 醉生夢死(취생몽사)
釋 (풀 석)	宀釆釋釋釋							釋放(석방) 釋然(석연)
銘 (새길 명)	ノ𠂉金釤鉊銘							銘心(명심) 感銘(감명) 座右銘(좌우명)
鋼 (강철 강)	亠金釕鋼鋼							鋼管(강관) 鋼鐵(강철) 鋼板(강판) 鐵鋼(철강)
錯 (어긋날 착)	金金鉗錯錯錯							錯覺(착각) 錯誤(착오) 錯雜(착잡) 交錯(교착)
錦 (비단 금)	ノ𠂉金鈤錦							錦衣玉食(금의옥식) 錦衣還鄕(금의환향)
鍊 (쇠불릴 련)	亠金釕鍊鍊							鍊武(연무) 修鍊(수련) 精鍊(정련) 訓鍊(훈련)
鎖 (쇠사슬 쇄)	金釕鋇鎖鎖							鎖國(쇄국) 封鎖(봉쇄) 閉鎖(폐쇄) 連鎖反應(연쇄반응)
鎭 (누를 진)	金釕鋇鎭鎭							鎭壓(진압) 鎭靜(진정) 鎭重(진중) 鎭魂祭(진혼제)
鑑 (거울 감)	金釕鈩鑑鑑							鑑賞(감상) 鑑識(감식) 鑑定(감정) 明心寶鑑(명심보감)

한자	획순								용례
鑄 쇠불릴 주	釒鈝銈鋳鑄								鑄:物(주물) 鑄:造(주조)
閣 집 각	門門門閣閣								內:閣(내각) 碑閣(비각)
阿 언덕 아	阝阝阝阿阿								阿附(아부) 曲學阿世(곡학아세)
附 붙을 부	阝阝阝附附								附:加(부가) 附:近(부근)
陳 베풀 진	阝阝阝陌陳								陳:列(진열) 陳:情書(진정서)
陷 빠질 함	阝阝阝陷陷陷								陷:落(함락)　陷:沒(함몰) 缺陷(결함)　謀陷(모함)
陶 질그릇 도	阝阝阝匋陶								陶工(도공)　陶器(도기) 陶醉(도취)
陵 언덕 릉	阝阝阝陜陵陵								陵園(능원)　王陵(왕릉) 武陵桃源(무릉도원)
隆 높을 륭	阝阝阝降隆								隆起(융기)　隆盛(융성) 隆崇(융숭)
隔 사이뜰 격	阝阝阝隔隔								隔年(격년)　隔離(격리) 間:隔(간격)　懸:隔(현격) 隔世之感(격세지감) 隔靴搔癢(격화소양)

2단계・한자 쓰기

隨	따를 수	阝阝阼隋隨								隨時(수시) 隨筆(수필) 隨想錄(수상록) 隨問隨答(수문수답)
雅	맑을 아	二牙邪雅雅								雅:量(아량) 雅:樂(아악) 雅:趣(아취) 古雅(고아) 端雅(단아) 優雅(우아) 淸雅(청아)
雙	두 쌍	亻亻隹隹雔雙								雙璧(쌍벽)
雷	우레 뢰	一宀而雨雷								雷聲(뇌성) 落雷(낙뢰) 避:雷針(피뢰침) 附:和雷同(부화뇌동)
需	쓰일 수	一宀而雨需								需給(수급) 需要(수요) 內:需(내수) 特需(특수) 婚需(혼수)
震	우레 진	一雨雫霞震								震:怒(진노) 震:動(진동) 强震(강진) 耐:震(내진) 地震(지진) 振天動地(진천동지)
霜	서리 상	一雨雫霜								霜降(상강) 霜葉(상엽) 秋霜(추상) 風霜(풍상) 雪上加霜(설상가상)
露	이슬 로	雨雨霏霞露								露天(노천) 露出(노출)
靈	신령 령	雨靈靈靈靈								靈感(영감) 靈物(영물) 靈前(영전) 靈魂(영혼) 神靈(신령)
韻	운 운	立音音韵韻								韻:文(운문) 韻:律(운율) 韻:致(운치)

부수순
앞에서 익힌 40자를 부수순으로 배열했습니다. 빈칸에 漢字를 쓰세요.

1

펼 술( )	쫓을 추( )	사무칠 투( )	길 도( )
만날 봉( )	편안할 일( )	옮길 천( )	돌아올 환( )
간사할 사( )	사내 랑( )	취할 취( )	풀 석( )
새길 명( )	강철 강( )	어긋날 착( )	비단 금( )
쇠불릴 련( )	쇠사슬 쇄( )	진압할 진( )	거울 감( )

2

쇠불릴 주( )	집 각( )	언덕 아( )	붙을 부( )
베풀 진( )	빠질 함( )	질그릇 도( )	언덕 릉( )
높을 륭( )	사이뜰 격( )	따를 수( )	맑을 아( )
두 쌍( )	우레 뢰( )	쓰일 수( )	우레 진( )
서리 상( )	이슬 로( )	신령 령( )	운 운( )

☞ 정답은 79쪽에서 확인하세요.

가나다순
앞에서 익힌 40자를 가나다순으로 배열했습니다. 빈칸에 漢字를 쓰세요.

1

집 각( )	거울 감( )	강철 강( )	사이뜰 격( )
비단 금( )	질그릇 도( )	길 도( )	사내 랑( )
쇠불릴 련( )	신령 령( )	이슬 로( )	우레 뢰( )
높을 륭( )	언덕 릉( )	새길 명( )	만날 봉( )
붙을 부( )	간사할 사( )	서리 상( )	풀 석( )

2

쇠사슬 쇄( )	따를 수( )	쓰일 수( )	펼 술( )
두 쌍( )	언덕 아( )	맑을 아( )	운 운( )
편안할 일( )	쇠불릴 주( )	우레 진( )	베풀 진( )
진압할 진( )	어긋날 착( )	옮길 천( )	쫓을 추( )
취할 취( )	사무칠 투( )	빠질 함( )	돌아올 환( )

☞ 정답은 80쪽에서 확인하세요.

무 순
앞에서 익힌 40자를 순서 없이 배열했습니다. 빈칸에 漢字를 쓰세요.

1

펼 술( )	서리 상( )	강철 강( )	만날 봉( )
두 쌍( )	언덕 릉( )	사이뜰 격( )	집 각( )
길 도( )	쫓을 추( )	진압할 진( )	베풀 진( )
우레 진( )	우레 뢰( )	쓰일 수( )	옮길 천( )
거울 감( )	편안할 일( )	간사할 사( )	높을 륭( )

2

쇠사슬 쇄( )	붙을 부( )	언덕 아( )	질그릇 도( )
신령 령( )	어긋날 착( )	돌아올 환( )	맑을 아( )
쇠불릴 주( )	따를 수( )	빠질 함( )	취할 취( )
사내 랑( )	운 운( )	풀 석( )	새길 명( )
사무칠 투( )	쇠불릴 련( )	비단 금( )	이슬 로( )

☞ 정답은 80쪽에서 확인하세요.

響 울릴 향	乡 組 鄉 鄕 響 響						反:響(반향) 音響(음향)
頃 이랑 경	匕 比 比 頃 頃 頃						頃刻(경각)
頂 정수리 정	丁 丅 丅 丁 頂 頂 頂						頂上(정상)　山頂(산정) 絶頂(절정)
項 항목 항	一 丆 工 巧 項 項						事:項(사항) 條項(조항)
顔 낯 안	亠 产 彦 新 顔						顔:料(안료)　顔:面(안면) 顔:色(안색)　童:顔(동안) 紅顔(홍안) 破:顔大笑(파안대소) 厚:顔無恥(후안무치)
飯 밥 반	丶 今 食 食 飯 飯						朝飯(조반) 飯床器(반상기)
飾 꾸밀 식	丶 今 食 飲 飾 飾						假:飾(가식)　服飾(복식) 修飾(수식)　裝飾(장식) 虛禮虛飾(허례허식)
館 집 관	丶 食 食 館 館 館						客館(객관)　大:使館(대사관) 圖書館(도서관) 博物館(박물관)
騎 말탈 기	甘 馬 馬 騎 騎 騎						騎馬(기마)　騎兵(기병) 騎乘(기승)　單騎(단기) 騎虎之勢(기호지세)
驛 역 역	甘 馬 馬 驛 驛 驛						驛舍(역사) 終着驛(종착역)

鬼 (귀신 귀)	丿 由 白 鬼 鬼 鬼						鬼:神(귀신) 鬼:才(귀재) 神出鬼沒(신출귀몰)
魂 (넋 혼)	二 云 云 魂 魂 魂						魂靈(혼령) 忠魂(충혼)
鳳 (새 봉)	几 凡 凤 鳳 鳳 鳳						鳳:仙花(봉선화)
鶴 (학 학)	亠 雀 雀 雀 鶴 鶴						鶴髮(학발) 鶴首苦待(학수고대)
鹽 (소금 염)	子 臣 臣 臨 鹽 鹽						鹽分(염분) 鹽田(염전) 食鹽水(식염수)
麥 (보리 맥)	十 十 中 央 麥 麥						麥芽(맥아) 麥酒(맥주) 小:麥(소맥) 麥秀之嘆(맥수지탄)
麻 (삼 마)	丶 广 庁 床 麻 麻						麻織(마직) 麻布(마포) 大:麻(대마) 麻衣太子(마의태자)
默 (잠잠할 묵)	日 里 黑 黑 默 默						默契(묵계) 默過(묵과) 默念(묵념) 默想(묵상) 默視(묵시) 默認(묵인)
鼓 (북 고)	士 吉 吉 壴 鼓 鼓						鼓動(고동) 鼓舞(고무) 鼓吹(고취) 鼓腹擊壤(고복격양)
齊 (가지런할 제)	亠 宀 㐭 齊 齊 齊						齊唱(제창) 均齊(균제) 一齊(일제)

부수순
앞에서 익힌 40자를 부수순으로 배열했습니다. 빈칸에 漢字를 쓰세요.

1

울릴 향( )	이랑 경( )	정수리 정( )	항목 항( )
낯 안( )	밥 반( )	꾸밀 식( )	집 관( )
말탈 기( )	역 역( )	귀신 귀( )	넋 혼( )
봉황새 봉( )	학 학( )	소금 염( )	보리 맥( )
삼 마( )	잠잠할 묵( )	북 고( )	가지런할 제( )

☞ 정답은 83쪽에서 확인하세요.

가나다순
앞에서 익힌 40자를 가나다순으로 배열했습니다. 빈칸에 漢字를 쓰세요.

1

이랑 경( )	북 고( )	집 관( )	귀신 귀( )
말탈 기( )	삼 마( )	보리 맥( )	잠잠할 묵( )
밥 반( )	봉황새 봉( )	꾸밀 식( )	낯 안( )
역 역( )	소금 염( )	정수리 정( )	가지런할 제( )
학 학( )	항목 항( )	울릴 향( )	넋 혼( )

☞ 정답은 83쪽에서 확인하세요.

2단계 • 한자 쓰기 185

무 순

앞에서 익힌 40자를 순서 없이 배열했습니다. 빈칸에 漢字를 쓰세요.

1

울릴 향(響)	학 학(鶴)	낯 안(顔)	항목 항(項)
이랑 경(頃)	북 고(鼓)	꾸밀 식(飾)	밥 반(飯)
가지런할 제(齊)	말탈 기(騎)	잠잠할 묵(默)	소금 염(鹽)
집 관(館)	귀신 귀(鬼)	역 역(驛)	넋 혼(魂)
봉황새 봉(鳳)	정수리 정(頂)	삼 마(麻)	보리 맥(麥)

☞ 정답은 84쪽에서 확인하세요.

부수순

앞에서 익힌 3급Ⅱ 한자를 모두 부수순으로 배열했습니다. 빈칸에 **漢字**를 쓰세요.

1

어른 **장**( )	언덕 **구**( )	남녘 **병**( )	붉을 **단**( )
오랠 **구**( )	갈 **지**( )	탈 **승**( )	새 **을**( )
하늘 **건**( )	우물 **정**( )	버금 **아**( )	또 **역**( )
정자 **정**( )	끼일 **개**( )	부칠 **부**( )	꾀할 **기**( )
버금 **중**( )	우러를 **앙**( )	어찌 **하**( )	다만 **단**( )
맏 **백**( )	모실 **시**( )	아름다울 **가**( )	이바지할 **공**( )
재촉할 **촉**( )	넘어질 **도**( )	빌릴 **차**( )	값 **치**( )
인륜 **륜**( )	곳집 **창**( )	치우칠 **편**( )	곁 **측**( )
짝 **우**( )	빚 **채**( )		☞ 정답은 85쪽에서 확인하세요.

2

재촉할 **최**( )	거짓 **위**( )	중 **승**( )	모양 **상**( )
갚을 **상**( )	억조 **조**( )	면할 **면**( )	이길 **극**( )
토끼 **토**( )	그 **기**( )	겸할 **겸**( )	갓 **관**( )
얼 **동**( )	무릇 **범**( )	칼 **도**( )	새길 **간**( )
인쇄할 **쇄**( )	찌를 **자**( )	깎을 **삭**( )	굳셀 **강**( )
벨 **할**( )	그을 **획**( )	칼 **검**( )	힘쓸 **려**( )
말 **물**( )	낮을 **비**( )	곧 **즉**( )	미칠 **급**( )
맡을 **사**( )	토할 **토**( )	관리 **리**( )	머금을 **함**( )
불 **취**( )	슬플 **애**( )		☞ 정답은 85쪽에서 확인하세요.

3

밝을	철( )	당나라	당( )	울	곡( )	열	계( )
잃을	상( )	앉을	좌( )	드리울	수( )	북돋울	배( )
잡을	집( )	막힐	색( )	탑	탑( )	먹	묵( )
무너질	괴( )	흙덩이	양( )	북방	임( )	목숨	수( )
꿈	몽( )	가운데	앙( )	아뢸	주( )	맺을	계( )
달릴	분( )	빼앗을	탈( )	떨칠	분( )	종	노( )
망령될	망( )	왕비	비( )	시어미	고( )	아내	처( )
계집	낭( )	계집종	비( )	중매	매( )	맏	맹( )
집	우( )	집	주( )				

☞ 정답은 86쪽에서 확인하세요.

4

잔치	연( )	고요할	적( )	편안	녕( )	적을	과( )
너그러울	관( )	살필	심( )	봉할	봉( )	오히려	상( )
자	척( )	꼬리	미( )	밟을	리( )	언덕	안( )
봉우리	봉( )	고개	령( )	바위	암( )	돌	순( )
공교할	교( )	이미	이( )	장수	수( )	장막	막( )
줄기	간( )	어릴	유( )	그윽할	유( )	사랑채	랑( )
폐할	폐( )	조정	정( )	희롱할	롱( )	폐단	폐( )
활	궁( )	채색	채( )	그림자	영( )	부릴	역( )
칠	정( )	저	피( )				

☞ 정답은 86쪽에서 확인하세요.

부수순

3급Ⅱ 한자 모두에 대한 부수순 익히기가 계속됩니다. 빈칸에 **漢字**를 쓰세요.

5

지름길 **경**( )	천천히 **서**( )	거느릴 **어**( )	작을 **미**( )
통할 **철**( )	부를 **징**( )	참을 **인**( )	갑자기 **홀**( )
괴이할 **괴**( )	공손할 **공**( )	용서할 **서**( )	두려울 **공**( )
부끄러울 **치**( )	항상 **항**( )	멀 **유**( )	기쁠 **열**( )
깨달을 **오**( )	뉘우칠 **회**( )	아낄 **석**( )	미혹할 **혹**( )
근심 **수**( )	어리석을 **우**( )	사랑 **자**( )	삼갈 **신**( )
슬기로울 **혜**( )	욕심 **욕**( )	익숙할 **관**( )	그릴 **모**( )
근심 **우**( )	미울 **증**( )	생각할 **억**( )	간절할 **간**( )
달 **현**( )	품을 **회**( )		

☞ 정답은 87쪽에서 확인하세요.

6

그리워할 **련**( )	나 **아**( )	친척 **척**( )	놀이 **희**( )
누를 **억**( )	도울 **부**( )	뽑을 **발**( )	털 **불**( )
넓힐 **척**( )	막을 **저**( )	잡을 **구**( )	주울 **습**( )
주먹 **권**( )	잡을 **포**( )	떨칠 **진**( )	밀칠 **배**( )
손바닥 **장**( )	바꿀 **환**( )	날릴 **양**( )	딸 **적**( )
돌 **선**( )	아침 **단**( )	열흘 **순**( )	오를 **승**( )
창성할 **창**( )	늦을 **만**( )	잠깐 **잠**( )	책력 **력**( )
일찍 **증**( )	비낄 **사**( )	가지 **지**( )	시렁 **가**( )
기둥 **주**( )	물들 **염**( )		

☞ 정답은 87쪽에서 확인하세요.

부수순 3급Ⅱ 한자 모두에 대한 부수순 익히기가 계속됩니다. 빈칸에 **漢字**를 쓰세요.

7

부드러울 유( )	계수나무 계( )	복숭아 도( )	뽕나무 상( )
그루 주( )	심을 재( )	밤 률( )	들보 량( )
매화 매( )	기계 계( )	수풀 삼( )	단풍 풍( )
대개 개( )	다락 루( )	가로 횡( )	난간 란( )
하고자할 욕( )	이 차( )	거의 태( )	다를 수( )
전각 전( )	못 지( )	땀 한( )	모래 사( )
빠질 몰( )	잠길 침( )	진흙 니( )	물따라갈 연( )
클 태( )	넓을 홍( )	물가 주( )	잠길 침( )
개 포( )	넓을 호( )		

8

뜰 부( )	물결 랑( )	음란할 음( )	깨끗할 정( )
맑을 숙( )	서늘할 량( )	얕을 천( )	맑을 담( )
건널 도( )	끓을 탕( )	시내 계( )	멸할 멸( )
샐 루( )	옻 칠( )	점점 점( )	넓을 막( )
막힐 체( )	불을 윤( )	잠길 잠( )	못 택( )
젖을 습( )	불꽃 염( )	까마귀 오( )	비칠 조( )
익을 숙( )	사를 소( )	제비 연( )	화로 로( )
조각 편( )	판목 판( )	미칠 광( )	사나울 맹( )
어금니 아( )	오히려 유( )		

부수순

3급Ⅱ 한자 모두에 대한 부수순 익히기가 계속됩니다. 빈칸에 **漢字**를 쓰세요.

9

감옥	옥( )	얻을	획( )	짐승	수( )	드릴	헌( )
검을	현( )	비율	율( )	구슬	주( )	거문고	금( )
기와	와( )	심할	심( )	짐승	축( )	마칠	필( )
경기	기( )	소통할	소( )	전염병	역( )	병	질( )
증세	증( )	임금	황( )	가죽	피( )	맹세	맹( )
소반	반( )	소경	맹( )	잘	면( )	화목할	목( )
눈깜짝일	순( )	굳을	경( )	푸를	벽( )	갈	마( )
주춧돌	초( )	제사	사( )	빌	기( )	녹	록( )
재앙	화( )	선	선( )				

☞ 정답은 89쪽에서 확인하세요.

10

새	금( )	차례	질( )	조세	조( )	드물	희( )
어릴	치( )	원고	고( )	굴	혈( )	갑자기	돌( )
부호	부( )	피리	적( )	꾀	책( )	문서	부( )
단장할	장( )	엿	당( )	무늬	문( )	어지러울	분( )
찾을	색( )	여러	루( )	자줏빛	자( )	이을	락( )
긴할	긴( )	벼리	유( )	벼리	강( )	솜	면( )
느릴	완( )	엮을	편( )	실마리	서( )	세로	종( )
번성할	번( )	마을	서( )	깃	우( )	날개	익( )
견딜	내( )	밭갈	경( )				

☞ 정답은 89쪽에서 확인하세요.

부수순

3급Ⅱ 한자 모두에 대한 부수순 익히기가 계속됩니다. 빈칸에 漢字를 쓰세요.

11

연이을	련( )	닮을	초( )	간	간( )	허파	폐( )
살찔	비( )	되	호( )	밥통	위( )	위협할	협( )
가슴	흉( )	다리	각( )	썩을	부( )	배	복( )
골	뇌( )	오장	장( )	임할	림( )	대	대( )
일반	반( )	싹	아( )	꽃다울	방( )	같을	약( )
무성할	무( )	차	다( )	거칠	황( )	멜	하( )
씩씩할	장( )	없을	막( )	버섯	균( )	국화	국( )
나물	채( )	나타날	저( )	장사지낼	장( )	덮을	개( )
어두울	몽( )	푸를	창( )				

12

찔	증( )	연꽃	련( )	엷을	박( )	감출	장( )
되살아날	소( )	난초	란( )	범	호( )	뱀	사( )
찌를	충( )	저울대	형( )	쇠할	쇠( )	입을	피( )
찢어질	렬( )	옷마를	재( )	속	리( )	기울	보( )
넉넉할	유( )	치마	상( )	엄습할	습( )	엎을	복( )
닿을	촉( )	이별할	결( )	송사할	송( )	말	사( )
호소할	소( )	자랑할	과( )	자세할	상( )	꾈	유( )
모두	제( )	꾀	모( )	이를	위( )	허락할	낙( )
겸손할	겸( )	족보	보( )				

13

번역할	역( )	기릴	예( )	사양할	양( )	골	곡( )
호걸	호( )	모양	모( )	곧을	정( )	바칠	공( )
펠	관( )	빌릴	대( )	무역할	무( )	하례할	하( )
품삯	임( )	부세	부( )	천할	천( )	의뢰할	뢰( )
도울	찬( )	넘을	월( )	뛰어넘을	초( )	상거할	거( )
발자취	적( )	밟을	답( )	밟을	천( )	자취	적( )
연할	연( )	비교	교( )	실을	재( )	무리	배( )
보낼	수( )	별	진( )	욕될	욕( )	핍박할	박( )
펼	술( )	쫓을	추( )				

☞ 정답은 91쪽에서 확인하세요.

14

사무칠	투( )	길	도( )	만날	봉( )	편안할	일( )
옮길	천( )	돌아올	환( )	간사할	사( )	사내	랑( )
취할	취( )	풀	석( )	새길	명( )	강철	강( )
어긋날	착( )	비단	금( )	쇠불릴	련( )	쇠사슬	쇄( )
진압할	진( )	거울	감( )	쇠불릴	주( )	집	각( )
언덕	아( )	붙을	부( )	베풀	진( )	빠질	함( )
질그릇	도( )	언덕	릉( )	높을	륭( )	사이뜰	격( )
따를	수( )	맑을	아( )	두	쌍( )	우레	뢰( )
쓰일	수( )	우레	진( )				

☞ 정답은 91쪽에서 확인하세요.

부수순

3급Ⅱ 한자 모두에 대한 부수순 익히기가 계속됩니다. 빈칸에 **漢字**를 쓰세요.

15

서리	**상**(	)	이슬	**로**(	)	신령	**령**(	)	운	**운**(	)
울릴	**향**(	)	이랑	**경**(	)	정수리	**정**(	)	항목	**항**(	)
낯	**안**(	)	밥	**반**(	)	꾸밀	**식**(	)	집	**관**(	)
말탈	**기**(	)	역	**역**(	)	귀신	**귀**(	)	넋	**혼**(	)
봉황새	**봉**(	)	학	**학**(	)	소금	**염**(	)	보리	**맥**(	)
삼	**마**(	)	잠잠할	**묵**(	)	북	**고**(	)	가지런할	**제**(	)

☞ 정답은 92쪽에서 확인하세요.

가나다순 앞에서 익힌 3급Ⅱ 한자를 모두 가나다순으로 배열했습니다. 빈칸에 漢字를 쓰세요.

1

시렁 가( )	아름다울 가( )	다리 각( )	집 각( )
간절할 간( )	줄기 간( )	새길 간( )	간 간( )
거울 감( )	강철 강( )	굳셀 강( )	벼리 강( )
끼일 개( )	덮을 개( )	대개 개( )	상거할 거( )
하늘 건( )	칼 검( )	사이뜰 격( )	이별할 결( )
겸할 겸( )	겸손할 겸( )	지름길 경( )	굳을 경( )
이랑 경( )	밭갈 경( )	기계 계( )	열 계( )
시내 계( )	맺을 계( )	계수나무 계( )	시어미 고( )
원고 고( )	북 고( )		

☞ 정답은 93쪽에서 확인하세요.

2

골 곡( )	울 곡( )	이바지할 공( )	바칠 공( )
두려울 공( )	공손할 공( )	적을 과( )	자랑할 과( )
익숙할 관( )	집 관( )	너그러울 관( )	갓 관( )
펠 관( )	미칠 광( )	괴이할 괴( )	무너질 괴( )
비교 교( )	공교할 교( )	오랠 구( )	잡을 구( )
언덕 구( )	국화 국( )	활 궁( )	주먹 권( )
귀신 귀( )	버섯 균( )	이길 극( )	비단 금( )
거문고 금( )	새 금( )	미칠 급( )	말탈 기( )
빌 기( )	경기 기( )		

☞ 정답은 93쪽에서 확인하세요.

가나다순
3급Ⅱ 한자 모두에 대한 가나다순 익히기가 계속됩니다. 빈칸에 **漢字**를 쓰세요.

3

그 기( )	꾀할 기( )	긴할 긴( )	허락할 낙( )
계집 낭( )	견딜 내( )	편안 녕( )	종 노( )
골 뇌( )	진흙 니( )	차 다( )	붉을 단( )
다만 단( )	아침 단( )	맑을 담( )	밟을 답( )
당나라 당( )	엿 당( )	대 대( )	빌릴 대( )
길 도( )	넘어질 도( )	건널 도( )	칼 도( )
질그릇 도( )	복숭아 도( )	갑자기 돌( )	얼 동( )
이을 락( )	난간 란( )	난초 란( )	사내 랑( )
사랑채 랑( )	물결 랑( )		

☞ 정답은 94쪽에서 확인하세요.

4

들보 량( )	서늘할 량( )	힘쓸 려( )	책력 력( )
연꽃 련( )	그리워할 련( )	쇠불릴 련( )	연이을 련( )
찢어질 렬( )	신령 령( )	고개 령( )	화로 로( )
이슬 로( )	녹 록( )	희롱할 롱( )	의뢰할 뢰( )
우레 뢰( )	샐 루( )	여러 루( )	다락 루( )
인류 류( )	밤 률( )	높을 륭( )	언덕 릉( )
속 리( )	관리 리( )	밟을 리( )	임할 림( )
갈 마( )	삼 마( )	장막 막( )	넓을 막( )
없을 막( )	늦을 만( )		

☞ 정답은 94쪽에서 확인하세요.

가나다순

3급Ⅱ 한자 모두에 대한 가나다순 익히기가 계속됩니다. 빈칸에 漢字를 쓰세요.

5

망령될 **망**( )	매화 **매**( )	중매 **매**( )	보리 **맥**( )
사나울 **맹**( )	맏 **맹**( )	맹세 **맹**( )	소경 **맹**( )
면할 **면**( )	솜 **면**( )	잘 **면**( )	멸할 **멸**( )
새길 **명**( )	모양 **모**( )	그릴 **모**( )	꾀 **모**( )
화목할 **목**( )	빠질 **몰**( )	꿈 **몽**( )	어두울 **몽**( )
무역할 **무**( )	무성할 **무**( )	먹 **묵**( )	잠잠할 **묵**( )
무늬 **문**( )	말 **물**( )	꼬리 **미**( )	작을 **미**( )
핍박할 **박**( )	엷을 **박**( )	소반 **반**( )	일반 **반**( )
밥 **반**( )	뽑을 **발**( )		

☞ 정답은 95쪽에서 확인하세요.

6

꽃다울 **방**( )	무리 **배**( )	북돋울 **배**( )	밀칠 **배**( )
맏 **백**( )	번성할 **번**( )	무릇 **범**( )	푸를 **벽**( )
남녘 **병**( )	족보 **보**( )	기울 **보**( )	엎을 **복**( )
배 **복**( )	봉황새 **봉**( )	봉우리 **봉**( )	만날 **봉**( )
봉할 **봉**( )	도울 **부**( )	붙을 **부**( )	썩을 **부**( )
부칠 **부**( )	부호 **부**( )	부세 **부**( )	뜰 **부**( )
문서 **부**( )	어지러울 **분**( )	달릴 **분**( )	떨칠 **분**( )
털 **불**( )	낮을 **비**( )	살찔 **비**( )	왕비 **비**( )
계집종 **비**( )	모래 **사**( )		

☞ 정답은 95쪽에서 확인하세요.

2단계 · 한자 쓰기 197

가나다순 3급Ⅱ 한자 모두에 대한 가나다순 익히기가 계속됩니다. 빈칸에 **漢字**를 쓰세요.

7

간사할 사( )	비낄 사( )	맡을 사( )	말 사( )
뱀 사( )	제사 사( )	깎을 삭( )	수풀 삼( )
자세할 상( )	모양 상( )	치마 상( )	갚을 상( )
서리 상( )	오히려 상( )	뽕나무 상( )	잃을 상( )
막힐 색( )	찾을 색( )	천천히 서( )	마을 서( )
실마리 서( )	용서할 서( )	풀 석( )	아낄 석( )
돌 선( )	선 선( )	소통할 소( )	사를 소( )
호소할 소( )	되살아날 소( )	송사할 송( )	인쇄할 쇄( )
쇠사슬 쇄( )	쇠할 쇠( )		

☞ 정답은 96쪽에서 확인하세요.

8

짐승 수( )	쓰일 수( )	다를 수( )	장수 수( )
드리울 수( )	보낼 수( )	따를 수( )	근심 수( )
목숨 수( )	익을 숙( )	맑을 숙( )	열흘 순( )
돌 순( )	눈깜짝일 순( )	펄 술( )	주울 습( )
엄습할 습( )	젖을 습( )	탈 승( )	중 승( )
오를 승( )	모실 시( )	꾸밀 식( )	삼갈 신( )
심할 심( )	살필 심( )	두 쌍( )	맑을 아( )
언덕 아( )	버금 아( )	나 아( )	어금니 아( )
싹 아( )	언덕 안( )		

☞ 정답은 96쪽에서 확인하세요.

가나다순 | 3급Ⅱ 한자 모두에 대한 가나다순 익히기가 계속됩니다. 빈칸에 漢字를 쓰세요.

9

낮 안( )	바위 암( )	가운데 앙( )	우러를 앙( )
슬플 애( )	같을 약( )	사양할 양( )	날릴 양( )
흙덩이 양( )	거느릴 어( )	누를 억( )	생각할 억( )
전염병 역( )	또 역( )	부릴 역( )	번역할 역( )
역 역( )	잔치 연( )	연할 연( )	물따라갈 연( )
제비 연( )	기쁠 열( )	불꽃 염( )	소금 염( )
물들 염( )	그림자 영( )	기릴 예( )	까마귀 오( )
깨달을 오( )	감옥 옥( )	기와 와( )	느릴 완( )
욕심 욕( )	욕될 욕( )		

☞ 정답은 97쪽에서 확인하세요.

10

하고자할 욕( )	집 우( )	짝 우( )	깃 우( )
근심 우( )	어리석을 우( )	운 운( )	넘을 월( )
이를 위( )	밥통 위( )	거짓 위( )	꾈 유( )
그윽할 유( )	부드러울 유( )	어릴 유( )	멀 유( )
오히려 유( )	넉넉할 유( )	벼리 유( )	불을 윤( )
비율 율( )	새 을( )	음란할 음( )	이미 이( )
날개 익( )	참을 인( )	편안할 일( )	북방 임( )
품삯 임( )	찌를 자( )	자줏빛 자( )	사랑 자( )
잠깐 잠( )	잠길 잠( )		

☞ 정답은 97쪽에서 확인하세요.

11

감출	장( )	손바닥	장( )	오장	장( )	씩씩할	장( )
장사지낼	장( )	단장할	장( )	어른	장( )	심을	재( )
실을	재( )	옷마를	재( )	막을	저( )	나타날	저( )
피리	적( )	고요할	적( )	딸	적( )	자취	적( )
발자취	적( )	전각	전( )	점점	점( )	우물	정( )
조정	정( )	정수리	정( )	깨끗할	정( )	칠	정( )
곧을	정( )	정자	정( )	모두	제( )	가지런할	제( )
비칠	조( )	조세	조( )	억조	조( )	세로	종( )
앉을	좌( )	물가	주( )				

☞ 정답은 98쪽에서 확인하세요.

12

집	주( )	기둥	주( )	그루	주( )	쇠불릴	주( )
아뢸	주( )	구슬	주( )	버금	중( )	곧	즉( )
찔	증( )	증세	증( )	미울	증( )	일찍	증( )
못	지( )	갈	지( )	가지	지( )	별	진( )
떨칠	진( )	진압할	진( )	베풀	진( )	우레	진( )
차례	질( )	병	질( )	잡을	집( )	부를	징( )
빌릴	차( )	이	차( )	어긋날	착( )	도울	찬( )
푸를	창( )	창성할	창( )	곳집	창( )	나물	채( )
채색	채( )	빛	채( )				

☞ 정답은 98쪽에서 확인하세요.

13

꾀 책( )	아내 처( )	넓힐 척( )	친척 척( )
자 척( )	얕을 천( )	천할 천( )	밟을 천( )
옮길 천( )	밝을 철( )	통할 철( )	막힐 체( )
주춧돌 초( )	닮을 초( )	뛰어넘을 초( )	닿을 촉( )
재촉할 촉( )	재촉할 최( )	쫓을 추( )	짐승 축( )
찌를 충( )	불 취( )	취할 취( )	곁 측( )
부끄러울 치( )	어릴 치( )	값 치( )	옻 칠( )
잠길 침( )	잠길 침( )	빼앗을 탈( )	탑 탑( )
끓을 탕( )	거의 태( )		

14

클 태( )	못 택( )	토할 토( )	토끼 토( )
사무칠 투( )	판목 판( )	엮을 편( )	조각 편( )
치우칠 편( )	허파 폐( )	폐단 폐( )	폐할 폐( )
개 포( )	잡을 포( )	단풍 풍( )	입을 피( )
가죽 피( )	저 피( )	마칠 필( )	어찌 하( )
하례할 하( )	멜 하( )	학 학( )	땀 한( )
벨 할( )	빠질 함( )	머금을 함( )	항목 항( )
항상 항( )	울릴 향( )	드릴 헌( )	검을 현( )
달 현( )	굴 혈( )		

가나다순 3급Ⅱ 한자 모두에 대한 가나다순 익히기가 계속됩니다. 빈칸에 **漢字**를 쓰세요.

15

위협할 **협**( )	저울대 **형**( )	슬기로울 **혜**( )	범 **호**( )
호걸 **호**( )	넓을 **호**( )	되 **호**( )	미혹할 **혹**( )
넋 **혼**( )	갑자기 **홀**( )	넓을 **홍**( )	재앙 **화**( )
돌아올 **환**( )	바꿀 **환**( )	거칠 **황**( )	임금 **황**( )
품을 **회**( )	뉘우칠 **회**( )	얻을 **획**( )	그을 **획**( )
가로 **횡**( )	가슴 **흉**( )	드물 **희**( )	놀이 **희**( )

☞ 정답은 100쪽에서 확인하세요.

무순

앞에서 익힌 3급Ⅱ 한자를 모두 순서 없이 배열했습니다. 빈칸에 漢字를 쓰세요.

1

샐	루( )	따를	수( )	삼갈	신( )	들보	량( )
그윽할	유( )	어른	장( )	찔	증( )	땀	한( )
갑자기	홀( )	장사지낼	장( )	푸를	벽( )	시어미	고( )
미칠	광( )	드리울	수( )	생각할	억( )	모양	상( )
엎을	복( )	빼앗을	탈( )	주먹	권( )	맑을	숙( )
바위	암( )	넓을	막( )	끼일	개( )	부끄러울	치( )
위협할	협( )	돌	순( )	돌아올	환( )	무역할	무( )
밤	률( )	비단	금( )	원고	고( )	이슬	로( )
끓을	탕( )	밥	반( )				

☞ 정답은 101쪽에서 확인하세요.

2

역	역( )	귀신	귀( )	실을	재( )	봉황새	봉( )
세로	종( )	물결	랑( )	관리	리( )	막을	저( )
거칠	황( )	부호	부( )	굴	혈( )	범	호( )
버섯	균( )	짐승	수( )	진압할	진( )	맺을	계( )
흙덩이	양( )	꾸밀	식( )	오랠	구( )	갈	마( )
마을	서( )	목숨	수( )	자취	적( )	피리	적( )
잠길	침( )	빚	채( )	인륜	륜( )	가운데	앙( )
상거할	거( )	달릴	분( )	깨달을	오( )	탑	탑( )
배	복( )	심할	심( )				

☞ 정답은 101쪽에서 확인하세요.

3

치우칠 편( )	보낼 수( )	화로 로( )	계집종 비( )
언덕 안( )	하고자할 욕( )	멜 하( )	그리워할 련( )
까마귀 오( )	토끼 토( )	잡을 포( )	간절할 간( )
어릴 치( )	모실 시( )	사나울 맹( )	자랑할 과( )
통할 철( )	거의 태( )	활 궁( )	아낄 석( )
나 아( )	잠길 침( )	붉을 단( )	언덕 릉( )
찌를 자( )	조각 편( )	언덕 구( )	아침 단( )
욕심 욕( )	어찌 하( )	빌릴 대( )	비낄 사( )
열흘 순( )	근심 우( )		

☞ 정답은 102쪽에서 확인하세요.

4

멀 유( )	주춧돌 초( )	학 학( )	살필 심( )
가슴 흉( )	힘쓸 려( )	꽃다울 방( )	슬기로울 혜( )
넘어질 도( )	연이을 련( )	넓힐 척( )	판목 판( )
두려울 공( )	선 선( )	굳을 경( )	공손할 공( )
벨 할( )	돌 선( )	어두울 몽( )	당나라 당( )
사랑채 랑( )	쇠불릴 련( )	장수 수( )	전각 전( )
칠 정( )	계집 낭( )	왕비 비( )	앉을 좌( )
뉘우칠 회( )	얻을 획( )	증세 증( )	단장할 장( )
사무칠 투( )	소경 맹( )		

☞ 정답은 102쪽에서 확인하세요.

5

엷을 **박**( )	넓을 **홍**( )	클 **태**( )	만 **맹**( )
밟을 **리**( )	뽑을 **발**( )	밀칠 **배**( )	다를 **수**( )
제비 **연**( )	잠길 **잠**( )	조정 **정**( )	폐할 **폐**( )
중 **승**( )	자세할 **상**( )	울 **곡**( )	차 **다**( )
싹 **아**( )	품삯 **임**( )	발자취 **적**( )	재촉할 **최**( )
긴할 **긴**( )	뜰 **부**( )	날개 **익**( )	거울 **감**( )
공교할 **교**( )	슬플 **애**( )	솜 **면**( )	엄습할 **습**( )
천할 **천**( )	엮을 **편**( )	바칠 **공**( )	모양 **모**( )
잃을 **상**( )	감출 **장**( )		

☞ 정답은 103쪽에서 확인하세요.

6

나물 **채**( )	뛰어넘을 **초**( )	단풍 **풍**( )	덮을 **개**( )
보리 **맥**( )	거짓 **위**( )	신령 **령**( )	탈 **승**( )
여러 **루**( )	깎을 **삭**( )	막힐 **색**( )	누를 **억**( )
욕될 **욕**( )	빌 **기**( )	녹 **록**( )	작을 **미**( )
재앙 **화**( )	딸 **적**( )	임금 **황**( )	익을 **숙**( )
익숙할 **관**( )	다만 **단**( )	새길 **명**( )	밥통 **위**( )
갈 **지**( )	그릴 **모**( )	집 **각**( )	북방 **임**( )
되살아날 **소**( )	대개 **개**( )	이랑 **경**( )	그 **기**( )
수풀 **삼**( )	넉넉할 **유**( )		

☞ 정답은 103쪽에서 확인하세요.

무순

3급Ⅱ 한자 모두에 대한 무순 익히기가 계속됩니다. 빈칸에 **漢字**를 쓰세요.

7

잔치 **연**( )	어릴 **유**( )	곁 **측**( )	적을 **과**( )
굳셀 **강**( )	두 **쌍**( )	손바닥 **장**( )	높을 **륭**( )
북돋울 **배**( )	깨끗할 **정**( )	조세 **조**( )	항상 **항**( )
다락 **루**( )	꿈 **몽**( )	벼리 **유**( )	하늘 **건**( )
채색 **채**( )	새길 **간**( )	칼 **도**( )	문서 **부**( )
살찔 **비**( )	기쁠 **열**( )	토할 **토**( )	펠 **관**( )
우레 **뢰**( )	멸할 **멸**( )	번성할 **번**( )	족보 **보**( )
우러를 **앙**( )	물가 **주**( )	베풀 **진**( )	곳집 **창**( )
쫓을 **추**( )	넋 **혼**( )		

☞ 정답은 104쪽에서 확인하세요.

8

칼 **검**( )	봉우리 **봉**( )	쇠불릴 **주**( )	재촉할 **촉**( )
겸할 **겸**( )	나타날 **저**( )	푸를 **창**( )	뽕나무 **상**( )
집 **우**( )	종 **노**( )	북 **고**( )	먹 **묵**( )
썩을 **부**( )	천천히 **서**( )	닮을 **초**( )	저울대 **형**( )
엿 **당**( )	고개 **령**( )	얕을 **천**( )	품을 **회**( )
맑을 **아**( )	기계 **계**( )	아뢸 **주**( )	계수나무 **계**( )
망령될 **망**( )	말 **물**( )	감옥 **옥**( )	없을 **막**( )
대 **대**( )	임할 **림**( )	매화 **매**( )	기와 **와**( )
실마리 **서**( )	자 **척**( )		

☞ 정답은 104쪽에서 확인하세요.

무 순

3급Ⅱ 한자 모두에 대한 무순 익히기가 계속됩니다. 빈칸에 **漢字**를 쓰세요.

9

이바지할	**공**( )	옮길	**천**( )	떨칠	**진**( )	사를	**소**( )
간사할	**사**( )	저	**피**( )	털	**불**( )	말	**사**( )
호걸	**호**( )	값	**치**( )	이별할	**결**( )	난간	**란**( )
새	**금**( )	차례	**질**( )	용서할	**서**( )	허파	**폐**( )
되	**호**( )	사양할	**양**( )	오장	**장**( )	이	**차**( )
친척	**척**( )	억조	**조**( )	근심	**수**( )	부릴	**역**( )
이미	**이**( )	못	**지**( )	부를	**징**( )	장막	**막**( )
화목할	**목**( )	눈깜짝일	**순**( )	머금을	**함**( )	건널	**도**( )
잡을	**집**( )	강철	**강**( )				

☞ 정답은 105쪽에서 확인하세요.

10

잘	**면**( )	소반	**반**( )	서리	**상**( )	송사할	**송**( )
쓰일	**수**( )	운	**운**( )	정수리	**정**( )	어긋날	**착**( )
짐승	**축**( )	가죽	**피**( )	입을	**피**( )	항목	**항**( )
울릴	**향**( )	드릴	**헌**( )	꼬리	**미**( )	씩씩할	**장**( )
만날	**봉**( )	갓	**관**( )	주울	**습**( )	낄	**유**( )
심을	**재**( )	고요할	**적**( )	부칠	**부**( )	새	**을**( )
놀이	**희**( )	맑을	**담**( )	비율	**율**( )	우레	**진**( )
막힐	**체**( )	사이뜰	**격**( )	미칠	**급**( )	핍박할	**박**( )
별	**진**( )	넓을	**호**( )				

☞ 정답은 105쪽에서 확인하세요.

무순 3급Ⅱ 한자 모두에 대한 무순 익히기가 계속됩니다. 빈칸에 漢字를 쓰세요.

11

곧을	정( )	잡을	구( )	어금니	아( )	오히려	유( )
이길	극( )	괴이할	괴( )	일찍	증( )	찢어질	렬( )
호소할	소( )	짝	우( )	그루	주( )	미울	증( )
열	계( )	잠잠할	묵( )	편안할	일( )	말탈	기( )
희롱할	롱( )	물따라갈	연( )	거문고	금( )	허락할	낙( )
너그러울	관( )	골	뇌( )	중매	매( )	빠질	몰( )
도울	부( )	음란할	음( )	자줏빛	자( )	가로	횡( )
의뢰할	뢰( )	낮	안( )	비칠	조( )	시렁	가( )
시내	계( )	견딜	내( )				

☞ 정답은 106쪽에서 확인하세요.

12

편안	녕( )	맏	백( )	소통할	소( )	잠깐	잠( )
병	질( )	드물	희( )	경기	기( )	개	포( )
구슬	주( )	아름다울	가( )	얼	동( )	오히려	상( )
언덕	아( )	느릴	완( )	빌릴	차( )	그을	획( )
질그릇	도( )	곧	즉( )	검을	현( )	번역할	역( )
버금	아( )	겸손할	겸( )	무성할	무( )	무늬	문( )
연꽃	련( )	옻	칠( )	기둥	주( )	일반	반( )
맡을	사( )	창성할	창( )	풀	석( )	인쇄할	쇄( )
쇠할	쇠( )	이를	위( )				

☞ 정답은 106쪽에서 확인하세요.

13

참을 **인**( )	꾀 **책**( )	다리 **각**( )	연할 **연**( )
마칠 **필**( )	오를 **승**( )	폐단 **폐**( )	전염병 **역**( )
어리석을 **우**( )	무릇 **범**( )	밭갈 **경**( )	집 **관**( )
펼 **술**( )	우물 **정**( )	같을 **약**( )	어지러울 **분**( )
하례할 **하**( )	골 **곡**( )	밟을 **답**( )	면할 **면**( )
뱀 **사**( )	못 **택**( )	또 **역**( )	쇠사슬 **쇄**( )
불꽃 **염**( )	국화 **국**( )	도울 **찬**( )	미혹할 **혹**( )
봉할 **봉**( )	떨칠 **분**( )	이을 **락**( )	무너질 **괴**( )
그림자 **영**( )	불을 **윤**( )		

☞ 정답은 107쪽에서 확인하세요.

14

밟을 **천**( )	복숭아 **도**( )	점점 **점**( )	바꿀 **환**( )
정자 **정**( )	맹세 **맹**( )	줄기 **간**( )	물들 **염**( )
달 **현**( )	사내 **랑**( )	취할 **취**( )	늦을 **만**( )
사랑 **자**( )	붙을 **부**( )	가지 **지**( )	가지런할 **제**( )
지름길 **경**( )	닿을 **촉**( )	남녘 **병**( )	책력 **력**( )
옷마를 **재**( )	넘을 **월**( )	속 **리**( )	삼 **마**( )
모래 **사**( )	젖을 **습**( )	진흙 **니**( )	부세 **부**( )
낮을 **비**( )	제사 **사**( )	날릴 **양**( )	비교 **교**( )
꾀 **모**( )	버금 **중**( )		

☞ 정답은 107쪽에서 확인하세요.

무 순

3급Ⅱ 한자 모두에 대한 무순 익히기가 계속됩니다. 빈칸에 漢字를 쓰세요.

15

찌를 **충**(衝)	길 **도**(途)	거느릴 **어**(御)	소금 **염**(鹽)
무리 **배**(輩)	빠질 **함**(陷)	꾀할 **기**(企)	벼리 **강**(綱)
집 **주**(宙)	부드러울 **유**(柔)	아내 **처**(妻)	서늘할 **량**(涼)
모두 **제**(諸)	기울 **보**(補)	찾을 **색**(索)	깃 **우**(羽)
불 **취**(吹)	밝을 **철**(哲)	난초 **란**(蘭)	치마 **상**(裳)
간 **간**(肝)	갑자기 **돌**(突)	갚을 **상**(償)	기릴 **예**(譽)

☞ 정답은 108쪽에서 확인하세요.

3단계
단어 및 성어 익히기

단어(單語) 익히기
성어(成語) 익히기

[학습 포인트]

⊙ 하단의 해답을 가리고 단어의 뜻풀이를 생각하며 독음을 쓰세요.
⊙ 3급Ⅱ 응시자는 하단의 한자 쓰기를 미루어 두어도 됩니다.
⊙ 3급 이상 응시자는 하단의 한자 쓰기를 반드시 익히세요.
⊙ 한자 쓰기를 할 때는 윗부분을 가리고 쓰세요.
⊙ 독음을 쓸 때는 장음 표지(:)는 쓰지 않습니다.

단어 익히기

丈:母 (　　　　)
▶아내의 어머니. 맨丈:人(장인)

丈:夫 (　　　　)
▶다 자란 씩씩한 남자.

丘陵地 (　　　　)
▶해발 고도 200~600미터의 완만한 기복을 이루고 있는 지형.

砂丘 (　　　　)
▶해안이나 사막에서 바람에 의하여 운반·퇴적되어 이루어진 모래 언덕.

丹心 (　　　　)
▶속에서 우러나오는 정성스러운 마음.

丹粧 (　　　　)
▶얼굴, 옷차림, 건물, 거리 따위를 곱게 꾸밈.

丹楓 (　　　　)
▶기후 변화로 식물의 잎이 붉은빛이나 누런빛으로 변하는 현상. 또는 그렇게 변한 잎.

牧丹 (　　　　)
▶모란.

永:久 (　　　　)
▶어떤 상태가 시간상으로 무한히 이어짐.

長久 (　　　　)
▶매우 길고 오래되다. ¶~한 세월.

持久 (　　　　)
▶오랫동안 버티어 견딤.

乘客 (　　　　)
▶차, 배, 비행기 따위의 탈것을 타는 손님.

乘機 (　　　　)
▶기회를 탐.

乘馬 (　　　　)
▶말을 탐. 사람이 말을 타고 여러 가지 동작을 함. 또는 그런 경기.

乘務員 (　　　　)
▶운행 중인 차, 기차, 배, 비행기 따위의 안에서 사무를 맡아서 일하는 사람. ¶비행기 ~.

便乘 (　　　　)
▶①남이 타고 가는 차편을 얻어 탐. ②세태나 남의 세력을 이용하여 자신의 이익을 거둠을 비유적으로 이르는 말.

乾杯 (　　　　)
▶건강, 행복 따위를 빌면서 서로 술잔을 들어 마심. ¶우리 모두의 건강을 위해 ~!

乾魚物 (　　　　)
▶생선, 조개류 따위를 말린 식품.

井華水 (　　　　)
▶이른 새벽에 길은 우물물. 조왕에게 가족 등의 평안을 빌면서 정성을 들이데 쓴다.

亞:流 (　　　　)
▶문학, 예술, 학문에서 독창성이 없이 모방하는 일이나 그렇게 한 것. 또는 그런 사람.

亦是 (　　　　)
▶또한.

介:入 (　　　　)
▶자신과 직접적인 관계가 없는 일에 끼어듦. ¶불순 세력의 ~을 차단하다.

한 자 로 써 보 세 요

장:모 (　　)	장:부 (　　)	구릉지 (　　)	사구 (　　)	단심 (　　)
단장 (　　)	단풍 (　　)	목단 (　　)	영:구 (　　)	장구 (　　)
지구 (　　)	승객 (　　)	승기 (　　)	승마 (　　)	승무원 (　　)
편승 (　　)	건배 (　　)	건어물 (　　)	정화수 (　　)	아:류 (　　)
역시 (　　)	개:입 (　　)			

交付　（　　　　）
▶내어 줌. ¶대학 입시 원서 ~가 시작되었다.

送:付　（　　　　）
▶편지나 물품 따위를 부쳐 보냄.

企圖　（　　　　）
▶어떤 일을 이루려고 꾀함. 또는 그런 계획이나 행동.

企業　（　　　　）
▶營利(영리)를 얻기 위하여 재화나 용역을 생산하고 판매하는 조직체.

企劃　（　　　　）
▶일을 꾀하여 계획함. ¶~ 상품.

仲介　（　　　　）
▶제삼자로서 두 당사자 사이에 서서 일을 주선함. ¶부동산 ~. 回居間.

仲媒　（　　　　）
▶결혼이 이루어지도록 중간에서 소개하는 일. ¶~로 결혼하다.

仲裁　（　　　　）
▶분쟁에 끼어들어 쌍방을 화해시킴. ¶~를 요청하다.

仲秋　（　　　　）
▶가을이 한창인 때라는 뜻으로, 음력 팔월을 달리 이르는 말.

崇仰　（　　　　）
▶공경하여 우러러 봄.

信:仰　（　　　　）
▶믿고 받드는 일.

推仰　（　　　　）
▶높이 받들어 우러러봄. ¶만인의 ~을 받다.

何等　（　　　　）
▶'아무런', '아무' 또는 '얼마만큼'의 뜻을 나타내는 말. ¶용서를 빌어야 할 ~의 이유가 없다.

何如間　（　　　　）
▶어찌하든지 간에. 하여간에. 回如何間(여하간) ¶~ 그 친구의 허풍은 알아줘야 해.

但書　（　　　　）
▶법률 조문이나 문서 따위에서, 본문 다음에 그에 대한 어떤 조건이나 예외 따위를 나타내는 글.

非但　（　　　　）
▶부정하는 말 앞에서 '다만', '오직'의 뜻으로 쓰이는 말.

伯父　（　　　　）
▶큰아버지.

畵:伯　（　　　　）
▶'畵家(화가)'를 높여 이르는 말.

侍:立　（　　　　）
▶웃어른을 모시고 섬.

佳:人　（　　　　）
▶美:人(미인).

佳:作　（　　　　）
▶예술 작품 따위의 대회에서, 당선 작품에 버금가는 작품.

供:給　（　　　　）
▶요구나 필요에 따라 물품 따위를 제공함.

供:與　（　　　　）
▶어떤 물건이나 이익 따위를 상대편에게 돌아가도록 함.

提供　（　　　　）
▶갖다 주어 이바지함. ¶숙식 ~.

한자로써보세요

교부 （　　） 송:부 （　　） 기도 （　　） 기업 （　　） 기획 （　　）
중개 （　　） 중매 （　　） 중재 （　　） 중추 （　　） 숭앙 （　　）
신:앙 （　　） 추앙 （　　） 하등 （　　） 하여간 （　　） 단서 （　　）
비단 （　　） 백부 （　　） 화:백 （　　） 시:립 （　　） 가:인 （　　）
가:작 （　　） 공:급 （　　） 공:여 （　　） 제공 （　　）

促迫 (   )
▶기한이 바싹 닥쳐와서 가까움.

促發 (   )
▶①재촉하여 내게 함. ②재촉하여 떠나게 함.

促進 (   )
▶다그쳐 빨리 나아가게 함. ¶수출 산업화의 ~.

督促 (   )
▶일이나 행동을 빨리 하도록 재촉함.

倒:産 (   )
▶재산을 모두 잃고 망함. ¶속출하는 기업의 ~이 대량 실업을 유발했다. 비破:産(파산).

倒:置 (   )
▶文章(문장) 안에서 정상적인 어순이 뒤바뀌는 일.

傾倒 (   )
▶온 마음을 기울여 사모하거나 열중함. ¶신식 문물에 대한 ~.

壓倒 (   )
▶①눌러서 넘어뜨림. ②보다 뛰어난 힘이나 재주로 남을 눌러 꼼짝 못하게 함.

卒倒 (   )
▶갑자기 정신을 잃고 쓰러짐. 또는 그런 일.

打:倒 (   )
▶어떤 대상이나 세력을 쳐서 거꾸러뜨림. ¶부패정권을 ~하자는 시위가 연일 계속되었다.

借:名 (   )
▶남의 이름을 빌려 씀. 또는 그 이름. ¶~ 계좌.

借:用 (   )
▶돈이나 물건 따위를 빌려서 씀.

借:入 (   )
▶돈이나 물건을 꾸어 들임.

價值 (   )
▶사물이 지니고 있는 쓸모. ¶상품 ~.

數:値 (   )
▶①계산하여 얻은 값. ②수식의 숫자 대신에 넣는 수.

倫理 (   )
▶사람으로서 마땅히 행하거나 지켜야 할 도리. ¶~ 의식.

五:倫 (   )
▶사람이 지켜야 할 다섯 가지 도리. 父子有親, 君臣有義, 夫婦有別, 長:幼有序, 朋友有信.

人倫 (   )
▶군신·부자·형제·부부 따위 상하 尊卑(존비)의 인간관계나 질서. ¶~에 어긋나다.

絶倫 (   )
▶매우 뛰어나다.

天倫 (   )
▶부모 형제 사이에서 마땅히 지켜야 할 도리. ¶아무리 돈도 좋지만 ~을 저버릴 수 없었다.

倉庫 (   )
▶물건이나 자재를 저장하거나 보관하는 건물.

穀倉 (   )
▶①곡식을 쌓아 두는 창고. ②곡식이 많이 생산되는 지방을 비유적으로 이르는 말.

偏見 (   )
▶공정하지 못하고 한쪽으로 치우친 생각.

偏食 (   )
▶어떤 특정한 음식만을 가려서 즐겨 먹음.

偏愛 (   )
▶어느 한 사람이나 한쪽만을 치우치게 사랑함.

한자로 써보세요

촉박 ( )	촉발 ( )	촉진 ( )	독촉 ( )	도:산 ( )
도:치 ( )	경도 ( )	압도 ( )	졸도 ( )	타:도 ( )
차:명 ( )	차:용 ( )	차:입 ( )	가치 ( )	수:치 ( )
윤리 ( )	오:륜 ( )	인륜 ( )	절륜 ( )	천륜 ( )
창고 ( )	곡창 ( )	편견 ( )	편식 ( )	편애 ( )

偏重 (　　　　)
▶한쪽으로 치우침. ¶부의 ~.

偏向 (　　　　)
▶한쪽으로 치우침. ¶서구 ~의 사고.

側近 (　　　　)
▶곁의 가까운 곳. ¶~에 있는 사람.

側面 (　　　　)
▶①옆면. ②사물이나 현상의 한 부분. 또는 한쪽 면. ¶긍정적 ~.

兩:側 (　　　　)
▶①두 편. ②양쪽의 측면. ¶도로의 ~에는 노란색 은행나무가 심어져 있다.

偶:發 (　　　　)
▶우연히 일어남. 또는 그런 일. ¶~ 사건.

偶:像 (　　　　)
▶신처럼 숭배의 대상이 되는 물건이나 사람.

偶然 (　　　　)
▶아무런 인과 관계가 없이 뜻하지 않게 일어난 일. 回必然.

配:偶者 (　　　　)
▶부부의 한쪽에서 본 다른 쪽.

債:權 (　　　　)
▶재산권의 하나. 특정인이 다른 특정인에게 어떤 행위를 청구할 수 있는 권리이다.

債:務 (　　　　)
▶재산권의 하나. 특정인이 다른 특정인에게 어떤 행위를 하여야 할 의무를 이른다.

國債 (　　　　)
▶국가가 재정상의 필요에 따라 국가의 신용으로 설정하는 금전상의 채무. 채권.

負:債 (　　　　)
▶남에게 빚을 짐. 또는 그 빚. ¶~를 갚다.

外:債 (　　　　)
▶외국의 자본 시장에서 모집하는 자기 나라의 공채와 사채.

催眠術 (　　　　)
▶암시에 의하여 인위적으로 잠에 가까운 상태로 이끌어 내는 술법. ¶~을 쓰다.

開催 (　　　　)
▶모임이나 회의 따위를 주최하여 엶.

主催 (　　　　)
▶행사나 모임을 주장하고 기획하여 엶.

僞計 (　　　　)
▶거짓으로 계책을 꾸밈. 回詐術(사술).

僞善 (　　　　)
▶겉으로만 착한 체함. ¶양반의 ~을 풍자한 소설.

僞裝 (　　　　)
▶본래의 정체나 모습이 드러나지 않도록 거짓으로 꾸밈. 또는 그런 수단이나 방법.

僞造 (　　　　)
▶어떤 물건을 속일 목적으로 꾸며 진짜처럼 만듦.

眞僞 (　　　　)
▶참과 거짓 또는 진짜와 가짜를 통틀어 이르는 말. ¶~를 판단하다. 回眞假. 回眞否.

虛僞 (　　　　)
▶진실이 아닌 것을 진실인 것처럼 꾸민 것.

僧舞 (　　　　)
▶장삼과 고깔을 걸치고 북채를 쥐고 추는 민속춤.

한 자 로 써 보 세 요

편중 (　　)	편향 (　　)	측근 (　　)	측면 (　　)	양:측 (　　)
우:발 (　　)	우:상 (　　)	우연 (　　)	배:우자(　　)	채:권 (　　)
채:무 (　　)	국채 (　　)	부:채 (　　)	외:채 (　　)	최면술(　　)
개최 (　　)	주최 (　　)	위계 (　　)	위선 (　　)	위장 (　　)
위조 (　　)	진위 (　　)	허위 (　　)	승무 (　　)	

高僧　（　　　　　）
▶덕이 높은 중.

老:僧　（　　　　　）
▶나이가 많은 중.

假:像　（　　　　　）
▶실물처럼 보이는 거짓 형상.

銅:像　（　　　　　）
▶구리로 사람이나 동물의 형상을 만들거나 그런 형상에 구릿빛을 입혀서 만들어 놓은 기념물.

想:像　（　　　　　）
▶실제로 경험하지 않은 현상이나 사물에 대하여 마음속으로 그려 봄.

實像　（　　　　　）
▶겉모양을 떨쳐 버린 진실된 모습을 비유적으로 이르는 말.

肖像　（　　　　　）
▶사진, 그림 따위로 나타낸 사람의 얼굴이나 모습.

償還　（　　　　　）
▶갚거나 돌려줌. ¶원리금 ~.

無償　（　　　　　）
▶어떤 행위에 대하여 아무런 대가나 보상이 없음. ¶~ 원조. 반有償.

報:償　（　　　　　）
▶남에게 진 빚 또는 받은 물건을 갚음.

吉兆　（　　　　　）
▶좋은 일이 있을 조짐. 반凶兆(흉조).

亡:兆　（　　　　　）
▶망하거나 패할 징조.

徵兆　（　　　　　）
▶어떤 일이 생길 기미. ¶불길한 ~.

免:稅　（　　　　　）
▶세금을 면제함. ¶~ 품목.

免:疫　（　　　　　）
▶몸속에 들어온 病:原 미생물에 대항하는 항체를 생산하여 독소를 중화하거나 병원 미생물을 죽여서 다음에는 그 병에 걸리지 않도록 된 상태.

免:除　（　　　　　）
▶책임이나 의무 따위를 면하여 줌. ¶가입지 ~.

免:罪符　（　　　　　）
▶로마 카톨릭 교회가 金錢이나 재물을 바친 사람에게 그 죄를 면한다는 뜻으로 발행하던 증서.

免:許　（　　　　　）
▶특정한 사람에게만 허가하는 행정 처분. ¶운전 ~.

放:免　（　　　　　）
▶붙잡아 가두어 두었던 사람을 놓아줌. ¶무죄 ~.

克己　（　　　　　）
▶자기의 감정이나 욕심, 충동 따위를 이성적 의지로 눌러 이김.

克明　（　　　　　）
▶①속속들이 똑똑하게 밝힘. ②매우 분명함.

克服　（　　　　　）
▶악조건이나 고생 따위를 이겨 냄. ¶가뭄 ~.

其實　（　　　　　）
▶실제의 사정.

其他　（　　　　　）
▶그 밖의 또 다른 것. ¶~ 등등.

兼備　（　　　　　）
▶두 가지 이상을 아울러 갖춤. ¶그는 문무를 ~한 장수였다.

한자로 써 보세요

고승 （　　）	노:승 （　　）	가:상 （　　）	동:상 （　　）	상:상 （　　）
실상 （　　）	초상 （　　）	상환 （　　）	무상 （　　）	보:상 （　　）
길조 （　　）	망:조 （　　）	징조 （　　）	면:세 （　　）	면:역 （　　）
면:제 （　　）	면:죄부（　　）	면:허 （　　）	방:면 （　　）	극기 （　　）
극명 （　　）	극복 （　　）	기실 （　　）	기타 （　　）	겸비 （　　）

兼用　(　　　　　)
▶한 가지를 여러 가지 목적으로 씀.

兼任　(　　　　　)
▶두 가지 이상의 직무를 아울러 맡아봄. 또는 그 직무.

兼職　(　　　　　)
▶자기의 본디 직무 외에 다른 직무를 겸함. 또는 그 직무.

冠禮　(　　　　　)
▶예전에, 남자가 성년에 이르면 어른이 된다는 의미로 상투를 틀고 갓을 쓰게 하던 예식.

弱冠　(　　　　　)
▶남자가 스무 살에 관례를 한다는 뜻으로, 남자 나이 스무 살 된 때를 이르는 말.

衣冠　(　　　　　)
▶남자의 웃옷과 갓.

凍:結　(　　　　　)
▶경제자산이나 자금 따위의 사용이나 이동이 금지됨. 또는 그렇게 함. ¶예산 ~.

凍:死　(　　　　　)
▶얼어죽음. ¶길에서 자면 ~의 위험이 있다.

凍:傷　(　　　　　)
▶추위 때문에 살갗이 얼어서 조직이 상하는 일.

凍:破　(　　　　　)
▶얼어서 터짐. ¶수도관 ~.

冷凍　(　　　　　)
▶생선이나 육류 따위를 신선하게 보관하기 위해 얼림. ¶~ 상태.

解:凍　(　　　　　)
▶얼었던 것이 녹아서 풀림. ¶~과 함께 봄이 찾아왔다.

凡:例　(　　　　　)
▶일러두기.

凡:民　(　　　　　)
▶모든 국민. 庶:民(서민).

凡:常　(　　　　　)
▶대수롭지 않고 예사로움. ¶~ 사태 선포.

非凡　(　　　　　)
▶평범하지 않다. 특히 뛰어남. ¶~한 능력을 가진 사람. 凹平凡.

刀劍　(　　　　　)
▶칼이나 劍(검)을 아울러 이르는 말.

果:刀　(　　　　　)
▶과일칼. ¶~가 잘 들도록 갈다.

寶:刀　(　　　　　)
▶보배로운 칼. 또는 잘 만든 귀한 칼. 凹名劍.

刊行　(　　　　　)
▶책 따위를 인쇄하여 발행함.

發刊　(　　　　　)
▶책, 신문, 잡지 따위를 만들어 냄.

新刊　(　　　　　)
▶책을 새로 간행함. 또는 그 책. ¶~ 안내.

創:刊　(　　　　　)
▶신문, 잡지 따위의 정기 간행물의 첫 번째 號(호)를 펴냄.

刷:新　(　　　　　)
▶나쁜 폐단이나 묵은 것을 버리고 새롭게 함. ¶분위기 ~.

印刷　(　　　　　)
▶잉크를 사용하여 版面(판면)에 그려져 있는 글이나 그림 따위를 종이, 천 따위에 박아 냄.

한자로써보세요

겸용 (　　)	겸임 (　　)	겸직 (　　)	관례 (　　)	약관 (　　)
의관 (　　)	동:결 (　　)	동:사 (　　)	동:상 (　　)	동:파 (　　)
냉:동 (　　)	해:동 (　　)	범:례 (　　)	범:민 (　　)	범:상 (　　)
비범 (　　)	도검 (　　)	과:도 (　　)	보:도 (　　)	간행 (　　)
발간 (　　)	신간 (　　)	창:간 (　　)	쇄:신 (　　)	인쇄 (　　)

刺:客　（　　　　　）
▶사람을 몰래 암살하는 일을 전문으로 하는 사람.

刺:傷　（　　　　　）
▶칼 따위의 날카로운 것에 찔려서 입은 상처.

削減　（　　　　　）
▶깎아서 줄임. ¶임금 ~.

削除　（　　　　　）
▶①깎아서 없앰. ②지워 버림. ¶이름을 ~하다.

剛斷　（　　　　　）
▶굳세고 꿋꿋하게 견디어 내는 힘. ¶~이 있다.

剛度　（　　　　　）
▶금속의 단단하고 센 정도.

割據　（　　　　　）
▶땅을 나누어 차지하고 굳게 지킴.

割當　（　　　　　）
▶몫을 갈라 나눔. 또는 그 몫. '몫 나누기', '배정', '벼름'으로 순화.

割愛　（　　　　　）
▶소중한 시간, 돈, 공간 따위를 아깝게 여기지 않고 선뜻 내어 줌.

割引　（　　　　　）
▶일정한 값에서 얼마를 뺌. ¶~ 판매.

均割　（　　　　　）
▶똑같이 고르게 나눔.

分割　（　　　　　）
▶나누어 쪼갬. ¶토지 ~.

劃期的（　　　　　）
▶어떤 과정이나 분야에서 전혀 새로운 시기를 열어 놓을 만큼 뚜렷이 구분되는. 또는 그런 것.

劃一的（　　　　　）
▶①모두가 똑같이 동일한 (것). ②한결같이 변함이 없는 (것).

劃策　（　　　　　）
▶어떤 일을 꾸미거나 꾀함. 또는 그런 꾀.

計:劃　（　　　　　）
▶앞으로 할 일의 절차, 방법, 규모 따위를 미리 헤아려 작정함. 또는 그 내용.

區劃　（　　　　　）
▶토지 따위를 경계를 지어 가름. 또는 그런 구역. ¶~을 짓다.

劍:道　（　　　　　）
▶竹刀로 상대편을 치거나 찔러서 얻은 점수로 승패를 겨루는 운동 경기.

劍:舞　（　　　　　）
▶칼춤.

劍:法　（　　　　　）
▶싸움터나 검도에서 칼을 쓰는 기술이나 방법.

劍:術　（　　　　　）
▶검을 가지고 싸우는 기술.

寶:劍　（　　　　　）
▶보배로운 칼.

激勵　（　　　　　）
▶용기나 의욕이 솟아나도록 북돋워 줌. ¶~의 말.

督勵　（　　　　　）
▶감독하며 격려함. ¶아내의 ~ 덕분에 작업을 마칠 수 있었다.

奬勵　（　　　　　）
▶좋은 일에 힘쓰도록 북돋아 줌. ¶저축 ~.

한자로써보세요

자:객 (　　)	자:상 (　　)	삭감 (　　)	삭제 (　　)	강단 (　　)
강도 (　　)	할거 (　　)	할당 (　　)	할애 (　　)	할인 (　　)
균할 (　　)	분할 (　　)	획기적(　　)	획일적(　　)	획책 (　　)
계:획 (　　)	구획 (　　)	검:도 (　　)	검:무 (　　)	검:법 (　　)
검:술 (　　)	보:검 (　　)	격려 (　　)	독려 (　　)	장:려 (　　)

勿驚 (　　　)
▶'놀라지 마라' 또는 '놀랍게도'의 뜻으로 엄청난 것을 말할 때에 미리 내세우는 말.

勿論 (　　　)
▶말할 것도 없음. 말할 것도 없이.

勿忘草 (　　　)
▶지칫과의 여러해살이풀.

卑:屈 (　　　)
▶용기나 줏대가 없이 남에게 잘 굽힘.

卑:近 (　　　)
▶[늘 보고 있을 정도로] 흔하고 가깝다. ¶~한 例.

卑:俗 (　　　)
▶격이 낮고 속됨. 또는 그런 풍속.

卑:賤 (　　　)
▶신분이 낮고 천하다. ¶출신이 ~하다.

卑:下 (　　　)
▶①자기 자신을 낮춤. ②업신여겨 낮춤.

尊卑 (　　　)
▶사회적 지위나 신분의 존귀함과 비천함.

卽刻 (　　　)
▶당장에 곧. ¶내 말을 ~ 시행하라.

卽決 (　　　)
▶그 자리에서 곧 결정함. 또는 그런 결정에 따라 마무리를 지음. '즉시', '즉시 처리'로 순화.

卽答 (　　　)
▶그 자리에서 당장 대답함. 또는 그런 대답. ¶~을 피하다.

卽席 (　　　)
▶어떤 일이 진행되는 바로 그 자리.

卽時 (　　　)
▶어떤 일이 행하여지는 바로 그때.

卽位 (　　　)
▶임금이 될 사람이 예식을 치른 뒤 임금의 자리에 오름.

卽興的 (　　　)
▶생각나는 대로 무슨 일을 하는 것. ¶~인 사업 계획.

及其也 (　　　)
▶마지막에 가서는. ¶~ 일이 어려운 지경에 이르렀다.

及第 (　　　)
▶①시험이나 검사 따위에 합격함. ②과거에 합격하던 일. 凹落第.

普:及 (　　　)
▶널리 펴서 많은 사람들에게 골고루 미치게 하여 누리게 함.

言及 (　　　)
▶어떤 문제에 대하여 말함. ¶~을 회피하다.

波及 (　　　)
▶어떤 일의 여파나 영향이 차차 다른 데로 미침.

司法 (　　　)
▶어떤 문제에 대하여 법을 적용하여 그 적법성과 위법성, 권리관계 따위를 확정하여 선언하는 일.

司會 (　　　)
▶회의나 예식 따위를 진행함.

吐:露 (　　　)
▶마음에 있는 것을 죄다 드러내어서 말함.

實吐 (　　　)
▶거짓 없이 사실대로 다 말함. ¶범행을 ~했다.

한자로써보세요

물경 (　　)	물론 (　　)	물망초 (　　)	비:굴 (　　)	비:근 (　　)
비:속 (　　)	비:천 (　　)	비:하 (　　)	존비 (　　)	즉각 (　　)
즉결 (　　)	즉답 (　　)	즉석 (　　)	즉시 (　　)	즉위 (　　)
즉흥적 (　　)	급기야 (　　)	급제 (　　)	보:급 (　　)	언급 (　　)
파급 (　　)	사법 (　　)	사회 (　　)	토:로 (　　)	실토 (　　)

吏:讀 (　　　　　)
▶한자의 음과 뜻을 빌려 우리말을 적은 표기법.

官吏 (　　　　　)
▶관직에 있는 사람.

含量 (　　　　　)
▶물질이 어떤 성분을 포함하고 있는 분량.

含蓄 (　　　　　)
▶①겉으로 드러내지 아니하고 속에 간직함. ②말이나 글이 많은 뜻을 담고 있음.

包含 (　　　　　)
▶어떤 사물이나 현상 가운데 함께 들어 있거나 함께 넣음.

吹:奏 (　　　　　)
▶저, 피리, 나발 따위의 관악기를 불어서 연주함.

吹:打 (　　　　　)
▶관악기와 타악기를 연주하던 일. 또는 그런 군악.

哀歌 (　　　　　)
▶슬픈 심정을 읊은 노래.

哀慶事 (　　　　　)
▶슬픈 일과 경사스러운 일을 아울러 이르는 말.

哀傷 (　　　　　)
▶①죽은 사람을 생각하고 마음이 매우 상함. ②슬퍼하거나 가슴 아파함.

哀惜 (　　　　　)
▶슬프고 아까움. 사랑하고 아깝게 여김.

哀願 (　　　　　)
▶소원이나 요구 따위를 들어 달라고 애처롭게 사정하여 간절히 바람.

哀歡 (　　　　　)
▶슬픔과 기쁨을 아울러 이르는 말.

悲:哀 (　　　　　)
▶슬퍼하고 서러워함. 또는 그런 것. ¶~를 맛보다.

哲學 (　　　　　)
▶인간과 세계에 대한 근본 원리와 삶의 본질 따위를 연구하는 학문.

明哲 (　　　　　)
▶총명하여 사리에 밝다. 지혜가 뛰어남.

唐突 (　　　　　)
▶꺼리거나 어려워함이 없이 올차고 도랑도랑하다. ¶어린 나이인데도 ~하게 나서다.

哭聲 (　　　　　)
▶곡소리. ¶초상집에서 ~이 서럽게 들려왔다.

啓:導 (　　　　　)
▶남을 깨치어 이끌어 줌.

啓:蒙 (　　　　　)
▶지식수준이 낮거나 인습에 젖은 사람을 가르쳐서 깨우침.

啓:發 (　　　　　)
▶슬기나 재능, 사상 따위를 일깨워 줌. ¶자기 ~을 위한 시간을 내다.

喪服 (　　　　　)
▶상중에 있는 상제나 服人이 입는 예복.

喪失 (　　　　　)
▶①어떤 사람과 관계가 끊어지거나 헤어지게 됨. ②어떤 것이 아주 없어지거나 사라짐.

問:喪 (　　　　　)
▶남의 죽음에 대하여 슬퍼하는 뜻을 드러내어 喪主(상주)를 위문함.

坐:視 (　　　　　)
▶참견하지 않고 앉아서 보기만 함.

한자로 써 보세요

이:두 (　　)	관리 (　　)	함량 (　　)	함축 (　　)	포함 (　　)
취:주 (　　)	취:타 (　　)	애가 (　　)	애경사 (　　)	애상 (　　)
애석 (　　)	애원 (　　)	애환 (　　)	비:애 (　　)	철학 (　　)
명철 (　　)	당돌 (　　)	곡성 (　　)	계:도 (　　)	계:몽 (　　)
계:발 (　　)	상복 (　　)	상실 (　　)	문:상 (　　)	좌:시 (　　)

坐:定 (　　　　　)
▶자리 잡아 앉음. ¶시간이 되자 모두 ~한 가운데 회의가 시작되었다.

端坐 (　　　　　)
▶단정하게 앉음. 回正:坐.

對:坐 (　　　　　)
▶마주 대하여 앉음.

培:養 (　　　　　)
▶①식물을 북돋아 기름. ②인격, 역량, 사상 따위가 발전하도록 가르치고 키움.

執權 (　　　　　)
▶권세나 정권을 잡음.

執務 (　　　　　)
▶사무를 행함. ¶~ 시간.

執中 (　　　　　)
▶지나치거나 모자람이 없이 또는 한쪽으로 치우침이 없이 마땅하고 떳떳한 도리를 취함.

執着 (　　　　　)
▶어떤 것에 늘 마음이 쏠려 잊지 못하고 매달림. ¶~이 강하다.

執筆 (　　　　　)
▶①붓을 잡는다는 뜻으로, 직접 글을 쓰는 것을 이르는 말. ②땅문서나 집문서 따위를 쓴 사람.

執行 (　　　　　)
▶실제로 시행함. ¶정책의 ~.

固執 (　　　　　)
▶자기의 의견을 바꾸거나 고치지 않고 굳게 버팀. 또는 그렇게 버티는 성미.

窮塞 (　　　　　)
▶아주 가난함.

語:塞 (　　　　　)
▶①傾危(경위)에 몰리어 말이 막히다. ②쑥스럽고 서먹서먹하다. ¶~한 분위기.

要塞 (　　　　　)
▶군사적으로 중요한 곳에 튼튼하게 만들어 놓은 방어 시설. ¶難攻不落(난공불락)의 ~.

塔碑 (　　　　　)
▶탑과 비석.

金字塔 (　　　　　)
▶① 피라미드를 이르던 말. ②길이 후세에 남을 뛰어난 업적을 비유적으로 이르는 말.

佛塔 (　　　　　)
▶절에 세운 탑.

寺塔 (　　　　　)
▶절에 있는 탑.

石塔 (　　　　　)
▶석재를 이용하여 쌓은 탑.

墨客 (　　　　　)
▶먹을 가지고 글씨를 쓰거나 그림을 그리는 사람.

墨守 (　　　　　)
▶제 의견이나 생각, 또는 옛날 습관 따위를 굳게 지킴을 이르는 말. 回固守(고수).

墨香 (　　　　　)
▶향기로운 먹 냄새. ¶~이 그윽한 서재.

水墨畵 (　　　　　)
▶먹그림.

壞:滅 (　　　　　)
▶조직이나 체계 따위가 모조리 파괴되어 멸망함.

損:壞 (　　　　　)
▶어떤 물건을 망가뜨림.

한자로써보세요

좌:정 (　)	단좌 (　)	대:좌 (　)	배:양 (　)	집권 (　)
집무 (　)	집중 (　)	집착 (　)	집필 (　)	집행 (　)
고집 (　)	궁색 (　)	어:색 (　)	요새 (　)	탑비 (　)
금자탑 (　)	불탑 (　)	사탑 (　)	석탑 (　)	묵객 (　)
묵수 (　)	묵향 (　)	수묵화 (　)	괴:멸 (　)	손:괴 (　)

破:壞　(　　　　　)
▶때려 부수거나 깨뜨려 헐어 버림.

土壤　(　　　　　)
▶식물에 영양을 공급하여 자라게 할 수 있는 흙.

壽命　(　　　　　)
▶생물이 살아 있는 연한.

壽宴　(　　　　　)
▶長壽(장수)를 축하하는 잔치. 보통 환갑잔치를 이른다.

長壽　(　　　　　)
▶오래도록 삶.

天壽　(　　　　　)
▶타고난 수명.

夢:想　(　　　　　)
▶실현성이 없는 헛된 생각을 함. 또는 그 생각. ¶~에 빠지다.

吉夢　(　　　　　)
▶좋은 징조의 꿈. ¶어젯밤에 ~을 꾸었다.

惡夢　(　　　　　)
▶불길하고 무서운 꿈. ¶~에 시달리다.

解:夢　(　　　　　)
▶꿈에 나타난 일을 풀어서 좋고 나쁨을 판단함.

中央　(　　　　　)
▶사방의 중심이 되는 한가운데.

奔走　(　　　　　)
▶몹시 바쁘게 뛰어다님.

伴:奏　(　　　　　)
▶노래나 기악의 연주를 도와주기 위하여 옆에서 다른 악기를 연주함. 또는 그렇게 하는 연주.

契:機　(　　　　　)
▶어떤 일이 일어나거나 변화하도록 만드는 결정적인 원인이나 기회.

契:約　(　　　　　)
▶관련되는 사람이나 조직체 사이에서 서로 지켜야 할 의무에 대하여 글이나 말로 정하여 둠. 또는 그런 약속.

奪取　(　　　　　)
▶빼앗아 가짐. ¶열강의 이권 ~에 저항하다.

奪還　(　　　　　)
▶빼앗겼던 것을 도로 빼앗아 찾음. ¶서울 ~.

强:奪　(　　　　　)
▶남의 물건이나 권리를 강제로 빼앗음.

爭奪　(　　　　　)
▶서로 다투어 빼앗음.

奮:激　(　　　　　)
▶급격하게 마음을 떨쳐 일으킴.

奮:起　(　　　　　)
▶분발하여 일어남.

奮:發　(　　　　　)
▶마음과 힘을 다하여 떨쳐 일어남.

奮:戰　(　　　　　)
▶있는 힘을 다하여 싸움. ¶축구 대표팀의 ~.

奮:鬪　(　　　　　)
▶있는 힘을 다하여 싸우거나 노력함.

興:奮　(　　　　　)
▶어떤 자극을 받아 감정이 북받쳐 일어남. 또는 그 감정. ¶~을 가라앉히다.

한 자 로 써 보 세 요

파:괴 (　　)	토양 (　　)	수명 (　　)	수연 (　　)	장수 (　　)
천수 (　　)	몽:상 (　　)	길몽 (　　)	악몽 (　　)	해:몽 (　　)
중앙 (　　)	분주 (　　)	반:주 (　　)	계:기 (　　)	계:약 (　　)
탈취 (　　)	탈환 (　　)	강:탈 (　　)	쟁탈 (　　)	분:격 (　　)
분:기 (　　)	분:발 (　　)	분:전 (　　)	분:투 (　　)	흥:분 (　　)

奴婢　　（　　　　　　）
▶사내종과 계집종을 아울러 이르는 말.

賣:國奴（　　　　　　）
▶사사로운 이익을 위하여 나라의 주권이나 이권을 남의 나라에 팔아먹는 행위를 하는 사람.

妄:靈　（　　　　　　）
▶늙거나 정신이 흐려서 말이나 행동이 정상을 벗어남. 또는 그런 상태.

妄:發　（　　　　　　）
▶망령이나 실수로 그릇된 말이나 행동을 함. 또는 그 말이나 행동.

妄:想　（　　　　　　）
▶이치에 맞지 않는 망령된 생각을 함. 또는 그 생각.

妄:言　（　　　　　　）
▶이치나 사리에 맞지 않고 망령되게 말함. 또는 그 말.

虛妄　　（　　　　　　）
▶거짓되고 망령됨. ¶이룰 수 없는 ~한 꿈.

王妃　　（　　　　　　）
▶임금의 아내.

姑母　　（　　　　　　）
▶아버지의 누이.

妻子息（　　　　　　）
▶아내와 자식을 아울러 이르는 말. ¶~을 먹여 살리다.

娘子　　（　　　　　　）
▶예전에, '처녀'를 높여 이르던 말.

侍:婢　（　　　　　　）
▶곁에서 시중을 드는 계집종.

媒介　　（　　　　　　）
▶둘 사이에서 양편의 관계를 맺어 줌. ¶말라리아는 모기를 ~로 하여 전염된다.

媒體　　（　　　　　　）
▶어떤 작용을 한쪽에서 다른 쪽으로 전달하는 물체. 또는 그런 수단. ¶방송 ~.

孟:春　（　　　　　　）
▶초봄. 이른 봄. 음력 정월을 달리 이르는 말.

宇:宙　（　　　　　　）
▶무한한 시간과 만물을 포함하고 있는 끝없는 공간의 총체.

宴:會席（　　　　　　）
▶축하, 위로, 환영, 석별 따위를 위하여 여러 사람이 모여 베푸는 잔치. 잔치를 베푸는 자리.

送:別宴（　　　　　　）
▶떠나는 사람을 위하여 베푸는 잔치.

寂然　　（　　　　　　）
▶조용하고 쓸쓸함.

孤寂　　（　　　　　　）
▶외롭고 쓸쓸함

靜寂　　（　　　　　　）
▶고요하여 괴괴함. ¶새벽안개가 깔린 산사는 ~이 감돌았다.

閑寂　　（　　　　　　）
▶한가하고 고요하다.

寧日　　（　　　　　　）
▶일이 없이 평화로운 날. ¶갑자기 닥친 이런 저런 일로 ~이 없다.

康寧　　（　　　　　　）
▶몸이 건강하고 마음이 편안하다.

한자로써보세요

노비 （　　）	매:국노（　　）	망:령 （　　）	망:발 （　　）	망:상 （　　）
망:언 （　　）	허망 （　　）	왕비 （　　）	고모 （　　）	처자식（　　）
낭자 （　　）	시:비 （　　）	매개 （　　）	매체 （　　）	맹:춘 （　　）
우:주 （　　）	연:회석（　　）	송:별연（　　）	적연 （　　）	고적 （　　）
정적 （　　）	한적 （　　）	영일 （　　）	강녕 （　　）	

安寧 (　　　　　)
▶아무 탈 없이 편안함. ¶사회의 ~과 질서를 유지하다.

丁寧 (　　　　　)
▶조금도 틀림없이 꼭. 또는 더 이를 데 없이 정말로.

寡:黙 (　　　　　)
▶말이 적고 침착함.

寬大 (　　　　　)
▶마음이 너그러움.

寬容 (　　　　　)
▶남의 잘못을 너그럽게 받아들이거나 용서함. 또는 그런 용서.

審理 (　　　　　)
▶재판의 기초가 되는 법률관계를 명확히 하기 위하여 법원이 증거나 방법 따위를 심사하는 행위.

審問 (　　　　　)
▶법원이 당사자나 그밖에 이해관계가 있는 사람에게 서면이나 구두로 개별적으로 진술할 기회를 주는 일.

審美眼 (　　　　　)
▶아름다움을 살펴 찾는 안목.

審査 (　　　　　)
▶자세하게 조사하여 등급이나 당락 따위를 결정함.

審:議 (　　　　　)
▶심사하고 토의함. ¶예산안 ~.

審:判 (　　　　　)
▶문제가 되는 안건을 심의하여 판결을 내리는 일.

豫:審 (　　　　　)
▶본심사에 앞서서 미리 예비적으로 하는 심사. ¶~을 통과하다.

誤:審 (　　　　　)
▶잘못 심리하거나 심판함. 또는 그런 심리나 심판.

封書 (　　　　　)
▶겉봉을 봉한 편지.

封印 (　　　　　)
▶密封(밀봉)한 자리에 도장을 찍음. 또는 그렇게 찍힌 도장.

開封 (　　　　　)
▶봉하여 두었던 것을 떼거나 엶.

同封 (　　　　　)
▶두 가지 이상을 같은 곳에 넣거나 싸서 봉함.

密封 (　　　　　)
▶단단히 붙여 꼭 봉함.

尙:存 (　　　　　)
▶아직 그대로 존재함.

高尙 (　　　　　)
▶정도가 높으며 품위가 있음. ¶~한 취미.

崇尙 (　　　　　)
▶높여 소중히 여김. ¶실용적 학문의 ~.

尺度 (　　　　　)
▶①자로 재는 길이의 표준. ②평가하거나 측정할 때 의거할 기준.

尾行 (　　　　　)
▶다른 사람의 행동을 감시하거나 증거를 잡기 위하여 그 사람 몰래 뒤를 밟음.

末尾 (　　　　　)
▶어떤 사물의 맨 끄트머리. ㈐末端(말단).

首尾 (　　　　　)
▶①사물의 머리와 꼬리. ②일의 시작과 끝.

한 자 로 써 보 세 요

안녕 (　　)	정녕 (　　)	과:묵 (　　)	관대 (　　)	관용 (　　)
심리 (　　)	심문 (　　)	심미안 (　　)	심사 (　　)	심:의 (　　)
심:판 (　　)	예:심 (　　)	오:심 (　　)	봉서 (　　)	봉인 (　　)
개봉 (　　)	동봉 (　　)	밀봉 (　　)	상:존 (　　)	고상 (　　)
숭상 (　　)	척도 (　　)	미행 (　　)	말미 (　　)	수미 (　　)

履:修 (　　　　)
▶해당 학과를 순서대로 공부하여 마침.

履:行 (　　　　)
▶실제로 행함.

履:歷 (　　　　)
▶지금까지 거쳐 온 학업, 직업, 경험 등의 내력.

海:岸 (　　　　)
▶바다와 육지가 맞닿은 부분.

峰頂 (　　　　)
▶산봉우리의 맨 꼭대기.

高峰 (　　　　)
▶높은 산봉우리.

嶺東 (　　　　)
▶강원도에서 대관령 동쪽에 있는 지역을 이르는 말.

雪嶺 (　　　　)
▶눈으로 덮인 산봉우리.

巖壁 (　　　　)
▶깎아지른 듯 높이 솟은 벽 모양의 바위. ¶~을 오르다.

巖石 (　　　　)
▶지각을 구성하고 있는 단단한 물질.

巡禮 (　　　　)
▶종교의 발생지, 성인의 무덤이나 거주지와 같이 종교적인 의미가 있는 곳을 방문하여 참배함.

巡訪 (　　　　)
▶나라나 도시 따위를 차례로 돌아가며 방문함.

巡視 (　　　　)
▶돌아다니며 보살핌. 또는 그런 사람.

巡察 (　　　　)
▶여러 곳을 돌아다니며 사정을 살핌.

巧妙 (　　　　)
▶솜씨나 재치가 있고 약삭빠름.

技巧 (　　　　)
▶기술이나 솜씨가 아주 교묘함. 또는 그런 솜씨.

精巧 (　　　　)
▶아주 세세한 부분까지 정밀하게 잘 되어 있음. ¶~한 솜씨.

不得已 (　　　　)
▶마지못하여 하는 수 없이. ¶그는 ~한 사정으로 학업을 중단하였다.

元帥 (　　　　)
▶장성 계급의 하나. 대장의 위로 가장 높은 계급.

將:帥 (　　　　)
▶군사를 거느리는 우두머리.

總:帥 (　　　　)
▶①전군을 지휘하는 사람. ≒총지휘관. ②어떤 집단의 우두머리.

幕間 (　　　　)
▶연극에서, 한 막이 끝나고 다음 막이 시작되기까지의 동안.

幕舍 (　　　　)
▶군인들이 주둔할 수 있도록 만든 건물 또는 가건물.

開幕 (　　　　)
▶막을 열거나 올린다는 뜻으로, 연극이나 음악회, 행사 따위를 시작함. 反 閉幕(폐막).

字幕 (　　　　)
▶영화나 텔레비전 따위에서, 관객이나 시청자가 읽을 수 있도록 화면에 비추는 글자.

한자로써 보세요

이:수 (　　)	이:행 (　　)	이:력 (　　)	해:안 (　　)	봉정 (　　)
고봉 (　　)	영동 (　　)	설령 (　　)	암벽 (　　)	암석 (　　)
순례 (　　)	순방 (　　)	순시 (　　)	순찰 (　　)	교묘 (　　)
기교 (　　)	정교 (　　)	부득이 (　　)	원수 (　　)	장:수 (　　)
총:수 (　　)	막간 (　　)	막사 (　　)	개막 (　　)	자막 (　　)

帳幕　(　　　)
▶① 한데에서 볕 또는 비바람을 피할 수 있도록 둘러치는 막. ② 어떤 사실이나 현상을 보이지 아니하게 가리는 사물을 비유적으로 이르는 말.

終幕　(　　　)
▶①(여러 막으로 된 연극에서) 마지막의 막. ② 일을 끝맺음.

黑幕　(　　　)
▶겉으로 드러나지 않은 음흉한 내막을 비유적으로 이르는 말.

幹部　(　　　)
▶기관이나 조직체 따위의 중심이 되는 자리에서 책임을 맡거나 지도하는 사람.

幹事　(　　　)
▶단체나 기관의 사무를 담당하여 처리하는 직무. 또는 그런 일을 하는 사람.

幹線　(　　　)
▶도로, 수로, 전신, 철도 따위에서 줄기가 되는 주요한 선.

骨幹　(　　　)
▶기본적이며 핵심적인 부분.

根幹　(　　　)
▶사물의 바탕이나 중심이 되는 중요한 것.

才幹　(　　　)
▶어떤 일을 할 수 있는 재주와 솜씨. ¶그 집 아이는 ~둥이다.

幼年　(　　　)
▶어린 나이나 때. 또는 어린 나이의 아이. ¶나는 시골에서 ~ 시절을 보냈다.

幼兒期　(　　　)
▶만 1세부터 6세까지의 어린 시기.

幽靈　(　　　)
▶죽은 사람의 혼령이 생전의 모습으로 나타난 형상.

幽明　(　　　)
▶저승과 이승을 아울러 이르는 말.

幽閉　(　　　)
▶아주 깊숙이 가두어 둠.

畵:廊　(　　　)
▶그림 따위의 미술품을 진열하여 전람하도록 만든 방.

行廊　(　　　)
▶대문간에 붙어 있는 방.

廢:物　(　　　)
▶① 못 쓰게 된 물건. ② 아무 쓸모없이 되어 버린 사람을 비유적으로 이르는 말.

廢:止　(　　　)
▶실시하여 오던 제도나 법규, 일 따위를 그만두거나 없앰. ¶군주제 ~.

廢:品　(　　　)
▶못 쓰게 되어 버린 물품. ¶~ 수집.

存廢　(　　　)
▶존속과 폐지를 아울러 이르는 말.

法廷　(　　　)
▶법원이 소송 절차에 따라 송사를 심리하고 판결하는 곳.

朝廷　(　　　)
▶임금이 나라의 정치를 신하들과 의논하거나 집행하는 곳. 또는 그런 기구.

弄:談　(　　　)
▶실없이 놀리거나 장난으로 하는 말.

한자로써보세요

장막 (　)	종막 (　)	흑막 (　)	간부 (　)	간사 (　)
간선 (　)	골간 (　)	근간 (　)	재간 (　)	유년 (　)
유아기 (　)	유령 (　)	유명 (　)	유폐 (　)	화:랑 (　)
행랑 (　)	폐:물 (　)	폐:지 (　)	폐:품 (　)	존폐 (　)
법정 (　)	조정 (　)	농:담 (　)		

弊:端　(　　　)
▶어떤 일이나 행동에서 나타나는 옳지 못한 경향이나 해로운 현상.

弊:習　(　　　)
▶나쁜 버릇.

弊:害　(　　　)
▶폐단으로 생기는 해.

語:弊　(　　　)
▶적절하지 않게 사용하여 일어나는 말의 폐단이나 결점.

疲:弊　(　　　)
▶지치고 쇠약하여짐.

弓術　(　　　)
▶활 쏘는 기술.

國弓　(　　　)
▶우리나라의 활. 또는 그 활을 쏘는 기술. 凹洋弓.

彩:色　(　　　)
▶여러 가지의 고운 빛깔.

光彩　(　　　)
▶아름답고 찬란한 빛.

色彩　(　　　)
▶①빛깔. ②사물을 표현하거나 그것을 대하는 태도 따위에서 드러나는 일정한 경향이나 성질.

水彩畫　(　　　)
▶서양화에서, 물감을 물에 풀어서 그린 그림.

影:響　(　　　)
▶어떤 사물의 효과나 작용이 다른 것에 미치는 일.

眞影　(　　　)
▶주로 얼굴을 그린 화상(畫像). 또는 얼굴을 찍은 사진.

投影　(　　　)
▶물체의 그림자를 어떤 물체 위에 비추는 일. 또는 그 비친 그림자.

役事　(　　　)
▶토목이나 건축 따위의 공사. ¶서해안에서 이루어지고 있는 간척사업은 전에 없던 대~이다.

役割　(　　　)
▶자기가 마땅히 하여야 할 맡은 바 직책이나 임무.

苦役　(　　　)
▶몹시 힘들고 고되어 견디기 어려운 일. ¶이번 여름에는 무더운 날씨로 ~을 치렀다.

勞役　(　　　)
▶몹시 괴롭고 힘든 노동.

主役　(　　　)
▶주되는 구실. 또는 주되는 구실을 하는 사람.

雜役　(　　　)
▶공역 이외의 여러 가지 부역.

征伐　(　　　)
▶적 또는 죄 있는 무리를 무력으로써 침.

征服　(　　　)
▶①남의 나라나 이민족 따위를 정벌하여 복종시킴. ②높은 산 따위의 매우 가기 힘든 곳을 어려움을 이겨내고 감.

遠:征　(　　　)
▶①먼 곳으로 싸우러 나감. ②먼 곳으로 운동 경기 따위를 하러 감. ¶~ 경기.

彼:我　(　　　)
▶그와 나 또는 저편과 이편을 아울러 이르는 말.

彼:岸　(　　　)
▶이승의 번뇌를 해탈하여 열반의 세계에 이름. 또는 그런 경지.

한자로써보세요

폐:단 (　　　) 폐:습 (　　　) 폐:해 (　　　) 어:폐 (　　　) 피:폐 (　　　)
궁술 (　　　) 국궁 (　　　) 채:색 (　　　) 광채 (　　　) 색채 (　　　)
수채화(　　　) 영:향 (　　　) 진영 (　　　) 투영 (　　　) 역사 (　　　)
역할 (　　　) 고역 (　　　) 노역 (　　　) 주역 (　　　) 잡역 (　　　)
정벌 (　　　) 정복 (　　　) 원:정 (　　　) 피:아 (　　　) 피:안 (　　　)

彼:此　　(　　　　　)
▶①저것과 이것을 아울러 이르는 말. ②이쪽과 저쪽의 양쪽.

口:徑　　(　　　　　)
▶원통 모양으로 된 물건의 아가리의 지름.

半:徑　　(　　　　　)
▶수학 '반지름'의 전 용어.

直徑　　(　　　　　)
▶지름. ¶~ 20cm의 구멍.

徐羅伐　(　　　　　)
▶'신라'의 옛 이름. '慶:州'의 옛 이름.

徐:行　　(　　　　　)
▶사람이나 차가 천천히 감. ¶~ 운전.

御:醫　　(　　　　　)
▶궁궐 내에서, 임금이나 왕족의 병을 치료하던 의원.

御:前　　(　　　　　)
▶임금의 앞. ¶~을 물러 나오다.

御:殿　　(　　　　　)
▶임금이 있는 궁전을 이르던 말.

御:製　　(　　　　　)
▶임금이 몸소 짓거나 만듦. 또는 그런 글이나 물건.

微動　　(　　　　　)
▶약간 움직임.

微量　　(　　　　　)
▶아주 적은 분량.

微力　　(　　　　　)
▶'적은 힘' 또는 '힘이 적다'는 뜻으로, 남을 위하여 애쓴 자신의 힘을 겸손하게 이르는 말.

微明　　(　　　　　)
▶희미하게 밝음.

微妙　　(　　　　　)
▶①섬세하고 묘하다. ②섬세하고 야릇하여 무엇이라고 딱 잘라 말할 수 없다.

微物　　(　　　　　)
▶①작고 변변치 않은 물건. ②인간에 비하여 보잘것없는 것이라는 뜻으로, '동물'을 이르는 말.

微細　　(　　　　　)
▶①분간하기 어려울 정도로 아주 작음. ②몹시 자세하고 꼼꼼함.

微笑　　(　　　　　)
▶소리 없이 빙긋이 웃음. 또는 그런 웃음.

微賤　　(　　　　　)
▶신분이나 지위 따위가 하찮고 천함.

微風　　(　　　　　)
▶약하게 부는 바람.

輕微　　(　　　　　)
▶정도가 가볍다. 아주 작다. ¶피해가 ~하다.

徹夜　　(　　　　　)
▶밤새움. ¶~ 작업.

徵兵　　(　　　　　)
▶국가가 법령으로 병역 의무자를 강제적으로 징집하여 일정 기간 병역에 복무시키는 일.

徵收　　(　　　　　)
▶행정 기관이 법에 따라서 조세, 수수료, 벌금 따위를 국민에게서 거두어들이는 일.

徵候　　(　　　　　)
▶겉으로 나타나는 낌새. ¶태풍이 닥칠 ~.

한 자 로 써 보 세 요

피:차 (　　)	구:경 (　　)	반:경 (　　)	직경 (　　)	서라벌 (　　)
서:행 (　　)	어:의 (　　)	어:전 (　　)	어:전 (　　)	어:제 (　　)
미동 (　　)	미량 (　　)	미력 (　　)	미명 (　　)	미묘 (　　)
미물 (　　)	미세 (　　)	미소 (　　)	미천 (　　)	미풍 (　　)
경미 (　　)	철야 (　　)	징병 (　　)	징수 (　　)	징후 (　　)

象徵　(　　　)
▶추상적인 개념이나 사물을 구체적인 사물로 나타냄. 또는 그렇게 나타낸 표지·기호·물건 따위.

特徵　(　　　)
▶다른 것에 비하여 특별히 눈에 뜨이는 점. ¶~을 보이다.

忍苦　(　　　)
▶괴로움을 참음. ¶수많은 세월동안 ~의 시간을 보냈다.

忍耐　(　　　)
▶괴로움이나 어려움을 참고 견딤. ¶~로 역경을 극복하다.

忍辱　(　　　)
▶욕되는 것을 참음. ¶~의 세월을 보내다.

殘忍　(　　　)
▶인정이 없고 아주 모짊.

忽待　(　　　)
▶소홀히 대접함. ¶~를 받다.

忽然　(　　　)
▶뜻하지 않게 갑자기.

怪:奇　(　　　)
▶괴상하고 기이함. ¶여름에는 ~ 영화가 더위를 잊게 한다.

怪:談　(　　　)
▶괴상한 이야기. ¶인터넷상에는 황당한 ~이 등장하곤 한다.

怪:力　(　　　)
▶괴상할 정도로 뛰어나게 센 힘. ¶~의 소유자.

怪:變　(　　　)
▶예상하지 못한 괴상한 재난이나 사고.

怪:漢　(　　　)
▶거동이나 차림새가 수상한 사내.

奇怪　(　　　)
▶이상야릇하다.

恭敬　(　　　)
▶공손히 받들어 모심.

恭待　(　　　)
▶①공손하게 잘 대접함. ②상대에게 높임말을 함.

容恕　(　　　)
▶지은 죄나 잘못한 일에 대하여 꾸짖거나 벌하지 않고 덮어 줌.

恐:水病　(　　　)
▶미친개에게서 볼 수 있는 바이러스성 질환. 狂犬病(광견병).

恥辱　(　　　)
▶수치와 모욕을 아울러 이르는 말.

恒久的　(　　　)
▶변함없이 오래가는 (것). ¶~인 대책.

恒常　(　　　)
▶언제나 변함없이.

悠久　(　　　)
▶연대가 아득히 길고 오래되다. ¶우리는 ~한 역사를 지닌 단일 민족이다.

悠長　(　　　)
▶길고 오래다.

悅樂　(　　　)
▶기뻐하고 즐거워함.

喜悅　(　　　)
▶기쁨과 즐거움. 또는 기뻐하고 즐거워함.

한자로 써 보세요

상징 (　)	특징 (　)	인고 (　)	인내 (　)	인욕 (　)
잔인 (　)	홀대 (　)	홀연 (　)	괴:기 (　)	괴:담 (　)
괴:력 (　)	괴:변 (　)	괴:한 (　)	기괴 (　)	공경 (　)
공대 (　)	용서 (　)	공:수병 (　)	치욕 (　)	항구적 (　)
항상 (　)	유구 (　)	유장 (　)	열락 (　)	희열 (　)

悟:道 (　　　　)
▶불도의 진리를 깨달음. 또는 그런 일.

覺悟 (　　　　)
▶앞으로 해야 할 일이나 겪을 일에 대한 마음의 준비.

大:悟 (　　　　)
▶크게 깨달음. ¶~ 각성.

悔:改 (　　　　)
▶잘못을 뉘우치고 고침.

悔:悟 (　　　　)
▶잘못을 뉘우치고 깨달음.

悔:恨 (　　　　)
▶뉘우치고 한탄함.

後:悔 (　　　　)
▶이전의 잘못을 깨치고 뉘우침.

惜別 (　　　　)
▶서로 애틋하게 이별함. 또는 그런 이별.

當惑 (　　　　)
▶무슨 일을 당하여 정신이 헷갈리거나 생각이 막혀 어찌할 바를 몰라 함. 또는 그런 감정.

不惑 (　　　　)
▶'마흔 살'을 이르는 말. ¶~의 나이.

愁心 (　　　　)
▶매우 근심함. 또는 그런 마음. ¶~에 찬 얼굴.

客愁 (　　　　)
▶객지에서 느끼는 쓸쓸함이나 시름.

鄕愁 (　　　　)
▶고향을 그리워하는 마음이나 시름. ¶어린 시절에 대한 ~.

愚弄 (　　　　)
▶사람을 어리석게 보고 함부로 대하거나 웃음거리로 만듦.

愚直 (　　　　)
▶어리석고 고지식하다.

慈堂 (　　　　)
▶남의 어머니를 높여 이르는 말.

慈悲 (　　　　)
▶남을 깊이 사랑하고 가엾게 여김. 또는 그렇게 여겨서 베푸는 혜택.

慈善 (　　　　)
▶남을 불쌍히 여겨 도와줌. ¶~ 공연.

慈愛 (　　　　)
▶아랫사람에게 베푸는 도타운 사랑. ¶부모의 ~.

仁慈 (　　　　)
▶마음이 어질고 무던하며 자애스러움.

愼:重 (　　　　)
▶매우 조심스러움. ¶이번 작업은 ~을 요한다.

謹:愼 (　　　　)
▶몸가짐이나 행동을 삼감.

慧:眼 (　　　　)
▶사물을 꿰뚫어 보는 안목과 식견.

智慧 (　　　　)
▶사물의 이치를 빨리 깨닫고 사물을 정확하게 처리하는 정신적 능력.

慾望 (　　　　)
▶부족을 느껴 무엇을 가지거나 누리고자 탐함. 또는 그런 마음.

한자로 써보세요

오:도 (　　)	각오 (　　)	대:오 (　　)	회:개 (　　)	회:오 (　　)
회:한 (　　)	후:회 (　　)	석별 (　　)	당혹 (　　)	불혹 (　　)
수심 (　　)	객수 (　　)	향수 (　　)	우롱 (　　)	우직 (　　)
자당 (　　)	자비 (　　)	자선 (　　)	자애 (　　)	인자 (　　)
신:중 (　　)	근:신 (　　)	혜:안 (　　)	지혜 (　　)	욕망 (　　)

慾心 ( )
▶분수에 넘치게 무엇을 탐내는 마음.

慣例 ( )
▶전부터 해 내려오던 前例가 관습으로 굳어진 것.

慣習 ( )
▶어떤 사회에서 오랫동안 지켜 내려와 그 사회 성원들이 널리 인정하는 질서나 풍습.

習慣 ( )
▶어떤 행위를 오랫동안 되풀이하는 과정에서 저절로 익혀진 행동 방식.

思慕 ( )
▶애틋하게 생각하고 그리워함.

愛:慕 ( )
▶사랑하며 그리워함.

憂慮 ( )
▶근심하거나 걱정함. 또는 그 근심과 걱정.

憂愁 ( )
▶근심과 걱정을 아울러 이르는 말.

憎惡 ( )
▶아주 사무치게 미워함. 또는 그런 마음.

可:憎 ( )
▶괘씸하고 얄밉다. 밉살스럽다.

愛:憎 ( )
▶사랑과 미움을 아울러 이르는 말.

記憶 ( )
▶이전의 인상이나 경험을 의식 속에 간직하거나 도로 생각해 냄.

懇:談 ( )
▶서로 정답게 이야기를 주고받음. 또는 그 이야기.

懇:切 ( )
▶지성스럽고 절실하다. ¶~한 충고.

懇:請 ( )
▶간절히 청함. 또는 그런 청.

懸:賞金 ( )
▶무엇을 모집하거나 구하거나 사람을 찾는 일 따위에 내건 돈.

懸:案 ( )
▶이전부터 의논하여 오면서도 아직 해결되지 않은 채 남아 있는 문제나 의안.

懸:板 ( )
▶글자나 그림을 새겨 문 위나 벽에 다는 널조각. 흔히 절이나 누각, 정자 따위에 걸어 놓는다.

懷古 ( )
▶옛 자취를 돌이켜 생각함.

懷柔 ( )
▶어루만지고 잘 달래어 시키는 말을 듣도록 함.

懷疑 ( )
▶의심을 품음. 또는 마음속에 품고 있는 의심. ¶~를 품다.

感:懷 ( )
▶지난 일을 돌이켜 볼 때 느껴지는 회포.

戀:歌 ( )
▶사랑하는 사람을 그리워하면서 부르는 노래.

戀:慕 ( )
▶이성을 사랑하여 간절히 그리워함. ¶~의 정을 품다.

戀:愛 ( )
▶남녀가 서로 애틋하게 그리워하고 사랑함.

한자로 써 보세요

욕심 ( )	관례 ( )	관습 ( )	습관 ( )	사모 ( )
애:모 ( )	우려 ( )	우수 ( )	증오 ( )	가:증 ( )
애:증 ( )	기억 ( )	간:담 ( )	간:절 ( )	간:청 ( )
현:상금( )	현:안 ( )	현:판 ( )	회고 ( )	회유 ( )
회의 ( )	감:회 ( )	연:가 ( )	연:모 ( )	연:애 ( )

悲戀　(　　　　　)
▶슬프게 끝나는 사랑. ¶~의 여주인공.

我:執　(　　　　　)
▶자기만의 생각에 집착하여 다른 사람의 의견이나 입장을 고려하지 않고 자기만을 내세우는 것.

戚臣　(　　　　　)
▶임금과 성이 다르나 일가인 신하.

外:戚　(　　　　　)
▶어머니 쪽의 친척.

親戚　(　　　　　)
▶친족과 외척을 아울러 이르는 말.

戲曲　(　　　　　)
▶등장인물들의 행동이나 대화를 기본 수단으로 하여 표현하는 예술 작품.

戲弄　(　　　　　)
▶말이나 행동으로 실없이 놀림.

戲畵　(　　　　　)
▶익살맞고 우스꽝스러운 모양을 비유적으로 이르는 말.

遊戲　(　　　　　)
▶즐겁게 놀며 장난함. 또는 그런 행위.

抑留　(　　　　　)
▶억지로 머무르게 함.

抑壓　(　　　　　)
▶자기의 뜻대로 자유로이 행동하지 못하도록 억지로 억누름.

抑揚　(　　　　　)
▶①혹은 억누르고 혹은 찬양함. ②음(音)의 상대적인 높이를 변하게 함. 또는 그런 변화. 음절 억양, 단어 억양, 문장 억양 따위가 있다.

抑制　(　　　　　)
▶감정, 욕망, 충동 따위를 내리눌러서 그치게 함.

抑止　(　　　　　)
▶억눌러 못하게 함.

扶養　(　　　　　)
▶생활 능력이 없는 사람의 생활을 돌봄.

扶助　(　　　　　)
▶잔칫집이나 상가(喪家) 따위에 돈이나 물건을 보내어 도와줌. 또는 돈이나 물건. ¶결혼식 ~.

拔群　(　　　　　)
▶여럿 가운데에서 특별히 뛰어남. ¶~의 성적.

奇拔　(　　　　　)
▶유달리 재치 있게 뛰어나다. ¶~한 생각.

選:拔　(　　　　　)
▶많은 가운데서 골라 뽑음. ¶~ 기용.

海:拔　(　　　　　)
▶海:面으로부터 계산하여 잰 육지나 산의 높이.

拂入　(　　　　　)
▶돈을 내는 것.

完拂　(　　　　　)
▶남김없이 완전히 지불함. ¶미납금 ~.

支拂　(　　　　　)
▶돈을 내어 줌. 또는 값을 치름. ¶임금 ~.

後:拂　(　　　　　)
▶물건을 먼저 받거나 일을 모두 마친 뒤에 돈을 치름. 맨先拂.

拓本　(　　　　　)
▶비석, 기와, 따위에 새겨진 글씨나 무늬를 종이에 그대로 떠냄. 또는 그렇게 떠낸 종이.

한 자 로 써 보 세 요

비련 (　　)	아:집 (　　)	척신 (　　)	외:척 (　　)	친척 (　　)
희곡 (　　)	희롱 (　　)	회화 (　　)	유희 (　　)	억류 (　　)
억압 (　　)	억양 (　　)	억제 (　　)	억지 (　　)	부양 (　　)
부조 (　　)	발군 (　　)	기발 (　　)	선:발 (　　)	해:발 (　　)
불입 (　　)	완불 (　　)	지불 (　　)	후:불 (　　)	탁본 (　　)

干拓 (　　　)
▶ 육지에 면한 바다나 호수의 일부를 둑으로 막고, 그 안의 물을 빼내어 육지로 만드는 일.

開拓 (　　　)
▶ 거친 땅을 일구어 논이나 밭과 같이 쓸모 있는 땅으로 만듦. ¶불모지 ~.

抵:觸 (　　　)
▶ 법률이나 규칙 따위에 위반되거나 거슬림.

抵:抗 (　　　)
▶ 어떤 힘이나 조건에 굽히지 않고 거역하거나 버팀.

大:抵 (　　　)
▶ 대체로 보아서. ¶~ 孝는 인류의 근본이다.

拘禁 (　　　)
▶ 피고인 또는 피의자를 구치소나 교도소 따위에 가두어 신체의 자유를 구속하는 강제 처분.

拘留 (　　　)
▶ 죄인을 1일 이상 30일 미만의 기간 동안 교도소나 경찰서 유치장에 가두어 자유를 속박하는 일.

拘束 (　　　)
▶ 행동이나 의사의 자유를 제한하거나 속박함.

拾得 (　　　)
▶ 주워서 얻음.

收拾 (　　　)
▶ ①흩어진 재산이나 물건을 거두어 정돈함. ②어수선한 사태를 거두어 바로잡음.

拳:銃 (　　　)
▶ 한 손으로 다룰 수 있는 짧고 작은 총.

拳:鬪 (　　　)
▶ 양손에 글러브를 끼고 상대편의 상체를 쳐서 승부를 겨루는 경기.

鐵拳 (　　　)
▶ ①쇠뭉치같이 굳센 주먹. ②타격이나 제재를 가하기 위하여 쓰는 폭력을 비유적으로 이르는 말.

捕:捉 (　　　)
▶ ①꼭 붙잡음. ②어떤 기회나 정세를 알아차림.

捕:獲 (　　　)
▶ ①적병을 사로잡음. ②짐승이나 물고기를 잡음.

生捕 (　　　)
▶ 산 채로 잡음. ¶적에게 ~를 당하다.

振:動 (　　　)
▶ ①흔들려 움직임. ②냄새 따위가 아주 심하게 나는 상태.

振:作 (　　　)
▶ 떨쳐 일으킴. 또는 떨쳐 일어남. ¶사기 ~.

振:興 (　　　)
▶ 떨쳐 일어남. 또는 그렇게 되게 함. ¶문예 ~.

排擊 (　　　)
▶ 어떤 사상, 의견, 물건 따위를 물리침.

排氣 (　　　)
▶ 속에 든 공기, 가스, 증기 따위를 밖으로 뽑아 버림. ¶실내 ~ 장치.

排定 (　　　)
▶ 여러 군데로 갈라서 벌여 놓음.

排除 (　　　)
▶ 받아들이지 않고 물리쳐 제외함.

排斥 (　　　)
▶ 따돌리거나 거부하여 밀어 내침.

排置 (　　　)
▶ 일정한 차례나 간격에 따라 벌여 놓음.

한자로써보세요

간척 (　　)	개척 (　　)	저:촉 (　　)	저:항 (　　)	대:저 (　　)
구금 (　　)	구류 (　　)	구속 (　　)	습득 (　　)	수습 (　　)
권:총 (　　)	권:투 (　　)	철권 (　　)	포:착 (　　)	포:획 (　　)
생포 (　　)	진:동 (　　)	진:작 (　　)	진:흥 (　　)	배격 (　　)
배기 (　　)	배정 (　　)	배제 (　　)	배척 (　　)	배치 (　　)

排他　(　　　　　)
▶남을 배척함. ¶~ 정책.

管掌　(　　　　　)
▶일을 맡아서 주관함. ¶업무 ~ 능력.

仙人掌　(　　　　　)
▶선인장과의 식물을 통틀어 이르는 말.

換:局　(　　　　　)
▶시국 또는 판국이 바뀜.

換:算　(　　　　　)
▶어떤 단위나 척도로 된 것을 다른 단위나 척도로 고쳐서 헤아림.

換:錢　(　　　　　)
▶①환표로 보내는 돈. ②서로 종류가 다른 화폐와 화폐, 또는 화폐와 지금(地金)을 교환함.

換:節期　(　　　　　)
▶철이 바뀌는 시기. ¶~에는 감기에 걸리기 쉽다.

交換　(　　　　　)
▶서로 바꿈.

變:換　(　　　　　)
▶다르게 하여 바꿈. 또는 달라져서 바뀜. ¶~ 과정.

轉:換　(　　　　　)
▶다른 방향이나 상태로 바꾸거나 바꿈. ¶기분 ~.

揚名　(　　　　　)
▶이름을 드날림.

止揚　(　　　　　)
▶더 높은 단계로 오르기 위하여 어떠한 것을 하지 아니함.

摘發　(　　　　　)
▶숨겨져 있는 일이나 드러나지 않은 것을 들추어 냄.

摘示　(　　　　　)
▶지적하여 보임.

指摘　(　　　　　)
▶①꼭 집어서 가리킴. ②허물 따위를 드러내어 폭로함.

旋律　(　　　　　)
▶가락. ¶피아노의 ~.

旋風　(　　　　　)
▶①회오리바람. ②돌발적으로 일어나 세상을 뒤흔드는 사건을 비유적으로 이르는 말.

旋回　(　　　　　)
▶둘레를 빙글빙글 돎.

周旋　(　　　　　)
▶일이 잘되도록 여러 가지 방법으로 힘씀. ¶~을 받다.

元旦　(　　　　　)
▶설날 아침.

旬報　(　　　　　)
▶열흘에 한 번씩 펴내는 신문이나 잡지.

三旬　(　　　　　)
▶上:旬, 中:旬, 下:旬을 통틀어 이르는 말.

初旬　(　　　　　)
▶한 달 가운데 초하루부터 초열흘까지의 사이. 上:旬.

昇降機　(　　　　　)
▶동력을 사용하여 사람이나 화물을 아래위로 나르는 장치.

昇格　(　　　　　)
▶지위나 등급 따위가 오름. 또는 지위나 등급 따위를 올림.

한자로 써 보세요

배타 (　　) 관장 (　　) 선인장 (　　) 환:국 (　　) 환:산 (　　)
환:전 (　　) 환:절기(　　) 교환 (　　) 변:환 (　　) 전:환 (　　)
양명 (　　) 지양 (　　) 적발 (　　) 적시 (　　) 지적 (　　)
선율 (　　) 선풍 (　　) 선회 (　　) 주선 (　　) 원단 (　　)
순보 (　　) 삼순 (　　) 초순 (　　) 승강기 (　　) 승격 (　　)

昇級　(　　　)
▶봉급이나 급료 따위가 오름.

昇華　(　　　)
▶어떤 현상이 더 높은 상태로 전환되는 일.

上:昇　(　　　)
▶낮은 데서 위로 올라감. ¶물가 ~.

昌盛　(　　　)
▶기세가 크게 일어나 잘 뻗어 나감. ¶자손의 ~.

晩:年　(　　　)
▶나이가 들어 늙어 가는 시기. 비老:年.

晩:秋　(　　　)
▶늦가을. ¶이름 모를 새가 ~를 즐기고 있었다.

晩:學　(　　　)
▶나이가 들어 뒤늦게 공부함. 또는 그 공부.

暫間　(　　　)
▶'잠깐'의 북한어.

暫時　(　　　)
▶짧은 시간.

暫定　(　　　)
▶임시로 정함. ¶~적인 결론.

曆法　(　　　)
▶천체의 주기적 현상을 기준으로 하여 세시(歲時)를 정하는 방법.

西曆　(　　　)
▶예수 그리스도가 태어난 해를 기원으로 하는 책력.

陽曆　(　　　)
▶지구가 태양의 둘레를 한 바퀴 도는 데 걸리는 시간을 1년으로 정한 역법. 반陰曆(음력).

冊曆　(　　　)
▶일 년 동안의 월일, 해와 달의 운행, 월식과 일식, 절기 따위를 날의 순서에 따라 적은 책.

曾祖父　(　　　)
▶증조할아버지.

未:曾有　(　　　)
▶지금까지 한 번도 있어 본 적이 없음. ¶~의 민족적 수난.

斜線　(　　　)
▶비스듬하게 비껴 그은 줄.

斜陽　(　　　)
▶①夕陽. ②새로운 것에 밀려 점점 몰락해 감을 비유적으로 이르는 말. ¶~ 산업.

傾斜　(　　　)
▶비스듬히 기울어짐. 또는 그 상태나 정도.

枝葉　(　　　)
▶식물의 가지와 잎이란 뜻으로 본질적이거나 중요하지 아니하고 부차적인 부분을 이르는 말.

架空　(　　　)
▶①어떤 시설물을 공중에 가설함. ②사실이 아니고 거짓이나 상상으로 꾸며 냄.

架橋　(　　　)
▶①다리를 놓음. 또는 그런 일. ②서로 떨어져 있는 것을 이어 주는 사물이나 사실.

書架　(　　　)
▶책 따위를 얹어 두거나 꽂아 두도록 만든 선반.

電:柱　(　　　)
▶전봇대.

染:料　(　　　)
▶옷감 따위에 빛깔을 들이는 물질.

한자로 써 보세요

승급 (　)	승화 (　)	상:승 (　)	창성 (　)	만:년 (　)
만:추 (　)	만:학 (　)	잠간 (　)	잠시 (　)	잠정 (　)
역법 (　)	서력 (　)	양력 (　)	책력 (　)	증조부 (　)
미:증유 (　)	사선 (　)	사양 (　)	경사 (　)	지엽 (　)
가공 (　)	가교 (　)	서가 (　)	전:주 (　)	염:료 (　)

染:色 (　　　　　)
▶염료를 사용하여 실이나 천 따위에 물을 들임. 또는 그런 일. ¶~ 공장.

感:染 (　　　　　)
▶미생물이 동물이나 식물의 몸 안에 들어가 증식하는 일.

傳染 (　　　　　)
▶병이 남에게 옮음. ¶~병 예방 대책.

柔順 (　　　　　)
▶부드럽고 순함.

柔軟 (　　　　　)
▶부드러움.

溫柔 (　　　　　)
▶성격이 온화하고 부드러움.

桂:冠 (　　　　　)
▶월계관. ¶마라톤에서 우승한 손기정 선수의 머리에는 ~이 씌워져 있었다.

桂:皮 (　　　　　)
▶계수나무 껍질을 한방에서 이르는 말. 감기 해열제로 쓰며 肢節痛(지절통)이나 복통에도 쓴다.

桃李 (　　　　　)
▶복숭아와 자두. 또는 그 꽃.

栽:培 (　　　　　)
▶식물을 심어 가꿈.

橋梁 (　　　　　)
▶시내나 강을 사람이나 차량이 건널 수 있게 만든 다리.

棟梁 (　　　　　)
▶기둥과 들보를 아울러 이르는 말. ¶젊은이는 나라의 ~이다.

梅實 (　　　　　)
▶매실나무의 열매.

梅香 (　　　　　)
▶매화의 향기.

寒梅 (　　　　　)
▶겨울에 피는 매화.

機械 (　　　　　)
▶동력을 써서 움직이거나 일을 하는 장치. 단위로 대, 조, 틀 따위가 있다.

森林 (　　　　　)
▶나무가 많이 우거진 숲.

森嚴 (　　　　　)
▶무서우리만큼 질서가 바로 서고 엄숙함. ¶정문은 ~한 경계를 하고 있었다.

楓林 (　　　　　)
▶단풍나무가 많은 숲.

霜楓 (　　　　　)
▶서리 맞은 단풍잎. 또는 시든 단풍.

槪:觀 (　　　　　)
▶전체를 대강 살펴봄. 또는 그런 것.

槪:念 (　　　　　)
▶어떤 사물 현상에 대한 일반적인 지식. ¶수학은 ~ 이해가 우선이다.

槪:略 (　　　　　)
▶내용을 대강 추려 줄임. 또는 그런 것.

槪:要 (　　　　　)
▶간결하게 추려 낸 주요 내용.

氣槪 (　　　　　)
▶씩씩한 기상과 굳은 절개.

한 자 로 써 보 세 요

염:색 (　　　) 감:염 (　　　) 전염 (　　　) 유순 (　　　) 유연 (　　　)
온유 (　　　) 계:관 (　　　) 계:피 (　　　) 도리 (　　　) 재:배 (　　　)
교량 (　　　) 동량 (　　　) 매실 (　　　) 매향 (　　　) 한매 (　　　)
기계 (　　　) 삼림 (　　　) 삼엄 (　　　) 풍림 (　　　) 상풍 (　　　)
개:관 (　　　) 개:념 (　　　) 개:략 (　　　) 개:요 (　　　) 기개 (　　　)

節概　(　　　　)
▶신념, 신의 따위를 굽히지 않고 굳게 지키는 꿋꿋한 태도. ¶송죽같이 굳은 ~.

樓閣　(　　　　)
▶사방을 바라볼 수 있도록 문과 벽이 없이 다락처럼 높이 지은 집.

樓臺　(　　　　)
▶누각과 대사와 같이 높은 건물.

高樓　(　　　　)
▶높이 지은 누각.

望:樓　(　　　　)
▶적이나 주위의 동정을 살피기 위하여 높이 지은 다락집.

城樓　(　　　　)
▶성곽 곳곳에 세운 다락집.

橫財　(　　　　)
▶뜻밖에 재물을 얻음. 또는 그 재물. ¶소금장수가 ~를 만났다.

橫暴　(　　　　)
▶제멋대로 굴며 몹시 난폭함. ¶~가 심하다.

專橫　(　　　　)
▶권세를 혼자 쥐고 제 마음대로 함. ¶~을 일삼다.

欄干　(　　　　)
▶층계, 다리, 마루 따위의 가장자리에 일정한 높이로 막아 세우는 구조물. ¶~에 기대다.

空欄　(　　　　)
▶빈칸. ¶다음 ~에 알맞은 말을 넣으시오.

欲求　(　　　　)
▶무엇을 얻거나 무슨 일을 하고자 바라는 일. ¶~를 느끼다.

此際　(　　　　)
▶때마침 주어진 기회. ¶~에 꼭 짚고 넘어가자.

此後　(　　　　)
▶지금부터 이후. ¶~ 계획.

如此　(　　　　)
▶이와 같음. 이렇게

殆半　(　　　　)
▶거의 절반.

危殆　(　　　　)
▶위급하고 절박함.

殊常　(　　　　)
▶모습이 일반적인 것과는 다름.

特殊　(　　　　)
▶매우 다름.

殿:閣　(　　　　)
▶임금이 거처하는 집.

殿:堂　(　　　　)
▶학문, 예술, 과학 따위의 분야에서 가장 권위 있는 연구 기관을 비유적으로 이르는 말.

宮殿　(　　　　)
▶임금이 거처하는 집.

貯:水池　(　　　　)
▶물을 모아 두기 위하여 하천이나 골짜기를 막아 만든 큰 못.

電:池　(　　　　)
▶화학 반응, 방사선, 온도 차, 빛 따위로 전극 사이에 전기 에너지를 발생시키는 장치.

汗:蒸幕　(　　　　)
▶한증을 하기 위하여 갖춘 시설. 담을 둘러막아 굴처럼 만들어 밑에서 불을 땐다.

한자로써보세요

절개 (　　)	누각 (　　)	누대 (　　)	고루 (　　)	망:루 (　　)
성루 (　　)	횡재 (　　)	횡포 (　　)	전횡 (　　)	난간 (　　)
공란 (　　)	욕구 (　　)	차제 (　　)	차후 (　　)	여차 (　　)
태반 (　　)	위태 (　　)	수상 (　　)	특수 (　　)	전:각 (　　)
전:당 (　　)	궁전 (　　)	저:수지(　　)	전:지 (　　)	한:증막(　　)

不汗黨 (　　　　)
▶남 괴롭히는 것을 일삼는 파렴치한 사람들의 무리.

沙器 (　　　　)
▶사기그릇. ¶~를 굽는 비법.

沙漠 (　　　　)
▶강수량이 적어서 식생이 보이지 않거나 적고, 인간의 활동도 제약되는 지역.

黃沙 (　　　　)
▶누런 모래.

沒頭 (　　　　)
▶어떤 일에 온 정신을 다 기울여 열중함. ¶문제 해결에 ~하고 있다.

沒落 (　　　　)
▶재물이나 세력 따위가 쇠하여 보잘것없이 됨.

沒常識 (　　　　)
▶상식이 전혀 없음.

沒廉恥 (　　　　)
▶염치가 없음.

沒敗 (　　　　)
▶아주 패함. 田完敗(완패).

出沒 (　　　　)
▶어떤 현상이나 대상이 나타났다 사라졌다 함.

沈降 (　　　　)
▶밑으로 가라앉음. 田沈下(침하).

沈沒 (　　　　)
▶물속에 가라앉음.

沈默 (　　　　)
▶아무 말도 없이 잠잠히 있음. 또는 그런 상태.

沈潛 (　　　　)
▶겉으로 드러나지 않게 물속 깊숙이 가라앉거나 숨음.

沈着 (　　　　)
▶행동이 들뜨지 않고 차분함.

沈痛 (　　　　)
▶슬픔이나 걱정 따위로 몹시 괴롭거나 슬픔.

沿邊 (　　　　)
▶국경, 강, 철도, 도로 따위를 끼고 따라가는 언저리 일대. ¶철도 ~.

沿岸 (　　　　)
▶강이나 호수, 바다를 따라 잇닿아 있는 육지.

沿海 (　　　　)
▶육지에 가까이 있는 바다.

沿:革 (　　　　)
▶변천하여 온 과정. ¶학교의 ~이 오래되었다.

泰斗 (　　　　)
▶泰山(태산)과 북두칠성을 아울러 이르는 말로 어떤 분야에서 가장 권위가 있는 사람을 비유적으로 이르는 말.

泰然 (　　　　)
▶마땅히 머뭇거리거나 두려워해야 할 상황에서 태도나 기색이 아무렇지도 않은 듯이 예사로움.

泰平 (　　　　)
▶나라가 안정되어 아무 걱정 없고 평안함.

洪水 (　　　　)
▶큰물. ¶~가 지다.

六大洲 (　　　　)
▶지구 위의 여섯 대륙. 아시아, 아프리카, 유럽, 오세아니아, 남아메리카, 북아메리카를 이른다.

한자로 써 보세요

불한당 (　　)	사기 (　　)	사막 (　　)	황사 (　　)	몰두 (　　)
몰락 (　　)	몰상식 (　　)	몰염치 (　　)	몰패 (　　)	출몰 (　　)
침강 (　　)	침몰 (　　)	침묵 (　　)	침잠 (　　)	침착 (　　)
침통 (　　)	연변 (　　)	연안 (　　)	연해 (　　)	연:혁 (　　)
태두 (　　)	태연 (　　)	태평 (　　)	홍수 (　　)	육대주 (　　)

浸:潤 （　　　　　）
▶①수분이 스며들어 젖음. ②사상이나 분위기 따위가 사람들에게 번져 나감.

浸:出水 （　　　　　）
▶쓰레기 따위의 폐기물이 썩어 지하에 가라앉은 물. ¶~를 정수 처리하여 재활용하다.

浸:透 （　　　　　）
▶①액체 따위가 스며들어 뱀. ②세균이나 병균 따위가 몸속에 들어옴. ¶세균의 ~.

浦口 （　　　　　）
▶배가 드나드는 개의 어귀.

浮刻 （　　　　　）
▶어떤 사물을 특징지어 두드러지게 함.

浮動票 （　　　　　）
▶지지하는 후보나 정당이 확실하지 않고 그때그때의 정세에 따라 변화할 가능성이 많은 표.

浮浪人 （　　　　　）
▶일정하게 사는 곳과 하는 일 없이 이리저리 떠돌아다니는 사람.

浮力 （　　　　　）
▶기체나 액체 속에 있는 물체가 重:力(중력)에 반하여 위로 뜨려는 힘.

浮揚 （　　　　　）
▶가라앉은 것이 떠오름. 또는 떠오르게 함. ¶경기 ~ 대책.

浮遊 （　　　　　）
▶①물 위나 물속, 또는 공기 중에 떠다님. ②행선지를 정하지 아니하고 이리저리 떠돌아다님.

浮沈 （　　　　　）
▶세력 따위가 성하고 쇠함을 비유적으로 이르는 말. ¶~을 거듭하다.

浪:費 （　　　　　）
▶시간이나 재물 따위를 헛되이 헤프게 씀.

浪:說 （　　　　　）
▶터무니없는 헛소문.

激浪 （　　　　　）
▶거센 파도.

放:浪 （　　　　　）
▶정한 곳 없이 이리저리 떠돌아다님. ¶오랜 ~ 생활을 끝내고 마침내 정착했다.

風浪 （　　　　　）
▶바람과 물결을 아울러 이르는 말. ¶거친 ~으로 배가 침몰했다.

淫亂 （　　　　　）
▶음탕하고 난잡함. ¶~ 도서.

淫談 （　　　　　）
▶음란하고 방탕한 이야기.

淨潔 （　　　　　）
▶매우 깨끗하고 깔끔함. 回정갈하다.

淨化 （　　　　　）
▶불순하거나 더러운 것을 깨끗하게 함. ¶~ 시설.

淑女 （　　　　　）
▶교양과 예의와 품격을 갖춘 현숙한 여자.

涼風 （　　　　　）
▶서늘한 바람.

淺:近 （　　　　　）
▶깊이가 없음.

淺:薄 （　　　　　）
▶학문이나 생각 따위가 얕거나, 말이나 행동 따위가 상스러움.

한자로써보세요

침:윤 （　）	침:출수（　）	침:투 （　）	포구 （　）	부각 （　）
부동표（　）	부랑인（　）	부력 （　）	부양 （　）	부유 （　）
부침 （　）	낭:비 （　）	낭:설 （　）	격랑 （　）	방:랑 （　）
풍랑 （　）	음란 （　）	음담 （　）	정결 （　）	정화 （　）
숙녀 （　）	양풍 （　）	천:근 （　）	천:박 （　）	

深:淺　（　　　　　）
▶깊음과 얕음.

日淺　（　　　　　）
▶날이 오래지 않음.

淡白　（　　　　　）
▶맑고 깨끗함.

淡:水魚　（　　　　　）
▶민물에 사는 물고기.

過:渡期　（　　　　　）
▶한 상태에서 다른 새로운 상태로 옮아가거나 바뀌어 가는 도중의 시기. ¶전후의 ~.

賣:渡　（　　　　　）
▶값을 받고 물건의 소유권을 다른 사람에게 넘김. ¶~ 증서.

明渡　（　　　　　）
▶건물, 토지, 선박 따위를 남에게 주거나 맡김. 또는 그런 일.

讓:渡　（　　　　　）
▶재산이나 물건을 남에게 넘겨줌. 또는 그런 일. 団讓:與(양여). 凹讓:受(양수).

引渡　（　　　　　）
▶사물이나 권리 따위를 넘겨줌.

湯:藥　（　　　　　）
▶달여서 마시는 한약. ¶~을 짓다.

溫湯　（　　　　　）
▶따뜻한 물이 들어 있는 탕. 凹冷:湯.

浴湯　（　　　　　）
▶목욕탕.

溪谷　（　　　　　）
▶물이 흐르는 골짜기.

滅亡　（　　　　　）
▶망하여 없어짐. ¶로마 제국의 ~.

滅門　（　　　　　）
▶한 집안을 다 죽여 없앰. 団滅族.

滅族　（　　　　　）
▶한 가족이나 종족을 멸하여 없앰. 또는 한 가족이나 종족이 망하여 없어짐.

滅種　（　　　　　）
▶생물의 한 종류가 아주 없어짐. 또는 아주 없애 버림.

明滅　（　　　　　）
▶①불이 켜졌다 꺼졌다 함. ② 먼 곳에 있는 것이 보였다 안 보였다 함. ③나타났다 사라졌다 함.

不滅　（　　　　　）
▶없어지거나 사라지지 아니함.

消滅　（　　　　　）
▶사라져 없어짐.

全滅　（　　　　　）
▶모조리 죽거나 망하거나 하여 없어짐. ¶~ 당하는 수모를 겪었다.

破:滅　（　　　　　）
▶파괴되어 없어짐.

漏:落　（　　　　　）
▶기입되어야 할 것이 기록에서 빠짐. 또는 그렇게 되게 함.

漏:水　（　　　　　）
▶물이 샘. 또는 새어 나오는 물. ¶~ 방지.

漏:電　（　　　　　）
▶전기 絶緣이 불완전하거나 시설이 손상되어 전기가 전깃줄 밖으로 새어 흐름. 또는 그 전류.

한 자 로 써 보 세 요

심:천 (　　)	일천 (　　)	담백 (　　)	담:수어(　　)	과:도기(　　)
매:도 (　　)	명도 (　　)	양:도 (　　)	인도 (　　)	탕:약 (　　)
온탕 (　　)	욕탕 (　　)	계곡 (　　)	멸망 (　　)	멸문 (　　)
멸족 (　　)	멸종 (　　)	명멸 (　　)	불멸 (　　)	소멸 (　　)
전멸 (　　)	파:멸 (　　)	누:락 (　　)	누:수 (　　)	누:전 (　　)

漏:出　　（　　　　　）
▶①액체나 기체 따위가 밖으로 새어 나옴. ②비밀이나 정보 따위가 새어 나감. 回漏:泄(누설).

脫漏　　（　　　　　）
▶밖으로 빠져나가 샘. ¶세금 ～.

漆器　　（　　　　　）
▶옻칠을 한 나무 그릇.

漆黑　　（　　　　　）
▶옻칠처럼 검고 광택이 있음. 또는 그런 빛깔. ¶～ 같은 밤거리.

漸:漸　　（　　　　　）
▶조금씩 더하거나 덜하여지는 모양.

漸:增　　（　　　　　）
▶점점 증가함. ¶자연산 야채 소비가 ～하고 있다.

漸:進　　（　　　　　）
▶조금씩 앞으로 나아감.

漸:次　　（　　　　　）
▶차례를 따라 조금씩. ¶～ 감소하다.

漠然　　（　　　　　）
▶뚜렷하거나 확실하지 않음.

廣:漠　　（　　　　　）
▶아득하게 넓음.

滯納　　（　　　　　）
▶세금 따위를 기한까지 내지 못하여 밀림. ¶세금 ～.

滯留　　（　　　　　）
▶객지에 가서 머물러 있음. ¶～ 일정.

停滯　　（　　　　　）
▶사물이 발전하거나 나아가지 못하고 한자리에 머물러 그침.

遲滯　　（　　　　　）
▶때를 늦추거나 질질 끎. ¶잠시도 ～ 말고 바로 집으로 돌아가시오.

沈滯　　（　　　　　）
▶어떤 현상이나 사물이 진전하지 못하고 제자리에 머무름. ¶～ 국면.

潤:氣　　（　　　　　）
▶반질반질하고 매끄러운 기운. ¶사용하지 않은 가구에는 아직도 ～가 남아있다.

潤:澤　　（　　　　　）
▶①윤기 있는 광택. ②살림이 풍부함.

利:潤　　（　　　　　）
▶장사 따위를 하여 남은 돈. ¶～을 남기다.

潛望鏡　（　　　　　）
▶목표물을 직접 볼 수 없는 참호나 잠수함 따위에서 쓰는 반사식 망원경.

潛伏　　（　　　　　）
▶드러나지 않게 숨음.

潛在　　（　　　　　）
▶겉으로 드러나지 않고 속에 잠겨 있거나 숨어 있음.

潛跡　　（　　　　　）
▶종적을 아주 숨김.

德澤　　（　　　　　）
▶베풀어 준 은혜나 도움. 덕분. ¶내가 성공할 수 있었던 것은 모두 부모님 ～이다.

恩澤　　（　　　　　）
▶은혜와 덕택을 아울러 이르는 말.

惠:澤　　（　　　　　）
▶은혜와 덕택을 아울러 이르는 말. ¶세금 ～.

한자로써보세요

누:출 (　)	탈루 (　)	칠기 (　)	칠흑 (　)	점:점 (　)
점:증 (　)	점:진 (　)	점:차 (　)	막연 (　)	광:막 (　)
체납 (　)	체류 (　)	정체 (　)	지체 (　)	침체 (　)
윤:기 (　)	윤:택 (　)	이:윤 (　)	잠망경 (　)	잠복 (　)
잠재 (　)	잠적 (　)	덕택 (　)	은택 (　)	혜:택 (　)

濕氣 (　　　　　)
▶물기가 많아 젖은 듯한 기운.

濕度 (　　　　　)
▶공기 가운데 수증기가 들어 있는 정도.

炎暑 (　　　　　)
▶몹시 심한 더위.

炎症 (　　　　　)
▶생체 조직이 손상을 입었을 때에 체내에서 일어나는 방어적 반응.

暴炎 (　　　　　)
▶暴暑. 불볕더위. ¶~이 기승을 부리다.

烏竹 (　　　　　)
▶검을색을 띠고 있는 대나무의 일종.

照:明 (　　　　　)
▶무대 효과나 촬영 효과를 높이기 위하여 광선을 비추는 일. ¶~ 효과.

落照 (　　　　　)
▶저녁에 지는 햇빛. ¶~의 아름다움.

對:照 (　　　　　)
▶둘 이상의 대상의 내용을 맞대어 같고 다름을 검토함. ¶장부 ~.

參照 (　　　　　)
▶참고로 비교하고 대조하여 봄. ¶관계 기사 ~.

熟考 (　　　　　)
▶곰곰이 잘 생각함. ¶장시간의 ~.

熟達 (　　　　　)
▶익숙하게 통달함.

熟練 (　　　　　)
▶연습을 많이 하여 능숙하게 익힘. ¶~을 요하는 작업.

熟眠 (　　　　　)
▶잠이 깊이 듦. 또는 그 잠.

熟語 (　　　　　)
▶두 개 이상의 단어로 이루어져 있으면서 특수한 의미를 나타내는 語:句(어구).

未:熟 (　　　　　)
▶일에 아직 익숙하지 못하여 서투른 것. ¶운전이 ~한 자.

成熟 (　　　　　)
▶①생물의 발육이 완전히 이루어짐. ②몸과 마음이 자라서 어른스럽게 됨.

燒却 (　　　　　)
▶불에 태워 없애 버림. ¶쓰레기 ~ 시설.

燒失 (　　　　　)
▶불에 타서 사라짐. 또는 그렇게 잃음.

全燒 (　　　　　)
▶남김없이 다 타 버림.

燕:尾服 (　　　　　)
▶남자용 서양 예복. ¶~을 입은 신랑.

煖爐 (　　　　　)
▶나무, 석유, 가스 따위의 연료를 때거나 전기를 이용하여 열을 내어 방 안의 온도를 올리는 기구.

火:爐 (　　　　　)
▶주로 불씨를 보존하거나 난방을 위하여 쓰는 숯불을 담아 놓은 그릇.

斷:片 (　　　　　)
▶①끊어지거나 쪼개진 조각. ②전반에 걸치지 않고 한 부분에만 국한된 조각.

破:片 (　　　　　)
▶깨어지거나 부서진 조각. ¶유리 ~.

한자로 써보세요

습기 (　　)	습도 (　　)	염서 (　　)	염증 (　　)	폭염 (　　)
오죽 (　　)	조:명 (　　)	낙조 (　　)	대:조 (　　)	참조 (　　)
숙고 (　　)	숙달 (　　)	숙련 (　　)	숙면 (　　)	숙어 (　　)
미:숙 (　　)	성숙 (　　)	소각 (　　)	소실 (　　)	전소 (　　)
연:미복(　　)	난로 (　　)	화:로 (　　)	단:편 (　　)	파:편 (　　)

版木　(　　　　　)
▶인쇄를 위하여 그림이나 글씨를 새긴 나무. 또는 그런 재료로 쓰는 목판.

出版　(　　　　　)
▶서적이나 회화 따위를 인쇄하여 세상에 내놓음. 🔁刊行(간행).

狂氣　(　　　　　)
▶①미친 듯한 기미. ¶~가 서리다. ②미친 듯이 날뛰는 기질을 속되게 이르는 말.

狂亂　(　　　　　)
▶미친 듯이 어지럽게 날뜀. ¶~의 도가니.

狂風　(　　　　　)
▶미친 듯이 사납게 휘몰아치는 거센 바람.

猛:獸　(　　　　　)
▶주로 육식을 하는 사나운 짐승.

猛:烈　(　　　　　)
▶(어떠한 기세가) 몹시 사납고 세차다. ¶~한 공격.

猛:威　(　　　　　)
▶사나운 위세. ¶더위가 ~를 부리다.

勇:猛　(　　　　　)
▶용감하고 사나움. ¶~을 떨치다.

牙城　(　　　　　)
▶아주 중요한 근거지를 비유적으로 이르는 말.

象牙　(　　　　　)
▶코끼리의 어금니.

齒牙　(　　　　　)
▶'이'를 점잖게 이르는 말. ¶~가 가지런하다.

猶豫　(　　　　　)
▶일을 결행하는 데 날짜나 시간을 미룸. 또는 그런 기간.

監獄　(　　　　　)
▶죄인을 가두어 두는 곳. 한때 형무소라고 불리다가 현재 '교도소'로 개칭되었다.

地獄　(　　　　　)
▶큰 죄를 짓고 죽은 사람들이 구원을 받지 못하고 끝없이 벌을 받는다는 곳.

獲得　(　　　　　)
▶얻어내거나 얻어 가짐. ¶부의 ~.

漁獲　(　　　　　)
▶수산물을 잡거나 채취함. 또는 그 수산물. ¶좋은 ~ 실적을 거두다.

野:獸　(　　　　　)
▶사람에게 길이 들지 않은 야생의 사나운 짐승. ¶미녀와 ~.

鳥獸　(　　　　　)
▶새와 짐승을 통틀어 이르는 말. 🔁禽獸(금수).

獻:納　(　　　　　)
▶돈이나 물건을 바침.

獻:壽　(　　　　　)
▶환갑잔치 따위에서, 주인공에게 장수를 비는 뜻으로 술잔을 올림.

獻:身　(　　　　　)
▶몸과 마음을 바쳐 있는 힘을 다함. ¶~의 노력.

玄米　(　　　　　)
▶벼의 겉껍질만 벗겨 낸 쌀. ¶건강을 위해 ~로 지은 밥을 먹는다.

玄孫　(　　　　　)
▶증손자의 아들. 또는 손자의 손자.

率先　(　　　　　)
▶남보다 앞장서서 먼저 함.

한자로 써 보세요

판목 (　　　) 출판 (　　　) 광기 (　　　) 광란 (　　　) 광풍 (　　　)
맹:수 (　　　) 맹:렬 (　　　) 맹:위 (　　　) 용:맹 (　　　) 아성 (　　　)
상아 (　　　) 치아 (　　　) 유예 (　　　) 감옥 (　　　) 지옥 (　　　)
획득 (　　　) 어획 (　　　) 야:수 (　　　) 조수 (　　　) 헌:납 (　　　)
헌:수 (　　　) 헌:신 (　　　) 현미 (　　　) 현손 (　　　) 솔선 (　　　)

率直　(　　　)
▶거짓이나 꾸밈이 없이 바르고 곧다.

輕率　(　　　)
▶말이나 행동이 조심성 없이 가벼움. ¶자기의 ~을 뉘우치다.

比:率　(　　　)
▶다른 수나 양에 대한 어떤 수나 양의 比.

效:率　(　　　)
▶애쓴 노력과 얻어진 결과의 비율.

眞率　(　　　)
▶진실하고 솔직하다. ¶~한 대화를 나누다.

統率　(　　　)
▶무리를 거느려 다스림.

珠簾　(　　　)
▶구슬 따위를 꿰어 만든 발. ¶그는 ~을 걷고 마루로 나왔다.

珠玉　(　　　)
▶구슬과 옥을 아울러 이르는 말. ¶~ 같은 시.

眞珠　(　　　)
▶진주조개·대합·전복 따위의 조가비나 살 속에 생기는 딱딱한 덩어리. ¶~ 목걸이.

琴瑟　(　　　)
▶①거문고와 비파를 아울러 이르는 말. ②'금실〔부부간의 사랑〕'의 원말.

瓦:裂　(　　　)
▶기와가 부서진다는 뜻으로, 산산이 쪼개짐을 비유적으로 이르는 말.

瓦:解　(　　　)
▶기와가 깨진다는 뜻으로, 조직이나 계획 따위가 산산이 무너지고 흩어짐을 이르는 말.

甚:至於　(　　　)
▶더욱 심하다 못하여 나중에는.

極甚　(　　　)
▶극히 심하다.

畜舍　(　　　)
▶가축을 기르는 건물. 비牧舍.

畜産業　(　　　)
▶가축을 기르고 그 생산물을 가공하는 산업.

家畜　(　　　)
▶집에서 기르는 짐승.

牧畜　(　　　)
▶소·말·양·돼지 따위의 가축을 많이 기르는 일.

畢竟　(　　　)
▶끝장에 가서는. ¶그도 ~ 구속되었으리라.

畢生　(　　　)
▶①살아 있는 동안. ¶~의 숙원. ②생명의 마지막까지 다함. ¶~의 노력.

未:畢　(　　　)
▶아직 끝내지 못함. ¶병역 ~.

畿湖　(　　　)
▶우리나라의 서쪽 중앙부를 차지하고 있는 지역.

京畿　(　　　)
▶서울을 중심으로 한 가까운 주위의 지방. 경기도.

疏外　(　　　)
▶어떤 무리에서 싫어하여 따돌리거나 멀리함. ¶~계층.

疏脫　(　　　)
▶예절이나 형식에 얽매이지 않고 수수하고 털털하다. ¶~한 성격.

한자로 써 보세요

솔직 (　　)	경솔 (　　)	비:율 (　　)	효:율 (　　)	진솔 (　　)
통솔 (　　)	주렴 (　　)	주옥 (　　)	진주 (　　)	금슬 (　　)
와:열 (　　)	와:해 (　　)	심:지어(　　)	극심 (　　)	축사 (　　)
축산업 (　　)	가축 (　　)	목축 (　　)	필경 (　　)	필생 (　　)
미:필 (　　)	기호 (　　)	경기 (　　)	소외 (　　)	소탈 (　　)

疏通　(　　　　　)
▶①막히지 않고 잘 통함. ¶차량의 원활한 ~. ②뜻이 서로 통하여 오해가 없음.

疏忽　(　　　　　)
▶대수롭지 않고 예사로움. 또는 탐탁하지 않고 데면데면함.

疫病　(　　　　　)
▶대체로 급성이며 全身 증상을 나타내어 집단적으로 생기는 악성 전염병.

檢:疫　(　　　　　)
▶해외에서 전염병이나 해충이 들어오는 것을 막기 위하여 공항과 항구에서 하는 일.

防疫　(　　　　　)
▶전염병이 발생하거나 유행하는 것을 미리 막는 일.

疾病　(　　　　　)
▶몸의 온갖 병. ¶~에 걸리다.

疾走　(　　　　　)
▶빨리 달림.

疾風　(　　　　　)
▶몹시 빠르고 거세게 부는 바람.

症狀　(　　　　　)
▶병을 앓을 때 나타나는 여러 가지 상태나 모양.

症勢　(　　　　　)
▶병을 앓을 때 나타나는 여러 가지 상태나 모양. ¶독감 ~.

症候　(　　　　　)
▶병을 앓을 때 나타나는 여러 가지 상태나 모양.

痛症　(　　　　　)
▶아픈 증세. ¶~이 심하다.

皇帝　(　　　　　)
▶왕이나 제후를 거느리고 나라를 통치하는 임금을 왕이나 제후와 구별하여 이르는 말.

皮相的　(　　　　　)
▶겉으로 드러나 보이는 현상에만 관계하는 (것).

皮革　(　　　　　)
▶날가죽과 무두질한 가죽을 아울러 이르는 말.

毛皮　(　　　　　)
▶털가죽. ¶~ 의류.

鐵面皮　(　　　　　)
▶쇠로 만든 낯가죽이라는 뜻으로, 염치가 없고 뻔뻔스러운 사람을 낮잡아 이르는 말.

脫皮　(　　　　　)
▶①일정한 상태나 처지에서 완전히 벗어남. ②파충류, 곤충류 따위가 허물이나 껍질을 벗음.

盟約　(　　　　　)
▶굳게 맹세한 약속. ¶~을 어기다.

加盟　(　　　　　)
▶동맹이나 연맹, 단체에 가입함.

同盟　(　　　　　)
▶둘 이상의 개인이나 단체, 또는 국가가 서로의 이익이나 목적을 위하여 맹세하여 맺는 약속이나 조직체. 또는 그런 관계를 맺음.

盤石　(　　　　　)
▶①넓고 평평한 큰 돌. ②사물, 사상, 기틀 따위가 아주 견고함을 비유적으로 이르는 말.

基盤　(　　　　　)
▶기초가 되는 바탕. 또는 사물의 토대.

小:盤　(　　　　　)
▶자그마한 밥상. ¶둥근 ~.

한자로써보세요

소통 (　　　) 소홀 (　　　) 역병 (　　　) 검:역 (　　　) 방역 (　　　)
질병 (　　　) 질주 (　　　) 질풍 (　　　) 증상 (　　　) 증세 (　　　)
증후 (　　　) 통증 (　　　) 황제 (　　　) 피상적 (　　　) 피혁 (　　　)
모피 (　　　) 철면피 (　　　) 탈피 (　　　) 맹약 (　　　) 가맹 (　　　)
동맹 (　　　) 반석 (　　　) 기반 (　　　) 소:반 (　　　)

巖盤　(　　　　　)
▶다른 바위 속으로 돌입하여 불규칙하게 굳어진 큰 바위.

音盤　(　　　　　)
▶전축에 걸어 소리를 들을 수 있게 만든 동그란 판.

盲目的　(　　　　　)
▶사리를 따지지 않고 덮어놓고 하는 (것).

盲信　(　　　　　)
▶옳고 그름을 가리지 않고 덮어놓고 믿는 일. ¶종교에 대한 ~.

盲點　(　　　　　)
▶미처 생각이 미치지 못한, 모순되는 점이나 틈. ¶~을 찌르다.

色盲　(　　　　　)
▶색채를 식별하는 감각이 불완전하여 빛깔을 가리지 못하거나 다른 빛깔로 잘못 보는 상태.

冬:眠　(　　　　　)
▶겨울이 되면 동물이 활동을 중단하고 땅속 따위에서 겨울을 보내는 일.

永:眠　(　　　　　)
▶영원히 잠든다는 뜻으로, '죽음'을 이르는 말.

親睦　(　　　　　)
▶서로 친하여 화목함. ¶~ 단체.

和睦　(　　　　　)
▶서로 뜻이 맞고 정다움. ¶집안의 ~을 깨뜨리다.

瞬間　(　　　　　)
▶아주 짧은 동안. ¶결정적인 ~.

瞬息間　(　　　　　)
▶눈을 한 번 깜짝하거나 숨을 한 번 쉴 만한 아주 짧은 동안.

硬直　(　　　　　)
▶①몸 따위가 굳어서 뻣뻣하게 됨. ②사고방식, 태도, 분위기 따위가 융통성이 없고 엄격함.

硬化　(　　　　　)
▶딱딱하게 됨.

强硬　(　　　　　)
▶〔일부 명사 앞에 쓰여〕굳세게 버티어 굽히지 않음. ¶~ 대응.

生硬　(　　　　　)
▶①세상의 사정에 어둡고 완고하다. ②(문장이) 미숙하여 자연스럽지 못하고 딱딱하다.

碧溪水　(　　　　　)
▶물빛이 맑아 푸르게 보이는 시냇물.

碧空　(　　　　　)
▶푸른 하늘. ¶~에 흰 구름 하나가 떠 있다.

磨滅　(　　　　　)
▶갈려서 닳아 없어짐. ¶기계 부품의 ~.

鍊:磨　(　　　　　)
▶주로 돌이나 쇠붙이, 보석, 유리 따위의 고체를 갈고 닦아서 표면을 반질반질하게 함.

礎石　(　　　　　)
▶①주춧돌. ②어떤 사물의 기초를 비유적으로 이르는 말. ¶~이 되다.

基礎　(　　　　　)
▶사물의 기본이 되는 토대. ¶~ 실력.

祭:祀　(　　　　　)
▶신령이나 죽은 사람의 넋에게 음식을 바치어 정성을 나타냄. 또는 그런 의식.

祈雨祭　(　　　　　)
▶비가 오지 않을 때에 비 오기를 빌던 제사.

한 자 로 써 보 세 요

암반 (　　)	음반 (　　)	맹목적(　　)	맹신 (　　)	맹점 (　　)
색맹 (　　)	동:면 (　　)	영:면 (　　)	친목 (　　)	화목 (　　)
순간 (　　)	순식간(　　)	경직 (　　)	경화 (　　)	강경 (　　)
생경 (　　)	벽계수(　　)	벽공 (　　)	마멸 (　　)	연:마 (　　)
초석 (　　)	기초 (　　)	제:사 (　　)	기우제(　　)	

貫:祿　(　　　　　)
▶어떤 일에 대하여 쌓은 상당한 경력과 그에 따라 갖추어진 위엄이나 권위.

國祿　(　　　　　)
▶나라에서 주는 녹봉. ¶~을 받다.

福祿　(　　　　　)
▶타고난 복과 벼슬아치의 녹봉이라는 뜻으로, 복되고 영화로운 삶을 이르는 말.

禍:根　(　　　　　)
▶재앙의 근원. ¶~이 되다.

禍:亂　(　　　　　)
▶재앙과 난리를 통틀어 이르는 말.

禍:福　(　　　　　)
▶災禍(재화)와 福祿(복록)을 아울러 이르는 말.

禪房　(　　　　　)
▶참선하는 방.

禪宗　(　　　　　)
▶참선으로 자신의 본성을 구명하여 깨달음의 妙境을 터득하는 불교의 한 종파. 禪家.

坐:禪　(　　　　　)
▶고요히 앉아서 參禪함.

參禪　(　　　　　)
▶禪師에게 나아가 선도를 배워 닦거나, 스스로 선법을 닦아 구함.

禽獸　(　　　　　)
▶날짐승과 길짐승이라는 뜻으로, 모든 짐승 또는 행실이 아주 나쁜 사람을 비유적으로 이르는 말.

猛:禽類　(　　　　　)
▶매목(目)과 올빼미목(目)의 총칭. 몸이 크고 부리와 발톱이 날카로우며 눈과 귀가 발달하였음.

秩序　(　　　　　)
▶혼란 없이 순조롭게 이루어지게 하는 사물의 순서나 차례. ¶~ 의식.

租稅　(　　　　　)
▶국가 또는 지방 공공 단체가 국민이나 주민으로부터 거두어들이는 금전.

稀貴　(　　　　　)
▶드물어서 매우 귀하다. ¶~한 동물.

稀微　(　　　　　)
▶분명하지 못하여 어렴풋하다. ¶기억이 ~하다.

稀薄　(　　　　　)
▶①기체·액체가 짙지 못하고 묽거나 엷다. ②일의 희망, 가망이 적다. ¶합격 가능성이 ~하다.

稀釋　(　　　　　)
▶용액에 물이나 다른 용매를 더하여 농도를 묽게 함.

古:稀　(　　　　　)
▶古:來로 드문 나이란 뜻으로, 일흔 살을 이르는 말. ¶~를 바라보는 나이.

稚魚　(　　　　　)
▶알에서 깬 지 얼마 안 되는 어린 물고기.

幼稚　(　　　　　)
▶①나이가 어리다. ②수준이 낮거나 미숙하다.

稿:料　(　　　　　)
▶원고를 쓴 데 대한 보수.

寄稿　(　　　　　)
▶신문, 잡지 따위에 싣기 위하여 원고를 써서 보냄. 또는 그 원고.

原稿　(　　　　　)
▶인쇄하거나 발표하기 위하여 쓴 글이나 그림 따위. ¶~ 청탁.

한자로 써보세요

관:록 (　　)	국록 (　　)	복록 (　　)	화:근 (　　)	화:란 (　　)
화:복 (　　)	선방 (　　)	선종 (　　)	좌:선 (　　)	참선 (　　)
금수 (　　)	맹:금류(　　)	질서 (　　)	조세 (　　)	희귀 (　　)
희미 (　　)	희박 (　　)	희석 (　　)	고:희 (　　)	치어 (　　)
유치 (　　)	고:료 (　　)	기고 (　　)	원고 (　　)	

遺稿 (　　　)
▶죽은 사람이 생전에 써서 남긴 원고.

草稿 (　　　)
▶초벌로 쓴 원고. ¶~를 작성하다.

脫稿 (　　　)
▶원고 쓰기를 마침.

投稿 (　　　)
▶의뢰를 받지 아니한 사람이 신문이나 잡지 따위에 실어 달라고 원고를 써서 보냄. 또는 그 원고.

穴居 (　　　)
▶동굴 속에서 삶. 또는 그런 동굴. ¶~ 생활.

墓:穴 (　　　)
▶시체가 놓이는 무덤의 구덩이 부분을 이르는 말.

虎:穴 (　　　)
▶범굴.

突擊 (　　　)
▶①갑자기 냅다 침. ②공격 전투의 마지막 단계에 적진으로 돌진하여 공격함. 또는 그런 일.

突起 (　　　)
▶뾰족하게 내밀거나 도드라짐. 또는 그런 부분.

突發 (　　　)
▶뜻밖의 일이 갑자기 일어남. ¶~ 사고.

突變 (　　　)
▶뜻밖에 갑자기 달라짐. 또는 그런 변화.

突然 (　　　)
▶예기치 못한 사이에 급히. ¶그때 나는 예상치 못했던 일과 ~ 마주치게 되었다.

突進 (　　　)
▶세찬 기세로 거침없이 곧장 나아감. ¶~ 명령.

突破 (　　　)
▶①쳐서 깨뜨려 뚫고 나아감. ②일정한 기준이나 기록 따위를 지나서 넘어섬.

突風 (　　　)
▶①갑자기 세게 부는 바람. ②갑작스럽게 많은 관심을 끌거나 영향을 끼치는 현상을 이르는 말.

符:籍 (　　　)
▶잡귀를 쫓고 재앙을 물리치기 위하여 붉은색으로 글씨를 쓰거나 그림을 그려 몸에 지니거나 집에 붙이는 종이.

符:合 (　　　)
▶부신(符信)이 꼭 들어맞듯 사물이나 현상이 서로 꼭 들어맞음.

符:號 (　　　)
▶일정한 뜻을 나타내기 위하여 따로 정하여 쓰는 기호. ¶~를 넣다.

汽笛 (　　　)
▶기차나 배 따위에서 증기를 내뿜는 힘으로 경적 소리를 내는 장치. 또는 그 소리.

玉笛 (　　　)
▶청옥이나 황옥으로 만든, 대금 비슷한 부는 樂器.

策略 (　　　)
▶어떤 일을 꾸미고 이루어 나가는 교묘한 방법. ¶권모술수와 ~.

策定 (　　　)
▶계획이나 방책을 세워 결정함. ¶예산 ~이 늦어지다.

對:策 (　　　)
▶어떤 일에 대처할 계획이나 수단. ¶근본적인 ~.

妙:策 (　　　)
▶매우 교묘한 꾀.

한자로 써 보세요

유고 (　　)	초고 (　　)	탈고 (　　)	투고 (　　)	혈거 (　　)
묘:혈 (　　)	호:혈 (　　)	돌격 (　　)	돌기 (　　)	돌발 (　　)
돌변 (　　)	돌연 (　　)	돌진 (　　)	돌파 (　　)	돌풍 (　　)
부:적 (　　)	부:합 (　　)	부:호 (　　)	기적 (　　)	옥적 (　　)
책략 (　　)	책정 (　　)	대:책 (　　)	묘:책 (　　)	

方策　　（　　　　　）
▶방법과 꾀를 아울러 이르는 말. ¶최상의 ~.

祕:策　　（　　　　　）
▶아무도 모르게 숨긴 계책.

散:策　　（　　　　　）
▶휴식을 취하거나 건강을 위해서 천천히 걷는 일. 圓 散:步(산보)

施:策　　（　　　　　）
▶어떤 정책을 시행함. 또는 그 정책.

政策　　（　　　　　）
▶정치적 목적을 실현하기 위한 방책. ¶~ 수립.

家計簿　（　　　　　）
▶집안 살림의 수입과 지출을 적는 장부. ¶~를 쓰다.

帳簿　　（　　　　　）
▶물건의 출납이나 돈의 收支(수지) 계산을 적어 두는 책.

銀粧刀　（　　　　　）
▶은으로 만든 장도. 노리개로 찬다.

化粧　　（　　　　　）
▶화장품을 바르거나 문질러 얼굴을 곱게 꾸밈. ¶신부 ~.

糖度　　（　　　　　）
▶음식물에 들어 있는 단맛의 탄수화물 양을 그 음식물에 대하여 백분율로 나타낸 것.

糖類　　（　　　　　）
▶물에 잘 녹으며 단맛이 있는 탄수화물.

糖分　　（　　　　　）
▶糖類(당류)의 성분. ¶피로가 쌓일 때는 ~을 섭취하는 것이 좋다.

騎馬　　（　　　　　）
▶말을 탐. ¶태권도의 기본자세는 ~ 자세이다.

騎兵　　（　　　　　）
▶말을 타고 싸우는 병사. 騎馬兵(기마병).

單騎　　（　　　　　）
▶혼자서 말을 타고 감. 또는 그 사람. ¶관창은 냉수를 한 모금 마시고 ~로 적진을 향했다.

指紋　　（　　　　　）
▶손가락 끝마디의 안쪽에 이루어진 살갗의 무늬.

波紋　　（　　　　　）
▶수면에 이는 물결의 무늬.

紛亂　　（　　　　　）
▶어수선하고 소란스러움. ¶~이 생기다.

紛失　　（　　　　　）
▶자기도 모르는 사이에 물건 따위를 잃어버림. ¶~ 사고. 圓遺失(유실) 回拾得(습득).

紛爭　　（　　　　　）
▶말썽을 일으켜 시끄럽고 복잡하게 다툼.

索漠　　（　　　　　）
▶황폐하여 쓸쓸하다. ¶~한 겨울 들녘.

索出　　（　　　　　）
▶샅샅이 뒤져서 찾아냄. ¶범인 ~ 작업.

思索　　（　　　　　）
▶어떤 것에 대하여 깊이 생각하고 이치를 따짐.

探索　　（　　　　　）
▶드러나지 않은 사물이나 현상 따위를 찾아내거나 밝히기 위하여 살펴서 찾음. ¶~ 작전.

累:計　　（　　　　　）
▶小:計(소계)를 계속하여 덧붙여 합산함.

한 자 로 써 보 세 요

방책 (　)	비:책 (　)	산:책 (　)	시:책 (　)	정책 (　)
가계부(　)	장부 (　)	은장도(　)	화장 (　)	당도 (　)
당류 (　)	당분 (　)	기마 (　)	기병 (　)	단기 (　)
지문 (　)	파문 (　)	분란 (　)	분실 (　)	분쟁 (　)
삭막 (　)	색출 (　)	사색 (　)	탐색 (　)	누:계 (　)

累:代　(　　　　)
▶여러 대. ¶~로 살아온 집.

累:積　(　　　　)
▶포개어 여러 번 쌓음. 또는 포개져 여러 번 쌓임.

累:進　(　　　　)
▶가격, 수량 따위가 더하여 감에 따라 상대적으로 그에 대한 비율이 점점 높아짐. ¶소득세의 ~.

連累　(　　　　)
▶남이 저지른 범죄에 연관됨. ¶사건에 ~되다.

紫:外線　(　　　　)
▶파장이 X선보다 길고, 가시광선보다 짧은 전자기파.

脈絡　(　　　　)
▶사물 따위가 서로 이어져 있는 관계나 연관.

連絡　(　　　　)
▶①어떤 사실을 상대편에게 알림. ②서로 이어 대 줌.

緊急　(　　　　)
▶긴요하고 급함. ¶~ 구조.

緊密　(　　　　)
▶(서로의 관계가) 몹시 가까워 빈틈이 없다.

緊迫　(　　　　)
▶매우 다급하고 절박함.

緊要　(　　　　)
▶꼭 필요하다. 요긴하다. ¶~한 용건.

緊張　(　　　　)
▶마음을 조이고 정신을 바짝 차림.

維持　(　　　　)
▶어떤 상태나 상황을 그대로 보존하거나 변함없이 계속하여 지탱함. ¶질서 ~.

綱領　(　　　　)
▶정당이나 사회단체 등이 그 기본 입장이나 방침, 운동 규범 따위를 열거한 것.

紀綱　(　　　　)
▶규율과 법도를 아울러 이르는 말. ¶~ 확립.

大:綱　(　　　　)
▶자세하지 않은, 기본적인 부분만을 따 낸 줄거리.

要綱　(　　　　)
▶①근본이 되는 중요한 강령. ②기본이 되는 줄거리나 골자. ¶대학 입시 ~.

綿密　(　　　　)
▶자세하고 빈틈이 없다. ¶차질 없는 진행을 위해 계획을 ~하게 검토했다.

緩:急　(　　　　)
▶①느림과 빠름. ②일의 급함과 급하지 않음.

緩:慢　(　　　　)
▶①(움직임이) 느릿느릿하다. ②(경사가) 급하지 않다.

緩:和　(　　　　)
▶긴장된 상태나 급박한 것을 느슨하게 함. ¶가벼운 운동으로 긴장을 ~시켰다.

編成　(　　　　)
▶예산·조직·대오 따위를 짜서 이룸. ¶반 ~.

編著　(　　　　)
▶편집하여 저술함.

編制　(　　　　)
▶어떤 조직이나 기구를 편성하여 체제를 조직함. 또는 그 기구나 체제. ¶조직의 ~.

編次　(　　　　)
▶순서에 따라 편집함. 또는 그런 순서.

한 자 로 써 보 세 요

누:대 (　)	누:적 (　)	누:진 (　)	연루 (　)	자:외선 (　)
맥락 (　)	연락 (　)	긴급 (　)	긴밀 (　)	긴박 (　)
긴요 (　)	긴장 (　)	유지 (　)	강령 (　)	기강 (　)
대:강 (　)	요강 (　)	면밀 (　)	완:급 (　)	완:만 (　)
완:화 (　)	편성 (　)	편저 (　)	편제 (　)	편차 (　)

改:編　(　　　)
▶①책이나 과정 따위를 고쳐 다시 엮음. ②조직 따위를 고쳐 편성함. ¶내각 ~.

續編　(　　　)
▶이미 편찬된 책에 잇대어 편찬된 책.

緒:論　(　　　)
▶말이나 글 따위에서 본격적인 논의를 하기 위한 실마리가 되는 부분.

端緒　(　　　)
▶어떤 문제를 해결하는 방향으로 이끌어 가는 일의 첫 부분. ¶결정적 ~.

頭緒　(　　　)
▶일의 차례나 갈피. ¶~가 잡히다.

情緒　(　　　)
▶사람의 마음에 일어나는 여러 가지 감정. 또는 감정을 불러일으키는 기분이나 분위기.

縱斷　(　　　)
▶①세로로 끊거나 길이로 자름. ②남북의 방향으로 건너가거나 건너옴. ¶국토 ~ 계획.

放:縱　(　　　)
▶거리낌 없이 제멋대로 행동함.

操縱　(　　　)
▶①비행기나 선박, 자동차 따위의 기계를 다루어 부림. ②다른 사람을 자기 마음대로 다루어 부림.

繁盛　(　　　)
▶①한창 성하게 일어나 퍼짐. ¶사업의 ~. ②나무나 풀이 무성함.

繁榮　(　　　)
▶번성하고 영화롭게 됨. ¶민족의 ~.

繁昌　(　　　)
▶번화하게 창성함. ¶향락 산업의 ~.

繁華　(　　　)
▶번성하고 화려하다. ¶~한 거리.

署:名　(　　　)
▶자기의 이름을 써넣음. 또는 써넣은 것.

官公署　(　　　)
▶관서와 공서를 아울러 이르는 말.

部署　(　　　)
▶기관, 기업, 조직 따위에서 일이나 사업의 체계에 따라 나뉘어 있는, 사무의 각 부문. ¶생산 ~.

羽:化　(　　　)
▶번데기가 날개 있는 자란 벌레가 됨.

右:翼　(　　　)
▶보수적이거나 국수적인 경향. 또는 그런 단체. 反 左翼(좌익).

耐:久性　(　　　)
▶물질이 원래의 상태에서 변질되거나 변형됨이 없이 오래 견디는 성질. ¶~이 좋은 재질.

耕作　(　　　)
▶땅을 갈아서 농사를 지음. ¶~ 농가.

耕地　(　　　)
▶경작하는 토지. ¶~를 정리하다.

聯立　(　　　)
▶여럿이 어울려 섬. 또는 그렇게 서서 하나의 형태로 만듦. ¶~ 정부.

聯盟　(　　　)
▶공동의 목적을 가진 단체나 국가가 서로 돕고 행동을 함께 할 것을 약속함. 또는 그런 조직체.

聯想　(　　　)
▶하나의 관념이 다른 관념을 불러일으키는 현상. ¶~ 작용.

한자로 써보세요

개:편 (　　) 속편 (　　) 서:론 (　　) 단서 (　　) 두서 (　　)
정서 (　　) 종단 (　　) 방:종 (　　) 조종 (　　) 번성 (　　)
번영 (　　) 번창 (　　) 번화 (　　) 서:명 (　　) 관공서 (　　)
부서 (　　) 우:화 (　　) 우:익 (　　) 내:구성 (　　) 경작 (　　)
경지 (　　) 연립 (　　) 연맹 (　　) 연상 (　　)

聯合 (　　　　　)
▶두 가지 이상의 사물이 서로 합동하여 하나의 조직체를 만듦. 또는 그렇게 만든 조직체. ¶기업 ~.

關聯 (　　　　　)
▶둘 이상의 사람, 사물, 현상 따위가 서로 관계를 맺어 매여 있음. 또는 그 관계.

肖像畵 (　　　　　)
▶사람의 얼굴을 중심으로 그린 그림.

不肖 (　　　　　)
▶아들이 부모를 상대하여 자기를 낮추어 이르는 일인칭 대명사. ¶~ 소생.

肝:臟 (　　　　　)
▶간.

肺:活量 (　　　　　)
▶허파 속에 최대한도로 공기를 빨아들여 다시 배출하는 공기의 양.

肥:料 (　　　　　)
▶경작지에 뿌리는 영양 물질. ¶유기질 ~.

肥:滿 (　　　　　)
▶살이 쪄서 몸이 뚱뚱함. ¶청소년 ~.

胡角 (　　　　　)
▶만주인들이 부는, 뿔로 만든 피리.

胡亂 (　　　　　)
▶호인들이 일으킨 난리. ¶병자~.

胃壁 (　　　　　)
▶위(胃)의 안쪽을 형성하는 벽.

胃液 (　　　　　)
▶위(胃)의 내벽에 있는 위샘에서 분비되는 소화액.

健:胃 (　　　　　)
▶위를 튼튼하게 함. 또는 튼튼한 위. ¶~ 소화제.

脅迫 (　　　　　)
▶남에게 어떤 일을 하도록 위협함. ¶~ 편지.

威脅 (　　　　　)
▶힘으로 으르고 협박함. ¶~을 물리치다.

胸骨 (　　　　　)
▶가슴뼈.

胸部 (　　　　　)
▶가슴.

胸像 (　　　　　)
▶사람의 모습을 가슴까지만 표현한 그림이나 조각.

胸中 (　　　　　)
▶마음속에 품고 있는 생각. ¶~에 먹은 마음.

脚光 (　　　　　)
▶무대 앞 아래쪽에서 비추는 광선. 많은 사람들로부터 注:目(주목)을 받다.

脚本 (　　　　　)
▶①연극의 무대 장치 및 배우의 동작이나 대사 따위를 적은 글. ②미리 예정된 계획을 비유적으로 이르는 말.

健:脚 (　　　　　)
▶튼튼하여 잘 걷거나 잘 뛰는 다리. 또는 그런 다리를 가진 사람. ¶~을 자랑하다.

橋脚 (　　　　　)
▶다리를 받치는 기둥.

馬:脚 (　　　　　)
▶말의 다리로 분장한 사람이 자기 모습을 드러낸다는 뜻으로, 숨기고 있던 일이나 정체를 드러냄.

行脚 (　　　　　)
▶(주로 부정적인 의미로 쓰여) 어떤 목적으로 여기저기 돌아다님. ¶도피 ~.

한 자 로 써 보 세 요

연합 (　　)	관련 (　　)	초상화(　　)	불초 (　　)	간:장 (　　)
폐:활량(　　)	비:료 (　　)	비:만 (　　)	호각 (　　)	호란 (　　)
위벽 (　　)	위액 (　　)	건:위 (　　)	협박 (　　)	위협 (　　)
흉골 (　　)	흉부 (　　)	흉상 (　　)	흉:중 (　　)	각광 (　　)
각본 (　　)	건:각 (　　)	교각 (　　)	마:각 (　　)	행각 (　　)

腐:敗　(　　　　　　)
▶①정치, 사상, 의식 따위가 타락함. ②미생물이 작용하여 유기물이 분해되는 과정.

陳:腐　(　　　　　　)
▶낡아서 새롭지 못하다. ¶~한 표현.

腹部　(　　　　　　)
▶배의 부분. ¶~에 통증을 느끼다.

腹案　(　　　　　　)
▶마음속에 간직하고 겉으로 드러내지 않은 생각.

空腹　(　　　　　　)
▶뱃속이 비어 있는 상태. 또는 그런 배 속.

私腹　(　　　　　　)
▶개인의 사사로운 이익이나 욕심.

腦裏　(　　　　　　)
▶사람의 의식이나 생각 따위가 들어 있는 영역.

頭腦　(　　　　　　)
▶①腦(뇌). ②사물을 판단하는 슬기. ¶명석한 ~.

臟:器　(　　　　　　)
▶내장의 여러 기관. ¶술에 찌든 그의 ~는 한 군데도 성한 데가 없다.

內:臟　(　　　　　　)
▶척추동물의 胸腔(흉강)이나 腹腔(복강) 속에 있는 여러 가지 기관을 통틀어 이르는 말.

五:臟　(　　　　　　)
▶간장, 심장, 비장, 폐장, 신장의 다섯 가지 내장.

臨迫　(　　　　　　)
▶어떤 시기가 가까이 닥쳐오다.

臨時　(　　　　　　)
▶미리 얼마 동안으로 정하지 않은 잠시 동안.

臨終　(　　　　　　)
▶①죽음을 맞이함. ②부모가 돌아가실 때 그 곁에서 지키고 있음.

降臨　(　　　　　　)
▶신이 하늘에서 인간 세상으로 내려옴.

臺帳　(　　　　　　)
▶어떤 근거가 되도록 일정한 양식으로 기록한 장부나 원부(原簿).

氣象臺　(　　　　　　)
▶지방 기상청 소속으로, 관할 지역의 기상 상태를 관측·조사·연구하는 기관.

舞:臺　(　　　　　　)
▶노래, 춤, 연극 따위를 하기 위하여 객석 정면에 만들어 놓은 단. ¶텅 빈 ~.

展:望臺　(　　　　　　)
▶멀리 내다볼 수 있도록 높이 만든 대.

萬:般　(　　　　　　)
▶마련할 수 있는 모든 것.

全般　(　　　　　　)
▶어떤 일이나 부문에 대하여 그것에 관계되는 전체. 또는 통틀어서 모두.

發芽　(　　　　　　)
▶①초목의 눈이 틈. ②씨앗에서 싹이 틈.

芳年　(　　　　　　)
▶20세 전후의 한창 젊은 꽃다운 나이. ¶~ 18세.

芳名錄　(　　　　　　)
▶어떤 일에 참여하거나 찾아온 사람들을 기념하기 위하여 그 사람들의 이름을 적어 놓는 기록.

芳春　(　　　　　　)
▶꽃이 한창 피는 아름다운 봄.

한자로써보세요

부:패 (　)	진:부 (　)	복부 (　)	복안 (　)	공복 (　)
사복 (　)	뇌리 (　)	두뇌 (　)	장:기 (　)	내:장 (　)
오:장 (　)	임박 (　)	임시 (　)	임종 (　)	강림 (　)
대장 (　)	기상대 (　)	무:대 (　)	전:망대 (　)	만:반 (　)
전반 (　)	발아 (　)	방년 (　)	방명록 (　)	방춘 (　)

若干 (　　　　)
▶얼마 되지 않음. ¶그는 ~의 돈이 필요하다.

萬:若 (　　　　)
▶있을지도 모르는 뜻밖의 경우. ¶~의 경우.

茂:盛 (　　　　)
▶초목이 많이 나서 우거지다. ¶잡초가 ~하다.

茶果 (　　　　)
▶차와 과실을 아울러 이르는 말.

茶道 (　　　　)
▶차를 달이거나 마실 때의 방식이나 예의범절.

茶禮 (　　　　)
▶차례.

茶飯事 (　　　　)
▶항상 있어서 이상하거나 신통할 것이 없는 일. ¶거짓말을 ~처럼 한다.

綠茶 (　　　　)
▶푸른빛이 그대로 나도록 말린 부드러운 찻잎. 또는 그 찻잎을 우린 물.

荒唐 (　　　　)
▶언행이 거칠고 거짓이 많다. ¶~한 말을 하다.

荒凉 (　　　　)
▶황폐하여 쓸쓸하다. ¶인가가 없는 ~한 들판.

荒野 (　　　　)
▶버려 두어 거친 들판. ¶~를 개척하다.

荒廢 (　　　　)
▶집, 토지, 삼림 따위가 거칠고 못 쓸 상태에 있음. 또는 거칠고 못 쓰게 됨.

莊嚴 (　　　　)
▶씩씩하고 웅장하며 위엄 있고 엄숙함.

荷役 (　　　　)
▶짐을 싣고 내리는 일. ¶기차역에서는 곡물 ~ 작업이 진행되고 있다.

荷重 (　　　　)
▶①어떤 물체 따위의 무게. ②물체에 작용하는 외부의 힘 또는 무게.

手荷物 (　　　　)
▶손에 간편하게 들고 다닐 수 있는 짐.

莊重 (　　　　)
▶장엄하고 무게가 있다. ¶행사장 안에는 ~한 음악이 흐르고 있었다.

別莊 (　　　　)
▶살림을 하는 집 외에 경치 좋은 곳에 따로 지어 놓고 때때로 묵으면서 쉬는 집.

莫强 (　　　　)
▶더할 수 없이 셈. ¶~ 군대.

莫甚 (　　　　)
▶더 이상 이를 수 없이 심함.

莫重 (　　　　)
▶①매우 귀중하다. ②매우 중요하다.

滅菌 (　　　　)
▶세균 따위의 미생물을 죽임.

病:菌 (　　　　)
▶병원균. ¶~ 소독.

殺菌 (　　　　)
▶세균 따위의 미생물을 죽임. ¶~ 작용.

細:菌 (　　　　)
▶생물체 가운데 가장 미세하고 가장 하등에 속하는 단세포 생활체.

한 자 로 써 보 세 요

약간 (　)	만:약 (　)	무:성 (　)	다과 (　)	다도 (　)
차례 (　)	다반사(　)	녹차 (　)	황당 (　)	황량 (　)
황야 (　)	황폐 (　)	장엄 (　)	하역 (　)	하중 (　)
수하물(　)	장중 (　)	별장 (　)	막강 (　)	막심 (　)
막중 (　)	멸균 (　)	병:균 (　)	살균 (　)	세:균 (　)

菊花　(　　　　　)
▶국화과의 여러해살이풀.

黃菊　(　　　　　)
▶누런 색의 국화.

菜:食　(　　　　　)
▶고기류를 피하고 주로 채소, 과일, 해초 따위의 식물성 음식만 먹음.

野:菜　(　　　　　)
▶菜:蔬(채소). ¶~ 장수.

著:名　(　　　　　)
▶세상에 이름이 널리 드러나 있음. ¶~한 작가.

著:書　(　　　　　)
▶책을 지음. 또는 그 책. ¶~를 남기다.

著:述　(　　　　　)
▶글이나 책 따위를 씀. 또는 그 글이나 책. 凾著:作.

論著　(　　　　　)
▶어떤 문제에 관한 사실이나 견해를 논하여 책이나 논문을 씀. 또는 그 책이나 논문.

葬:禮　(　　　　　)
▶장사를 지내는 일. 또는 그런 예식.

葬:事　(　　　　　)
▶죽은 사람을 땅에 묻거나 화장하는 일.

葬:儀　(　　　　　)
▶장사를 지내는 일. 또는 그런 예식. ¶~ 행렬이 거리를 가득 메웠다.

火:葬　(　　　　　)
▶죽은 사람을 불에 살라 장사 지냄.

蓋:石　(　　　　　)
▶뚜껑 돌.

蓋:然性　(　　　　　)
▶절대적으로 확실하지 않으나 아마 그럴 것이라고 생각되는 성질. ¶~이 있다.

覆蓋　(　　　　　)
▶하천에 덮개 구조물을 씌워 겉으로 보이지 않도록 함. 또는 그 덮개 구조물.

童:蒙　(　　　　　)
▶나이 어린 남자 아이.

蒼天　(　　　　　)
▶맑고 푸른 하늘.

蒸氣　(　　　　　)
▶기체 상태로 되어 있는 물.

蒸發　(　　　　　)
▶①어떤 물질이 액체 상태에서 기체 상태로 변함. 또는 그런 현상. ②사람이나 물건이 갑자기 사라져 행방을 알지 못하게 됨을 속되게 이르는 말.

蓮根　(　　　　　)
▶연꽃의 뿌리.

木蓮　(　　　　　)
▶목련과의 자목련, 백목련 따위를 통틀어 이르는 말.

薄待　(　　　　　)
▶①푸대접. ②인정 없이 모질게 대함. 凾厚:待.

薄德　(　　　　　)
▶덕이 적음.

薄氷　(　　　　　)
▶①살얼음. ②근소한 차이를 비유적으로 이르는 말. ¶~의 승부.

薄情　(　　　　　)
▶인정이 적다. ¶~한 사람. 凾多情하다.

한 자 로 써 보 세 요

국화 (　　)	황국 (　　)	채:식 (　　)	야:채 (　　)	저:명 (　　)
저:서 (　　)	저:술 (　　)	논저 (　　)	장:례 (　　)	장:사 (　　)
장:의 (　　)	화:장 (　　)	개:석 (　　)	개:연성 (　　)	복개 (　　)
동:몽 (　　)	창천 (　　)	증기 (　　)	증발 (　　)	연근 (　　)
목련 (　　)	박대 (　　)	박덕 (　　)	박빙 (　　)	박정 (　　)

刻薄　（　　　　　）
▶①모나고 인정이 없다. ②아주 인색하다.

輕薄　（　　　　　）
▶언행이 경솔하고 신중하지 못하다. ¶~에 흐르기 쉬운 세대.

藏:書　（　　　　　）
▶책을 간직하여 둠. 또는 그 책. ¶개인 ~.

冷:藏　（　　　　　）
▶냉장고나 냉각 설비가 되어 있는 기구에 식품이나 약품 따위를 저장함. ¶~ 식품.

無盡藏　（　　　　　）
▶다함이 없이 굉장히 많음. ¶철롯둑에는 자갈돌이 ~으로 깔려 있었다.

祕:藏　（　　　　　）
▶남이 모르게 감추어 두거나 소중히 간직함. ¶~의 솜씨를 발휘하다.

所:藏　（　　　　　）
▶자기의 것으로 지니어 간직함. 또는 그 물건.

貯:藏　（　　　　　）
▶물건이나 재화 따위를 모아서 간수함. ¶~ 온도.

蘇生　（　　　　　）
▶거의 죽어 가다가 다시 살아남.

蘭香　（　　　　　）
▶난초의 향기. ¶~이 풍기다.

蛇足　（　　　　　）
▶畵蛇添足(화사첨족). 뱀을 다 그리고 나서 없는 발을 덧붙여 그려 넣는다는 뜻으로, 쓸데없는 군짓을 하여 도리어 일을 그르침을 이르는 말.

毒蛇　（　　　　　）
▶이빨에 독이 있어 독액을 분비하는 뱀.

長蛇陣　（　　　　　）
▶많은 사람이 줄을 지어 길게 늘어선 모양을 이르는 말.

衝擊　（　　　　　）
▶①물체에 급격히 가하여지는 힘. ②뜻밖의 사건 따위로 마음에 받은 심한 자극이나 영향.

衝突　（　　　　　）
▶움직이는 두 물체가 접촉하여 짧은 시간 내에 서로 힘을 미침. 또는 그런 현상.

衝動　（　　　　　）
▶순간적으로 어떤 행동을 하고 싶은 욕구를 느끼게 하는 마음속의 자극.

要衝　（　　　　　）
▶地勢가 군사적으로 아주 중요한 곳. ¶지리적 ~.

折衝　（　　　　　）
▶이해관계가 서로 다른 상대와 교섭하거나 담판함을 이르는 말.

衡平　（　　　　　）
▶균형이 맞음. 또는 그런 상태. ¶~에 어긋나다.

均衡　（　　　　　）
▶어느 한쪽으로 기울거나 치우치지 아니하고 고른 상태. ¶~ 있는 발전.

度:量衡　（　　　　　）
▶길이, 부피, 무게 따위의 단위를 재는 법.

平衡　（　　　　　）
▶사물이 한쪽으로 기울지 않고 안정해 있음.

衰落　（　　　　　）
▶쇠약하여 말라서 떨어짐. '쇠퇴'로 순화.

衰亡　（　　　　　）
▶쇠퇴하여 망함.

한자로써보세요

각박 (　　)	경박 (　　)	장:서 (　　)	냉:장 (　　)	무진장 (　　)
비:장 (　　)	소:장 (　　)	저:장 (　　)	소생 (　　)	난향 (　　)
사족 (　　)	독사 (　　)	장사진 (　　)	충격 (　　)	충돌 (　　)
충동 (　　)	요충 (　　)	절충 (　　)	형평 (　　)	균형 (　　)
도:량형 (　　)	평형 (　　)	쇠락 (　　)	쇠망 (　　)	

衰微　(　　　　　)
▶쇠잔하고 미약하다.

衰弱　(　　　　　)
▶힘이 쇠하고 약함.

衰盡　(　　　　　)
▶점점 쇠퇴하여 바닥이 남.

衰退　(　　　　　)
▶기세나 상태가 쇠하여 전보다 못하여 감.

老:衰　(　　　　　)
▶늙어서 쇠약하고 기운이 별로 없음.

盛:衰　(　　　　　)
▶성하고 쇠퇴함.

被:選　(　　　　　)
▶선거에 뽑힘.

被:襲　(　　　　　)
▶습격을 당함. ¶~을 당하다.

被:害　(　　　　　)
▶생명이나 신체, 재산, 명예 따위에 손해를 입음. 凹加害(가해).

決裂　(　　　　　)
▶교섭이나 회의 따위에서 의견이 합쳐지지 않아 각각 갈라서게 됨. ¶회담의 ~.

分裂　(　　　　　)
▶집단이나 단체, 사상 따위가 갈라져 나뉨.

破:裂　(　　　　　)
▶깨어지거나 갈라져 터짐. ¶수도관 ~.

株價　(　　　　　)
▶주식이나 주권의 가격. 주식 시장에서 형성되는 시세에 따라서 결정된다.

裁可　(　　　　　)
▶안건을 결재하여 허가함. ¶~를 얻다.

裁斷　(　　　　　)
▶①옳고 그름을 가려 결정함. ②옷감이나 재목 따위를 치수에 맞도록 재거나 자르는 일.

裁量　(　　　　　)
▶자기의 생각과 판단에 따라 일을 처리함.

裁判　(　　　　　)
▶①옳고 그름을 따져 판단함. ②구체적인 소송 사건을 해결하기 위하여 법원 또는 법관이 공권적 판단을 내리는 일. 또는 그 판단.

決裁　(　　　　　)
▶결정할 권한이 있는 상관이 부하가 제출한 안건을 검토하여 허가하거나 승인함.

制:裁　(　　　　　)
▶일정한 규칙이나 관습의 위반에 대하여 제한하거나 금지함. 또는 그런 조치.

裏:面　(　　　　　)
▶①뒷면. ②겉으로 나타나거나 눈에 보이지 않는 부분. ¶감정의 ~.

補:强　(　　　　　)
▶보태거나 채워서 본디보다 더 튼튼하게 함. ¶시설 ~.

補:修　(　　　　　)
▶낡은 것을 보충하여 수리함. ¶하수도 ~.

補:完　(　　　　　)
▶모자라거나 부족한 것을 보충하여 완전하게 함. ¶~ 대책.

補:助　(　　　　　)
▶①보태어 도움. ②주되는 것에 상대하여 거들거나 도움. 혹은 그런 사람. ¶~ 병력.

한 자 로 써 보 세 요

쇠미 (　)	쇠약 (　)	쇠진 (　)	쇠퇴 (　)	노:쇠 (　)
성:쇠 (　)	피:선 (　)	피:습 (　)	피:해 (　)	결렬 (　)
분열 (　)	파:열 (　)	주가 (　)	재가 (　)	재단 (　)
재량 (　)	재판 (　)	결재 (　)	제:재 (　)	이:면 (　)
보:강 (　)	보:수 (　)	보:완 (　)	보:조 (　)

補:充 (　　　　)
▶부족한 것을 보태어 채움.

候補 (　　　　)
▶선거에서, 어떤 직위나 신분을 얻으려고 일정한 자격을 갖추어 나섬. 또는 그런 사람. ¶대통령 ~.

裕福 (　　　　)
▶살림이 넉넉하다. ¶~한 가정.

餘裕 (　　　　)
▶물질적·공간적·시간적으로 넉넉하여 남음이 있는 상태.

衣裳 (　　　　)
▶겉에 입는 옷.

襲擊 (　　　　)
▶갑자기 상대편을 덮쳐 침. ¶~을 가하다.

急襲 (　　　　)
▶갑자기 공격함. 또는 그런 공격. ¶~을 받다.

奇襲 (　　　　)
▶적이 생각지 않았던 때에 갑자기 들이쳐 공격함.

世:襲 (　　　　)
▶한 집안의 재산이나 신분, 직업 따위를 그 자손들이 대대로 물려받는 일. ¶~ 왕조.

因襲 (　　　　)
▶예전의 풍습, 습관, 예절 따위를 그대로 따름.

覆面 (　　　　)
▶얼굴을 알아보지 못하도록 얼굴 전부 또는 일부를 헝겊 따위로 싸서 가림.

顚:覆 (　　　　)
▶뒤집혀 엎어짐. 또는 뒤집어엎음. ¶열차 ~ 사고.

觸覺 (　　　　)
▶물건이 피부에 닿아서 느껴지는 감각.

觸感 (　　　　)
▶외부의 자극을 피부 감각으로 느끼는 일. 또는 그런 느낌.

觸媒 (　　　　)
▶물질의 화학 반응을 매개하여 반응 속도를 빠르게 하거나 늦추는 일. 또는 그런 물질.

感:觸 (　　　　)
▶외부의 자극을 피부 감각으로 느끼는 일. 또는 그런 느낌. ¶~을 느끼다.

接觸 (　　　　)
▶①서로 맞닿음. ②가까이 대하고 사귐.

訣別 (　　　　)
▶관계나 교제를 영원히 끊음.

祕:訣 (　　　　)
▶〔무슨 일을 하는 데 있어〕남이 알지 못하는 가장 효과적인 방법.

永:訣 (　　　　)
▶영구히 헤어짐. 보통, 죽은 이와의 헤어짐을 뜻함.

訟:事 (　　　　)
▶백성끼리 분쟁이 있을 때, 관부에 호소하여 판결을 구하던 일.

訴訟 (　　　　)
▶재판에 의하여 원고와 피고 사이의 권리나 의무 따위의 법률관계를 확정하여 줄 것을 법원에 요구함. 또는 그런 절차.

爭訟 (　　　　)
▶권리의 있고 없음 또는 행위의 효력 따위에 관한 분쟁.

品:詞 (　　　　)
▶단어를 기능, 형태, 의미에 따라 나눈 갈래.

한자로써 보세요

보:충 (　　)	후보 (　　)	유복 (　　)	여유 (　　)	의상 (　　)
습격 (　　)	급습 (　　)	기습 (　　)	세:습 (　　)	인습 (　　)
복면 (　　)	전:복 (　　)	촉각 (　　)	촉감 (　　)	촉매 (　　)
감:촉 (　　)	접촉 (　　)	결별 (　　)	비:결 (　　)	영:결 (　　)
송:사 (　　)	소송 (　　)	쟁송 (　　)	품:사 (　　)	

告:訴 (　　　　)
▶범죄의 피해자나 다른 고소권자가 범죄 사실을 수사 기관에 신고하여 그 수사와 범인의 기소를 요구하는 일.

抗:訴 (　　　　)
▶①민사 소송에서, 제일심의 종국 판결에 대하여 불복하여 상소함. 또는 그 상소. ②형사 소송에서, 제일심 판결에 대하여 불복하여 제이심 법원에 상소함. 또는 그 상소.

呼訴 (　　　　)
▶억울하거나 딱한 사정을 남에게 하소연함.

誇:示 (　　　　)
▶자랑하여 보임. ¶예술적 재능의 ~.

誇:張 (　　　　)
▶사실보다 지나치게 불려서 나타냄. ¶~ 광고.

詳論 (　　　　)
▶자세하게 의논함. 또는 그런 논의.

詳細 (　　　　)
▶속속들이 자세하다.

詳述 (　　　　)
▶자세하게 설명하여 말함.

誘導 (　　　　)
▶사람이나 물건을 목적한 장소나 방향으로 이끎.

誘發 (　　　　)
▶어떤 것에 이끌려 다른 일이 일어남. ¶~ 요인.

誘引 (　　　　)
▶주의나 흥미를 일으켜 꾀어냄.

誘惑 (　　　　)
▶꾀어서 정신을 혼미하게 하거나 좋지 아니한 길로 이끎.

勸:誘 (　　　　)
▶어떤 일 따위를 하도록 권함.

諸般 (　　　　)
▶어떤 것과 관련된 모든 것. ¶~ 문제의 해결.

謀略 (　　　　)
▶사실을 왜곡하거나 속임수를 써 남을 해롭게 함. 또는 그런 일.

謀利輩 (　　　　)
▶온갖 수단과 방법으로 자신의 이익만을 꾀하는 사람. 또는 그런 무리.

共:謀 (　　　　)
▶'공동 모의'를 줄여 이르는 말.

無謀 (　　　　)
▶앞뒤를 잘 헤아려 깊이 생각하는 신중성이나 꾀가 없음.

陰謀 (　　　　)
▶나쁜 목적으로 몰래 흉악한 일을 꾸밈. 또는 그런 꾀.

所:謂 (　　　　)
▶이른바.

受諾 (　　　　)
▶요구를 받아들임. ¶후보 지명 ~ 연설.

承諾 (　　　　)
▶청하는 바를 들어줌.

應:諾 (　　　　)
▶상대편의 요청에 응하여 승낙함.

許諾 (　　　　)
▶청하는 일을 하도록 들어줌.

謙辭 (　　　　)
▶①겸손하게 사양함. ②겸손의 말.

한자로 써 보세요

고:소 (　　) 항:소 (　　) 호소 (　　) 과:시 (　　) 과:장 (　　)
상론 (　　) 상세 (　　) 상술 (　　) 유도 (　　) 유발 (　　)
유인 (　　) 유혹 (　　) 권:유 (　　) 제반 (　　) 모략 (　　)
모리배 (　　) 공:모 (　　) 무모 (　　) 음모 (　　) 소:위 (　　)
수락 (　　) 승낙 (　　) 응:락 (　　) 허락 (　　) 겸사 (　　)

謙讓 (　　　　)
▶겸손한 태도로 남에게 양보하거나 사양함. ¶~의 미덕.

謙虛 (　　　　)
▶스스로 자신을 낮추고 비우는 태도가 있음.

系:譜 (　　　　)
▶조상 때부터 내려오는 혈통과 집안의 역사를 적은 책.

世:譜 (　　　　)
▶조상 대대로 내려오는 혈통과 집안의 역사에 대한 기록을 모아 엮은 책.

樂譜 (　　　　)
▶음악의 곡조를 일정한 기호를 써서 기록한 것.

族譜 (　　　　)
▶한 가문의 계통과 혈통 관계를 적어 기록한 책.

譯文 (　　　　)
▶번역한 글.

國譯 (　　　　)
▶다른 나라 말로 된 것을 자기 나라 말로 번역함.

意:譯 (　　　　)
▶원문의 단어나 구절에 지나치게 얽매이지 않고 전체의 뜻을 살리는 번역. 凹直譯(직역).

通譯 (　　　　)
▶말이 통하지 않는 사람들 사이에서 뜻이 통하도록 말을 옮겨 줌. 또는 그런 일을 하는 사람.

名譽 (　　　　)
▶세상에서 훌륭하다고 인정되는 이름이나 자랑. 또는 그런 존엄이나 품위.

榮譽 (　　　　)
▶영광스러운 명예. ¶~를 떨치다.

讓:步 (　　　　)
▶①길이나 자리, 물건 따위를 남에게 미루어 줌. ②자기의 주장을 굽혀 남의 의견을 좇음.

辭讓 (　　　　)
▶겸손하여 받지 아니하거나 응하지 아니함. 또는 남에게 양보함. ¶~의 미덕.

深:谷 (　　　　)
▶깊은 골짜기.

豪傑 (　　　　)
▶지혜와 용기가 뛰어나고 기개와 풍모가 있는 사람. ¶장안의 ~.

豪氣 (　　　　)
▶씩씩하고 호방한 기상.

豪雨 (　　　　)
▶줄기차게 내리는 크고 많은 비.

豪快 (　　　　)
▶썩 상쾌하다. 호탕하고 쾌활하다.

強豪 (　　　　)
▶실력이나 힘이 뛰어나고 강한 사람. 또는 그런 집단.

文豪 (　　　　)
▶뛰어난 문학 작품을 많이 써서 알려진 사람.

貌樣 (　　　　)
▶①겉으로 나타나는 생김새나 모습. ②어떠한 형편이나 되어 나가는 꼴. ③외모에 부리는 멋.

面:貌 (　　　　)
▶①얼굴의 모양. ②사람이나 사물의 겉모습. 또는 그 됨됨이. ¶~를 일신하다.

美:貌 (　　　　)
▶아름다운 얼굴 모습.

한 자 로 써 보 세 요

겸양 (　　)	겸허 (　　)	계:보 (　　)	세:보 (　　)	악보 (　　)
족보 (　　)	역문 (　　)	국역 (　　)	의:역 (　　)	통역 (　　)
명예 (　　)	영예 (　　)	양:보 (　　)	사양 (　　)	심:곡 (　　)
호걸 (　　)	호기 (　　)	호우 (　　)	호쾌 (　　)	강호 (　　)
문호 (　　)	모양 (　　)	면:모 (　　)	미:모 (　　)

外:貌 （　　　　）
▶겉으로 드러나 보이는 모양.

容貌 （　　　　）
▶사람의 얼굴 모양. ¶학생들은 언제나 ~가 단정해야 한다.

風貌 （　　　　）
▶風采(풍채)와 용모를 아울러 이르는 말.

貞潔 （　　　　）
▶정조가 굳고 행실이 깨끗함. ¶~한 몸가짐.

貞節 （　　　　）
▶여자의 곧은 절개. ¶~을 지키다.

貞操 （　　　　）
▶여자의 곧은 절개.

貢:物 （　　　　）
▶중앙 관서와 궁중의 수요를 충당하기 위하여 여러 군현에 부과·상납하게 한 특산물.

貢:獻 （　　　　）
▶힘을 써 이바지함. ¶평생 교육자로 국가 발전에 ~하였다.

貫:徹 （　　　　）
▶어려움을 뚫고 나아가 목적을 기어이 이룸. ¶끈 질긴 노력으로 자신의 뜻을 도서 ~시켰다.

貫:通 （　　　　）
▶꿰뚫어서 통함. ¶동서를 ~하다.

本貫 （　　　　）
▶貫鄕(관향). 始:祖(시조)가 난 곳. ¶우리 성씨는 모두 ~이 있다.

貸:與 （　　　　）
▶물건이나 돈 따위를 빌려 줌. ¶도서 ~점에서 책을 빌려본다.

貸:切 （　　　　）
▶계약에 의하여 일정 기간 동안 그 사람에게만 빌려 주어 다른 사람의 사용을 금하는 일.

貸:借 （　　　　）
▶꾸어 주거나 꾸어 옴.

貸:出 （　　　　）
▶돈이나 물건 따위를 빌려 줌. ¶~ 금리.

貿:易 （　　　　）
▶나라와 나라 사이에 서로 물품을 매매하는 일.

賀:客 （　　　　）
▶축하하는 손님. ¶결혼식장이 ~들로 붐볐다.

賀:禮 （　　　　）
▶축하하여 예를 차림. ¶신년 ~.

年賀狀 （　　　　）
▶새해를 축하하기 위하여 간단한 글이나 그림을 담아 보내는 書狀(서장).

祝賀 （　　　　）
▶남의 좋은 일을 기뻐하고 즐거워한다는 뜻으로 인사함. 또는 그런 인사.

賃:金 （　　　　）
▶돈을 꾸어 줌. 또는 꾸어 준 돈.

賃:貸 （　　　　）
▶돈을 받고 자기의 물건을 남에게 빌려 줌.

賃:借 （　　　　）
▶돈을 내고 남의 물건을 빌려 씀. 凹賃:貸(임대).

勞賃 （　　　　）
▶'노동 임금'을 줄여 이르는 말. ¶급격한 ~ 인상.

運:賃 （　　　　）
▶운반이나 운수 따위의 보수로 받거나 주는 돈.

한자로써보세요

외:모 (　)	용모 (　)	풍모 (　)	정결 (　)	정절 (　)
정조 (　)	공:물 (　)	공:헌 (　)	관:철 (　)	관:통 (　)
본관 (　)	대:여 (　)	대:절 (　)	대:차 (　)	대:출 (　)
무:역 (　)	하:객 (　)	하:례 (　)	연하장 (　)	축하 (　)
임:금 (　)	임:대 (　)	임:차 (　)	노임 (　)	운:임 (　)

賦:課　(　　　　)
▶①세금이나 부담금 따위를 매기어 부담하게 함.
②일정한 책임이나 일을 부담하여 맡게 함.

賦:與　(　　　　)
▶사람에게 권리·임무 따위를 지니도록 해 주거나, 사물이나 일에 가치·의의 따위를 붙여 줌.

賦:役　(　　　　)
▶국가나 공공 단체가 특정한 사업을 위하여 보수 없이 국민에게 의무적으로 책임을 지우는 노역.

天賦的　(　　　　)
▶선천적으로 타고난 (것). ¶~인 재질.

割賦　(　　　　)
▶돈을 여러 번에 나누어 냄. ¶~ 기간.

賤:待　(　　　　)
▶업신여겨 천하게 대우하거나 푸대접함.

賤:視　(　　　　)
▶업신여겨 낮게 보거나 천하게 여김.

貴:賤　(　　　　)
▶신분이나 일 따위의 귀함과 천함.

貧賤　(　　　　)
▶가난하고 천함. 凹富貴(부귀).

信:賴　(　　　　)
▶굳게 믿고 의지함. ¶~를 느끼다.

依賴　(　　　　)
▶①굳게 믿고 의지함. ②남에게 부탁함.

贊:成　(　　　　)
▶어떤 행동이나 견해, 제안 따위가 옳거나 좋다고 판단하여 수긍함.

贊:助　(　　　　)
▶어떤 일의 뜻에 찬동하여 도와줌. ¶~ 연설.

越冬　(　　　　)
▶겨울을 남. ¶~ 장비.

越等　(　　　　)
▶수준이나 실력이 훨씬 뛰어나다. ¶실력이 다른 학생에 비해 ~하다.

追越　(　　　　)
▶뒤에서 따라잡아서 앞의 것보다 먼저 나아감. '앞지르기'로 순화.

卓越　(　　　　)
▶월등하게 뛰어나다. ¶~한 재능.

超過　(　　　　)
▶일정한 수나 한도 따위를 넘음. ¶한도를 ~하여 지출하였다.

超然　(　　　　)
▶①어떤 수준보다 뛰어나다. ②세속에서 벗어나 있어 俗事에 구애되지 않다.

超越　(　　　　)
▶어떠한 한계나 표준을 뛰어넘음.

超脫　(　　　　)
▶세속적인 것이나 일반적인 한계를 벗어남.

距:離　(　　　　)
▶두 개의 물건이나 장소 따위가 공간적으로 떨어진 길이. ¶~가 가깝다.

人跡　(　　　　)
▶사람의 발자취. 또는 사람의 왕래. ¶~이 뜸한 새벽.

足跡　(　　　　)
▶발자취.

筆跡　(　　　　)
▶글씨의 모양이나 솜씨.

한자로 써 보세요

부:과 (　　)	부:여 (　　)	부:역 (　　)	천부적 (　　)	할부 (　　)
천:대 (　　)	천:시 (　　)	귀:천 (　　)	빈천 (　　)	신:뢰 (　　)
의뢰 (　　)	찬:성 (　　)	찬:조 (　　)	월동 (　　)	월등 (　　)
추월 (　　)	탁월 (　　)	초과 (　　)	초연 (　　)	초월 (　　)
초탈 (　　)	거:리 (　　)	인적 (　　)	족적 (　　)	필적 (　　)

踏步　（　　　　）
▶상태가 나아가지 못하고 한 자리에 머무르는 일. 또는 그런 상태.

踏査　（　　　　）
▶현장에 가서 직접 보고 조사함. ¶현장 ~.

踏襲　（　　　　）
▶예로부터 해 오던 방식이나 수법을 좇아 그대로 행함.

踏破　（　　　　）
▶험한 길이나 먼 길을 끝까지 걸어서 돌파함.

實踐　（　　　　）
▶생각한 바를 실제로 행함. ¶그는 결심을 ~에 옮겼다.

古:蹟　（　　　　）
▶옛 문화를 보여 주는 건물이나 물건이 있던 터.

奇蹟　（　　　　）
▶상식으로는 생각할 수 없는 기이한 일.

史:蹟　（　　　　）
▶역사적으로 중요한 사건이나 시설의 자취. ¶~ 답사.

軟:性　（　　　　）
▶부드럽고 무르며 연한 성질.

軟:弱　（　　　　）
▶연하고 약하다. ¶~한 여자의 마음.

比:較　（　　　　）
▶둘 이상의 사물을 견주어 서로간의 유사점, 차이점, 일반 법칙 따위를 고찰하는 일.

記載　（　　　　）
▶문서 따위에 기록하여 올림. ¶~ 사항을 빠짐없이 적으시오.

登載　（　　　　）
▶①일정한 사항을 장부나 대장에 올림. ②서적이나 잡지 따위에 실음.

連載　（　　　　）
▶신문이나 잡지 따위에, 긴 글이나 만화 따위를 여러 차례로 나누어 계속해서 싣는 일.

積載　（　　　　）
▶물건이나 짐을 선박, 차량 따위의 운송 수단에 실음.

輩:出　（　　　　）
▶인재(人材)가 계속하여 나옴. ¶인재의 ~.

先後輩　（　　　　）
▶선배와 후배를 아울러 이르는 말.

輸送　（　　　　）
▶기차나 자동차, 배, 항공기 따위로 사람이나 물건을 실어 옮김. ¶현금 ~ 차량.

輸出　（　　　　）
▶국내의 상품이나 기술을 외국으로 팔아 내보냄.

輸血　（　　　　）
▶빈혈이나 그 밖의 치료를 위하여, 건강한 사람의 혈액을 환자의 혈관 내에 주입하는 것.

運:輸　（　　　　）
▶운송이나 운반보다 큰 규모로 사람을 태워 나르거나 물건을 실어 나름.

北辰　（　　　　）
▶북극성. 작은곰자리에서 가장 밝은 별.

星辰　（　　　　）
▶별.

辱說　（　　　　）
▶남의 인격을 무시하는 모욕적인 말.

한자로써보세요

답보 (	)	답사 (	)	답습 (	)	답파 (	)	실천 (	)
고:적 (	)	기적 (	)	사:적 (	)	연:성 (	)	연:약 (	)
비:교 (	)	기재 (	)	등재 (	)	연재 (	)	적재 (	)
배:출 (	)	선후배 (	)	수송 (	)	수출 (	)	수혈 (	)
운:수 (	)	북신 (	)	성신 (	)	욕설 (	)		

困:辱 (　　　　　)
▶심한 모욕. 또는 참기 힘든 일. ¶~을 치르다.

屈辱 (　　　　　)
▶남에게 억눌려 업신여김을 받음. ¶최약팀에게 ~적 패배를 당했다.

雪辱 (　　　　　)
▶부끄러움을 씻음. ¶~의 기회.

榮辱 (　　　　　)
▶영예와 치욕을 아울러 이르는 말. ¶~의 세월.

迫頭 (　　　　　)
▶기일이나 시기가 가까이 닥쳐옴. ¶개봉 ~.

迫進感 (　　　　　)
▶진실에 가까운 느낌.

迫害 (　　　　　)
▶못살게 굴어서 해롭게 함. ¶종교적 ~.

急迫 (　　　　　)
▶사태가 조금도 여유가 없이 매우 급함.

壓迫 (　　　　　)
▶강한 힘으로 내리누름.

切迫 (　　　　　)
▶①매우 가까이 닥치다. ②여유가 없다.

述懷 (　　　　　)
▶마음속에 품고 있는 여러 가지 생각을 말함. 또는 그런 말.

口:述 (　　　　　)
▶입으로 말함. ¶필답 고사와 ~ 고사.

記述 (　　　　　)
▶대상이나 과정의 내용과 특징을 있는 그대로 열거하거나 기록하여 서술함. 또는 그런 기록.

追加 (　　　　　)
▶나중에 더 보탬. ¶~ 비용.

追擊 (　　　　　)
▶뒤쫓아 가며 공격함. ¶~에 나서다.

追求 (　　　　　)
▶목적을 이룰 때까지 뒤쫓아 구함. ¶기업의 목표는 이윤 ~이다.

追窮 (　　　　　)
▶잘못한 일에 대하여 엄하게 따져서 밝힘. ¶집요한 ~.

追念 (　　　　　)
▶①지나간 일을 돌이켜 생각함. ②죽은 사람을 생각함.

追慕 (　　　　　)
▶죽은 사람을 그리며 생각함. ¶비가 내리는데도 ~ 행렬은 길게 이어졌다.

追放 (　　　　　)
▶일정한 지역이나 조직 밖으로 쫓아냄.

追憶 (　　　　　)
▶지나간 일을 돌이켜 생각함. 또는 그런 생각.

追跡 (　　　　　)
▶도망하는 사람의 뒤를 밟아서 쫓음.

追後 (　　　　　)
▶일이 지나간 얼마 뒤. ¶~에 알려 드리겠습니다.

透過 (　　　　　)
▶장애물에 빛이 비치거나 액체가 스미면서 통과함.

透明 (　　　　　)
▶①물 따위가 속까지 환히 비치도록 맑음. ②사람의 말이나 태도, 펼쳐진 상황 따위가 분명함. 반 不透明(불투명).

한 자 로 써 보 세 요

곤:욕 (　　)	굴욕 (　　)	설욕 (　　)	영욕 (　　)	박두 (　　)
박진감 (　　)	박해 (　　)	급박 (　　)	압박 (　　)	절박 (　　)
술회 (　　)	구:술 (　　)	기술 (　　)	추가 (　　)	추격 (　　)
추구 (　　)	추궁 (　　)	추념 (　　)	추모 (　　)	추방 (　　)
추억 (　　)	추적 (　　)	추후 (　　)	투과 (　　)	투명 (　　)

透視　（　　　　　）
▶막힌 물체를 환히 꿰뚫어 봄. 또는 대상의 내포된 의미까지 봄.

透映　（　　　　　）
▶①광선을 통과시켜 비침. ②환히 속까지 비치어 보임.

透徹　（　　　　　）
▶①사리에 밝고 정확하다. ②2 속속들이 뚜렷하고 철저하다.

途:中　（　　　　　）
▶길을 가는 중간. ¶하교 ~에 친구를 만났다.

壯:途　（　　　　　）
▶중대한 사명이나 장한 뜻을 품고 떠나는 길.

中途　（　　　　　）
▶일이 진행되어 가는 동안. ¶~ 탈락.

逢變　（　　　　　）
▶뜻밖의 변이나 망신스러운 일을 당함. 또는 그 변. ¶가까스로 ~을 면하다.

逢着　（　　　　　）
▶어떤 처지나 상태에 부닥침. ¶난관에 ~하다.

相逢　（　　　　　）
▶서로 만남. ¶이산가족 ~. 反離別.

逸脫　（　　　　　）
▶정해진 영역 또는 본디의 목적이나 길, 사상, 규범, 조직 따위로부터 빠져 벗어남.

逸品　（　　　　　）
▶아주 뛰어난 물건.

逸話　（　　　　　）
▶세상에 널리 알려지지 않은 흥미 있는 이야기. ¶숨은 ~를 공개하다.

安逸　（　　　　　）
▶편안하고 한가로움. 또는 편안함만을 누리려는 태도. ¶~에 빠지다.

隱逸　（　　　　　）
▶세상을 피하여 숨음. 또는 그런 사람.

遷:都　（　　　　　）
▶도읍을 옮김. ¶신돈이 주장하는 평양 ~는 얼른 진행되지 않은 채 세월은 흘러갔다.

變:遷　（　　　　　）
▶세월이 흐름에 따라 바뀌고 변함.

左:遷　（　　　　　）
▶낮은 관직이나 지위로 떨어지거나 外:職으로 전근됨을 이르는 말. 反榮轉.

還甲　（　　　　　）
▶육십갑자의 '甲'으로 되돌아온다는 뜻으로, 예순 한 살을 이르는 말.

還給　（　　　　　）
▶도로 돌려줌. ¶세금 초과 징수분 ~.

還拂　（　　　　　）
▶이미 지불한 돈을 되돌려 줌. ¶요금 ~.

歸:還　（　　　　　）
▶다른 곳으로 떠나 있던 사람이 본래 있던 곳으로 돌아오거나 돌아감.

邪道　（　　　　　）
▶올바르지 못한 길이나 사악한 도리.

邪惡　（　　　　　）
▶간사하고 악함. ¶~을 물리치다.

郞君　（　　　　　）
▶예전에, 젊은 아내가 자기 남편을 사랑스럽게 이르던 말.

한자로써보세요

투시 (　　)	투영 (　　)	투철 (　　)	도:중 (　　)	장:도 (　　)
중도 (　　)	봉변 (　　)	봉착 (　　)	상봉 (　　)	일탈 (　　)
일품 (　　)	일화 (　　)	안일 (　　)	은일 (　　)	천:도 (　　)
변:천 (　　)	좌:천 (　　)	환갑 (　　)	환급 (　　)	환불 (　　)
귀:환 (　　)	사도 (　　)	사악 (　　)	낭군 (　　)	

新郎　　（　　　　　）
▶갓 결혼하였거나 결혼하는 남자.

醉:氣　　（　　　　　）
▶술에 취하여 얼근하여진 기운. ¶~가 돌다.

滿:醉　　（　　　　　）
▶술에 잔뜩 취함.

深:醉　　（　　　　　）
▶어떤 일이나 사람에 깊이 빠져 마음을 빼앗김.

釋放　　（　　　　　）
▶법에 의하여 구속하였던 사람을 풀어 자유롭게 하는 일.

釋然　　（　　　　　）
▶속으로 의심스러운 일이 시원하게 풀려 환하다.

銘心　　（　　　　　）
▶잊지 않도록 마음에 깊이 새겨 둠.

感:銘　　（　　　　　）
▶감격하여 마음에 깊이 새김. 또는 그 새겨진 느낌. ¶~ 깊은 이야기.

座:右銘　（　　　　　）
▶늘 자리 옆에 갖추어 두고 가르침으로 삼는 말이나 문구. ¶~으로 삼다.

鋼鐵　　（　　　　　）
▶탄소의 함유량이 0.035~1.7%인 철.

鋼板　　（　　　　　）
▶강철로 만든 철판.

鐵鋼　　（　　　　　）
▶주철과 강철을 아울러 이르는 말.

錯覺　　（　　　　　）
▶어떤 사물이나 사실을 실제와 다르게 지각하거나 생각함.

錯誤　　（　　　　　）
▶착각을 하여 잘못함. 또는 그런 잘못. ¶계산 ~를 일으키다.

錯雜　　（　　　　　）
▶뒤섞여 복잡하다. ¶의외의 결과를 받아보고 ~한 심정이 들었다.

交錯　　（　　　　　）
▶이리저리 엇갈려 뒤섞임.

鍊:武　　（　　　　　）
▶무예를 단련함.

修鍊　　（　　　　　）
▶인격, 기술, 학문 따위를 닦아서 단련함.

精鍊　　（　　　　　）
▶충분히 단련함.

訓:鍊　　（　　　　　）
▶무술이나 운동 경기 따위에서 기본자세나 동작을 되풀이하여 익힘.

鎖:國　　（　　　　　）
▶다른 나라와의 통상과 교역을 금지함. ¶흥선대원군의 ~정책.

封鎖　　（　　　　　）
▶굳게 막아 버리거나 잠금.

閉:鎖　　（　　　　　）
▶①문 따위를 닫아걸거나 막아 버림. ②기관이나 시설을 없애거나 기능을 정지함. 回開放(개방).

鎭:壓　　（　　　　　）
▶강압적인 힘으로 억눌러 진정시킴. ¶~ 작전.

鎭:靜　　（　　　　　）
▶①몹시 소란스럽고 어지러운 일을 가라앉힘. ②격앙된 감정이나 아픔 따위를 가라앉힘.

한자로써보세요

신랑 (	)	취:기 (	)	만:취 (	)	심:취 (	)	석방 (	)
석연 (	)	명심 (	)	감:명 (	)	좌:우명(	)	강철 (	)
강판 (	)	철강 (	)	착각 (	)	착오 (	)	착잡 (	)
교착 (	)	연:무 (	)	수련 (	)	정련 (	)	훈:련 (	)
쇄:국 (	)	봉쇄 (	)	폐:쇄 (	)	진:압 (	)	진:정 (	)

鎭:重 (　　　　　)
▶점잖고 무게가 있다.

鑑賞 (　　　　　)
▶주로 예술 작품을 이해하여 즐기고 평가함.

鑑識 (　　　　　)
▶어떤 사물의 가치나 진위 따위를 알아냄. 또는 그런 식견.

鑑定 (　　　　　)
▶사물의 특성이나 참과 거짓, 좋고 나쁨을 분별하여 판정함. ¶고미술품의 ~.

鑄:物 (　　　　　)
▶쇠붙이를 녹여 거푸집에 부은 다음, 굳혀서 만든 물건.

鑄:造 (　　　　　)
▶녹인 쇠붙이를 거푸집에 부어 물건을 만듦.

內:閣 (　　　　　)
▶국가의 행정권을 담당하는 최고 합의 기관.

阿附 (　　　　　)
▶남의 비위를 맞추어 알랑거림. ¶~ 근성이 있다.

附:加 (　　　　　)
▶주된 것에 덧붙임. ¶~ 정보.

附:近 (　　　　　)
▶어떤 곳을 중심으로 하여 가까운 곳.

附:屬 (　　　　　)
▶주된 사물이나 기관에 딸려서 붙음. 또는 그렇게 딸려 붙은 사물.

陳:列 (　　　　　)
▶남에게 보이기 위하여 물건을 죽 벌여 놓음.

陳:謝 (　　　　　)
▶까닭을 설명하며 사과의 말을 함.

陳:述 (　　　　　)
▶일이나 상황에 대하여 자세하게 이야기함. 또는 그런 이야기.

陷:落 (　　　　　)
▶적의 성, 요새, 진지 따위를 공격하여 무너뜨림.

陷:沒 (　　　　　)
▶①물 속이나 땅 속에 빠짐. ②결딴이 나서 없어짐. 또는 결딴을 내서 없앰.

缺陷 (　　　　　)
▶부족하거나 완전하지 못하여 흠이 되는 부분. ¶성격상의 ~.

謀陷 (　　　　　)
▶나쁜 꾀로 남을 어려운 처지에 빠지게 함.

陶工 (　　　　　)
▶옹기 만드는 일을 업으로 하는 사람.

陶器 (　　　　　)
▶붉은 진흙으로 만들어 볕에 말리거나 약간 구운 다음, 오짓물을 입혀 다시 구운 질그릇.

陶醉 (　　　　　)
▶어떠한 것에 마음이 쏠려 취하다시피 됨.

陵園 (　　　　　)
▶왕이나 왕비의 무덤인 陵과 왕세자나 왕세자빈 같은 왕족의 무덤인 園을 통틀어 이르는 말.

王陵 (　　　　　)
▶임금의 무덤. ¶고구려 ~.

隆起 (　　　　　)
▶①높게 일어나 들뜸. 또는 그런 부분. ②땅이 기준면에 대하여 상대적으로 높아짐.

隆盛 (　　　　　)
▶기운차게 일어나거나 대단히 번성함.

한자로 써 보세요

진:중 ( )	감상 ( )	감식 ( )	감정 ( )	주:물 ( )
주:조 ( )	내:각 ( )	아부 ( )	부:가 ( )	부:근 ( )
부:속 ( )	진:열 ( )	진:사 ( )	진:술 ( )	함:락 ( )
함:몰 ( )	결함 ( )	모함 ( )	도공 ( )	도기 ( )
도취 ( )	능원 ( )	왕릉 ( )	융기 ( )	융성 ( )

隆崇 (　　　　)
▶대하는 태도가 매우 정중하고 극진하다. ¶~한 대접.

隔年 (　　　　)
▶한 해씩 거름. ¶이 행사는 ~으로 열린다.

隔離 (　　　　)
▶다른 것과 통하지 못하게 사이를 막거나 떼어놓음.

間:隔 (　　　　)
▶①공간적으로 벌어진 사이. ¶~을 좁혀 앉다. ②시간적으로 벌어진 사이.

隨想錄 (　　　　)
▶그때그때 떠오르는 느낌이나 생각을 적은 글.

隨時 (　　　　)
▶일정하게 정해 놓은 때 없이 그때그때 상황에 따름. ¶~ 접수.

隨筆 (　　　　)
▶일정한 형식이 없이 일상생활에서의 느낌이나 체험을 생각나는 대로 쓴 산문 형식의 글.

雅:量 (　　　　)
▶너그럽고 속이 깊은 마음씨. ¶~을 베풀다.

雅:趣 (　　　　)
▶아담한 정취. 또는 그런 취미. ¶전원의 ~.

古:雅 (　　　　)
▶예스럽고 아담하여 멋이 있어 보인다.

端雅 (　　　　)
▶단정하고 아담하다. ¶새로운 여선생님은 ~한 외모를 지녔다.

優雅 (　　　　)
▶점잖고 아담하다. 고상하고 기품이 있다.

典雅 (　　　　)
▶법도에 맞고 아담함.

清雅 (　　　　)
▶맑고 아담하다.

雙璧 (　　　　)
▶여럿 가운데 특별히 뛰어난, 우열을 가리기 어려운 둘을 비유적으로 이르는 말. ¶~을 이루다.

落雷 (　　　　)
▶벼락이 떨어짐. 또는 그 벼락.

避:雷針 (　　　　)
▶벼락의 피해를 막기 위하여 건물의 가장 높은 곳에 세우는, 끝이 뾰족한 금속제의 막대기.

需給 (　　　　)
▶수요와 공급을 아울러 이르는 말. ¶~ 조절.

需要 (　　　　)
▶어떤 재화나 용역을 일정한 가격으로 사려고 하는 욕구. ¶~와 공급.

內:需 (　　　　)
▶국내에서의 수요(需要). ¶~ 상품.

祭:需 (　　　　)
▶제사에 드는 여러 가지 재료.

特需 (　　　　)
▶특별한 상황에서 발생하는 수요.

婚需 (　　　　)
▶혼인에 드는 물품. ¶~ 장만.

震:怒 (　　　　)
▶존엄한 존재가 크게 노함. ¶왕의 ~를 사다.

震:動 (　　　　)
▶물체가 몹시 울리어 흔들림.

한자로 써 보세요

융숭 (　)	격년 (　)	격리 (　)	간:격 (　)	수상록 (　　)
수시 (　)	수필 (　)	아:량 (　)	아:취 (　)	고:아 (　)
단아 (　)	우아 (　)	전아 (　)	청아 (　)	쌍벽 (　)
낙뢰 (　)	피:뢰침 (　)	수급 (　)	수요 (　)	내:수 (　)
제:수 (　)	특수 (　)	혼수 (　)	진:노 (　)	진:동 (　)

強震　(　　　　)
▶진도 5의 강한 지진. ¶~이 발생하다.

耐:震　(　　　　)
▶지진을 견디어 냄. ¶~ 설계.

地震　(　　　　)
▶오랫동안 누적된 변형 에너지가 갑자기 방출되면서 지각이 흔들리는 일.

霜降　(　　　　)
▶이십사절기의 하나. 寒露와 立冬 사이에 든다.

霜葉　(　　　　)
▶서리를 맞아 단풍이 든 잎.

秋霜　(　　　　)
▶가을의 찬 서리.

風霜　(　　　　)
▶①바람과 서리를 아울러 이르는 말. ②많이 겪은 세상의 어려움과 고생을 비유적으로 이르는 말.

露天　(　　　　)
▶사방, 상하를 덮거나 가리지 아니한 곳.

露出　(　　　　)
▶밖으로 드러나 보임.

靈感　(　　　　)
▶신령스러운 예감이나 느낌. ¶~이 들다.

靈物　(　　　　)
▶신령스러운 물건이나 짐승.

靈前　(　　　　)
▶신이나 죽은 사람의 영혼을 모셔 놓은 자리의 앞. ¶삼가 고인의 ~에 조의를 표합니다.

靈魂　(　　　　)
▶죽은 사람의 넋.

神靈　(　　　　)
▶신통하고 영묘하다. ¶~한 기운.

韻:文　(　　　　)
▶언어의 배열에 일정한 규율 또는 운율이 있는 글.

韻:律　(　　　　)
▶詩文의 음성적 형식. 음의 강약, 장단, 고저 또는 동음이나 유음의 반복으로 이루어진다.

韻:致　(　　　　)
▶고상하고 우아한 멋. ¶노송이 둘러싼 시골집은 ~가 있다.

反:響　(　　　　)
▶어떤 사건이나 발표 따위가 세상에 영향을 미쳐 일어나는 반응. ¶~을 불러일으키다.

音響　(　　　　)
▶물체에서 나는 소리와 그 울림. ¶거실에 ~ 기기를 설치하였다.

頃刻　(　　　　)
▶눈 깜빡할 사이. 또는 아주 짧은 시간.

頂上　(　　　　)
▶산 따위의 맨 꼭대기. ¶~에 올라서자 가슴이 확 트이는 것 같았다.

山頂　(　　　　)
▶산의 맨 위.

絶頂　(　　　　)
▶사물의 진행이나 발전이 최고의 경지에 달한 상태. ¶인기 ~에 오르다.

事:項　(　　　　)
▶일의 항목이나 내용. ¶참고 ~.

條項　(　　　　)
▶법률이나 규정 따위의 조목이나 항목. ¶법률 ~.

한자로써보세요

강진 (　　)	내:진 (　　)	지진 (　　)	상강 (　　)	상엽 (　　)
추상 (　　)	풍상 (　　)	노천 (　　)	노출 (　　)	영감 (　　)
영물 (　　)	영전 (　　)	영혼 (　　)	신령 (　　)	운:문 (　　)
운:률 (　　)	운:치 (　　)	반:향 (　　)	음향 (　　)	경각 (　　)
정상 (　　)	산정 (　　)	절정 (　　)	사:항 (　　)	조항 (　　)

顔:料　(　　　)
▶색채가 있고 물이나 그 밖의 용제에 녹지 않는 미세한 분말.

顔:面　(　　　)
▶①얼굴. ②서로 얼굴을 알 만한 친분.

顔:色　(　　　)
▶얼굴빛. ¶~이 나쁘다.

童:顔　(　　　)
▶①어린아이의 얼굴. ②나이 든 사람이 지니고 있는 어린아이 같은 얼굴.

龍顔　(　　　)
▶임금의 얼굴을 높여 이르는 말.

紅顔　(　　　)
▶붉은 얼굴이라는 뜻으로, 젊어서 혈색이 좋은 얼굴을 이르는 말.

飯床器　(　　　)
▶격식을 갖추어 밥상 하나를 차리도록 만든 한 벌의 그릇.

朝飯　(　　　)
▶아침밥. ¶~을 먹다.

假:飾　(　　　)
▶말이나 행동 따위를 거짓으로 꾸밈.

服飾　(　　　)
▶옷과 장신구를 아울러 이르는 말.

修飾　(　　　)
▶겉모양을 꾸밈.

裝飾　(　　　)
▶옷이나 액세서리 따위로 치장함. 또는 그 꾸밈새.

客館　(　　　)
▶나그네를 묵게 하는 집.

圖書館　(　　　)
▶온갖 종류의 도서, 문서, 기록, 출판물 따위의 자료를 모아 두고 일반이 볼 수 있도록 한 시설.

博物館　(　　　)
▶역사적 유물, 예술품, 그 밖의 학술 자료를 수집·보존·진열하고 일반에게 전시하는 시설.

驛舍　(　　　)
▶역으로 쓰는 건물.

終着驛　(　　　)
▶기차나 전차 따위가 마지막으로 도착하는 역.

鬼:神　(　　　)
▶사람이 죽은 뒤에 남는다는 넋. ¶~에게 홀리다.

鬼:才　(　　　)
▶세상에서 보기 드물게 뛰어난 재능. 또는 그런 재능을 가진 사람.

魂靈　(　　　)
▶죽은 사람의 넋. ¶전몰장병의 ~을 위로하다.

忠魂　(　　　)
▶충의를 위하여 죽은 사람의 넋.

鶴髮　(　　　)
▶하얗게 센 머리 또는 그런 사람을 이르는 말.

鹽分　(　　　)
▶바닷물 따위에 함유되어 있는 소금기. ¶~ 농도.

鹽素　(　　　)
▶할로겐 원소의 하나. 자극성 냄새가 나는 황록색 기체로, 산화제·표백제·소독제로 쓰며, 물감·의약·폭발물·표백분 따위를 만드는 데 쓴다.

鹽田　(　　　)
▶소금을 만들기 위하여 바닷물을 끌어 들여 논처럼 만든 곳.

한자로 써 보세요

안:료 (　)	안:면 (　)	안:색 (　)	동:안 (　)	용안 (　)
홍안 (　)	반상기 (　)	조반 (　)	가:식 (　)	복식 (　)
수식 (　)	장식 (　)	객관 (　)	도서관 (　)	박물관 (　)
역사 (　)	종착역 (　)	귀:신 (　)	귀:재 (　)	혼령 (　)
충혼 (　)	학발 (　)	염분 (　)	염소 (　)	염전 (　)

食鹽水 (　　　　　)
▶①소금물. ②생리 식염수.

麥酒 (　　　　　)
▶알코올성 음료의 하나.

小:麥 (　　　　　)
▶밀.

麻織 (　　　　　)
▶삼실이나 아마실 따위로 짠 천.

大:麻 (　　　　　)
▶삼.

默契 (　　　　　)
▶말없는 가운데 뜻이 서로 맞음. 또는 그렇게 하여 성립된 약속.

默過 (　　　　　)
▶잘못을 알고도 모르는 체하고 그대로 넘김.

默念 (　　　　　)
▶말없이 마음속으로 빎. ¶순국선열에 대한 ~.

默想 (　　　　　)
▶눈을 감고 말없이 마음속으로 생각함.

默視 (　　　　　)
▶말없이 잠자코 눈여겨봄.

默認 (　　　　　)
▶모르는 체하고 내버려둠으로써 슬며시 인정함.

鼓動 (　　　　　)
▶피의 순환을 위하여 뛰는 심장의 운동.

鼓舞 (　　　　　)
▶북을 치고 춤을 춤. 힘을 내도록 격려하여 용기를 북돋움.

鼓吹 (　　　　　)
▶북을 치고 악기를 붊. 힘을 내도록 격려하여 용기를 북돋움.

齊唱 (　　　　　)
▶①여러 사람이 다 같이 큰 소리로 외침. ②같은 가락을 두 사람 이상이 동시에 노래함.

均齊 (　　　　　)
▶고르고 가지런함.

一齊 (　　　　　)
▶여럿이 한꺼번에 함. ¶범법자의 ~ 검거.

整齊 (　　　　　)
▶①정돈하여 가지런히 함. ②격식에 맞게 차려입고 매무시를 바르게 함.

한자로 써 보세요

식염수 (　　　　) 맥주 (　　　　) 소:맥 (　　　　) 마직 (　　　　) 대:마 (　　　　)
묵계 (　　　　) 묵과 (　　　　) 묵념 (　　　　) 묵상 (　　　　) 묵시 (　　　　)
묵인 (　　　　) 고동 (　　　　) 고무 (　　　　) 고취 (　　　　) 제창 (　　　　)
균제 (　　　　) 일제 (　　　　) 정제 (　　　　)

성어 익히기

加減乘除　　(　　　　　)
▶덧셈, 뺄셈, 곱셈, 나눗셈을 아울러 이르는 말.

佳人薄命　　(　　　　　)
▶〔소동파(蘇東坡)의 '薄命佳人詩'에 나오는 말로〕 아름다운 여자는 수명이 짧음.

幹線道路　　(　　　　　)
▶원줄기가 되는 주요한 도로.

剛柔兼全　　(　　　　　)
▶굳세고 부드러운 성품을 아울러 가짐.

兼人之勇　　(　　　　　)
▶혼자서 능히 몇 사람을 당해 낼만한 용기.

輕擧妄動　　(　　　　　)
▶〔깊이 생각해 보지도 않고〕 경솔하게 함부로 행동함, 또는 그런 행동.

高架道路　　(　　　　　)
▶기둥 따위를 세워 땅 위로 높이 설치한 도로. 교차로나 험한 지형에 가로질러 만든다.

孤軍奮鬪　　(　　　　　)
▶①수가 적고 후원이 없는 외로운 군대가, 힘에 겨운 적과 용감하게 싸움. ②적은 인원의 힘으로, 도움도 받지 않고 힘겨운 일을 그악스럽게 해냄.

姑息之計　　(　　　　　)
▶우선 당장 편한 것만을 택하는 꾀나 방법.

孤掌難鳴　　(　　　　　)
▶〔외손뼉은 울릴 수 없다는 뜻으로〕 ①'혼자서는 일을 이루지 못함'을 이르는 말. ②'맞서는 사람이 없으면 싸움이 되지 않음'을 이르는 말.

曲學阿世　　(　　　　　)
▶바른 길에서 벗어난 학문으로 세상 사람에게 아첨함.

骨肉相殘　　(　　　　　)
▶①父子나 형제 등 혈연관계에 있는 사람끼리 서로 헤치며 싸우는 일. ②같은 민족끼리 해치며 싸우는 일.

過:恭非禮　　(　　　　　)
▶정도에 지나치게 공손한 것은 예의에 어긋난다는 말.

寡:聞淺識　　(　　　　　)
▶보고 들은 것이 적고 배움이 얕음.

過:猶不及　　(　　　　　)
▶〔지나침은 미치지 못함과 같다는 뜻으로〕'중용(中庸)의 중요성'을 이르는 말.

冠婚喪祭　　(　　　　　)
▶관례, 혼례, 상례, 제례를 아울러 이르는 말.

國泰民安　　(　　　　　)
▶나라가 태평하고 백성이 편안함.

群鷄一鶴　　(　　　　　)
▶〔닭의 무리 속에 한 마리의 학이라는 뜻으로〕 여러 평범한 사람들 가운데 뛰어난 한 사람이 섞여 있음의 비유.

한자로 써보세요

가감승제 (　　)	가인박명 (　　)	간선도로 (　　)	강유겸전 (　　)
겸인지용 (　　)	경거망동 (　　)	고가도로 (　　)	고군분투 (　　)
고식지계 (　　)	고장난명 (　　)	곡학아세 (　　)	골육상잔 (　　)
과:공비례 (　　)	과:문천식 (　　)	과:유불급 (　　)	관혼상제 (　　)
국태민안 (　　)	군계일학 (　　)		

群雄割據　(　　　　　)
▶여러 영웅이 각기 한 지방씩 차지하고 위세를 부림. ¶~ 시대.

權謀術數　(　　　　　)
▶목적 달성을 위하여 수단과 방법을 가리지 아니하는 온갖 모략이나 술책.

克己復禮　(　　　　　)
▶자기의 욕심을 누르고 예의범절을 따름.

錦:衣玉食　(　　　　　)
▶비단옷과 흰쌀밥이라는 뜻으로, 호화스럽고 사치스러운 생활을 이르는 말.

錦:衣還鄕　(　　　　　)
▶비단옷을 입고 고향에 돌아온다는 뜻으로, 출세를 하여 고향에 돌아가거나 돌아옴을 비유적으로 이르는 말.

金蘭之契　(　　　　　)
▶친구 사이의 매우 두터운 정을 이르는 말.

金石之契　(　　　　　)
▶쇠나 돌처럼 굳고 변함없는 사귐.

奇巖怪石　(　　　　　)
▶기이하게 생긴 바위와 괴상하게 생긴 돌.

奇巖絶壁　(　　　　　)
▶기이하게 생긴 바위와 깎아지른 듯한 낭떠러지.

騎虎之勢　(　　　　　)
▶호랑이를 타고 달리는 형세라는 뜻으로, 이미 시작한 일을 중도에서 그만둘 수 없는 경우를 비유적으로 이르는 말.

男尊女卑　(　　　　　)
▶사회적 지위나 권리에 있어 남자를 여자보다 우대하고 존중하는 일.

內:憂外患　(　　　　　)
▶나라 안팎의 여러 가지 어려움.

綠陰芳草　(　　　　　)
▶푸르게 우거진 나무와 향기로운 풀이라는 뜻으로, 여름철의 자연경관을 이르는 말.

累:卵之危　(　　　　　)
▶층층이 쌓아 놓은 알의 위태로움이라는 뜻으로, 몹시 아슬아슬한 위기를 비유적으로 이르는 말.
㊀ 累:卵之勢.

單刀直入　(　　　　　)
▶말이나 글에서, 군말이나 허두를 빼고 곧장 요지를 말함.

大:器晩成　(　　　　　)
▶큰 그릇을 만드는 데는 시간이 오래 걸린다는 뜻으로, 크게 될 사람은 늦게 이루어짐을 이르는 말.

大同小異　(　　　　　)
▶거의 같고 조금 다름. 비슷비슷함.

同價紅裳　(　　　　　)
▶같은 값이면 다홍치마라는 뜻으로, 같은 값이면 좋은 물건을 가짐을 이르는 말.

東奔西走　(　　　　　)
▶여기저기 분주하게 다님.

한 자 로 써 보 세 요

군웅할거 (　　)	권모술수 (　　)	극기복례 (　　)	금:의옥식 (　　)
금:의환향 (　　)	금란지계 (　　)	금석지계 (　　)	기암괴석 (　　)
기암절벽 (　　)	기호지세 (　　)	남존여비 (　　)	내:우외환 (　　)
녹음방초 (　　)	누:란지위 (　　)	단도직입 (　　)	대:기만성 (　　)
대동소이 (　　)	동가홍상 (　　)	동분서주 (　　)	

同床異夢　　(　　　　　)
▶〔같은 잠자리에서 다른 꿈을 꾼다는 뜻으로〕겉으로는 같은 행동을 하면서도 속으로는 각각 딴 생각을 함을 이르는 말.

莫上莫下　　(　　　　　)
▶더 낫고 더 못함의 차이가 거의 없음.

莫逆之友　　(　　　　　)
▶허물이 없이 아주 친한 친구.

莫重大事　　(　　　　　)
▶더없이 중대한 일. ¶~를 맡기다.

萬:頃蒼波　　(　　　　　)
▶한없이 넓고 넓은 바다.

晚:時之歎　　(　　　　　)
▶시기에 늦어 기회를 놓쳤음을 안타까워하는 탄식.

望雲之情　　(　　　　　)
▶〔멀리 구름을 바라보며 어버이를 생각한다는 뜻으로〕어버이를 그리워하는 마음. ⑪望雲之懷(망운지회)

買占賣惜　　(　　　　　)
▶값이 오르거나 달릴 것을 예상하여, 어떤 상품을 한꺼번에 많이 사 두고 되도록 팔지 않으려 하는 일.

麥秀之嘆　　(　　　　　)
▶箕子(기자)가 殷(은)나라가 망한 뒤에도 보리만은 잘 자라는 것을 보고 한탄하였다는 데서, 고국의 멸망을 한탄함을 이르는 말.

孟母斷機　　(　　　　　)
▶맹자가 학업을 중도에 폐하고 돌아왔을 때, 그 어머니가 짜던 베를 칼로 끊어 학업의 중단을 훈계하였다는 고사.

明鏡止水　　(　　　　　)
▶〔맑은 거울과 고요한 물이라는 뜻으로〕맑고 고요한 심경(心境)을 이르는 말.

明心寶鑑　　(　　　　　)
▶어린이들의 인격 수양을 위한 한문 교양서.

名實相符　　(　　　　　)
▶이름과 실상이 꼭 들어맞음.

明若觀火　　(　　　　　)
▶불을 보듯 분명하고 뻔함.

武:陵桃源　　(　　　　　)
▶신선이 살았다는 전설적인 곳으로 세상과 따로 떨어진 별천지를 비유적으로 이르는 말.

勿失好機　　(　　　　　)
▶좋은 기회를 놓치지 아니함.

物我一體　　(　　　　　)
▶外:物과 자아, 객관과 주관, 또는 물질계와 정신계가 어울려 하나가 됨.

微官末職　　(　　　　　)
▶지위가 아주 낮은 벼슬. 또는 그런 위치에 있는 사람.

薄利多賣　　(　　　　　)
▶이익을 적게 보고 많이 파는 것. ¶~의 원칙을 지키며 장사를 하다.

한자로 써 보세요

동상이몽 (　　　　)　　막상막하 (　　　　)　　막역지우 (　　　　)　　막중대사 (　　　　)
만:경창파 (　　　　)　　만:시지탄 (　　　　)　　망운지정 (　　　　)　　매점매석 (　　　　)
맥수지탄 (　　　　)　　맹모단기 (　　　　)　　명경지수 (　　　　)　　명심보감 (　　　　)
명실상부 (　　　　)　　명약관화 (　　　　)　　무:릉도원 (　　　　)　　물실호기 (　　　　)
물아일체 (　　　　)　　미관말직 (　　　　)　　박리다매 (　　　　)

拍掌大笑　　(　　　　　)
▶손뼉을 치며 한바탕 크게 웃음.

盤根錯節　　(　　　　　)
▶서린 뿌리와 얼크러진 마디라는 뜻으로, 처리하기가 매우 어려운 사건을 이르는 말.

反:對給付　　(　　　　　)
▶어떤 일에 대응하여 얻게 되는 이익.

拔本塞源　　(　　　　　)
▶좋지 않은 일의 근본 원인이 되는 요소를 완전히 없애 버려서 다시는 그러한 일이 생길 수 없도록 함. ¶부조리의 ~.

百年佳約　　(　　　　　)
▶젊은 남녀가 부부가 되어 평생을 같이 지낼 것을 굳게 다짐하는 아름다운 언약.

伯牙絕絃　　(　　　　　)
▶자기를 알아주는 참다운 벗의 죽음을 슬퍼함.

伯仲之勢　　(　　　　　)
▶서로 우열을 가리기 힘든 형세. 伯仲勢. 비難兄難弟.

封建思想　　(　　　　　)
▶봉건 제도에 젖어 개방적 또는 개인 중심적인 현대 사조를 무시하고 옛날의 폐쇄적·가족적·인습적인 태도를 고집하는 사상.

夫唱婦隨　　(　　　　　)
▶남편이 주장하고 아내가 이에 따른다는 뜻으로, 부부의 화합하는 도리를 뜻하는 말.

非:命橫死　　(　　　　　)
▶뜻밖의 사고를 당하여 제명대로 살지 못하고 죽음.

削奪官職　　(　　　　　)
▶죄를 지은 자의 벼슬과 품계를 빼앗고 벼슬아치의 명부에서 그 이름을 지우던 일.

三綱五倫　　(　　　　　)
▶유교의 도덕에서 기본이 되는 세 가지의 강령과 지켜야 할 다섯 가지의 도리.

森羅萬象　　(　　　　　)
▶우주에 있는 온갖 사물과 현상.

三人成虎　　(　　　　　)
▶세 사람이 짜면 거리에 범이 나왔다는 거짓말도 꾸밀 수 있다는 뜻으로, 근거 없는 말이라도 여러 사람이 말하면 곧이듣게 됨을 이르는 말.

三尺童子　　(　　　　　)
▶키가 석 자 정도밖에 되지 않는 어린아이. 철없는 어린아이를 이른다.

喪家之狗　　(　　　　　)
▶①초상집의 개. 주인 없는 개. ②초라한 모습으로 얻어먹을 것만 찾아다니는 이를 빈정거려 이르는 말.

相扶相助　　(　　　　　)
▶서로서로 도움. ¶~의 전통.

相乘作用　　(　　　　　)
▶여러 요인이 함께 겹쳐 작용하여 하나씩 작용할 때보다 더 크게 효과를 나타내는 현상.

한자로써보세요

박장대소 (　　)	반근착절 (　　)	반:대급부 (　　)	발본색원 (　　)
백년가약 (　　)	백아절현 (　　)	백중지세 (　　)	봉건사상 (　　)
부창부수 (　　)	비:명횡사 (　　)	삭탈관직 (　　)	삼강오륜 (　　)
삼라만상 (　　)	삼인성호 (　　)	삼척동자 (　　)	상가지구 (　　)
상부상조 (　　)	상승작용 (　　)		

桑田碧海　（　　　　　）
▶뽕나무밭이 변하여 푸른 바다가 된다는 뜻으로, 세상일의 변천이 심함을 비유적으로 이르는 말.

先公後私　（　　　　　）
▶사사로운 일이나 이익보다 공사나 공익을 앞세움을 이르는 말.

雪上加霜　（　　　　　）
▶눈 위에 서리가 덮인다는 뜻으로, 난처한 일이나 불행한 일이 잇따라 일어남을 이르는 말.

首丘初心　（　　　　　）
▶여우가 죽을 때에 머리를 자기가 살던 굴 쪽으로 둔다는 뜻으로, 고향을 그리워하는 마음을 이르는 말.

修己治人　（　　　　　）
▶자신을 수양하고 백성을 다스림.

垂簾聽政　（　　　　　）
▶임금이 어린 나이로 즉위하였을 때, 왕대비나 대왕대비가 이를 도와 정사를 돌보던 일.

隨問隨答　（　　　　　）
▶묻는 대로 거침없이 대답함.

壽福康寧　（　　　　　）
▶오래 살고 복을 누리며 건강하고 평안함.

始:終一貫　（　　　　　）
▶일 따위를 처음부터 끝까지 한결같이 함.

識字憂患　（　　　　　）
▶글자를 아는 것이 도리어 근심을 사게 된다는 말.

神出鬼沒　（　　　　　）
▶귀신같이 나타났다가 사라진다는 뜻으로, 그 움직임을 쉽게 알 수 없을 만큼 자유자재로 나타나고 사라짐을 비유적으로 이르는 말.

深:謀遠慮　（　　　　　）
▶깊은 꾀와 먼 장래를 내다보는 생각.

深:思熟考　（　　　　　）
▶깊이 생각함. 또는 그 생각.

深:山幽谷　（　　　　　）
▶깊은 산 속의 으슥한 골짜기.

我:歌查唱　（　　　　　）
▶내가 부를 노래를 사돈이 부른다는 뜻으로, 꾸짖음이나 나무람을 들어야 할 사람이 도리어 큰소리를 침을 이르는 말.

仰:望不及　（　　　　　）
▶우러러 바라보아도 미치지 못함.

仰:天大笑　（　　　　　）
▶터져 나오는 웃음을 참을 수 없거나 어이가 없어서 하늘을 쳐다보고 크게 웃음.

億兆蒼生　（　　　　　）
▶수많은 백성.

抑何心情　（　　　　　）
▶도대체 무슨 심정이냐라는 뜻으로, 무슨 생각으로 그러는지 마음을 알 수 없음을 이르는 말.

한 자 로 써 보 세 요

상전벽해 (　　)	선공후사 (　　)	설상가상 (　　)	수구초심 (　　)
수기치인 (　　)	수렴청정 (　　)	수문수답 (　　)	수복강녕 (　　)
시:종일관 (　　)	식자우환 (　　)	신출귀몰 (　　)	심:모원려 (　　)
심:사숙고 (　　)	심:산유곡 (　　)	아:가사창 (　　)	앙:망불급 (　　)
앙:천대소 (　　)	억조창생 (　　)	억하심정 (　　)	

炎涼世態　（　　　　　）
▶세력이 있을 때는 아첨하고 세력이 없어지면 푸대접하는 세상인심을 비유적으로 이르는 말.

烏飛梨落　（　　　　　）
▶까마귀 날자 배 떨어진다는 뜻으로, 아무 관계도 없이 한 일이 공교롭게도 때가 같아 억울하게 의심을 받거나 난처한 위치에 서게 됨을 이르는 말.

烏合之卒　（　　　　　）
▶까마귀가 모인 것처럼 질서가 없이 모인 병졸이라는 뜻으로, 임시로 모여들어서 규율이 없고 무질서한 병졸 또는 군중을 이르는 말.

外:柔內剛　（　　　　　）
▶겉으로 보기에는 부드러워 보이나 속은 강함.

欲速不達　（　　　　　）
▶일을 빨리 하려고 하면 도리어 이루지 못함.

龍頭蛇尾　（　　　　　）
▶용의 머리와 뱀의 꼬리라는 뜻으로, 처음은 왕성하나 끝이 부진한 현상을 이르는 말.

憂國之士　（　　　　　）
▶나랏일을 근심하고 염려하는 사람.

愚問賢答　（　　　　　）
▶어리석은 질문에 대한 현명한 대답. ¶~을 내놓다.

優柔不斷　（　　　　　）
▶어물어물 망설이기만 하고 결단성이 없음.

雲泥之差　（　　　　　）
▶구름과 진흙의 차이라는 뜻으로, 서로 간의 차이가 매우 심함을 이르는 말. 町天壤之差.

流水不腐　（　　　　　）
▶흐르는 물은 썩지 아니한다는 뜻으로, 늘 움직이는 것은 썩지 아니함을 이르는 말.

隱忍自重　（　　　　　）
▶마음속으로 참으며, 몸가짐을 신중히 함.

悠悠自適　（　　　　　）
▶속세를 떠나 아무 속박 없이 조용하고 편안하게 삶.

已:往之事　（　　　　　）
▶이미 지나간 일.

人面獸心　（　　　　　）
▶사람의 얼굴을 하고 있으나 마음은 짐승과 같다는 뜻으로, 마음이나 행동이 몹시 흉악함을 이르는 말.

人之常情　（　　　　　）
▶사람이면 누구나 가지는 보통의 마음.

一場春夢　（　　　　　）
▶'한바탕의 봄꿈'이라는 뜻으로, 헛된 영화나 덧없는 일을 비유적으로 이르는 말.

一片丹心　（　　　　　）
▶〔한 조각의 붉은 마음이라는 뜻으로〕'변치 않는 참된 마음'을 이르는 말.

한 자 로 써 보 세 요

염량세태 (　　)	오비이락 (　　)	오합지졸 (　　)	외:유내강 (　　)
욕속부달 (　　)	용두사미 (　　)	우국지사 (　　)	우문현답 (　　)
우유부단 (　　)	운니지차 (　　)	유수불부 (　　)	은인자중 (　　)
유유자적 (　　)	이:왕지사 (　　)	인면수심 (　　)	인지상정 (　　)
일장춘몽 (　　)	일편단심 (　　)		

臨機應變　（　　　　　）
▶그때그때 처한 사태에 맞추어 즉각 그 자리에서 결정하거나 처리함.

臨時變通　（　　　　　）
▶갑자기 터진 일을 우선 간단하게 둘러맞추어 처리함.

臨戰無退　（　　　　　）
▶세속 오계의 하나. 전쟁에 나아가서 물러서지 않음을 이른다. ¶~의 정신으로 싸우다.

自由奔放　（　　　　　）
▶격식이나 관습에 얽매이지 않고 행동이 자유로움.

長:幼有序　（　　　　　）
▶어른과 어린이 사이에는 엄격한 차례가 있고 복종해야 할 질서가 있음을 뜻함.

掌:中寶玉　（　　　　　）
▶손안에 있는 보배로운 구슬이란 뜻으로, 귀하고 보배롭게 여기는 존재를 비유적으로 이르는 말.

積羽沈舟　（　　　　　）
▶새의 깃이라도 쌓이고 쌓이면 배를 가라앉힐 수 있다는 뜻으로, 작은 힘이라도 합치면 큰 힘이 됨을 이르는 말.

轉:禍爲福　（　　　　　）
▶재앙과 화난이 바뀌어 오히려 복이 됨.

前途有望　（　　　　　）
▶앞으로 잘될 희망이 있음.

漸:入佳境　（　　　　　）
▶들어갈수록 점점 재미가 있음.

頂門一鍼　（　　　　　）
▶〔정수리에 침을 놓는다는 뜻으로〕따끔한 비판이나 타이름을 이름.

鳥足之血　（　　　　　）
▶〔새발의 피라는 뜻으로〕'아주 적은 분량'을 이르는 말.

縱橫無盡　（　　　　　）
▶자유자재로 행동하여 거침이 없는 상태.

坐:見千里　（　　　　　）
▶자리에 앉아서 천 리를 본다는 뜻으로, 보이지 않는 먼 곳이나 앞일을 내다봄을 이르는 말.

坐:不安席　（　　　　　）
▶앉아도 자리가 편안하지 않다는 뜻으로, 마음이 불안하거나 걱정스러워서 한 군데에 가만히 앉아 있지 못하고 안절부절못하는 모양을 이르는 말.

坐:食山空　（　　　　　）
▶일을 하지 않고 놀고먹기만 한다면 산더미 같은 재산도 결국 다 없어지게 됨.

坐:井觀天　（　　　　　）
▶우물 속에 앉아서 하늘을 본다는 뜻으로, 사람의 見聞이 매우 좁음을 이르는 말.

晝耕夜讀　（　　　　　）
▶낮에는 농사짓고, 밤에는 글을 읽는다는 뜻으로, 어려운 여건 속에서도 꿋꿋이 공부함을 이르는 말.

한자로 써보세요

임기응변 (　　)	임시변통 (　　)	임전무퇴 (　　)	자유분방 (　　)
장:유유서 (　　)	장:중보옥 (　　)	적우침주 (　　)	전:화위복 (　　)
전도유망 (　　)	점:입가경 (　　)	정문일침 (　　)	조족지혈 (　　)
종횡무진 (　　)	좌:견천리 (　　)	좌:불안석 (　　)	좌:식산공 (　　)
좌:정관천 (　　)	주경야독 (　　)		

周到綿密　(　　　　　)
▶ 주의가 두루 미쳐 자세하고 빈틈이 없다. ¶~한 성격.

酒池肉林　(　　　　　)
▶ 〔술은 못을 이루고 고기는 숲을 이룬다는 뜻으로〕 '술과 고기가 푸짐하게 차려진 술잔치'를 이르는 말.

芝蘭之交　(　　　　　)
▶ 〔지초와 난초 같은 향기로운 사귐이라는 뜻으로〕 '벗 사이의 맑고도 높은 사귐'을 이르는 말.

支離滅裂　(　　　　　)
▶ 이리저리 흩어지고 찢기어 갈피를 잡을 수 없음.

知彼知己　(　　　　　)
▶ 적의 사정과 나의 사정을 자세히 앎. ¶~면 백전백승이라.

進:退維谷　(　　　　　)
▶ 이러지도 저러지도 못하고 꼼짝할 수 없는 궁지.

此日彼日　(　　　　　)
▶ 이날 저날 하고 자꾸 기한을 미루는 모양.

天高馬肥　(　　　　　)
▶ 하늘이 높고 말이 살찐다는 뜻으로, 하늘이 맑고 모든 것이 풍성함을 이르는 말.

天壤之差　(　　　　　)
▶ 하늘과 땅 사이와 같이 엄청난 차이.

千載一遇　(　　　　　)
▶ 〔천 년에 한 번 만날 수 있는 기회란 뜻으로〕 좀처럼 만나기 어려운 기회를 이르는 말. 〈載=年〉

徹頭徹尾　(　　　　　)
▶ 처음부터 끝까지 철저하게. ¶~한 준비.

徹天之恨　(　　　　　)
▶ 하늘에 사무치는 크나큰 원한. ¶~을 품다.

草根木皮　(　　　　　)
▶ 풀뿌리와 나무껍질이라는 뜻으로, 맛이나 영양 가치가 없는 거친 음식을 비유적으로 이르는 말.

初志一貫　(　　　　　)
▶ 처음에 세운 뜻을 끝까지 밀고 나감.

醉:生夢死　(　　　　　)
▶ 술에 취하여 자는 동안에 꾸는 꿈속에서 살고 죽는다는 뜻으로, 한평생을 아무 하는 일 없이 흐리멍덩하게 살아감을 비유적으로 이르는 말.

他山之石　(　　　　　)
▶ 〔다른 산의 돌이라도 자기의 옥을 가는데 도움이 된다는 뜻으로〕 다른 사람의 하찮은 언행도 자기의 지덕을 닦는데 도움이 된다는 뜻.

泰然自若　(　　　　　)
▶ 마음에 어떠한 충동을 받아도 움직임이 없이 천연스러움.

破:顔大笑　(　　　　　)
▶ 매우 즐거운 표정으로 활짝 웃음.

表裏不同　(　　　　　)
▶ 마음이 음흉하고 불량하여 겉과 속이 다름.

皮骨相接　(　　　　　)
▶ 살가죽과 뼈가 맞붙을 정도로 몹시 마름.

한자로써보세요

주도면밀 (　　)	주지육림 (　　)	지란지교 (　　)	지리멸렬 (　　)
지피지기 (　　)	진:퇴유곡 (　　)	차일피일 (　　)	천고마비 (　　)
천양지차 (　　)	천재일우 (　　)	철두철미 (　　)	철천지한 (　　)
초근목피 (　　)	초지일관 (　　)	취:생몽사 (　　)	타산지석 (　　)
태연자약 (　　)	파:안대소 (　　)	표리부동 (　　)	피골상접 (　　)

鶴首苦待　（　　　　　）
▸학의 목처럼 목을 길게 빼고 간절히 기다림.

含憤蓄怨　（　　　　　）
▸분한 마음을 품고 원한을 쌓음.

恒茶飯事　（　　　　　）
▸항상 있어서 이상하거나 신통할 것이 없는 일.

虛禮虛飾　（　　　　　）
▸정성이 없이 겉으로만 번드르르하게 꾸밈. 또는 그런 예절이나 법식.

賢母良妻　（　　　　　）
▸자식에게는 어진 어머니이고, 남편에게는 착한 아내임.

懸:河之辯　（　　　　　）
▸물이 거침없이 흐르듯 잘하는 말.

虎:死留皮　（　　　　　）
▸호랑이는 죽어서 가죽을 남긴다는 뜻으로, 사람은 죽어서 명예를 남겨야 함을 이르는 말.

浩:然之氣　（　　　　　）
▸거침없이 넓고 큰 기개. ¶~를 기르다.

豪言壯談　（　　　　　）
▸호기롭고 자신 있게 말함. 또는 그 말. ¶그는 반드시 이긴다고 ~했다.

禍:不單行　（　　　　　）
▸재앙은 번번이 겹쳐 옴.

橫斷步道　（　　　　　）
▸사람이 가로로 건너다닐 수 있도록 안전표지나 도로표지를 설치하여 차도 위에 마련한 길.

厚:顔無恥　（　　　　　）
▸뻔뻔스러워 부끄러움이 없음.

興:亡盛衰　（　　　　　）
▸흥하고 망함과 성하고 쇠함. ¶모든 일에는 ~가 있다.

興盡悲來　（　　　　　）
▸즐거운 일이 다하면 슬픈 일이 온다는 뜻으로, 세상일이 돌고 돎을 이르는 말.

한자로 써 보세요

학수고대（　　　　）　함분축원（　　　　）　항다반사（　　　　）　허례허식（　　　　）
현모양처（　　　　）　현:하지변（　　　　）　호:사유피（　　　　）　호:연지기（　　　　）
호언장담（　　　　）　화:불단행（　　　　）　횡단보도（　　　　）　후:안무치（　　　　）
흥:망성쇠（　　　　）　흥진비래（　　　　）

4단계
유형별 한자 익히기

유의결합어(類義結合語)
반의결합어(反義結合語)
반의한자어(反義漢字語)
동자이음어(同字異音語)
동음이의어(同音異義語)
주의해야 할 부수(部首)
약자(略字)

[학습 포인트]

⊙ 유의결합어(類義結合語)는 뜻이 비슷한 한자가 결합된 한자어입니다. 단어의 뜻을 생각하면서 유의어의 학습이 될 수 있도록 하세요.

⊙ 반의결합어(反義結合語)는 뜻이 반대인 한자가 결합된 한자어입니다. 뜻이 상대 또는 반대되는 한자는 시험에 반드시 출제되므로 단어 중심으로 익혀 두세요.

⊙ 낱자뿐만 아니라 반대 뜻의 단어를 익힐 수 있도록 반의한자어(反義漢字語)를 실었습니다. 뜻을 생각하면서 익히세요.

⊙ 동자이음어(同字異音語)는 반드시 용례를 통하여 익히세요.

⊙ 국어의 어휘력을 높여주는 기회가 될 수 있도록 동음이의어(同音異義語)는 반드시 익혀두세요.

⊙ 제부수 한자는 가능한 한 외워두는 것이 다른 한자의 부수를 알 수 있는 효과적인 방법입니다.

⊙ 약자는 본자(本字)의 특정 부위가 줄거나 남아 있는 경우가 대부분입니다.

⊙ 점검 문제에 대한 별도의 정답은 싣지 않았습니다. 해당 부분에서 확인하세요.

유의결합어(類義結合語)

■ 뜻이 비슷한 漢字끼리 결합된 漢字語.

價 值	覺 悟	辭 讓	旋 回
값 가 / 값 치	깨달을 각 / 깨달을 오	사양할 사 / 사양할 양	돌 선 / 돌 회
康 寧	開 拓	星 辰	疏 通
편할 강 / 편할 녕	열 개 / 열 척	별 성 / 별 신	트일 소 / 통할 통
乾 燥	謙 讓	送 付	修 鍊
마를 건 / 마를 조	겸손할 겸 / 사양할 양	보낼 송 / 줄 부	닦을 수 / 익힐 련
輕 微	契 約	壽 命	輸 送
가벼울 경 / 작을 미	맺을 계 / 맺을 약	목숨 수 / 목숨 명	나를 수 / 보낼 송
恭 敬	供 給	收 拾	昇 降
공손할 공 / 공경할 경	이바지할 공 / 줄 급	거둘 수 / 주울 습	오를 승 / 내릴 강
供 與	誇 張	信 賴	阿 附
이바지할 공 / 줄 여	자랑할 과 / 베풀 장	믿을 신 / 힘입을 뢰	붙을 아 / 붙을 부
官 吏	貫 徹	安 寧	顔 面
벼슬 관 / 벼슬아치 리	꿸 관 / 통할 철	편할 안 / 편할 녕	얼굴 안 / 낮 면
貫 通	橋 脚	安 逸	巖 石
꿸 관 / 통할 통	다리 교 / 다리 각	편할 안 / 편할 일	바위 암 / 돌 석
拘 束	區 劃	愛 慕	抑 壓
잡을 구 / 묶을 속	나눌 구 / 그을 획	사랑 애 / 그리워할 모	누를 억 / 누를 압
勸 誘	鬼 神	餘 裕	連 絡
권할 권 / 꾈 유	귀신 귀 / 귀신 신	남을 여 / 넉넉할 유	이을 연 / 이을 락
歸 還	紀 綱	戀 慕	戀 愛
돌아갈 귀 / 돌아올 환	벼리 기 / 벼리 강	사모할 연 / 그리워할 모	사모할 연 / 사랑 애
機 械	奇 怪	悅 樂	永 久
틀 기 / 형틀 계	기이할 기 / 기이할 괴	기쁠 열 / 즐길 락	길 영 / 오랠 구
企 圖	樓 閣	容 貌	宇 宙
꾀할 기 / 그림 도	다락 누 / 누각 각	얼굴 용 / 얼굴 모	집 우 / 집 주
頭 腦	明 哲	憂 患	悠 久
머리 두 / 뇌 뇌	밝을 명 / 밝을 철	근심할 우 / 근심 환	멀 유 / 오랠 구
謀 略	微 細	悠 長	幼 稚
꾀할 모 / 꾀 략	작을 미 / 가늘 세	멀 유 / 길 장	어릴 유 / 어릴 치
微 弱	繁 盛	遊 戲	潤 澤
작을 미 / 약할 약	많을 번 / 성할 성	놀 유 / 놀 희	윤택할 윤 / 윤택할 택
變 換	扶 助	隆 崇	音 響
변할 변 / 바꿀 환	도울 부 / 도울 조	클 융 / 높을 숭	소리 음 / 울릴 향
紛 亂	奔 走	依 賴	柔 軟
어지러울 분 / 어지러울 란	달릴 분 / 달릴 주	의지할 의 / 힘입을 뢰	부드러울 유 / 부드러울 연
分 割	悲 哀	忍 耐	慈 愛
나눌 분 / 나눌 할	슬플 비 / 슬플 애	참을 인 / 견딜 내	사랑할 자 / 사랑 애
卑 賤	貧 賤	長 久	帳 簿
낮을 비 / 천할 천	가난할 빈 / 천할 천	길 장 / 오랠 구	장부 장 / 장부 부
		裝 飾	著 述
		꾸밀 장 / 꾸밀 식	지을 저 / 지을 술

4단계 · 유형별 한자 익히기   285

著	作
지을 저	지을 작

抵	抗
거스를 저	막을 항

憎	惡
미워할 증	미워할 오

鎭	壓
누를 진	누를 압

秩	序
차례 질	차례 서

徵	兆
징조 징	조짐 조

昌	盛
창성할 창	성할 성

超	越
넘을 초	넘을 월

祝	賀
빌 축	하례 하

親	睦
친할 친	화목할 목

沈	潛
가라앉을 침	잠길 잠

探	索
찾을 탐	찾을 색

統	率
거느릴 통	거느릴 솔

表	皮
겉 표	가죽 피

畢	竟
마칠 필	다할 경

恒	常
항상 항	항상 상

獻	納
바칠 헌	드릴 납

豪	傑
호걸 호	호걸 걸

喜	悅
기쁠 희	기쁠 열

貯	藏
쌓을 저	감출 장

祭	祀
제사 제	제사 사

智	慧
슬기 지	슬기 혜

疾	病
병 질	병 병

徵	收
부를 징	거둘 수

倉	庫
곳집 창	곳집 고

策	略
꾀 책	꾀 략

追	放
쫓을 추	쫓을 방

恥	辱
부끄러울 치	욕될 욕

沈	沒
가라앉을 침	가라앉을 몰

卓	越
높을 탁	넘을 월

土	壤
흙 토	흙 양

包	含
쌀 포	머금을 함

皮	革
가죽 피	가죽 혁

陷	沒
빠질 함	빠질 몰

許	諾
허락할 허	허락할 락

顯	著
드러날 현	드러날 저

獲	得
얻을 획	얻을 득

반의결합어(反義結合語)

■ 뜻이 반대인 漢字끼리 결합된 漢字語.

剛	⇔	柔
굳셀 강		부드러울 유

浮	⇔	沈
뜰 부		가라앉을 침

深	⇔	淺
깊을 심		얕을 천

哀	⇔	歡
슬플 애		기쁠 환

榮	⇔	辱
영화 영		욕될 욕

長	⇔	幼
어른 장		어릴 유

眞	⇔	假
참 진		거짓 가

親	⇔	疏
친할 친		성길 소

皮	⇔	骨
가죽 피		뼈 골

彼	⇔	此
저 피		이 차

禍	⇔	福
재앙 화		복 복

貴	⇔	賤
귀할 귀		천할 천

盛	⇔	衰
성할 성		쇠할 쇠

愛	⇔	憎
사랑 애		미워할 증

抑	⇔	揚
누를 억		오를 양

幽	⇔	明
저승 유		이승 명

尊	⇔	卑
높을 존		낮을 비

出	⇔	沒
날 출		사라질 몰

表	⇔	裏
겉 표		속 리

彼	⇔	我
저 피		나 아

賢	⇔	愚
어질 현		어리석을 우

반의한자어(反義漢字語)

■ 뜻이 서로 반대인 漢字語.

假	像	⇔	實	像
거짓 가	형상 상		열매 실	형상 상

開	幕	⇔	閉	幕
열 개	막 막		닫을 폐	막 막

概	說	⇔	詳	說
대개 개	말씀 설		자세할 상	말씀 설

輕	微	⇔	重	大
가벼울 경	작을 미		무거울 중	큰 대

輕	率	⇔	愼	重
가벼울 경	거느릴 솔		삼갈 신	무거울 중

契	約	⇔	解	約
맺을 계	맺을 약		풀 해	맺을 약

供	給	⇔	需	要	
이바지할 공	넉넉할 급		구할 수	구할 요	
拘	束	⇔	釋	放	
잡을 구	묶을 속		풀 석	놓을 방	
及	第	⇔	落	第	
미칠 급	차례 제		떨어질 낙	차례 제	
弄	談	⇔	眞	談	
희롱할 농	말씀 담		참 진	말씀 담	
莫	强	⇔	柔	弱	
없을 막	굳셀 강		부드러울 유	약할 약	
未	熟	⇔	成	熟	
아닐 미	익을 숙		이룰 성	익을 숙	
微	風	⇔	强	風	
작을 미	바람 풍		굳셀 강	바람 풍	
薄	待	⇔	歡	待	
엷을 박	대접할 대		기뻐할 환	대접할 대	
薄	德	⇔	厚	德	
엷을 박	덕 덕		두터울 후	덕 덕	
薄	情	⇔	多	情	
엷을 박	뜻 정		많을 다	뜻 정	
凡	常	⇔	非	常	
무릇 범	항상 상		아닐 비	항상 상	
非	凡	⇔	平	凡	
아닐 비	무릇 범		평평할 평	무릇 범	
卑	賤	⇔	高	貴	
낮을 비	천할 천		높을 고	귀할 귀	
卑	稱	⇔	敬	稱	
낮을 비	일컬을 칭		공경 경	일컬을 칭	
邪	道	⇔	正	道	
간사할 사	길 도		바를 정	길 도	
詳	論	⇔	槪	論	
자세할 상	말할 론		대개 개	말할 론	
相	逢	⇔	離	別	
서로 상	만날 봉		떠날 이	나눌 별	
上	昇	⇔	下	降	
위 상	오를 승		아래 하	내릴 강	
緖	論	⇔	結	論	
실마리 서	말할 론		맺을 결	말할 론	
徐	行	⇔	疾	行	
천천할 서	갈 행		빠를 질	갈 행	

疏	遠	⇔	親	近	
트일 소	멀 원		친할 친	가까울 근	
輸	出	⇔	輸	入	
나를 수	날 출		나를 수	들 입	
瞬	間	⇔	永	遠	
눈감작할 순	사이 간		길 영	멀 원	
乘	車	⇔	下	車	
탈 승	수레 차		아래 하	수레 차	
新	刊	⇔	舊	刊	
새 신	책펴낼 간		예 구	책펴낼 간	
新	郞	⇔	新	婦	
새 신	사나이 랑		새 신	아내 부	
洋	弓	⇔	國	弓	
큰바다 양	활 궁		나라 국	활 궁	
陽	曆	⇔	陰	曆	
볕 양	책력 력		그늘 음	책력 력	
榮	譽	⇔	屈	辱	
영화 영	기릴 예		굽힐 굴	욕될 욕	
豫	審	⇔	結	審	
미리 예	살필 심		맺을 결	살필 심	
外	戚	⇔	親	戚	
바깥 외	겨레 척		친할 친	겨레 척	
偶	然	⇔	必	然	
짝 우	그럴 연		반드시 필	그럴 연	
韻	文	⇔	散	文	
운 운	글월 문		흩어질 산	글월 문	
危	殆	⇔	安	全	
위태할 위	위태할 태		편안할 안	온전할 전	
幼	年	⇔	壯	年	
어릴 유	해 년		씩씩할 장	해 년	
裏	面	⇔	表	面	
속 이	낯 면		겉 표	낯 면	
慈	親	⇔	嚴	親	
사랑할 자	친할 친		엄할 엄	친할 친	
暫	時	⇔	恒	常	
잠시 잠	때 시		항상 항	항상 상	
丈	母	⇔	丈	人	
어른 장	어미 모		어른 장	사람 인	
長	壽	⇔	短	命	
길 장	목숨 수		짧을 단	목숨 명	

將	帥	⇔	兵		卒	
장수 장	장수 수		군사 병		군사 졸	
漸	進	⇔	急		進	
점점 점	나아갈 진		급할 급		나아갈 진	
齊	唱	⇔	獨		唱	
가지런할 제	노래 창		홀로 독		노래 창	
縱	斷	⇔	橫		斷	
세로 종	끊을 단		가로 횡		끊을 단	
主	役	⇔	助		役	
주인 주	부릴 역		도울 조		부릴 역	
執	權	⇔	失		權	
잡을 집	권세 권		잃을 실		권세 권	
創	刊	⇔	廢		刊	
비롯할 창	책펴낼 간		폐할 폐		책펴낼 간	
稚	魚	⇔	成		魚	
어릴 치	고기 어		이룰 성		고기 어	
恥	辱	⇔	榮		光	
부끄러울 치	욕될 욕		영화 영		빛 광	
沈	下	⇔	浮		上	
가라앉을 침	아래 하		뜰 부		위 상	
包	含	⇔	除		外	
쌀 포	머금을 함		없앨 제		바깥 외	
割	引	⇔	割		增	
나눌 할	끌 인		나눌 할		더할 증	
忽	待	⇔	厚		待	
소홀히할 홀	대접할 대		두터울 후		대접할 대	
懷	疑	⇔	確		信	
품을 회	의심할 의		굳을 확		믿을 신	
休	刊	⇔	復		刊	
쉴 휴	책펴낼 간		돌아올 복		책펴낼 간	
喜	悅	⇔	悲		哀	
기쁠 희	기쁠 열		슬플 비		슬플 애	

동자이음어(同字異音語)

■ 한 글자가 다른 讀音을 갖는 漢字.

拓
- 척-干拓(간척) 開拓(개척)
- 탁-拓本(탁본)

拾
- 습-拾得(습득) 收拾(수습)
- 십-拾萬(십만)

沈
- 침-沈沒(침몰) 沈默(침묵) 沈痛(침통)
- 심-沈氏(심씨)

率
- 솔-率先(솔선) 率直(솔직) 輕率(경솔)
- 률-比:率(비율)

索
- 색-索出(색출) 思索(사색) 探索(탐색)
- 삭-索漠(삭막) 索道(삭도)

塞
- 색-窮塞(궁색) 語:塞(어색)
- 새-要塞(요새)

茶
- 다-茶果(다과) 茶道(다도)
- 차-茶禮(차례) 綠茶(녹차)

壞
- 괴-壞:滅(괴멸) 破:壞(파괴) 損:壞(손괴)
- 회-용례 없음.

諸
- 제-諸般(제반)
- 저-용례 없음.

著
- 저-著:名(저명) 著:書(저서) 著:述(저술)
- 착-着(붙을 착)의 本字.

糖
- 당-糖度(당도) 糖類(당류) 糖分(당분)
- 탕-砂糖(사탕) 雪糖(설탕)

동음이의어(同音異義語)

■ 音은 같으나 漢字와 뜻이 다른 漢字語.

假像 ◀가상▶ 假想   鑑定 ◀감정▶ 感情
剛斷 ◀강단▶ 講壇   剛度 ◀강도▶ 强盜
槪觀 ◀개관▶ 開館   乾燥 ◀건조▶ 建造
京畿 ◀경기▶ 競技   耕地 ◀경지▶ 境地
古雅 ◀고아▶ 孤兒   果刀 ◀과도▶ 過度
冠禮 ◀관례▶ 慣例   官吏 ◀관리▶ 管理
寬容 ◀관용▶ 慣用   近刊 ◀근간▶ 根幹
企圖 ◀기도▶ 氣道   內臟 ◀내장▶ 內藏
斷片 ◀단편▶ 短篇   踏査 ◀답사▶ 答辭
寶刀 ◀보도▶ 報道   補修 ◀보수▶ 保守
扶養 ◀부양▶ 浮揚   奮起 ◀분기▶ 分期
沙器 ◀사기▶ 士氣   私腹 ◀사복▶ 私服
山頂 ◀산정▶ 算定   尙古 ◀상고▶ 上古

詳述◀상술▶商術　　疏遠◀소원▶所願
殊常◀수상▶受賞　　收拾◀수습▶修習
修飾◀수식▶數式　　愁心◀수심▶水深
收藏◀수장▶首長　　拾得◀습득▶習得
僧服◀승복▶承服　　侍立◀시립▶市立
時祀◀시사▶時事　　審理◀심리▶心理
審査◀심사▶深思　　陽曆◀양력▶揚力
驛舍◀역사▶歷史　　役事◀역사▶力士
沿道◀연도▶年度　　靈前◀영전▶榮轉
五倫◀오륜▶五輪　　憂愁◀우수▶優秀
原稿◀원고▶原告　　柔道◀유도▶誘導
幽明◀유명▶有名　　仁慈◀인자▶仁者
臟器◀장기▶長技　　帳簿◀장부▶丈夫
長壽◀장수▶將帥　　長征◀장정▶壯丁
節槪◀절개▶切開　　頂上◀정상▶情狀
鳥獸◀조수▶潮水　　主幹◀주간▶晝間
持久◀지구▶地球　　鎭靜◀진정▶眞情
肖像◀초상▶初喪　　沈水◀침수▶侵水
特殊◀특수▶特需　　何等◀하등▶下等
鄕愁◀향수▶香水　　畵廊◀화랑▶花郞
化粧◀화장▶火葬　　懷疑◀회의▶會議

주의해야 할 부수(部首)

■ 제부수자와 部首를 혼동하기 쉬운 漢字.

1. 제부수자

乙(새　　을)　刀(칼　　도)　弓(활　　궁)
片(조각　편)　牙(어금니 아)　玄(검을　현)
瓦(기와　와)　皮(가죽　피)　羽(깃　　우)
穴(구멍　혈)　谷(골　　곡)　辰(별　　신)
麥(보리　맥)　鼓(북　　고)　麻(삼　　마)
齊(가지런할 제)

2. 部首를 혼동하기 쉬운 한자

丈(一, 어른　장)　丙(一, 남녘　병)
丘(一, 언덕　구)　丹(丶, 붉을　단)
乃(丿, 이에　내)　久(丿, 오랠　구)
之(丿, 갈　　지)　乘(丿, 탈　　승)
乾(乙, 하늘　건)　井(二, 우물　정)
亞(二, 버금　아)　亦(亠, 또　　역)
亭(亠, 정자　정)　倉(人, 곳집　창)
兆(儿, 억조　조)　克(儿, 이길　극)
兎(儿, 토끼　토)　免(儿, 면할　면)
其(八, 그　　기)　兼(八, 겸할　겸)
凡(几, 무릇　범)　勿(勹, 말　　물)
卑(十, 낮을　비)　及(又, 미칠　급)
司(口, 맡을　사)　吏(口, 벼슬아치 리)
含(口, 머금을　함)　唐(口, 당나라　당)
喪(口, 죽을　상)　坐(土, 앉을　좌)
垂(土, 드리울　수)　塞(土, 변방　새)
執(土, 잡을　집)　墨(土, 먹　　묵)
壬(土, 천간　임)　壽(土, 목숨　수)
夢(夕, 꿈　　몽)　央(大, 가운데　앙)
奏(大, 아뢸　주)　奴(女, 종　　노)
封(寸, 봉할　봉)　尚(小, 오히려　상)

尺(尸, 자 척)	巡(巛, 돌 순)		
已(己, 이미 이)	幕(巾, 천막 막)		
幹(干, 줄기 간)	幼(幺, 어릴 유)		
幽(幺, 그윽할 유)	弄(廾, 희롱할 롱)		
憂(心, 근심할 우)	我(戈, 나 아)		
戚(戈, 겨레 척)	染(木, 물들일 염)		
栽(木, 심을 재)	欲(欠, 하고자할 욕)		
此(止, 이 차)	泰(水, 클 태)		
烏(火, 까마귀 오)	燕(火, 제비 연)		
率(玄, 거느릴 솔)	琴(玉, 거문고 금)		
甚(甘, 심할 심)	畢(田, 마칠 필)		
畿(田, 경기 기)	疏(疋, 트일 소)		
盟(皿, 맹세할 맹)	盤(皿, 소반 반)		
禽(内, 날짐승 금)	署(罒, 관청 서)		
耐(而, 견딜 내)	肖(肉, 닮을 초)		
臺(至, 돈대 대)	虎(虍, 범 호)		
衝(行, 찌를 충)	衡(行, 저울대 형)		
衰(衣, 쇠할 쇠)	裁(衣, 마름질할 재)		
裂(衣, 찢을 렬)	裏(衣, 속 리)		
豪(豕, 호걸 호)	貞(貝, 곧을 정)		
貢(貝, 바칠 공)	辱(辰, 욕될 욕)		
雙(隹, 쌍 쌍)	韻(音, 운율 운)		

약자(略字)

■ 3급2 배정 한자 중의 略字.

亞(버금 아)→亜	劍(칼 검)→剣
壤(땅 양)→壌	壽(목숨 수)→寿
巖(바위 암)→巌	廢(폐할 폐)→廃
徑(지름길 경)→径	愼(삼갈 신)→慎
戀(사모할 련)→恋	拂(떨 불)→払
樓(다락 루)→楼	淨(맑을 정)→浄
淺(얕을 천)→浅	溪(시내 계)→渓
澤(못 택)→沢	濕(젖을 습)→湿
燒(사를 소)→焼	爐(화로 로)→炉
獸(짐승 수)→獣	獻(바칠 헌)→献
禪(봉선 선)→禅	縱(세로 종)→縦
腦(뇌 뇌)→脳	臺(돈대 대)→台
莊(엄할 장)→荘	觸(닿을 촉)→触
譯(번역할 역)→訳	譽(기릴 예)→誉
賤(천할 천)→賎	贊(도울 찬)→賛
踐(밟을 천)→践	醉(취할 취)→酔
釋(풀 석)→釈	鎭(누를 진)→鎮
雙(두 쌍)→双	靈(신령 령)→霊
驛(역참 역)→駅	鹽(소금 염)→塩
齊(가지런할 제)→斉	

유의결합어(類義結合語)

■ 빈칸에 앞의 자와 의미가 비슷한 漢字를 넣어 漢字語를 완성하세요.

價(　　) 覺(　　) 康(　　)
拓(　　) 乾(　　) 謙(　　)
輕(　　) 契(　　) 恭(　　)
供(　　) 供(　　) 誇(　　)
官(　　) 貫(　　) 貫(　　)
橋(　　) 拘(　　) 區(　　)
勸(　　) 鬼(　　) 歸(　　)
紀(　　) 機(　　) 奇(　　)
企(　　) 樓(　　) 多(　　)
頭(　　) 明(　　) 謀(　　)
微(　　) 微(　　) 繁(　　)
變(　　) 扶(　　) 紛(　　)
奔(　　) 分(　　) 悲(　　)
卑(　　) 貧(　　) 辭(　　)
旋(　　) 星(　　) 疏(　　)
送(　　) 修(　　) 壽(　　)
輸(　　) 收(　　) 昇(　　)
信(　　) 阿(　　) 安(　　)
顔(　　) 安(　　) 巖(　　)

愛(　　) 抑(　　) 餘(　　)
連(　　) 戀(　　) 戀(　　)
悅(　　) 永(　　) 容(　　)
宇(　　) 憂(　　) 悠(　　)
悠(　　) 幼(　　) 遊(　　)
潤(　　) 隆(　　) 音(　　)
依(　　) 柔(　　) 忍(　　)
慈(　　) 長(　　) 帳(　　)
裝(　　) 著(　　) 著(　　)
貯(　　) 抵(　　) 祭(　　)
憎(　　) 智(　　) 鎭(　　)
疾(　　) 秩(　　) 徵(　　)
徵(　　) 倉(　　) 昌(　　)
策(　　) 超(　　) 追(　　)
祝(　　) 恥(　　) 親(　　)
沈(　　) 沈(　　) 卓(　　)
探(　　) 土(　　) 統(　　)
包(　　) 表(　　) 皮(　　)
畢(　　) 陷(　　) 恒(　　)
許(　　) 獻(　　) 顯(　　)
豪(　　) 獲(　　) 喜(　　)

반의결합어(反義結合語)

■ 빈칸에 앞의 자와 의미가 반대인 漢字를 넣어 漢字語를 완성하세요.

剛( )　貴( )　浮( )

盛( )　深( )　愛( )

哀( )　抑( )　榮( )

幽( )　長( )　尊( )

眞( )　出( )　親( )

表( )　皮( )　彼( )

彼( )　賢( )　禍( )

반의한자어(反義漢字語)

■ 빈칸에 앞의 漢字語와 의미가 반대인 한자어를 쓰세요.

假像( )　開幕( )　槪說( )

輕微( )　輕率( )　契約( )

供給( )　拘束( )　及第( )

弄談( )　莫强( )　未熟( )

微風( )　薄待( )　薄德( )

薄情( )　凡常( )　非凡( )

卑賤( )　卑稱( )　邪道( )

詳論( )　相逢( )　上昇( )

緖論( )　徐行( )　疏遠( )

輸出( )　瞬間( )　乘車( )

新刊( )　新郞( )　洋弓( )

陽曆( )　榮譽( )　豫審( )

外戚( )　偶然( )　韻文( )

危殆( )　幼年( )　裏面( )

慈親( )　暫時( )　丈母( )

長壽( )　將帥( )　漸進( )

齊唱( )　縱斷( )　主役( )

執權( )　創刊( )　稚魚( )

恥辱( )　沈下( )　包含( )

割引( )　忽待( )　懷疑( )

休刊( )　喜悅( )

동음이의어(同音異義語)

■ 빈칸에 앞의 한자어와 음은 같으나 뜻이 다른 漢字語를 쓰세요.

假像( )　鑑定( )　剛斷( )

剛度( )　槪觀( )　乾燥( )

京畿( )　耕地( )　古雅( )

果刀( )　冠禮( )　官吏( )

寬容( )　近刊( )　企圖( )

內臟( )　斷片( )　踏査( )

寶刀( )　補修( )　扶養( )

奮起( )　沙器( )　私腹( )

山頂(　　) 尚古(　　) 詳述(　　)　及(　　) 畿(　　) 其(　　)

疏遠(　　) 殊常(　　) 收拾(　　)　乃(　　) 耐(　　) 奴(　　)

修飾(　　) 愁心(　　) 收藏(　　)　丹(　　) 唐(　　) 臺(　　)

拾得(　　) 僧服(　　) 侍立(　　)　刀(　　) 裂(　　) 弄(　　)

時祀(　　) 審理(　　) 審査(　　)　裏(　　) 吏(　　) 麻(　　)

陽曆(　　) 驛舍(　　) 役事(　　)　幕(　　) 麥(　　) 盟(　　)

沿道(　　) 靈前(　　) 五倫(　　)　免(　　) 夢(　　) 墨(　　)

憂愁(　　) 原稿(　　) 柔道(　　)　勿(　　) 盤(　　) 凡(　　)

幽明(　　) 仁慈(　　) 臟器(　　)　丙(　　) 封(　　) 卑(　　)

帳簿(　　) 長壽(　　) 長征(　　)　司(　　) 尙(　　) 喪(　　)

節概(　　) 頂上(　　) 鳥獸(　　)　塞(　　) 署(　　) 疏(　　)

主幹(　　) 持久(　　) 鎭靜(　　)　率(　　) 衰(　　) 壽(　　)

肖像(　　) 沈水(　　) 特殊(　　)　垂(　　) 巡(　　) 乘(　　)

何等(　　) 鄕愁(　　) 畵廊(　　)　辰(　　) 甚(　　) 雙(　　)

化粧(　　) 懷疑(　　)　　　　　　我(　　) 亞(　　) 牙(　　)

　　　　　　　　　　　　　　　　　央(　　) 亦(　　) 燕(　　)

부수(部首)

　　　　　　　　　　　　　　　　　染(　　) 烏(　　) 瓦(　　)

■ 다음 漢字의 部首를 쓰세요.

幹(　　) 乾(　　) 兼(　　)　　　欲(　　) 辱(　　) 羽(　　)

鼓(　　) 谷(　　) 貢(　　)　　　憂(　　) 韻(　　) 幼(　　)

丘(　　) 久(　　) 弓(　　)　　　幽(　　) 乙(　　) 已(　　)

克(　　) 琴(　　) 禽(　　)　　　壬(　　) 丈(　　) 裁(　　)

栽(　　)　貞(　　)　井(　　)　　踐(　　)　醉(　　)　釋(　　)

亭(　　)　齊(　　)　兆(　　)　　鎭(　　)　雙(　　)　靈(　　)

坐(　　)　奏(　　)　之(　　)　　驛(　　)　鹽(　　)　齊(　　)

執(　　)　此(　　)　倉(　　)

尺(　　)　戚(　　)　肖(　　)

衝(　　)　泰(　　)　兎(　　)

片(　　)　皮(　　)　畢(　　)

含(　　)　玄(　　)　穴(　　)

衡(　　)　虎(　　)　豪(　　)

약자(略字)

■ 다음 漢字의 略字를 쓰세요.

亞(　　)　劍(　　)　壞(　　)

壽(　　)　巖(　　)　廢(　　)

徑(　　)　愼(　　)　戀(　　)

拂(　　)　樓(　　)　淨(　　)

淺(　　)　溪(　　)　澤(　　)

濕(　　)　燒(　　)　爐(　　)

獸(　　)　獻(　　)　禪(　　)

縱(　　)　腦(　　)　臺(　　)

莊(　　)　觸(　　)　譯(　　)

譽(　　)　賤(　　)　贊(　　)

5단계
독음 및 장단음 익히기

3급 II 장음(長音) 한자 및 용례

독음(讀音) 및 장단음(長短音) 익히기

[학습 포인트]

⊙ 독음과 장단음 익히기는 소리내어 읽는 것이 가장 효과적인 방법입니다.
⊙ 한자성어의 장음 표기는 첫 글자에만 적용했습니다.
⊙ 3급Ⅱ 장음 한자를 충분히 익힌 다음 모든 단어의 장단음을 구분할 수 있도록 반복하여 읽으세요.
⊙ 장단음은 일상 언어생활에서도 매우 중요합니다. 습관이 되도록 익히세요.
⊙ 길게도 읽고 짧게도 읽는 한자를 유의하여 익히세요.
⊙ 받침이 ㄱ, ㄹ, ㅂ인 자는 반드시 짧게 읽습니다.
⊙ 정답을 5단계의 마지막에 따로 실었습니다.

3급Ⅱ 장음 한자 및 용례

漢字	用 例	漢字	用 例	漢字	用 例	漢字	用 例
丈	丈:母 丈:夫 丈:人	宴	宴:會席	殿	殿:閣 殿:堂	裏	裏:面
介	介:入	寡	寡:默	浸	浸:潤 浸:透 浸:出水	補	補:强 補:修 補:完
侍	侍:立	履	履:修 履:歷 履:行	浪	浪:費 浪:說	訟	訟:事
佳	佳:人 佳:作	廢	廢:棄 廢:物 廢:止	淺	淺:近 淺:薄	誇	誇:示 誇:張
供	供:給 供:與	弄	弄:談	湯	湯:藥	讓	讓:步
倒	倒:産 倒:錯 倒:置	弊	弊:端 弊:害	漏	漏:落 漏:水 漏:電	貢	貢:物
借	借:名 借:用	彩	彩:色	漸	漸漸 漸:進 漸:次	貸	貸:與 貸:切 貸:借
債	債:權 債:務	影	影:響	潤	潤:氣 潤:澤	貿	貿:易
免	免:稅 免:疫 免:除	彼	彼:我 彼:岸 彼:此	照	照:明	賀	賀:客 賀:禮
凍	凍:結 凍:死 凍:傷	御	御:醫 御:前	猛	猛:獸 猛:烈 猛:威	賃	賃:金 賃:貸 賃:借
刷	刷:新	悟	悟:道	獻	獻:納 獻:身	賦	賦:課 賦:稅 賦:與
刺	刺:客 刺:傷	悔	悔:改 悔:恨	瓦	瓦:裂 瓦:解	賤	賤:待 賤:視
劍	劍:道 劍:舞 劍:法	愼	愼:重 謹:愼	禍	禍:根 禍:亂 禍:福	贊	贊:成 贊:助
卑	卑:屈 卑:近 卑:俗	懇	懇:切 懇:請	稿	稿:料	距	距:離
吐	吐:露	懸	懸:案 懸:板 懸:賞金	累	累:計 累:代 累:積	軟	軟:性 軟:弱
吏	吏:讀	戀	戀:歌 戀:慕	緩	緩:急 緩:慢 緩:和	輩	輩:出
吹	吹:打	我	我:執	緖	緖:論	途	途:中
啓	啓:導 啓:發	抵	抵:觸 抵:抗	署	署:名	遷	遷:官 遷:都
坐	坐:視 坐:定	拳	拳:銃 拳:鬪	肥	肥:料 肥:滿	醉	醉:氣
培	培:養	捕	捕:捉 捕:獲	腐	腐:敗 陳:腐	鎖	鎖:國
壞	壞:滅	振	振:動 振:作 振:興	茂	茂:盛	鑄	鑄:物 鑄:造
夢	夢:想	換	換:局 換:算	菜	菜:食	附	附:加 附:近
奏	奏:樂 奏:請	晩	晩:年 晩:秋 晩:學	著	著:名 著:書 著:述	陷	陷:落 陷:沒
奮	奮:激 奮:起 奮:發	染	染:料 染:色	葬	葬:禮 葬:事 葬:儀	震	震:怒 震:動
妄	妄:發 妄:想 妄:言	桂	桂:冠 桂:皮	蓋	蓋:石 蓋:然性	韻	韻:文 韻:律 韻:致
孟	孟:春 孟:夏	栽	栽:培	藏	藏:書	顔	顔:料 顔:面 顔:色
宇	宇:宙	槪	槪:觀 槪:念 槪:略	被	被:殺 被:選 被:襲	鬼	鬼:神 鬼:才
장음과 단음이 함께 발음되는 한자								
亞	•亞:流 ○亞洲	倉	•倉:卒間 ○倉庫	偶	•偶:發 偶:像 ○偶然	審	•審:議 ○審理 審問
徐	•徐:行 ○徐羅伐	暫	•暫:時 ○暫定	淡	•淡:水 ○淡白	貫	•貫:通 貫:徹 ○貫鄕
仲	•仲:氏 仲:兄 ○仲介 仲媒 仲裁	燒	•燒:紙 ○燒却 燒死 燒散	紫	•紫:色 紫:朱 ○紫禁城	荷	•荷:役 荷:重 ○荷葉 荷花

※ 장음 한자 또는 장단음이 함께 발음되는 한자이나 用例가 없는 경우는 싣지 않았음.

독음 및 장단음 — 반복해서 읽으면서 익히세요.

1

丈:母(　　) 丈:夫(　　) 砂丘(　　) 丹心(　　) 丹粧(　　)
丹楓(　　) 牧丹(　　) 永:久(　　) 長久(　　) 持久(　　)
乘客(　　) 乘機(　　) 乘馬(　　) 便乘(　　) 乾杯(　　)
亞:流(　　) 亦是(　　) 介:入(　　) 交付(　　) 送:付(　　)
企圖(　　) 企業(　　) 企劃(　　) 仲介(　　) 仲媒(　　)
仲裁(　　) 仲秋(　　) 崇仰(　　) 信:仰(　　) 推仰(　　)
何等(　　) 但書(　　) 非但(　　) 伯父(　　) 畵:伯(　　)

2

侍:立(　　) 佳:人(　　) 佳:作(　　) 供:給(　　) 供:與(　　)
提供(　　) 促迫(　　) 促發(　　) 促進(　　) 督促(　　)
倒:産(　　) 倒:置(　　) 傾倒(　　) 壓倒(　　) 卒倒(　　)
打:倒(　　) 借:名(　　) 借:用(　　) 借:入(　　) 價值(　　)
數:值(　　) 倫理(　　) 五:倫(　　) 人倫(　　) 絶倫(　　)
天倫(　　) 倉庫(　　) 穀倉(　　) 偏見(　　) 偏食(　　)
偏愛(　　) 偏重(　　) 偏向(　　) 側近(　　) 側面(　　)

3

兩:側(　　) 偶:發(　　) 偶:像(　　) 偶然(　　) 債:權(　　)
債:務(　　) 國債(　　) 負:債(　　) 外:債(　　) 開催(　　)
主催(　　) 僞計(　　) 僞善(　　) 僞裝(　　) 僞造(　　)
眞僞(　　) 虛僞(　　) 僧舞(　　) 高僧(　　) 老:僧(　　)
假:像(　　) 銅:像(　　) 想:像(　　) 實像(　　) 肖像(　　)
償還(　　) 無償(　　) 報:償(　　) 吉兆(　　) 亡:兆(　　)
徵兆(　　) 免:稅(　　) 免:疫(　　) 免:除(　　) 免:許(　　)

독음 및 장단음
반복해서 읽으면서 익히세요.

4

放:免(　　) 克己(　　) 克明(　　) 克服(　　) 其實(　　)
其他(　　) 兼備(　　) 兼用(　　) 兼任(　　) 兼職(　　)
冠禮(　　) 弱冠(　　) 衣冠(　　) 凍:結(　　) 凍:死(　　)
凍:傷(　　) 凍:破(　　) 冷:凍(　　) 解:凍(　　) 凡:例(　　)
凡:民(　　) 凡:常(　　) 非凡(　　) 刀劍(　　) 果:刀(　　)
寶:刀(　　) 刊行(　　) 發刊(　　) 新刊(　　) 創:刊(　　)
刷:新(　　) 印刷(　　) 刺:客(　　) 刺:傷(　　) 削減(　　)

5

削除(　　) 剛斷(　　) 剛度(　　) 割據(　　) 割當(　　)
割愛(　　) 割引(　　) 均割(　　) 分割(　　) 劃策(　　)
計:劃(　　) 區劃(　　) 劍:道(　　) 劍:舞(　　) 劍:法(　　)
劍:術(　　) 寶:劍(　　) 激勵(　　) 督勵(　　) 獎:勵(　　)
勿驚(　　) 勿論(　　) 卑:屈(　　) 卑:近(　　) 卑:俗(　　)
卑:賤(　　) 卑:下(　　) 尊卑(　　) 卽刻(　　) 卽決(　　)
卽答(　　) 卽席(　　) 卽時(　　) 卽位(　　) 及第(　　)

6

普:及(　　) 言及(　　) 波及(　　) 司法(　　) 司會(　　)
吐:露(　　) 實吐(　　) 吏:讀(　　) 官吏(　　) 含量(　　)
含蓄(　　) 包含(　　) 吹:奏(　　) 吹:打(　　) 哀歌(　　)
哀傷(　　) 哀惜(　　) 哀願(　　) 哀歡(　　) 悲:哀(　　)
哲學(　　) 明哲(　　) 唐突(　　) 哭聲(　　) 啓:導(　　)
啓:蒙(　　) 啓:發(　　) 喪服(　　) 喪失(　　) 問:喪(　　)
坐:視(　　) 坐:定(　　) 端坐(　　) 對:坐(　　) 培:養(　　)

독음 및 장단음 — 반복해서 읽으면서 익히세요.

7

執權(　　) 執務(　　) 執中(　　) 執着(　　) 執筆(　　)
執行(　　) 固執(　　) 窮塞(　　) 語:塞(　　) 要塞(　　)
塔碑(　　) 佛塔(　　) 寺塔(　　) 石塔(　　) 墨客(　　)
墨守(　　) 墨香(　　) 壞:滅(　　) 損:壞(　　) 破:壞(　　)
土壤(　　) 壽命(　　) 壽宴(　　) 長壽(　　) 天壽(　　)
夢:想(　　) 吉夢(　　) 惡夢(　　) 解:夢(　　) 中央(　　)
奔走(　　) 伴:奏(　　) 契:機(　　) 契:約(　　) 奪取(　　)

8

奪還(　　) 強:奪(　　) 爭奪(　　) 奮:激(　　) 奮:起(　　)
奮:發(　　) 奮:戰(　　) 奮:鬪(　　) 興:奮(　　) 奴婢(　　)
妄:靈(　　) 妄:發(　　) 妄:想(　　) 妄:言(　　) 虛妄(　　)
王妃(　　) 姑母(　　) 娘子(　　) 侍:婢(　　) 媒介(　　)
媒體(　　) 孟:春(　　) 宇:宙(　　) 寂然(　　) 孤寂(　　)
靜寂(　　) 閑寂(　　) 寧日(　　) 康寧(　　) 安寧(　　)
丁寧(　　) 寡:默(　　) 寬大(　　) 寬容(　　) 審理(　　)

9

審問(　　) 審査(　　) 審:議(　　) 審:判(　　) 豫:審(　　)
誤:審(　　) 封書(　　) 封印(　　) 開封(　　) 同封(　　)
密封(　　) 尙:存(　　) 高尙(　　) 崇尙(　　) 尺度(　　)
尾行(　　) 末尾(　　) 首尾(　　) 履:修(　　) 履:行(　　)
履:歷(　　) 海:岸(　　) 峰頂(　　) 高峰(　　) 嶺東(　　)
雪嶺(　　) 巖壁(　　) 巖石(　　) 巡禮(　　) 巡訪(　　)
巡視(　　) 巡察(　　) 巧妙(　　) 技巧(　　) 精巧(　　)

독음 및 장단음 반복해서 읽으면서 익히세요.

10

元帥(　　) 將:帥(　　) 總:帥(　　) 幕間(　　) 幕舍(　　)
開幕(　　) 字幕(　　) 帳幕(　　) 終幕(　　) 黑幕(　　)
幹部(　　) 幹事(　　) 幹線(　　) 骨幹(　　) 根幹(　　)
才幹(　　) 幼年(　　) 幽靈(　　) 幽明(　　) 幽閉(　　)
畵:廊(　　) 行廊(　　) 廢:物(　　) 廢:止(　　) 廢:品(　　)
存廢(　　) 法廷(　　) 朝廷(　　) 弄:談(　　) 弊:端(　　)
弊:習(　　) 弊:害(　　) 語:弊(　　) 疲:弊(　　) 弓術(　　)

11

國弓(　　) 彩:色(　　) 光彩(　　) 色彩(　　) 影:響(　　)
眞影(　　) 投影(　　) 役事(　　) 役割(　　) 苦役(　　)
勞役(　　) 主役(　　) 雜役(　　) 征伐(　　) 征服(　　)
遠:征(　　) 彼:我(　　) 彼:岸(　　) 彼:此(　　) 口:徑(　　)
半:徑(　　) 直徑(　　) 徐:行(　　) 御:醫(　　) 御:前(　　)
御:殿(　　) 御:製(　　) 微動(　　) 微量(　　) 微力(　　)
微明(　　) 微妙(　　) 微物(　　) 微細(　　) 微笑(　　)

12

微賤(　　) 微風(　　) 輕微(　　) 徹夜(　　) 徵兵(　　)
徵收(　　) 徵候(　　) 象徵(　　) 特徵(　　) 忍苦(　　)
忍耐(　　) 忍辱(　　) 殘忍(　　) 忽待(　　) 忽然(　　)
怪:奇(　　) 怪:談(　　) 怪:力(　　) 怪:變(　　) 怪:漢(　　)
奇怪(　　) 恭敬(　　) 恭待(　　) 容恕(　　) 恥辱(　　)
恒常(　　) 悠久(　　) 悠長(　　) 悅樂(　　) 喜悅(　　)
悟:道(　　) 覺悟(　　) 大:悟(　　) 悔:改(　　) 悔:悟(　　)

독음 및 장단음 반복해서 읽으면서 익히세요.

13

悔:恨(　) 後:悔(　) 惜別(　) 當惑(　) 不惑(　)
愁心(　) 客愁(　) 鄉愁(　) 愚弄(　) 愚直(　)
慈堂(　) 慈悲(　) 慈善(　) 慈愛(　) 仁慈(　)
愼:重(　) 謹:愼(　) 慧:眼(　) 智慧(　) 慾望(　)
慾心(　) 慣例(　) 慣習(　) 習慣(　) 思慕(　)
愛:慕(　) 憂慮(　) 憂愁(　) 憎惡(　) 可:憎(　)
愛:憎(　) 記憶(　) 懇:談(　) 懇:切(　) 懇:請(　)

14

懸:案(　) 懸:板(　) 懷古(　) 懷柔(　) 懷疑(　)
感:懷(　) 戀:歌(　) 戀:慕(　) 戀:愛(　) 悲戀(　)
我:執(　) 戚臣(　) 外:戚(　) 親戚(　) 戲曲(　)
戲弄(　) 戲畵(　) 遊戲(　) 抑留(　) 抑壓(　)
抑揚(　) 抑制(　) 抑止(　) 扶養(　) 扶助(　)
拔群(　) 奇拔(　) 選:拔(　) 海:拔(　) 拂入(　)
完拂(　) 支拂(　) 後:拂(　) 拓本(　) 干拓(　)

15

開拓(　) 抵:觸(　) 抵:抗(　) 大:抵(　) 拘禁(　)
拘留(　) 拘束(　) 拾得(　) 收拾(　) 拳:銃(　)
拳:鬪(　) 鐵拳(　) 捕捉(　) 捕獲(　) 生捕(　)
振:動(　) 振:作(　) 振:興(　) 排擊(　) 排氣(　)
排定(　) 排除(　) 排斥(　) 排置(　) 排他(　)
管掌(　) 換:局(　) 換:算(　) 換:錢(　) 交換(　)
變:換(　) 轉:換(　) 揚名(　) 止揚(　) 摘發(　)

독음 및 장단음 — 반복해서 읽으면서 익히세요.

16

摘示(　　) 指摘(　　) 旋律(　　) 旋風(　　) 旋回(　　)
周旋(　　) 元旦(　　) 旬報(　　) 三旬(　　) 初旬(　　)
昇格(　　) 昇級(　　) 昇華(　　) 上:昇(　　) 昌盛(　　)
晚:年(　　) 晚:秋(　　) 晚:學(　　) 暫間(　　) 暫時(　　)
暫定(　　) 曆法(　　) 西曆(　　) 陽曆(　　) 冊曆(　　)
斜線(　　) 斜陽(　　) 傾斜(　　) 枝葉(　　) 架空(　　)
架橋(　　) 書架(　　) 電:柱(　　) 染:料(　　) 染:色(　　)

17

感:染(　　) 傳染(　　) 柔順(　　) 柔軟(　　) 溫柔(　　)
桂:冠(　　) 桂:皮(　　) 桃李(　　) 栽:培(　　) 橋梁(　　)
棟梁(　　) 梅實(　　) 梅香(　　) 寒梅(　　) 機械(　　)
森林(　　) 森嚴(　　) 楓林(　　) 霜楓(　　) 槪:觀(　　)
槪:念(　　) 槪:略(　　) 槪:要(　　) 氣槪(　　) 節槪(　　)
樓閣(　　) 樓臺(　　) 高樓(　　) 望:樓(　　) 城樓(　　)
橫財(　　) 橫暴(　　) 專橫(　　) 欄干(　　) 空欄(　　)

18

欲求(　　) 此際(　　) 此後(　　) 如此(　　) 殆半(　　)
危殆(　　) 殊常(　　) 特殊(　　) 殿:閣(　　) 殿:堂(　　)
宮殿(　　) 電:池(　　) 沙器(　　) 沙漠(　　) 黃沙(　　)
沒頭(　　) 沒落(　　) 沒敗(　　) 出沒(　　) 沈降(　　)
沈沒(　　) 沈默(　　) 沈潛(　　) 沈着(　　) 沈痛(　　)
沿邊(　　) 沿岸(　　) 沿海(　　) 沿:革(　　) 泰斗(　　)
泰然(　　) 泰平(　　) 洪水(　　) 浸:潤(　　) 浸:透(　　)

독음 및 장단음 반복해서 읽으면서 익히세요.

19

浦口(　) 浮刻(　) 浮力(　) 浮揚(　) 浮遊(　)
浮沈(　) 浪費(　) 浪說(　) 激浪(　) 放浪(　)
風浪(　) 淫亂(　) 淫談(　) 淨潔(　) 淨化(　)
淑女(　) 凉風(　) 淺近(　) 淺薄(　) 深淺(　)
日淺(　) 淡白(　) 賣渡(　) 明渡(　) 讓渡(　)
引渡(　) 湯藥(　) 溫湯(　) 浴湯(　) 溪谷(　)
滅亡(　) 滅門(　) 滅族(　) 滅種(　) 明滅(　)

20

不滅(　) 消滅(　) 全滅(　) 破滅(　) 漏落(　)
漏水(　) 漏電(　) 漏出(　) 脫漏(　) 漆器(　)
漆黑(　) 漸漸(　) 漸增(　) 漸進(　) 漸次(　)
漠然(　) 廣漠(　) 滯納(　) 滯留(　) 停滯(　)
遲滯(　) 沈滯(　) 潤氣(　) 潤澤(　) 利潤(　)
潛伏(　) 潛在(　) 潛跡(　) 德澤(　) 恩澤(　)
惠澤(　) 濕氣(　) 濕度(　) 炎暑(　) 炎症(　)

21

暴炎(　) 烏竹(　) 照明(　) 落照(　) 對照(　)
參照(　) 熟考(　) 熟達(　) 熟練(　) 熟眠(　)
熟語(　) 未熟(　) 成熟(　) 燒却(　) 燒失(　)
全燒(　) 煖爐(　) 火爐(　) 斷片(　) 破片(　)
版木(　) 出版(　) 狂氣(　) 狂亂(　) 狂風(　)
猛獸(　) 猛烈(　) 猛威(　) 勇猛(　) 牙城(　)
象牙(　) 齒牙(　) 猶豫(　) 監獄(　) 地獄(　)

독음 및 장단음 반복해서 읽으면서 익히세요.

22

獲得(　　) 漁獲(　　) 野:獸(　　) 鳥獸(　　) 獻:納(　　)
獻:壽(　　) 獻:身(　　) 玄米(　　) 玄孫(　　) 率先(　　)
率直(　　) 輕率(　　) 比:率(　　) 效:率(　　) 眞率(　　)
統率(　　) 珠簾(　　) 珠玉(　　) 眞珠(　　) 琴瑟(　　)
瓦:裂(　　) 瓦:解(　　) 極甚(　　) 畜舍(　　) 家畜(　　)
牧畜(　　) 畢竟(　　) 畢生(　　) 未:畢(　　) 畿湖(　　)
京畿(　　) 疏外(　　) 疏脫(　　) 疏通(　　) 疏忽(　　)

23

疫病(　　) 檢:疫(　　) 防疫(　　) 疾病(　　) 疾走(　　)
疾風(　　) 症狀(　　) 症勢(　　) 症候(　　) 痛症(　　)
皇帝(　　) 皮革(　　) 毛皮(　　) 脫皮(　　) 盟約(　　)
加盟(　　) 同盟(　　) 盤石(　　) 基盤(　　) 小:盤(　　)
巖盤(　　) 音盤(　　) 盲信(　　) 盲點(　　) 色盲(　　)
冬:眠(　　) 永:眠(　　) 親睦(　　) 和睦(　　) 瞬間(　　)
硬直(　　) 硬化(　　) 强硬(　　) 生硬(　　) 碧空(　　)

24

磨滅(　　) 鍊:磨(　　) 礎石(　　) 基礎(　　) 祭:祀(　　)
貫:祿(　　) 國祿(　　) 福祿(　　) 禍:根(　　) 禍:亂(　　)
禍:福(　　) 禪房(　　) 禪宗(　　) 坐:禪(　　) 參禪(　　)
禽獸(　　) 秩序(　　) 租稅(　　) 稀貴(　　) 稀微(　　)
稀薄(　　) 稀釋(　　) 古:稀(　　) 稚魚(　　) 幼稚(　　)
稿:料(　　) 寄稿(　　) 原稿(　　) 遺稿(　　) 草稿(　　)
脫稿(　　) 投稿(　　) 穴居(　　) 墓:穴(　　) 虎:穴(　　)

독음 및 장단음 — 반복해서 읽으면서 익히세요.

25

突擊(　　) 突起(　　) 突發(　　) 突變(　　) 突然(　　)
突進(　　) 突破(　　) 突風(　　) 符:籍(　　) 符:合(　　)
符:號(　　) 汽笛(　　) 玉笛(　　) 策略(　　) 策定(　　)
對:策(　　) 妙:策(　　) 方策(　　) 祕:策(　　) 散:策(　　)
施:策(　　) 政策(　　) 帳簿(　　) 化粧(　　) 糖度(　　)
糖類(　　) 糖分(　　) 騎馬(　　) 騎兵(　　) 單騎(　　)
指紋(　　) 波紋(　　) 紛亂(　　) 紛失(　　) 紛爭(　　)

26

索漠(　　) 索出(　　) 思索(　　) 探索(　　) 累:計(　　)
累:代(　　) 累:積(　　) 累:進(　　) 連累(　　) 脈絡(　　)
連絡(　　) 緊急(　　) 緊密(　　) 緊迫(　　) 緊要(　　)
緊張(　　) 維持(　　) 綱領(　　) 紀綱(　　) 大:綱(　　)
要綱(　　) 綿密(　　) 緩:急(　　) 緩:慢(　　) 緩:和(　　)
編成(　　) 編著(　　) 編制(　　) 編次(　　) 改:編(　　)
續編(　　) 緖:論(　　) 端緖(　　) 頭緖(　　) 情緖(　　)

27

縱斷(　　) 放:縱(　　) 操縱(　　) 繁盛(　　) 繁榮(　　)
繁昌(　　) 繁華(　　) 署:名(　　) 部署(　　) 羽:化(　　)
右:翼(　　) 耕作(　　) 耕地(　　) 聯立(　　) 聯盟(　　)
聯想(　　) 聯合(　　) 關聯(　　) 不肖(　　) 肝:臟(　　)
肥:料(　　) 肥:滿(　　) 胡角(　　) 胡亂(　　) 胃壁(　　)
胃液(　　) 健:胃(　　) 脅迫(　　) 威脅(　　) 胸骨(　　)
胸部(　　) 胸像(　　) 胸中(　　) 脚光(　　) 脚本(　　)

28

健:脚(　　) 橋脚(　　) 馬:脚(　　) 行脚(　　) 腐:敗(　　)
陳:腐(　　) 腹部(　　) 腹案(　　) 空腹(　　) 私腹(　　)
腦裏(　　) 頭腦(　　) 臟器(　　) 內:臟(　　) 五:臟(　　)
臨迫(　　) 臨時(　　) 臨終(　　) 降臨(　　) 臺帳(　　)
舞:臺(　　) 萬:般(　　) 全般(　　) 發芽(　　) 芳年(　　)
芳春(　　) 若干(　　) 萬:若(　　) 茂:盛(　　) 茶果(　　)
茶道(　　) 茶禮(　　) 綠茶(　　) 荒唐(　　) 涼荒(　　)

29

荒野(　　) 荒廢(　　) 莊嚴(　　) 荷役(　　) 荷重(　　)
莊重(　　) 別莊(　　) 莫强(　　) 莫甚(　　) 莫重(　　)
滅菌(　　) 病:菌(　　) 殺菌(　　) 細:菌(　　) 菊花(　　)
黃菊(　　) 菜:食(　　) 野:菜(　　) 著:名(　　) 著:書(　　)
著:述(　　) 論著(　　) 葬禮(　　) 葬事(　　) 葬儀(　　)
火:葬(　　) 蓋:石(　　) 覆蓋(　　) 童:蒙(　　) 蒼天(　　)
蒸氣(　　) 蒸發(　　) 蓮根(　　) 木蓮(　　) 薄待(　　)

30

薄德(　　) 薄氷(　　) 薄情(　　) 刻薄(　　) 輕薄(　　)
藏:書(　　) 冷:藏(　　) 祕:藏(　　) 所:藏(　　) 貯:藏(　　)
蘇生(　　) 蘭香(　　) 蛇足(　　) 毒蛇(　　) 衝擊(　　)
衝突(　　) 衝動(　　) 要衝(　　) 折衝(　　) 衡平(　　)
均衡(　　) 平衡(　　) 衰落(　　) 衰亡(　　) 衰微(　　)
衰弱(　　) 衰盡(　　) 衰退(　　) 老:衰(　　) 盛:衰(　　)
被:選(　　) 被:襲(　　) 被:害(　　) 決裂(　　) 分裂(　　)

독음 및 장단음
반복해서 읽으면서 익히세요.

31

破:裂(　　) 株價(　　) 裁可(　　) 裁斷(　　) 裁量(　　)
裁判(　　) 決裁(　　) 制:裁(　　) 裏:面(　　) 補:强(　　)
補:修(　　) 補:完(　　) 補:助(　　) 補:充(　　) 候補(　　)
裕福(　　) 餘裕(　　) 衣裳(　　) 襲擊(　　) 急襲(　　)
奇襲(　　) 世:襲(　　) 因襲(　　) 覆面(　　) 顚:覆(　　)
觸覺(　　) 觸感(　　) 觸媒(　　) 感:觸(　　) 接觸(　　)
訣別(　　) 祕:訣(　　) 永:訣(　　) 訟:事(　　) 訴訟(　　)

32

爭訟(　　) 品:詞(　　) 告:訴(　　) 抗:訴(　　) 呼訴(　　)
誇:示(　　) 誇:張(　　) 詳論(　　) 詳細(　　) 詳述(　　)
誘導(　　) 誘發(　　) 誘引(　　) 誘惑(　　) 勸:誘(　　)
諸般(　　) 謀略(　　) 共:謀(　　) 無謀(　　) 陰謀(　　)
所:謂(　　) 受諾(　　) 承諾(　　) 應:諾(　　) 許諾(　　)
謙辭(　　) 謙讓(　　) 謙虛(　　) 系:譜(　　) 世:譜(　　)
樂譜(　　) 族譜(　　) 譯文(　　) 國譯(　　) 意:譯(　　)

33

通譯(　　) 名譽(　　) 榮譽(　　) 讓:步(　　) 辭讓(　　)
深:谷(　　) 豪傑(　　) 豪氣(　　) 豪雨(　　) 豪快(　　)
强豪(　　) 文豪(　　) 貌樣(　　) 面:貌(　　) 美:貌(　　)
外:貌(　　) 容貌(　　) 風貌(　　) 貞潔(　　) 貞節(　　)
貞操(　　) 貢:物(　　) 貢:獻(　　) 貫:徹(　　) 貫:通(　　)
本貫(　　) 貸:與(　　) 貸:切(　　) 貸:借(　　) 貸:出(　　)
貿:易(　　) 賀:客(　　) 賀:禮(　　) 祝賀(　　) 賃:金(　　)

독음 및 장단음
반복해서 읽으면서 익히세요.

34

賃:貸(　　) 賃:借(　　) 勞賃(　　) 運賃(　　) 賦:課(　　)
賦:與(　　) 賦:役(　　) 割賦(　　) 賤:待(　　) 賤:視(　　)
貴:賤(　　) 貧賤(　　) 信:賴(　　) 依賴(　　) 贊:成(　　)
贊:助(　　) 越冬(　　) 越等(　　) 追越(　　) 卓越(　　)
超過(　　) 超然(　　) 超越(　　) 超脫(　　) 距:離(　　)
人跡(　　) 足跡(　　) 筆跡(　　) 踏步(　　) 踏査(　　)
踏襲(　　) 踏破(　　) 實踐(　　) 古:蹟(　　) 奇蹟(　　)

35

史:蹟(　　) 軟:性(　　) 軟:弱(　　) 比:較(　　) 記載(　　)
登載(　　) 連載(　　) 積載(　　) 輩:出(　　) 輸送(　　)
輸出(　　) 輸血(　　) 運:輸(　　) 北辰(　　) 星辰(　　)
辱說(　　) 困:辱(　　) 屈辱(　　) 雪辱(　　) 榮辱(　　)
迫頭(　　) 迫害(　　) 急迫(　　) 壓迫(　　) 切迫(　　)
述懷(　　) 口:述(　　) 記述(　　) 追加(　　) 追擊(　　)
追求(　　) 追窮(　　) 追念(　　) 追慕(　　) 追放(　　)

36

追憶(　　) 追跡(　　) 追後(　　) 透過(　　) 透明(　　)
透視(　　) 透映(　　) 透徹(　　) 途:中(　　) 壯:途(　　)
中途(　　) 逢變(　　) 逢着(　　) 相逢(　　) 逸脫(　　)
逸品(　　) 逸話(　　) 安逸(　　) 隱逸(　　) 遷:都(　　)
變:遷(　　) 左:遷(　　) 還甲(　　) 還給(　　) 還拂(　　)
歸:還(　　) 邪道(　　) 邪惡(　　) 郎君(　　) 新郞(　　)
醉:氣(　　) 滿:醉(　　) 深:醉(　　) 釋放(　　) 釋然(　　)

독음 및 장단음 반복해서 읽으면서 익히세요.

37

銘心(　　) 感:銘(　　) 鋼鐵(　　) 鋼板(　　) 鐵鋼(　　)
錯覺(　　) 錯誤(　　) 錯雜(　　) 交錯(　　) 鍊:武(　　)
修鍊(　　) 精鍊(　　) 訓:鍊(　　) 鎖:國(　　) 封鎖(　　)
閉:鎖(　　) 鎭:壓(　　) 鎭:靜(　　) 鎭:重(　　) 鑑賞(　　)
鑑識(　　) 鑑定(　　) 鑄:物(　　) 鑄:造(　　) 內:閣(　　)
阿附(　　) 附:加(　　) 附:近(　　) 附:屬(　　) 陳:列(　　)
陳:謝(　　) 陳:述(　　) 陷:落(　　) 陷:沒(　　) 缺陷(　　)

38

謀陷(　　) 陶工(　　) 陶器(　　) 陶醉(　　) 陵園(　　)
王陵(　　) 隆起(　　) 隆盛(　　) 隆崇(　　) 隔年(　　)
隔離(　　) 間:隔(　　) 隨時(　　) 隨筆(　　) 雅:量(　　)
雅:趣(　　) 古:雅(　　) 端雅(　　) 優雅(　　) 典雅(　　)
淸雅(　　) 雙璧(　　) 落雷(　　) 需:給(　　) 需要(　　)
內:需(　　) 祭:需(　　) 特需(　　) 婚需(　　) 震:怒(　　)
震:動(　　) 强震(　　) 耐:震(　　) 地震(　　) 霜降(　　)

39

霜葉(　　) 秋霜(　　) 風霜(　　) 露天(　　) 露出(　　)
靈感(　　) 靈物(　　) 靈前(　　) 靈魂(　　) 神靈(　　)
韻:文(　　) 韻:律(　　) 韻:致(　　) 反:響(　　) 音響(　　)
頃刻(　　) 頂上(　　) 山頂(　　) 絶頂(　　) 事:項(　　)
條項(　　) 顔:料(　　) 顔:面(　　) 顔:色(　　) 童:顔(　　)
龍顔(　　) 紅顔(　　) 朝飯(　　) 假:飾(　　) 服飾(　　)
修飾(　　) 裝飾(　　) 客館(　　) 驛舍(　　) 鬼:神(　　)

독음 및 장단음
반복해서 읽으면서 익히세요.

40

鬼:才(　　) 魂靈(　　) 忠魂(　　) 鶴髮(　　) 鹽分(　　)
鹽素(　　) 鹽田(　　) 麥酒(　　) 小:麥(　　) 麻織(　　)
大:麻(　　) 默契(　　) 默過(　　) 默念(　　) 默想(　　)
默視(　　) 默認(　　) 鼓動(　　) 鼓舞(　　) 鼓吹(　　)
齊唱(　　) 均齊(　　) 一齊(　　) 整齊(　　)

41

丘陵地(　　) 乘務員(　　) 乾魚物(　　) 井華水(　　)
何如間(　　) 配:偶者(　　) 催眠術(　　) 免:罪符(　　)
劃期的(　　) 劃一的(　　) 勿忘草(　　) 卽興的(　　)
及其也(　　) 哀慶事(　　) 金字塔(　　) 水墨畵(　　)
賣:國奴(　　) 妻子息(　　) 宴:會席(　　) 送:別宴(　　)
審美眼(　　) 不得已(　　) 幼兒期(　　) 水彩畵(　　)
徐羅伐(　　) 恐:水病(　　) 恒久的(　　) 懸:賞金(　　)

42

仙人掌(　　) 換:節期(　　) 昇降機(　　) 曾祖父(　　)
未:曾有(　　) 貯:水池(　　) 汗:蒸幕(　　) 不汗黨(　　)
沒常識(　　) 沒廉恥(　　) 六大洲(　　) 浸:出水(　　)
浮動票(　　) 浮浪人(　　) 淡:水魚(　　) 過:渡期(　　)
潛望鏡(　　) 燕:尾服(　　) 甚:至於(　　) 畜産業(　　)
皮相的(　　) 鐵面皮(　　) 盲目的(　　) 燕:尾服(　　)
甚:至於(　　) 畜産業(　　) 皮相的(　　) 鐵面皮(　　)

독음 및 장단음 반복해서 읽으면서 익히세요.

43

盲目的 ( )	瞬息間 ( )	碧溪水 ( )	祈雨祭 ( )
猛:禽類 ( )	家計簿 ( )	銀粧刀 ( )	紫:外線 ( )
官公署 ( )	耐:久性 ( )	肖像畵 ( )	肺:活量 ( )
氣象臺 ( )	展:望臺 ( )	芳名錄 ( )	茶飯事 ( )
手荷物 ( )	蓋:然性 ( )	無盡藏 ( )	長蛇陣 ( )
度:量衡 ( )	謀利輩 ( )	年賀狀 ( )	天賦的 ( )
先後輩 ( )	迫進感 ( )	座:右銘 ( )	隨想錄 ( )

44

避:雷針 ( )	飯床器 ( )	圖書館 ( )	博物館 ( )
終着驛 ( )	食鹽水 ( )		

45

加減乘除 ( )	佳人薄命 ( )	幹線道路 ( )
剛柔兼全 ( )	兼人之勇 ( )	輕擧妄動 ( )
高架道路 ( )	孤軍奮鬪 ( )	姑息之計 ( )
孤掌難鳴 ( )	曲學阿世 ( )	骨肉相殘 ( )
過:恭非禮 ( )	寡:聞淺識 ( )	過:猶不及 ( )
冠婚喪祭 ( )	國泰民安 ( )	群鷄一鶴 ( )
群雄割據 ( )	權謀術數 ( )	克己復禮 ( )

독음 및 장단음 반복해서 읽으면서 익히세요.

46

錦:衣玉食 (　　)　　錦:衣還鄕 (　　)　　金蘭之契 (　　)

金石之契 (　　)　　奇巖怪石 (　　)　　奇巖絶壁 (　　)

騎虎之勢 (　　)　　男尊女卑 (　　)　　內:憂外患 (　　)

綠陰芳草 (　　)　　累:卵之危 (　　)　　單刀直入 (　　)

大:器晩成 (　　)　　大:同小異 (　　)　　同價紅裳 (　　)

東奔西走 (　　)　　同床異夢 (　　)　　莫上莫下 (　　)

莫逆之友 (　　)　　莫重大事 (　　)　　萬:頃蒼波 (　　)

47

晩:時之歎 (　　)　　望:雲之情 (　　)　　買占賣惜 (　　)

麥秀之嘆 (　　)　　孟:母斷機 (　　)　　明鏡止水 (　　)

明心寶鑑 (　　)　　名實相符 (　　)　　明若觀火 (　　)

武:陵桃源 (　　)　　勿失好機 (　　)　　物我一體 (　　)

微:官末職 (　　)　　薄利多賣 (　　)　　拍掌大笑 (　　)

盤根錯節 (　　)　　反:對給付 (　　)　　拔本塞源 (　　)

百年佳約 (　　)　　伯牙絶絃 (　　)　　伯仲之勢 (　　)

48

封:建思想 (　　)　　夫唱婦隨 (　　)　　非:命橫死 (　　)

削奪官職 (　　)　　三綱五倫 (　　)　　森羅萬象 (　　)

三人成虎 (　　)　　三尺童子 (　　)　　喪家之狗 (　　)

相扶相助 (　　)　　相乘作用 (　　)　　桑田碧海 (　　)

先公後私 (　　)　　雪上加霜 (　　)　　首丘初心 (　　)

修己治人 (　　)　　垂簾聽政 (　　)　　隨問隨答 (　　)

壽福康寧 (　　)　　始:終一貫 (　　)　　識字憂患 (　　)

독음 및 장단음
반복해서 읽으면서 익히세요.

49

神出鬼沒 (　　) 深:謀遠慮 (　　) 深:思熟考 (　　)
深:山幽谷 (　　) 我:歌查唱 (　　) 仰:望不及 (　　)
仰:天大笑 (　　) 億兆蒼生 (　　) 抑何心情 (　　)
炎涼世態 (　　) 烏飛梨落 (　　) 烏合之卒 (　　)
外:柔內剛 (　　) 欲速不達 (　　) 龍頭蛇尾 (　　)
憂國之士 (　　) 愚問賢答 (　　) 優柔不斷 (　　)
雲泥之差 (　　) 流水不腐 (　　) 隱忍自重 (　　)

50

悠:悠自適 (　　) 已:往之事 (　　) 人面獸心 (　　)
人之常情 (　　) 一場春夢 (　　) 一片丹心 (　　)
臨機應變 (　　) 臨時變通 (　　) 臨戰無退 (　　)
自由奔放 (　　) 長:幼有序 (　　) 掌:中寶玉 (　　)
積羽沈舟 (　　) 轉:禍爲福 (　　) 前途有望 (　　)
漸:入佳境 (　　) 頂門一鍼 (　　) 鳥足之血 (　　)
縱橫無盡 (　　) 坐:見千里 (　　) 坐:不安席 (　　)

51

坐:食山空 (　　) 坐:井觀天 (　　) 晝耕夜讀 (　　)
周到綿密 (　　) 酒池肉林 (　　) 芝蘭之交 (　　)
支離滅裂 (　　) 知彼知己 (　　) 進:退維谷 (　　)
此日彼日 (　　) 天高馬肥 (　　) 天壤之差 (　　)
千載一遇 (　　) 徹頭徹尾 (　　) 徹天之恨 (　　)
草根木皮 (　　) 初志一貫 (　　) 醉:生夢死 (　　)
他山之石 (　　) 泰然自若 (　　) 破:顔大笑 (　　)

독음 및 장단음 반복해서 읽으면서 익히세요.

52

表裏不同 (　　　)　　皮骨相接 (　　　)　　鶴首苦待 (　　　)

含憤蓄怨 (　　　)　　恒茶飯事 (　　　)　　虛禮虛飾 (　　　)

賢母良妻 (　　　)　　懸:河之辯 (　　　)　　虎:死留皮 (　　　)

浩:然之氣 (　　　)　　豪言壯談 (　　　)　　禍:不單行 (　　　)

橫斷步道 (　　　)　　厚:顔無恥 (　　　)　　興:亡盛衰 (　　　)

興:盡悲來 (　　　)

3급 II 독음 및 장단음 익히기 해답

1
장모 장부 사구 단심 단장
단풍 목란 영구 장구 지구
승객 승기 승마 편승 건배
아류 역시 개입 교부 송부
기도 기업 기획 중개 중매
중재 중추 숭앙 신앙 추앙
하등 단서 비단 백부 화백

2
시립 가인 가작 공급 공여
제공 촉박 촉발 촉진 독촉
도산 도치 경도 압도 졸도
타도 차명 차용 차입 가치
수치 윤리 오류 인륜 절륜
천륜 창고 곡창 편견 편식
편애 편중 편향 측근 측면

3
양측 우발 우상 우연 채권
채무 국채 부채 외채 개최
주최 위계 위선 위장 위조
진위 허위 승무 고승 노승
가상 동상 상상 실상 초상
상환 무상 보상 길조 망조
징조 면세 면역 면제 면허

4
방면 극기 극명 극복 기실
기타 겸비 겸용 겸임 겸직
관례 약관 의관 동결 동사
동상 동파 냉동 해동 범례
범민 범상 비범 도검 과도
보도 간행 발간 신간 창간
쇄신 인쇄 자객 자상 삭감

5
삭제 강단 강도 할거 할당
할애 할인 균할 분할 획책
계획 구획 검도 검무 검법
검술 보검 격려 독려 장려
물경 물론 비굴 비근 비속
비천 비하 존비 즉각 즉결
즉답 즉석 즉시 즉위 급제

6
보급 언급 파급 사법 사회
토로 실토 이두 관리 함량
함축 포함 취주 취타 애가
애상 애석 애원 애환 비애
철학 명철 당돌 곡성 계도
계몽 계발 상복 상실 문상
좌시 좌정 단좌 대좌 배양

7
집권 집무 집중 집착 집필
집행 고집 궁색 어색 요새
탑비 불탑 사탑 석탑 묵객
묵수 묵향 괴멸 손괴 파괴
토양 수명 수연 장수 천수
몽상 길몽 악몽 해몽 중앙
분주 반주 계기 계약 탈취

8
탈환 강탈 쟁탈 분격 분기
분발 분전 분투 흥분 노비
망령 망발 망상 망언 허망
왕비 고모 낭자 시비 매개
매체 맹춘 우주 적연 고적
정적 한적 영일 강녕 안녕
정녕 과묵 관대 관용 심리

9
심문 심사 심의 심판 예심
오심 봉서 봉인 개봉 동봉
밀봉 상존 고상 숭상 척도
미행 말미 수미 이수 이행
이력 해안 봉정 고봉 영동
설령 암벽 암석 순례 순방
순시 순찰 교묘 기교 정교

10
원수 장수 총수 막간 막사
개막 자막 장막 종막 흑막
간부 간사 간선 골간 근간
재간 유년 유령 유명 유폐
화랑 행랑 폐물 폐지 폐품
존폐 법정 조정 농담 폐단
폐습 폐해 어폐 피폐 궁술

11
국궁 채색 광채 색채 영향
진영 투영 역사 역할 고역
노역 주역 잡역 정벌 정복
원정 피아 피안 피차 구경
반경 직경 서행 어의 어전
어전 어제 미동 미량 미력
미명 미묘 미물 미세 미소

12
미천 미풍 경미 철야 징병
징수 징후 상징 특징 인고
인내 인욕 잔인 홀대 홀연
괴기 괴담 괴력 괴변 괴한
기괴 공경 공대 용서 치욕
항상 유구 유장 열락 희열
오도 각오 대오 회개 회오

13
회한 후회 석별 당혹 불혹
수심 객수 향수 우롱 우직
자당 자비 자선 자애 인자
신중 근신 혜안 지혜 욕망
욕심 관례 관습 습관 사모
애모 우려 우수 증오 가증
애증 기억 간담 간절 간청

14
현안 현판 회고 회유 회의
감회 연가 연모 연애 비련
아집 척신 외척 친척 희곡
희롱 희화 유희 억류 억압
억양 억제 억지 부양 부조
발군 기발 선발 해발 불입
완불 지불 후불 탁본 간척

15
개척 저촉 저항 대저 구금
구류 구속 습득 수습 권총
권투 철권 포착 포획 생포
진동 진작 진흥 배격 배기
배정 배제 배척 배치 배타
관장 배국 환산 환전 교환
변환 전환 양명 지양 적발

3급 II 독음 및 장단음 익히기 해답

16
적시 지적 선율 선풍 선회
주선 원단 순보 삼순 초순
승격 승급 승화 상승 창성
만년 만추 만학 잠간 잠시
잠정 역법 서력 양력 책력
사선 사양 경사 지엽 가공
가교 서가 전주 염료 염색

17
감염 전염 유순 유연 온유
계관 계피 도리 재배 교량
동량 매실 매향 한매 기계
삼림 삼엄 풍림 상풍 개관
개념 개략 개요 기개 절개
누각 누대 고루 망루 성루
횡재 횡포 전횡 난간 공난

18
욕구 차제 차후 여차 태반
위태 수상 특수 전각 전당
궁전 전지 사기 사막 황사
몰두 몰락 몰패 출몰 침강
침몰 침묵 침잠 침착 침통
연변 연안 연해 연혁 태두
태연 태평 홍수 침윤 침투

19
포구 부각 부력 부양 부유
부침 낭비 낭설 격랑 방랑
풍랑 음란 음담 정결 정화
숙녀 양풍 천근 천박 심천
일천 담백 매도 명도 양도
인도 탕약 온탕 욕탕 계곡
멸망 멸문 멸족 멸종 명멸

20
불멸 소멸 전멸 파멸 누락
누수 누전 누출 탈루 칠기
칠흑 점점 점증 점진 점차
막연 광막 체납 체류 정체
지체 침체 윤기 윤택 이윤
잠복 잠재 잠적 덕택 은택
혜택 습기 습도 염서 염증

21
폭염 오죽 조명 낙조 대조
참조 숙고 숙달 숙련 숙면
숙어 미숙 성숙 소각 소실
전소 난로 화로 단편 파편
판목 출판 광기 광란 광풍
맹수 맹렬 맹위 용맹 아성
상아 치아 유예 감옥 지옥

22
획득 어획 야수 조수 헌납
헌수 헌신 현미 현손 솔선
계관 경솔 비율 효율 진술
통솔 주렴 주옥 진주 금슬
와열 와해 극심 축사 가축
목축 필경 필생 미필 기호
경기 소외 소탈 소통 소홀

23
역병 검역 방역 질병 질주
질풍 증상 증세 증후 통증
황제 피혁 모피 탈피 맹약
가맹 동맹 반석 기반 소반
암반 음반 맹신 맹점 색맹
동면 영면 친목 화목 순간
경직 경화 강경 생경 벽공

24
마멸 연마 초석 기초 제사
관록 국록 복록 화근 화란
화복 선방 선종 좌선 참선
금수 질서 조세 희귀 희미
희박 회석 고희 치어 유치
희고 기고 원고 유고 초고
탈고 투고 혈거 묘혈 호혈

25
돌격 돌기 돌발 돌변 돌연
돌진 돌파 돌풍 부적 부합
부호 기적 옥적 책략 책정
대책 묘책 방책 비책 산책
시책 정책 장부 화장 당도
당류 당분 기마 기병 단기
지문 파문 분란 분실 분쟁

26
삭막 색출 사색 탐색 누계
누대 누적 누진 연루 맥락
연락 긴급 긴밀 긴박 긴요
긴장 유지 강령 기강 대강
요강 면밀 완급 완만 완화
편성 편저 편제 편차 개편
속편 서론 단서 두서 정서

27
종단 방종 조종 번성 번영
번창 번화 서명 부서 우화
우익 경작 경지 연립 연맹
연상 연합 관련 불초 간장
비료 비만 호각 호란 위벽
위액 건위 협박 위협 흉골
흥부 흉상 흉중 각광 각본

28
건각 교각 마각 행각 부패
진부 복부 복안 공복 사복
뇌리 두뇌 장기 내장 오장
임박 임시 임종 강임 대장
무대 만반 전반 발아 방년
방춘 약간 만약 무성 다과
다도 차례 녹차 황당 황량

29
황야 황폐 장엄 하역 하중
장중 별장 막강 막심 막중
멸균 병균 살균 세균 국화
황국 채식 야채 저명 저서
저술 논저 장례 장사 장의
화장 개석 복개 동몽 창천
증기 증발 연근 목련 박대

30
박덕 박빙 박정 각박 경박
장서 냉장 비장 소장 저장
소생 난향 사족 독사 충격
충돌 충동 요충 절충 형평
균형 평형 쇠락 쇠망 쇠미
쇠약 쇠진 쇠퇴 노쇠 성쇠
피선 피습 피해 결렬 분열

3급Ⅱ 독음 및 장단음 익히기 해답

31
파열	주가	재가	재단	재량
재판	결재	제재	이면	보강
보수	보완	보조	보충	후보
유복	여유	의상	습격	급습
기습	세습	인습	복면	전복
촉각	촉감	촉매	감촉	접촉
결별	비결	영결	송사	소송

32
쟁송	품사	고소	항소	호소
과시	과장	상론	상세	상술
유도	유발	유인	유혹	권유
제반	모략	공모	무모	음모
소위	수락	승낙	응낙	허락
겸사	겸양	겸허	계보	세보
악보	족보	역문	국역	의역

33
통역	명예	영예	양보	사양
심곡	호걸	호기	호우	호쾌
강호	문호	모양	면모	미모
외모	용모	풍모	정결	정절
정조	공물	공헌	관철	관통
본관	대여	대절	대차	대출
무역	하객	하례	축하	임금

34
임대	임차	노임	운임	부과
부여	부역	할부	천대	천시
귀천	빈천	신뢰	의뢰	찬성
찬조	월동	월등	추월	탁월
초과	초연	초월	초탈	거리
인적	족적	필적	답보	답사
답습	답파	실천	고적	기적

35
사적	연성	연약	비교	기재
등재	연재	적재	배출	수송
수출	수혈	운수	북신	성신
욕설	곤욕	굴욕	설욕	영욕
박두	박해	급박	압박	절박
술회	구술	기술	추가	추격
추구	추궁	추념	추모	추방

36
추억	추적	추후	투과	투명
투시	투영	투철	도중	장도
중도	봉변	봉착	상봉	일탈
일품	일화	안일	은일	천도
변천	좌천	환갑	환급	환불
귀환	사도	사악	낭군	신랑
취기	만취	심취	석방	석연

37
명심	감명	강철	강판	철강
착각	착오	착잡	교착	연무
수련	정련	훈련	쇄국	봉쇄
폐쇄	진압	진정	진중	감상
감식	감정	주물	주조	내각
아부	부가	부근	부속	진열
진사	진술	함락	함몰	결함

38
모함	도공	도기	도취	능원
왕릉	융기	륭성	륭숭	격년
격리	간격	수시	수필	아량
아취	고아	단아	우아	전아
청아	쌍벽	낙뢰	수급	수요
내수	제수	특수	혼수	진노
진동	강진	내진	지진	상강

39
상엽	추상	풍상	노천	노출
영감	영물	영전	영혼	신령
운문	운율	운치	반향	음향
경각	정상	산정	절정	사항
조항	안료	안면	안색	동안
용안	홍안	조반	가식	복식
수식	장식	객관	역사	귀신

40
귀재	혼령	충혼	학발	염분
염소	염전	맥주	소맥	마직
대마	묵계	묵과	묵념	묵상
묵시	묵인	고동	고무	고취
제창	균제	일제	정제	

41
구릉지	승무원	건어물	정화수
하여간	배우자	최면술	면죄부
획기적	획일적	물망초	즉흥적
급기야	애경사	금자탑	수묵화
매국노	처자식	연회석	송별연
심미안	부득이	유아기	수채화
서라벌	공수병	항구적	현상금

42
선인장	환절기	승강기	증조부
미증유	저수지	한증막	불한당
몰상식	몰염치	육대주	침출수
부동표	부랑인	담수어	과도기
잠망경	연미복	심지어	축산업
피상적	철면피	맹목적	연미복
심지어	축산업	피상적	철면피

43
맹목적	순식간	벽계수	기우제
맹금류	가계부	은장도	자외선
관공서	내구성	초상화	폐활량
기상대	전망대	방명록	다반사
수하물	개연성	무진장	장사진
도량형	모리배	연하장	천부적
선후배	박진감	좌우명	수상록

44
| 피뢰침 | 반상기 | 도서관 | 박물관 |
| 종착역 | 식염수 | | |

45
가감승제	가인박명	간선도로
강유겸전	겸인지용	경거망동
고가도로	고군분투	고식지계
고장난명	곡학아세	골육상잔
과공비례	과문천식	과유불급
관혼상제	국태민안	군계일학
군웅할거	권모술수	극기복례

3급 II 독음 및 장단음 익히기 해답

46
금의옥식	금의환향	금란지계
금석지계	기암괴석	기암절벽
기호지세	남존여비	내우외환
녹음방초	누란지위	단도직입
대기만성	대동소이	동가홍상
동분서주	동상이몽	막상막하
막역지우	막중대사	만경창파

47
만시지탄	망운지정	매점매석
맥수지탄	맹모단기	명경지수
명심보감	명실상부	명약관화
무릉도원	물실호기	물아일체
미관말직	박리다매	박장대소
반근착절	반대급부	발본색원
백년가약	백아절현	백중지세

48
봉건사상	부창부수	비명횡사
삭탈관직	삼강오륜	삼라만상
삼인성호	삼척동자	상가지구
상부상조	상승작용	상전벽해
선공후사	설상가상	수구초심
수기치인	수렴청정	수문수답
수복강녕	시종일관	식자우환

49
신출귀몰	심모원려	심사숙고
심산유곡	아가사창	앙망불급
앙천대소	억조창생	억하심정
염량세태	오비이락	오합지졸
외유내강	욕속부달	용두사미
우국지사	우문현답	우유부단
운니지차	유수불부	은인자중

50
유유자적	이왕지사	인면수심
인지상정	일장춘몽	일편단심
임기응변	임시변통	임전무퇴
자유분방	장유유서	장중보옥
적우침주	전화위복	전도유망
점입가경	정문일침	조족지혈
종횡무진	좌견천리	좌불안석

51
좌식산공	좌정관천	주경야독
주도면밀	주지육림	지란지교
지리멸렬	지피지기	진퇴유곡
차일피일	천고마비	천양지차
천재일우	철두철미	철천지한
초근목피	초지일관	취생몽사
타산지석	태연자약	파안대소

52
표리부동	피골상접	학수고대
함분축원	항다반사	허례허식
현모양처	현하지변	호사유피
호연지기	호언장담	화불단행
횡단보도	후안무치	흥망성쇠
흥진비래		

부록

3급Ⅱ 예상문제(15회분)

3급Ⅱ 기출문제(3회분)

한눈에 보는 3급Ⅱ 한자

미리 보는 3급 한자

부수일람표

3급Ⅱ 독본

第1回 漢字能力檢定試驗 3級 II 예상문제
(시험시간 : 60분)

※ 이 문제는 한자능력검정시험 출제유형에 따라 출제하였습니다.

[1~45] 다음 漢字語의 讀音을 쓰시오.

(1) 妄言( ) (2) 燒却( ) (3) 免稅( )
(4) 聯合( ) (5) 微細( ) (6) 曆法( )
(7) 急迫( ) (8) 禪宗( ) (9) 荷重( )
(10) 創刊( ) (11) 瓦解( ) (12) 末尾( )
(13) 世襲( ) (14) 御前( ) (15) 系譜( )
(16) 薄情( ) (17) 觸媒( ) (18) 蛇足( )
(19) 鍊武( ) (20) 吐露( ) (21) 要綱( )
(22) 謙辭( ) (23) 牙城( ) (24) 啓發( )
(25) 愼重( ) (26) 觸覺( ) (27) 非凡( )
(28) 企圖( ) (29) 頃刻( ) (30) 超然( )
(31) 謙讓( ) (32) 揚名( ) (33) 絶頂( )
(34) 慾望( ) (35) 芳春( ) (36) 聯盟( )
(37) 姑母( ) (38) 騎兵( ) (39) 深谷( )
(40) 側近( ) (41) 誘惑( ) (42) 特需( )
(43) 紛失( ) (44) 後悔( ) (45) 佳人( )

[46~72] 다음 漢字의 訓과 音을 쓰시오.

(46) 隆( ) (47) 巡( )
(48) 盲( ) (49) 森( )
(50) 架( ) (51) 響( )
(52) 默( ) (53) 宙( )
(54) 釋( ) (55) 兆( )
(56) 譽( ) (57) 突( )
(58) 我( ) (59) 盤( )
(60) 寧( ) (61) 供( )
(62) 途( ) (63) 秩( )
(64) 垂( ) (65) 腹( )
(66) 弄( ) (67) 拾( )
(68) 蓋( ) (69) 銘( )
(70) 栽( ) (71) 賴( )
(72) 編( )

[73~92] 다음의 訓音을 지닌 漢字를 쓰시오.

(73) 시험할 시   (74) 마실 흡
(75) 이 시   (76) 집 사
(77) 근심 환   (78) 깨뜨릴 파
(79) 풍속 속   (80) 부를 호
(81) 다할 극   (82) 참 진
(83) 취할 취   (84) 할 위
(85) 경사 경   (86) 같을 여
(87) 누를 압   (88) 감독할 독
(89) 절 배   (90) 모을 축
(91) 부자 부   (92) 이를 도

[93~104] 다음 밑줄 친 漢字語를 漢字로 쓰시오.

(93) 그는 능력에 상응하는 대우를 받는다.
(94) 서류 제출 기한을 지키기 바란다.
(95) 그 선수는 3년 연속으로 금메달을 땄다.
(96) 공연장 위치를 미리 파악해 두었다.
(97) 수술 환자는 절대 안정을 취해야 한다.
(98) 배경이 좋은 곳에서 사진을 찍었다.
(99) 그녀의 세심한 배려로 마음의 안정을 찾았다.
(100) 이곳에서 인화물질은 절대 금물이다.
(101) 이번 학기부터 신설한 교실에서 수업이 이루어졌다.
(102) 은행에서 수표를 현금으로 바꾸었다.
(103) 송영감은 연이은 경사로 얼굴에 웃음이 그치지 않았다.
(104) 그녀는 허영과는 거리가 먼 사람이다.

[105~112] 다음 單語를 괄호 속의 뜻을 유의하여 漢字로 쓰시오.

(105) 성행 (매우 성하게 유행함)

(106) 열대 (적도를 중심으로 남북 회귀선 사이에 있는 지대)

(107) 생태 (생물이 살아가는 모양이나 상태)

(108) 정신 (육체나 물질에 대립되는 영혼이나 마음)

(109) 무술 (무기 쓰기·발길질 따위의 무도에 관한 기술)

(110) 퇴치 (물리쳐서 아주 없애 버림)

(111) 밀명 (남모르게 명령을 내림)

(112) 난색 (꺼리거나 어려워하는 기색)

[113~117] 다음 漢字語와 뜻이 反對 또는 相對되는 漢字語를 漢字로 쓰시오.

(113) 假像-(　　　)　　(114) 短篇-(　　　)

(115) 新刊-(　　　)　　(116) 陽曆-(　　　)

(117) 洋弓-(　　　)

[118~122] 다음 漢字語와 音은 같고 뜻이 다른 漢字語를 한 가지씩 쓰시오.

(118) 內臟-(　　　)　　(119) 耕地-(　　　)

(120) 轉職-(　　　)　　(121) 鎭火-(　　　)

(122) 寶刀-(　　　)

[123~132] 다음 빈칸에 알맞은 漢字를 써넣어 漢字語를 완성하시오.

(123) 深(　)遠慮　　(124) (　)國之士

(125) 內憂外(　)　　(126) 坐食山(　)

(127) (　)鐵殺人　　(128) 醉生夢(　)

(129) (　)裏不同　　(130) 坐井(　)天

(131) 同床(　)夢　　(132) 三人(　)虎

[133~137] 다음 漢字의 부수로 맞는 것을 골라 그 번호를 쓰시오.

(133) 栽 : ① 土　② 木　③ 水　④ 戈
(134) 久 : ① ノ　② 夕　③ 人　④ 久
(135) 克 : ① 十　② 口　③ 儿　④ 克
(136) 琴 : ① 玉　② 人　③ 今　④ 琴
(137) 禽 : ① 人　② 凶　③ 禸　④ 禽

[138~142] 다음 漢字語 중에서 첫 글자가 長音인 것을 골라 그 번호를 쓰시오.

(138) ① 價値　　(139) ① 恭敬
　　　② 家禽　　　　　② 供與

(140) ① 鑑別　　(141) ① 光澤
　　　② 感懷　　　　　② 怪奇

(142) ① 古稀
　　　② 鼓動

[143~147] 다음 漢字語의 뜻을 쓰시오.

(143) 乘機 :

(144) 迫害 :

(145) 追放 :

(146) 突發 :

(147) 卑近 :

[148~150] 다음 漢字의 略字를 쓰시오.

(148) 寶-(　　　)　　(149) 擧-(　　　)

(150) 檢-(　　　)

第2回 漢字能力檢定試驗 3級Ⅱ 예상문제

(시험시간 : 60분)

※ 이 문제는 한자능력검정시험 출제유형에 따라 출제하였습니다.

[1~45] 다음 漢字語의 讀音을 쓰시오.

(1) 騎馬(　) (2) 媒介(　) (3) 面貌(　)
(4) 丈夫(　) (5) 陽曆(　) (6) 督促(　)
(7) 送付(　) (8) 容貌(　) (9) 風貌(　)
(10) 陰謀(　) (11) 均齊(　) (12) 追放(　)
(13) 抑止(　) (14) 漆器(　) (15) 危殆(　)
(16) 衰盡(　) (17) 停滯(　) (18) 沙器(　)
(19) 排氣(　) (20) 暴炎(　) (21) 排定(　)
(22) 淡白(　) (23) 紅顔(　) (24) 皮革(　)
(25) 端緒(　) (26) 陷沒(　) (27) 劍道(　)
(28) 晩年(　) (29) 慈愛(　) (30) 賃借(　)
(31) 微笑(　) (32) 封鎖(　) (33) 免除(　)
(34) 執務(　) (35) 沈降(　) (36) 寶刀(　)
(37) 監獄(　) (38) 懇切(　) (39) 熟練(　)
(40) 奇怪(　) (41) 電柱(　) (42) 審査(　)
(43) 凍結(　) (44) 辭讓(　) (45) 胸骨(　)

[46~72] 다음 漢字의 訓과 音을 쓰시오.

(46) 滯(　) (47) 削(　)
(48) 楓(　) (49) 愚(　)
(50) 慧(　) (51) 熟(　)
(52) 荒(　) (53) 洪(　)
(54) 皇(　) (55) 漆(　)
(56) 悔(　) (57) 壬(　)
(58) 淨(　) (59) 及(　)
(60) 需(　) (61) 譜(　)
(62) 韻(　) (63) 謂(　)
(64) 仲(　) (65) 央(　)
(66) 諸(　) (67) 彼(　)
(68) 貸(　) (69) 旦(　)
(70) 禍(　) (71) 懇(　)
(72) 烏(　)

[73~92] 다음의 訓音을 지닌 漢字를 쓰시오.

(73) 세울　건　　(74) 청할　청
(75) 어려울 난　(76) 곳　　처
(77) 옳을　의　　(78) 세금　세
(79) 가를 지　　(80) 뜻　　지
(81) 갖출　비　　(82) 손가락 지
(83) 알　　인　　(84) 무리　중
(85) 밭　　전　　(86) 총　　총
(87) 어질　량　　(88) 도울　호
(89) 시골　향　　(90) 날　　비
(91) 거짓　가　　(92) 납　　신

[93~104] 다음 밑줄 친 漢字語를 漢字로 쓰시오.

(93) 나는 행사 진행 요원으로 참여하였다.
(94) 새해 첫날 부모님께 세배를 올렸다.
(95) 그녀의 옷차림은 개성이 뚜렷하다.
(96) 개인 역량에 따라 작업량을 가감할 수 있다.
(97) 분위기가 갑자기 살벌하게 바뀌었다.
(98) 면학 분위기 조성에 다 함께 힘쓰자.
(99) 우리나라는 구기 종목에 강세를 보이고 있다.
(100) 음지에는 아직도 눈이 남아 있다.
(101) 나는 선생님과 진로 문제를 상담했다.
(102) 대체로 개는 주인에게 충직한 편이다.
(103) 우리는 잠시 차를 마시며 담소를 나누었다.
(104) 간밤에 내린 폭설로 인해 교통이 두절되었다.

[105~112] 다음 單語를 괄호 속의 뜻을 유의하여 漢字로 쓰시오.

(105) 급보 (겨를 없이 서둘러 알림)

(106) 열차 (기차)

(107) 구조 (재난 따위를 당하여 어려운 처지에 빠진 사람을 구하여 줌)

(108) 방지 (어떤 일이나 현상이 일어나지 못하게 막음)

(109) 실시 (실제로 시행함)

(110) 법률 (국가가 제정하고 국민이 준수하는 법의 규율)

(111) 경력 (여러 가지 일을 겪어 지내 옴)

(112) 밀약 (남몰래 약속함)

[113~117] 다음 漢字語와 뜻이 反對 또는 相對되는 漢字語를 漢字로 쓰시오.

(113) 危殆 － (　　　)　　(114) 缺勤 － (　　　)

(115) 結婚 － (　　　)　　(116) 改革 － (　　　)

(117) 稚魚 － (　　　)

[118~122] 다음 漢字語와 音은 같고 뜻이 다른 漢字語를 한 가지씩 쓰시오.

(118) 何等 － (　　　)　　(119) 假像 － (　　　)

(120) 剛度 － (　　　)　　(121) 槪觀 － (　　　)

(122) 科擧 － (　　　)

[123~132] 다음 빈칸에 알맞은 漢字를 써넣어 漢字語를 완성하시오.

(123) (　)婚喪祭　　(124) 此日(　)日

(125) 悠悠自(　)　　(126) 恒(　)飯事

(127) 億(　)蒼生　　(128) 我歌査(　)

(129) 我(　)引水　　(130) 人(　)獸心

(131) 萬(　)蒼波　　(132) (　)何心情

[133~137] 다음 漢字의 부수로 맞는 것을 골라 그 번호를 쓰시오.

(133) 已 : ① 一　② 二　③ 三　④ 己

(134) 奴 : ① 一　② 女　③ 又　④ 奴

(135) 丹 : ① 一　② 丶　③ 冂　④ 丹

(136) 盟 : ① 日　② 月　③ 皿　④ 盟

(137) 染 : ① 水　② 九　③ 乙　④ 木

[138~142] 다음 漢字語 중에서 첫 글자가 長音인 것을 골라 그 번호를 쓰시오.

(138) ① 交換　　(139) ① 端緖
　　　② 口述　　　　　② 斷片

(140) ① 謹愼　　(141) ① 刀劍
　　　② 根幹　　　　　② 途中

(142) ① 老僧
　　　② 奴婢

[143~147] 다음 漢字語의 뜻을 쓰시오.

(143) 卑賤 :

(144) 獻身 :

(145) 微量 :

(146) 忽然 :

(147) 近刊 :

[148~150] 다음 漢字의 略字를 쓰시오.

(148) 兒 － (　　　)　　(149) 傳 － (　　　)

(150) 擔 － (　　　)

第3回 漢字能力檢定試驗 3級 II 예상문제

(시험시간 : 60분)

※ 이 문제는 한자능력검정시험 출제유형에 따라 출제하였습니다.

[1~45] 다음 漢字語의 讀音을 쓰시오.

(1) 靈感(　) (2) 薄氷(　) (3) 憂慮(　)
(4) 兼用(　) (5) 卽答(　) (6) 坐禪(　)
(7) 免疫(　) (8) 補充(　) (9) 疲弊(　)
(10) 舞臺(　) (11) 症狀(　) (12) 半徑(　)
(13) 賦役(　) (14) 碧空(　) (15) 緊迫(　)
(16) 貞潔(　) (17) 問喪(　) (18) 邪惡(　)
(19) 無謀(　) (20) 默想(　) (21) 斜線(　)
(22) 訟事(　) (23) 客愁(　) (24) 愁心(　)
(25) 放浪(　) (26) 通譯(　) (27) 陵園(　)
(28) 廢品(　) (29) 指紋(　) (30) 抑制(　)
(31) 襲擊(　) (32) 麥酒(　) (33) 聯立(　)
(34) 漏出(　) (35) 巖壁(　) (36) 臟器(　)
(37) 脫皮(　) (38) 夢想(　) (39) 開拓(　)
(40) 嶺東(　) (41) 著述(　) (42) 比率(　)
(43) 候補(　) (44) 橋梁(　) (45) 柔軟(　)

[46~72] 다음 漢字의 訓과 音을 쓰시오.

(46) 踏(　) (47) 胃(　)
(48) 恥(　) (49) 刷(　)
(50) 刺(　) (51) 稿(　)
(52) 啓(　) (53) 糖(　)
(54) 渡(　) (55) 衝(　)
(56) 睦(　) (57) 茶(　)
(58) 御(　) (59) 著(　)
(60) 契(　) (61) 浸(　)
(62) 雅(　) (63) 欄(　)
(64) 塞(　) (65) 征(　)
(66) 爐(　) (67) 芳(　)
(68) 飾(　) (69) 鳳(　)
(70) 慣(　) (71) 憂(　)
(72) 般(　)

[73~92] 다음의 訓音을 지닌 漢字를 쓰시오.

(73) 볼　　감　　　(74) 맬　　계
(75) 욀　　강　　　(76) 갈　　왕
(77) 연고　고　　　(78) 고칠　개
(79) 칠　　공　　　(80) 지경　경
(81) 성낼　노　　　(82) 쌓을　축
(83) 힘쓸　노　　　(84) 굳셀　건
(85) 얻을　득　　　(86) 책상　안
(87) 두　　량　　　(88) 빌　　허
(89) 벌일　라　　　(90) 성할　성
(91) 콩　　두　　　(92) 지킬　수

[93~104] 다음 밑줄 친 漢字語를 漢字로 쓰시오.

(93) 부러진 다리에 부목을 대고 붕대를 감았다.
(94) 연말을 맞은 도시는 인파로 뒤덮였다.
(95) 공연장에는 주차장이 완비되어 있다.
(96) 이 시는 구절마다 감동을 자아낸다.
(97) 그는 사리를 판단할 줄 아는 현명한 사람이다.
(98) 삼촌은 상식이 매우 풍부하다.
(99) 스승님께 감사의 편지를 썼다.
(100) 사건 충격으로 인해 신경이 극도로 예민하다.
(101) 전염병은 그 지역에 국한되어 있다.
(102) 사무실로 빨리 오라는 호출이 왔다.
(103) 의장은 성원이 되자 회의를 속개했다.
(104) 모든 훈련 과정을 무사히 마쳤다.

[105~112] 다음 單語를 괄호 속의 뜻을 유의하여 漢字로 쓰시오.

(105) 기절 (두려움·놀람·충격 따위로 한동안 정신을 잃음)

(106) 은사 (가르침을 받은 은혜로운 스승)

(107) 통계 (어떤 현상을 종합적으로 일정한 체계에 따라 숫자로 나타냄)

(108) 배금 (돈을 최고의 가치로 여기고 숭배함)

(109) 해충 (동물·인간의 생활에 해를 끼치는 벌레를 통틀어 이르는 말)

(110) 경비 (사업을 경영하거나 운영하는 데 필요한 비용)

(111) 지혈 (나오던 피가 멈춤)

(112) 난처 (이럴 수도 없고, 저럴 수도 없어 딱함)

[113~117] 다음 漢字語와 뜻이 反對 또는 相對되는 漢字語를 漢字로 쓰시오.

(113) 卑稱-(　　) (114) 散村-(　　)

(115) 拘束-(　　) (116) 契約-(　　)

(117) 私席-(　　)

[118~122] 다음 漢字語와 音은 같고 뜻이 다른 漢字語를 한 가지씩 쓰시오.

(118) 果刀-(　　) (119) 補修-(　　)

(120) 扶養-(　　) (121) 僧服-(　　)

(122) 審理-(　　)

[123~132] 다음 빈칸에 알맞은 漢字를 써넣어 漢字語를 완성하시오.

(123) 勿(　)好機 (124) 奇巖(　)石

(125) (　)陵桃源 (126) 漸入(　)境

(127) (　)斷步道 (128) 欲速不(　)

(129) (　)顏無恥 (130) 禍不單(　)

(131) 莫(　)之友 (132) 國(　)民安

[133~137] 다음 漢字의 부수로 맞는 것을 골라 그 번호를 쓰시오.

(133) 署: ① 罒　② 土　③ 耂　④ 白

(134) 勿: ① 勿　② 刀　③ 勹　④ 丿

(135) 封: ① 土　② 圭　③ 寸　④ 封

(136) 尙: ① 小　② 冂　③ 口　④ 尙

(137) 夢: ① 艹　② 四　③ 冖　④ 夕

[138~142] 다음 漢字語 중에서 첫 글자가 長音인 것을 골라 그 번호를 쓰시오.

(138) ① 童顏　② 同盟

(139) ① 茂盛　② 無謀

(140) ① 盲信　② 孟夏

(141) ① 未熟　② 微動

(142) ① 綿密　② 面貌

[143~147] 다음 漢字語의 뜻을 쓰시오.

(143) 相逢:

(144) 徵收:

(145) 陰謀:

(146) 淡白:

(147) 薄德:

[148~150] 다음 漢字의 略字를 쓰시오.

(148) 團-(　　) (149) 實-(　　)

(150) 輕-(　　)

第4回 漢字能力檢定試驗 3級 II 예상문제
(시험시간 : 60분)

※ 이 문제는 한자능력검정시험 출제유형에 따라 출제하였습니다.

[1~45] 다음 漢字語의 讀音을 쓰시오.

(1) 供給( ) (2) 硬化( ) (3) 兼備( )
(4) 棟梁( ) (5) 追擊( ) (6) 排置( )
(7) 誘發( ) (8) 淨潔( ) (9) 弄談( )
(10) 弊端( ) (11) 陷落( ) (12) 條項( )
(13) 開封( ) (14) 茶道( ) (15) 珠玉( )
(16) 連累( ) (17) 欲求( ) (18) 秘策( )
(19) 土壤( ) (20) 老僧( ) (21) 詳細( )
(22) 履行( ) (23) 憂愁( ) (24) 高峰( )
(25) 遷都( ) (26) 韻律( ) (27) 維持( )
(28) 大抵( ) (29) 緊張( ) (30) 懷古( )
(31) 浮沈( ) (32) 其他( ) (33) 稀薄( )
(34) 徵收( ) (35) 介入( ) (36) 讓步( )
(37) 此際( ) (38) 株價( ) (39) 胃液( )
(40) 傾斜( ) (41) 決裁( ) (42) 陳腐( )
(43) 振興( ) (44) 止揚( ) (45) 脫稿( )

[46~72] 다음 漢字의 訓과 音을 쓰시오.

(46) 謙( ) (47) 牙( )
(48) 猛( ) (49) 錯( )
(50) 徐( ) (51) 磨( )
(52) 夢( ) (53) 輩( )
(54) 禪( ) (55) 巧( )
(56) 含( ) (57) 阿( )
(58) 閣( ) (59) 勿( )
(60) 符( ) (61) 佳( )
(62) 隔( ) (63) 慕( )
(64) 悟( ) (65) 卑( )
(66) 賦( ) (67) 獲( )
(68) 徹( ) (69) 迫( )
(70) 戀( ) (71) 載( )
(72) 漸( )

[73~92] 다음의 訓音을 지닌 漢字를 쓰시오.

(73) 이을   련   (74) 별   성
(75) 찰   만   (76) 거스를   역
(77) 칠   벌   (78) 이을   승
(79) 등   배   (80) 빽빽할   밀
(81) 가   변   (82) 권세   권
(83) 죄   벌   (84) 빌   축
(85) 넓을   박   (86) 의논할   의
(87) 사례할   사   (88) 버금   차
(89) 구할   요   (90) 아닐   미
(91) 가늘   세   (92) 힘쓸   무

[93~104] 다음 밑줄 친 漢字語를 漢字로 쓰시오.

(93) 그는 마침내 세계 헤비급 선수권을 쟁취했다.
(94) 우리들은 가면을 쓰고 무도회장에 갔다.
(95) 이쁜 자식 매 하나 더 준다.
(96) 전통문화의 수호에 앞장서다.
(97) 가파른 언덕길이 되자 호흡이 급속도로 빨라졌다.
(98) 나는 답사 보고서를 제출했다.
(99) 석유 파동의 여파로 물가가 크게 올랐다.
(100) 모든 비용을 초청자가 전담하기로 했다.
(101) 그 부부는 금실이 좋기로 소문이 났다.
(102) 불교는 오래 전에 우리나라에 들어왔다.
(103) 나는 암기 과목에는 자신이 있다.
(104) 감당할 수 있는 정도의 일만 하기 바란다.

[105~112] 다음 單語를 괄호 속의 뜻을 유의하여 漢字로 쓰시오.

(105) 세금 (국민이나 주민으로부터 강제로 거두어들이는 금전)

(106) 결식 (끼니를 거름)

(107) 시행 (실지로 행함)

(108) 수준 (사물의 가치나 질 따위의 기준이 되는 일정한 표준이나 정도)

(109) 연기 (배우가 배역의 인물·성격·행동 따위를 표현해내는 일)

(110) 형태 (사물의 생김새나 모양)

(111) 제정 (제도나 법률 따위를 만들어서 정함)

(112) 폭우 (갑자기 세차게 쏟아지는 비)

[113~117] 다음 漢字語와 뜻이 反對 또는 相對되는 漢字語를 漢字로 쓰시오.

(113) 就任 - (　　　)　　(114) 質疑 - (　　　)

(115) 閉會 - (　　　)　　(116) 歡待 - (　　　)

(117) 好況 - (　　　)

[118~122] 다음 漢字語와 음은 같고 뜻이 다른 漢字語를 한 가지씩 쓰시오.

(118) 時祀 - (　　　)　　(119) 秀才 - (　　　)

(120) 陽曆 - (　　　)　　(121) 五倫 - (　　　)

(122) 電氣 - (　　　)

[123~132] 다음 빈칸에 알맞은 漢字를 써넣어 漢字語를 완성하시오.

(123) 微官(　)職　　(124) 縱橫無(　)

(125) (　)然之氣　　(126) 明(　)觀火

(127) 三綱五(　)　　(128) (　)見千里

(129) 刻舟(　)劍　　(130) 莫(　)莫下

(131) (　)價紅裳　　(132) (　)離滅裂

[133~137] 다음 漢字의 부수로 맞는 것을 골라 그 번호를 쓰시오.

(133) 衰 : ① 亠　② 口　③ 衣　④ 衰

(134) 豪 : ① 亠　② 口　③ 冖　④ 豕

(135) 憂 : ① 百　② 冖　③ 夂　④ 心

(136) 率 : ① 亠　② 幺　③ 玄　④ 十

(137) 乾 : ① 乙　② 人　③ 日　④ 十

[138~142] 다음 漢字語 중에서 첫 글자가 長音인 것을 골라 그 번호를 쓰시오.

(138) ① 排氣　　(139) ① 奮然
　　　② 培養　　　　　② 紛亂

(140) ① 丙亂　　(141) ① 非但
　　　② 兵役　　　　　② 卑賤

(142) ① 浮力
　　　② 符號

[143~147] 다음 漢字語의 뜻을 쓰시오.

(143) 吉夢 :

(144) 突變 :

(145) 軟弱 :

(146) 默認 :

(147) 謀事 :

[148~150] 다음 漢字의 略字를 쓰시오.

(148) 鐵 - (　　　)　　(149) 滿 - (　　　)

(150) 權 - (　　　)

第5回 漢字能力檢定試驗 3級 II 예상문제
(시험시간 : 60분)

※ 이 문제는 한자능력검정시험 출제유형에 따라 출제하였습니다.

[1~45] 다음 漢字語의 讀音을 쓰시오.

(1) 哀歌(　)　(2) 哀傷(　)　(3) 尺度(　)
(4) 媒體(　)　(5) 慈堂(　)　(6) 追窮(　)
(7) 勸誘(　)　(8) 星辰(　)　(9) 微明(　)
(10) 錯覺(　)　(11) 顔面(　)　(12) 破片(　)
(13) 康寧(　)　(14) 滯納(　)　(15) 假飾(　)
(16) 寄稿(　)　(17) 栽培(　)　(18) 脅迫(　)
(19) 距離(　)　(20) 童蒙(　)　(21) 追後(　)
(22) 盟約(　)　(23) 當惑(　)　(24) 木蓮(　)
(25) 音盤(　)　(26) 管掌(　)　(27) 摘發(　)
(28) 緩和(　)　(29) 紛亂(　)　(30) 排除(　)
(31) 劍舞(　)　(32) 一齊(　)　(33) 乘機(　)
(34) 轉換(　)　(35) 特徵(　)　(36) 徵兵(　)
(37) 帳簿(　)　(38) 滅菌(　)　(39) 鍊磨(　)
(40) 寂然(　)　(41) 端雅(　)　(42) 需要(　)
(43) 陶醉(　)　(44) 細菌(　)　(45) 鄕愁(　)

[46~72] 다음 漢字의 訓과 音을 쓰시오.

(46) 拳(　)　(47) 紋(　)
(48) 藏(　)　(49) 丙(　)
(50) 亞(　)　(51) 頃(　)
(52) 滅(　)　(53) 辱(　)
(54) 影(　)　(55) 綿(　)
(56) 丘(　)　(57) 付(　)
(58) 坐(　)　(59) 企(　)
(60) 陵(　)　(61) 被(　)
(62) 緖(　)　(63) 累(　)
(64) 莫(　)　(65) 絡(　)
(66) 耐(　)　(67) 巖(　)
(68) 桃(　)　(69) 沒(　)
(70) 驛(　)　(71) 幽(　)
(72) 澤(　)

[73~92] 다음의 訓音을 지닌 漢字를 쓰시오.

(73) 소리　성　　(74) 베　　포
(75) 일　　흥　　(76) 묶을　속
(77) 눈　　안　　(78) 군사　무
(79) 양　　양　　(80) 거느릴 통
(81) 진　　액　　(82) 상고할 고
(83) 벌레　충　　(84) 변할　변
(85) 영화　영　　(86) 바랄　희
(87) 옷마를 제　　(88) 장수　장
(89) 펼　　연　　(90) 응할　응
(91) 인원　원　　(92) 닦을　수

[93~104] 다음 밑줄 친 漢字語를 漢字로 쓰시오.

(93) 동생은 군 입대를 위해 휴학을 했다.
(94) 19세 미만은 볼 수 없는 영화이다.
(95) 그의 무지막지한 행동에 인내의 한계를 느꼈다.
(96) 박을 타자 온갖 보물들이 쏟아져 나왔다.
(97) 누나의 결혼 문제로 가족회의를 열었다.
(98) 병풍처럼 펼쳐진 금강산이 절경을 이루고 있었다.
(99) 이 장치는 매연 감소를 위해 설계되었다.
(100) 베풀어 주신 후의에 심심한 사의를 표합니다.
(101) 그는 농촌에 상주하며 소설을 쓴다.
(102) 공비 토벌을 위해 병력이 대거 투입되었다.
(103) 인생은 짧고 예술은 길다.
(104) 이것은 나 개인만의 문제가 아니다.

[105~112] 다음 單語를 괄호 속의 뜻을 유의하여 漢字로 쓰시오.

(105) 금연 (담배 피우는 것을 금함)

(106) 보호 (위험이나 곤란 따위가 미치지 않도록 잘 보살펴 돌봄)

(107) 처분 (처리하여 치움)

(108) 경과 (시간이 지나감)

(109) 시인 (어떤 내용이나 사실이 옳거나 그러하다고 인정함)

(110) 기관 (일정한 모양과 생리 기능을 가지고 있는 생물체의 부분)

(111) 습득 (학문이나 기술 따위를 배워서 자기 것으로 함)

(112) 사원 (종교의 교당을 통틀어 이르는 말)

[113~117] 다음 漢字語와 뜻이 反對 또는 相對되는 漢字語를 漢字로 쓰시오.

(113) 退勤 — (   )   (114) 解散 — (   )

(115) 沈下 — (   )   (116) 好感 — (   )

(117) 外戚 — (   )

[118~122] 다음 漢字語와 音은 같고 뜻이 다른 漢字語를 한 가지씩 쓰시오.

(118) 頂上 — (   )   (119) 造花 — (   )

(120) 節槪 — (   )   (121) 壯觀 — (   )

(122) 原稿 — (   )

[123~132] 다음 빈칸에 알맞은 漢字를 써넣어 漢字語를 완성하시오.

(123) 無(   )乾燥   (124) 壽(   )康寧

(125) 神(   )鬼沒   (126) 相扶相(   )

(127) 鶴首(   )待   (128) (   )前燈火

(129) (   )憤蓄怨   (130) 泰然(   )若

(131) (   )言利說   (132) 豪言壯(   )

[133~137] 다음 漢字의 부수로 맞는 것을 골라 그 번호를 쓰시오.

(133) 卑 : ①田 ②千 ③由 ④十

(134) 辱 : ①寸 ②辰 ③厂 ④氏

(135) 亞 : ①一 ②二 ③口 ④亞

(136) 我 : ①丿 ②一 ③戈 ④我

(137) 唐 : ①唐 ②聿 ③口 ④广

[138~142] 다음 漢字語 중에서 첫 글자가 長音인 것을 골라 그 번호를 쓰시오.

(138) ①思慕   (139) ①盛衰
     ②事項   ②成熟

(140) ①想像   (141) ①消滅
     ②霜降   ②所謂

(142) ①西曆
     ②署名

[143~147] 다음 漢字語의 뜻을 쓰시오.

(143) 照明 :

(144) 消滅 :

(145) 碧溪 :

(146) 歸還 :

(147) 緊急 :

[148~150] 다음 漢字의 略字를 쓰시오.

(148) 濟 — (   )   (149) 狀 — (   )

(150) 續 — (   )

第6回 漢字能力檢定試驗 3級Ⅱ 예상문제

(시험시간 : 60분)

※ 이 문제는 한자능력검정시험 출제유형에 따라 출제하였습니다.

[1~45] 다음 漢字語의 讀音을 쓰시오.

(1) 忍苦(　　) (2) 繁華(　　) (3) 同盟(　　)
(4) 衝突(　　) (5) 火爐(　　) (6) 割引(　　)
(7) 不肯(　　) (8) 迫頭(　　) (9) 全滅(　　)
(10) 想像(　　) (11) 繁榮(　　) (12) 審問(　　)
(13) 侍立(　　) (14) 登載(　　) (15) 賃金(　　)
(16) 激浪(　　) (17) 透視(　　) (18) 元旦(　　)
(19) 急襲(　　) (20) 微量(　　) (21) 勇猛(　　)
(22) 率先(　　) (23) 猛獸(　　) (24) 哀願(　　)
(25) 鐵鋼(　　) (26) 統率(　　) (27) 愚弄(　　)
(28) 生捕(　　) (29) 言及(　　) (30) 內閣(　　)
(31) 拔群(　　) (32) 荒野(　　) (33) 習慣(　　)
(34) 著書(　　) (35) 不惑(　　) (36) 桂皮(　　)
(37) 麻織(　　) (38) 風浪(　　) (39) 執行(　　)
(40) 地獄(　　) (41) 變遷(　　) (42) 輸血(　　)
(43) 拘束(　　) (44) 樓臺(　　) (45) 霜楓(　　)

[46~72] 다음 漢字의 訓과 音을 쓰시오.

(46) 株(　　) (47) 悅(　　)
(48) 蘇(　　) (49) 訴(　　)
(50) 郎(　　) (51) 嶺(　　)
(52) 吏(　　) (53) 雙(　　)
(54) 署(　　) (55) 逢(　　)
(56) 凡(　　) (57) 裏(　　)
(58) 乘(　　) (59) 哭(　　)
(60) 贊(　　) (61) 緊(　　)
(62) 肯(　　) (63) 吹(　　)
(64) 殿(　　) (65) 頂(　　)
(66) 鼓(　　) (67) 率(　　)
(68) 獸(　　) (69) 慈(　　)
(70) 畿(　　) (71) 畢(　　)
(72) 雷(　　)

[73~92] 다음의 訓音을 지닌 漢字를 쓰시오.

(73) 과녁　적　　　(74) 생각할　상
(75) 더할　익　　　(76) 다를　타
(77) 벌일　렬　　　(78) 은혜　은
(79) 그릇할　오　　(80) 벼슬　관
(81) 갈　연　　　　(82) 글귀　구
(83) 질　패　　　　(84) 지을　조
(85) 칠　목　　　　(86) 낮을　저
(87) 지게문　호　　(88) 막을　장
(89) 보배　보　　　(90) 형상　상
(91) 끊을　단　　　(92) 평상　상

[93~104] 다음 밑줄 친 漢字語를 漢字로 쓰시오.

(93) 화재 예방을 위한 소방 훈련을 했다.

(94) 각 지역마다 다양한 민속 행사가 열렸다.

(95) 우리 학교의 규율은 매우 엄격하다.

(96) 사내대장부의 체통을 지키려 눈물을 삼켰다.

(97) 이렇게 만나 뵙게 되어 무한한 영광입니다.

(98) 동물 세계에서도 세력 다툼이 자주 일어난다.

(99) 맞벌이 부부를 위해 보육 시설이 갖춰져 있다.

(100) 나의 장래 희망은 외교관이 되는 것이다.

(101) 올림픽에서 우승하는 쾌거를 이룩했다.

(102) 게시판에는 학과별 지원 현황이 자세하게 적혀 있었다.

(103) 도난을 방지하기 위해 경비를 강화했다.

(104) 안구 이식 수술로 시력을 되찾았다.

[105~112] 다음 單語를 괄호 속의 뜻을 유의하여 漢字로 쓰시오.

(105) 총계 (전체를 한데 모아서 헤아림)

(106) 응분 (어떠한 분수나 정도에 알맞음)

(107) 녹음 (테이프나 판 또는 영화 필름 따위에 소리를 기록함)

(108) 폭발 (속에 쌓여 있던 감정 따위가 일시에 세찬 기세로 나옴)

(109) 도의 (사람이 마땅히 지키고 행하여야 할 도덕적 의리)

(110) 결원 (사람이 빠져 정원에 차지 않고 빔)

(111) 건의 (개인이나 단체가 의견이나 희망을 내놓음)

(112) 처치 (일을 감당하여 처리함)

[113~117] 다음 漢字語와 뜻이 反對 또는 相對되는 漢字語를 漢字로 쓰시오.

(113) 相逢 - (   )   (114) 質問 - (   )

(115) 執權 - (   )   (116) 懷疑 - (   )

(117) 忽待 - (   )

[118~122] 다음 漢字語와 音은 같고 뜻이 다른 漢字語를 한 가지씩 쓰시오.

(118) 中世 - (   )   (119) 奮起 - (   )

(120) 私腹 - (   )   (121) 尙古 - (   )

(122) 山頂 - (   )

[123~132] 다음 빈칸에 알맞은 漢字를 써넣어 漢字語를 완성하시오.

(123) 偶像崇(   )   (124) 烏(   )之卒

(125) 優柔不(   )   (126) 天壤之(   )

(127) 外柔內(   )   (128) 百家(   )鳴

(129) (   )蘭之契   (130) 望(   )之情

(131) (   )命橫死   (132) 百折不(   )

[133~137] 다음 漢字의 부수로 맞는 것을 골라 그 번호를 쓰시오.

(133) 亦 : ① 亠 ② 八 ③ 灬 ④ 亦

(134) 幼 : ① 厶 ② 幼 ③ 幺 ④ 力

(135) 烏 : ① 口 ② 鳥 ③ 灬 ④ 烏

(136) 弄 : ① 一 ② 三 ③ 廾 ④ 王

(137) 雙 : ① 隹 ② 人 ③ 隻 ④ 又

[138~142] 다음 漢字語 중에서 첫 글자가 長音인 것을 골라 그 번호를 쓰시오.

(138) ① 刷新   (139) ① 新刊
      ② 衰微   ② 信賴

(140) ① 數値   (141) ① 審理
      ② 需給   ② 審判

(142) ① 時祀
      ② 侍立

[143~147] 다음 漢字語의 뜻을 쓰시오.

(143) 默想 :

(144) 受諾 :

(145) 徹夜 :

(146) 深谷 :

(147) 忍苦 :

[148~150] 다음 漢字의 略字를 쓰시오.

(148) 硏 - (   )   (149) 齒 - (   )

(150) 觀 - (   )

第7回 漢字能力檢定試驗 3級 II 예상문제

(시험시간 : 60분)

※ 이 문제는 한자능력검정시험 출제유형에 따라 출제하였습니다.

[1~45] 다음 漢字語의 讀音을 쓰시오.

(1) 剛斷(　) (2) 凉風(　) (3) 蒸發(　)
(4) 腹案(　) (5) 連載(　) (6) 喪服(　)
(7) 耐震(　) (8) 落照(　) (9) 偶然(　)
(10) 長壽(　) (11) 企業(　) (12) 固執(　)
(13) 削除(　) (14) 途中(　) (15) 沿邊(　)
(16) 卑俗(　) (17) 拾得(　) (18) 世譜(　)
(19) 玉笛(　) (20) 牧丹(　) (21) 鋼板(　)
(22) 晩秋(　) (23) 鑑識(　) (24) 人跡(　)
(25) 勞賃(　) (26) 鑑賞(　) (27) 補完(　)
(28) 貧賤(　) (29) 外債(　) (30) 釋然(　)
(31) 臺帳(　) (32) 仁慈(　) (33) 欄干(　)
(34) 亞洲(　) (35) 佛塔(　) (36) 默認(　)
(37) 基盤(　) (38) 價値(　) (39) 品詞(　)
(40) 借用(　) (41) 防疫(　) (42) 輕微(　)
(43) 黑幕(　) (44) 主催(　) (45) 芳年(　)

[46~72] 다음 漢字의 訓과 音을 쓰시오.

(46) 觸(　) (47) 震(　)
(48) 已(　) (49) 忍(　)
(50) 償(　) (51) 娘(　)
(52) 照(　) (53) 鑄(　)
(54) 遷(　) (55) 畜(　)
(56) 賤(　) (57) 橫(　)
(58) 谷(　) (59) 縱(　)
(60) 虎(　) (61) 刊(　)
(62) 裕(　) (63) 伯(　)
(64) 久(　) (65) 泥(　)
(66) 塔(　) (67) 瓦(　)
(68) 緩(　) (69) 麥(　)
(70) 慾(　) (71) 腐(　)
(72) 宴(　)

[73~92] 다음의 訓音을 지닌 漢字를 쓰시오.

(73) 직분　직　　(74) 항상　상
(75) 박달나무　단　(76) 항구　항
(77) 멜　담　　(78) 섬　도
(79) 홀　단　　(80) 법도　준
(81) 이를　조　　(82) 지을　제
(83) 장사　상　　(84) 끝　단
(85) 불을　증　　(86) 베풀　시
(87) 결단할　결　(88) 피　혈
(89) 대　죽　　(90) 예　구
(91) 맛　미　　(92) 그칠　지

[93~104] 다음 밑줄 친 漢字語를 漢字로 쓰시오.

(93) 우리에게는 선택의 여지가 남아 있지 않다.
(94) 정보화 사회에선 새로운 정보의 확보가 중요하다.
(95) 함부로 살생을 하지 마라.
(96) 경기 불황으로 축구팀이 해체되었다.
(97) 이미 취침 나팔소리와 함께 소등이 되었다.
(98) 이번 개봉 영화는 관객 동원에 성공이다.
(99) 문제 해결에 도움이 되는 기발한 착상이다.
(100) 학교에서는 매일 아침 자율 학습을 한다.
(101) 그는 웬만한 계산은 암산으로 해결한다.
(102) 젊은이들에게 희망과 용기를 심어 줘야 한다.
(103) 절의 경내로 들어서자 목탁 소리가 은은하게 들려왔다.
(104) 몸이 약하여 결석이 잦은 편이다.

[105~112] 다음 單語를 괄호 속의 뜻을 유의하여 漢字로 쓰시오.

(105) 제기 (의견이나 문제를 내놓음)

(106) 근절 (다시 살아날 수 없도록 아주 뿌리째 없애 버림)

(107) 흥행 (영리를 목적으로 연극·영화·서커스 따위를 요금을 받고 대중에게 보여 줌)

(108) 노기 (성난 얼굴빛)

(109) 전파 (도체 중의 전류가 진동함으로써 방사되는 전자기파)

(110) 저축 (절약하여 모아 둠)

(111) 정견 (정치상의 의견이나 식견)

(112) 건축 (집이나 다리 따위의 구조물을 세우거나 쌓아 만드는 일)

[113~117] 다음 漢字語와 뜻이 反對 또는 相對되는 漢字語를 漢字로 쓰시오.

(113) 否認 - (   )   (114) 就寢 - (   )

(115) 亂世 - (   )   (116) 歡迎 - (   )

(117) 豫審 - (   )

[118~122] 다음 漢字語와 音은 같고 뜻이 다른 漢字語를 한 가지씩 쓰시오.

(118) 仁慈 - (   )   (119) 特殊 - (   )

(120) 鄕愁 - (   )   (121) 持久 - (   )

(122) 要理 - (   )

[123~132] 다음 빈칸에 알맞은 漢字를 써넣어 漢字語를 완성하시오.

(123) 事必歸(   )   (124) 一擧兩(   )

(125) 周(   )綿密   (126) (   )耕夜讀

(127) (   )家之狗   (128) 百年(   )約

(129) 之東之(   )   (130) (   )志一貫

(131) 人之(   )情   (132) 進退(   )難

[133~137] 다음 漢字의 부수로 맞는 것을 골라 그 번호를 쓰시오.

(133) 乙 : ①一 ②己 ③已 ④乙

(134) 裁 : ①土 ②戈 ③弋 ④衣

(135) 辰 : ①厂 ②二 ③辰 ④衣

(136) 裏 : ①里 ②裏 ③亠 ④衣

(137) 其 : ①日 ②八 ③甘 ④二

[138~142] 다음 漢字語 中에서 첫 글자가 長音인 것을 골라 그 번호를 쓰시오.

(138) ①我執   (139) ①愛憎
       ②阿附   ②哀歌

(140) ①審問   (141) ①洋弓
       ②深醉   ②讓步

(142) ①安寧
       ②顔色

[143~147] 다음 漢字語의 뜻을 쓰시오.

(143) 潛跡 :

(144) 抑留 :

(145) 瞬間 :

(146) 孟夏 :

(147) 急襲 :

[148~150] 다음 漢字의 略字를 쓰시오.

(148) 將 - (   )   (149) 勞 - (   )

(150) 應 - (   )

第8回 漢字能力檢定試驗 3級 II 예상문제
(시험시간 : 60분)

※ 이 문제는 한자능력검정시험 출제유형에 따라 출제하였습니다.

[1~45] 다음 漢字語의 讀音을 쓰시오.

(1) 病菌(   ) (2) 森林(   ) (3) 呼訴(   )
(4) 架橋(   ) (5) 剛度(   ) (6) 逸脫(   )
(7) 悔改(   ) (8) 越等(   ) (9) 沿海(   )
(10) 贊助(   ) (11) 悠久(   ) (12) 奇蹟(   )
(13) 依賴(   ) (14) 逢變(   ) (15) 逸品(   )
(16) 崇尙(   ) (17) 疏外(   ) (18) 後拂(   )
(19) 昇格(   ) (20) 著名(   ) (21) 史蹟(   )
(22) 昇華(   ) (23) 所謂(   ) (24) 愚直(   )
(25) 寬容(   ) (26) 詳述(   ) (27) 奇拔(   )
(28) 巖盤(   ) (29) 債務(   ) (30) 困辱(   )
(31) 感銘(   ) (32) 奪還(   ) (33) 浸透(   )
(34) 山頂(   ) (35) 探索(   ) (36) 强豪(   )
(37) 對策(   ) (38) 符合(   ) (39) 桂冠(   )
(40) 腹部(   ) (41) 强震(   ) (42) 望樓(   )
(43) 巖石(   ) (44) 長久(   ) (45) 足跡(   )

[46~72] 다음 漢字의 訓과 音을 쓰시오.

(46) 甚 (   ) (47) 尾 (   )
(48) 丈 (   ) (49) 訣 (   )
(50) 幹 (   ) (51) 廢 (   )
(52) 微 (   ) (53) 淡 (   )
(54) 賀 (   ) (55) 奏 (   )
(56) 胡 (   ) (57) 霜 (   )
(58) 鎭 (   ) (59) 館 (   )
(60) 裳 (   ) (61) 梁 (   )
(62) 栗 (   ) (63) 寡 (   )
(64) 曆 (   ) (65) 玄 (   )
(66) 封 (   ) (67) 拘 (   )
(68) 帥 (   ) (69) 奴 (   )
(70) 偶 (   ) (71) 項 (   )
(72) 貌 (   )

[73~92] 다음의 訓音을 지닌 漢字를 쓰시오.

(73) 나아갈 진   (74) 귀 이
(75) 슬플 비   (76) 쌀 포
(77) 아닐 비   (78) 기록할 록
(79) 돌아올 복   (80) 신선 선
(81) 맞을 협   (82) 끊을 절
(83) 쾌할 쾌   (84) 줄 수
(85) 모습 태   (86) 은혜 혜
(87) 대포 포   (88) 길 정
(89) 잴 측   (90) 팔 매
(91) 볼 시   (92) 도장 인

[93~104] 다음 밑줄 친 漢字語를 漢字로 쓰시오.

(93) 정상이 참작되어 겨우 처벌을 면했다.
(94) 그분은 내 생명의 은인이다.
(95) 우리는 각고의 노력 끝에 그 일을 해냈다.
(96) 새로 온 직원에게 사무 처리를 인계했다.
(97) 수업료를 지정된 계좌로 송금했다.
(98) 호국 영령에게 참배를 드렸다.
(99) 온갖 세파에 시달린 흔적이 역력하다.
(100) 어머니는 아이에게 방 소제를 시켰다.
(101) 그는 자신이 한 행위에 대한 책임을 졌다.
(102) 지역 감정 해소를 위해 대책을 세웠다.
(103) 바이러스 때문인지 인터넷 접속이 불안정하다.
(104) 건물에 들어가려면 신분증을 제시해야 한다.

[105~112] 다음 單語를 괄호 속의 뜻을 유의하여 漢字로 쓰시오.

(105) 인하 (가격 따위를 낮춤)

(106) 충혈 (몸의 일정한 부분에 동맥혈이 비정상적으로 많이 모임)

(107) 체험 (자기가 몸소 겪음)

(108) 관중 (연극이나 운동 경기 따위를 구경하는 무리)

(109) 제품 (원료를 써서 물건을 만듦)

(110) 상도 (항상 변하지 않는 떳떳한 도리)

(111) 신의 (믿음과 의리를 아울러 이르는 말)

(112) 통합 (둘 이상의 조직이나 기구 따위를 하나로 합침)

[113~117] 다음 漢字語와 뜻이 反對 또는 相對되는 漢字語를 漢字로 쓰시오.

(113) 卷頭 ― (　　)　　(114) 幼年 ― (　　)

(115) 寄生 ― (　　)　　(116) 創刊 ― (　　)

(117) 主役 ― (　　)

[118~122] 다음 漢字語와 音은 같고 뜻이 다른 漢字語를 한 가지씩 쓰시오.

(118) 鎭靜 ― (　　)　　(119) 沈水 ― (　　)

(120) 收藏 ― (　　)　　(121) 告訴 ― (　　)

(122) 驛舍 ― (　　)

[123~132] 다음 빈칸에 알맞은 漢字를 써넣어 漢字語를 완성하시오.

(123) 徹(　)徹尾　　(124) 千載一(　)

(125) 天高(　)肥　　(126) 森羅(　)象

(127) 錦衣(　)鄕　　(128) (　)乘作用

(129) 知彼知(　)　　(130) 燈(　)不明

(131) 仰(　)大笑　　(132) 九牛一(　)

[133~137] 다음 漢字의 부수로 맞는 것을 골라 그 번호를 쓰시오.

(133) 泰 : ① 大　② 水　③ 一　④ 二

(134) 戚 : ① 厂　② 小　③ 戈　④ 弋

(135) 畿 : ① 田　② 幺　③ 戈　④ 弋

(136) 久 : ① 丿　② 又　③ 夕　④ 人

(137) 及 : ① 一　② 丿　③ 又　④ 人

[138~142] 다음 漢字語 중에서 첫 글자가 長音인 것을 골라 그 번호를 쓰시오.

(138)　① 語弊　　(139)　① 烏竹
　　　② 漁獲　　　　　② 五倫

(140)　① 連絡　　(141)　① 外貌
　　　② 戀人　　　　　② 要綱

(142)　① 影響
　　　② 靈感

[143~147] 다음 漢字語의 뜻을 쓰시오.

(143) 生還 :

(144) 釋放 :

(145) 熟議 :

(146) 越冬 :

(147) 秋霜 :

[148~150] 다음 漢字의 略字를 쓰시오.

(148) 缺 ― (　　)　　(149) 佛 ― (　　)

(150) 當 ― (　　)

第9回 漢字能力檢定試驗 3級 II 예상문제

(시험시간 : 60분)

※ 이 문제는 한자능력검정시험 출제유형에 따라 출제하였습니다.

[1~45] 다음 漢字語의 讀音을 쓰시오.

(1) 明哲(　　) (2) 滿醉(　　) (3) 牧畜(　　)
(4) 辱說(　　) (5) 露天(　　) (6) 斷片(　　)
(7) 荒廢(　　) (8) 新刊(　　) (9) 寺塔(　　)
(10) 節槪(　　) (11) 執着(　　) (12) 精巧(　　)
(13) 倉庫(　　) (14) 巡視(　　) (15) 鹽田(　　)
(16) 我執(　　) (17) 影響(　　) (18) 沈沒(　　)
(19) 雜役(　　) (20) 陳列(　　) (21) 初旬(　　)
(22) 運輸(　　) (23) 賤視(　　) (24) 狂氣(　　)
(25) 奇襲(　　) (26) 劃策(　　) (27) 巡訪(　　)
(28) 獎勵(　　) (29) 哭聲(　　) (30) 抵抗(　　)
(31) 策略(　　) (32) 交錯(　　) (33) 浴湯(　　)
(34) 司會(　　) (35) 及第(　　) (36) 雪嶺(　　)
(37) 王妃(　　) (38) 肥滿(　　) (39) 奴婢(　　)
(40) 壽宴(　　) (41) 藏書(　　) (42) 忠魂(　　)
(43) 僞善(　　) (44) 鎭重(　　) (45) 頭腦(　　)

[46~72] 다음 漢字의 訓과 音을 쓰시오.

(46) 唐(　　) (47) 乙(　　)
(48) 尙(　　) (49) 鑑(　　)
(50) 麻(　　) (51) 怪(　　)
(52) 壞(　　) (53) 誘(　　)
(54) 葬(　　) (55) 謀(　　)
(56) 禽(　　) (57) 策(　　)
(58) 懸(　　) (59) 汗(　　)
(60) 哲(　　) (61) 訟(　　)
(62) 溪(　　) (63) 旬(　　)
(64) 劍(　　) (65) 泰(　　)
(66) 賃(　　) (67) 懷(　　)
(68) 弓(　　) (69) 露(　　)
(70) 硬(　　) (71) 何(　　)
(72) 寬(　　)

[73~92] 다음의 訓音을 지닌 漢字를 쓰시오.

(73) 손　　객　　　　(74) 벽　　벽
(75) 터　　기　　　　(76) 고기　육
(77) 줄기　맥　　　　(78) 등불　등
(79) 찰　　한　　　　(80) 따뜻할　난
(81) 법　　전　　　　(82) 인도할　도
(83) 억　　억　　　　(84) 비롯할　창
(85) 둥글　단　　　　(86) 띠　　대
(87) 정성　성　　　　(88) 경계할　경
(89) 성인　성　　　　(90) 노래　요
(91) 구슬　옥　　　　(92) 구할　구

[93~104] 다음 밑줄 친 漢字語를 漢字로 쓰시오.

(93) 오늘은 <u>청소</u> 당번이기 때문에 늦게 끝난다.
(94) 호텔에서는 <u>접객</u> 준비로 매우 분주하다.
(95) 오늘은 학급 <u>총회</u>가 있는 날이다.
(96) 어제 주문한 물건이 <u>소포</u>로 배달되었다.
(97) <u>온상</u>에는 야채들이 싱싱하게 자라고 있었다.
(98) 그는 불미스런 일로 회원에서 <u>제명</u>되었다.
(99) 남의 글을 <u>인용</u>할 때는 출처를 밝혀야 한다.
(100) 시험이 끝나면 모든 학생들의 <u>석차</u>를 발표한다.
(101) 항상 예기치 못하는 <u>사고</u>에 대비해야 한다.
(102) 그는 <u>건강</u>을 유지하기 위해 운동을 한다.
(103) 우리 가족은 <u>통상</u> 아침 7시에 기상한다.
(104) 갑작스런 선생님의 <u>방문</u>을 받았다.

[105~112] 다음 單語를 괄호 속의 뜻을 유의하여 漢字로 쓰시오.

(105) 위성 (행성의 둘레를 도는 천체)

(106) 시야 (시력이 미치는 범위)

(107) 시비 (옳음과 그름)

(108) 해답 (질문이나 의문을 풀이함)

(109) 밀고 (남몰래 넌지시 일러바침)

(110) 이송 (다른 데로 옮겨 보냄)

(111) 자인 (스스로 인정함)

(112) 시한 (일정한 동안의 끝을 정한 기간이나 시각)

[113~117] 다음 漢字語와 뜻이 反對 또는 相對되는 漢字語를 漢字로 쓰시오.

(113) 新郞 - (   )   (114) 薄情 - (   )

(115) 輸出 - (   )   (116) 君子 - (   )

(117) 及第 - (   )

[118~122] 다음 漢字語와 音은 같고 뜻이 다른 漢字語를 한 가지씩 쓰시오.

(118) 斷片 - (   )   (119) 拾得 - (   )

(120) 靈前 - (   )   (121) 鑑定 - (   )

(122) 踏査 - (   )

[123~132] 다음 빈칸에 알맞은 漢字를 써넣어 漢字語를 완성하시오.

(123) 兼人之(   )   (124) 剛柔兼(   )

(125) (   )顔大笑   (126) (   )山之石

(127) (   )石之契   (128) (   )學阿世

(129) 鳥足之(   )   (130) 物(   )一體

(131) 換金作(   )   (132) 懸(   )之辯

[133~137] 다음 漢字의 부수로 맞는 것을 골라 그 번호를 쓰시오.

(133) 丙 : ① 一 ② 冂 ③ 人 ④ 入

(134) 凡 : ① 儿 ② 丶 ③ 几 ④ 入

(135) 幹 : ① 干 ② 十 ③ 日 ④ 入

(136) 兼 : ① 八 ② 木 ③ ㅋ ④ 人

(137) 央 : ① 冂 ② 一 ③ 大 ④ 人

[138~142] 다음 漢字語 중에서 첫 글자가 長音인 것을 골라 그 번호를 쓰시오.

(138) ① 容貌   (139) ① 遠征
       ② 勇猛   ② 原稿

(140) ① 宇宙   (141) ① 倫理
       ② 憂慮   ② 潤氣

(142) ① 愚直
       ② 右翼

[143~147] 다음 漢字語의 뜻을 쓰시오.

(143) 橫財 :

(144) 禍根 :

(145) 出沒 :

(146) 稀薄 :

(147) 被選 :

[148~150] 다음 漢字의 略字를 쓰시오.

(148) 參 - (   )   (149) 斷 - (   )

(150) 驗 - (   )

第10回 漢字能力檢定試驗 3級 II 예상문제

(시험시간 : 60분)

※ 이 문제는 한자능력검정시험 출제유형에 따라 출제하였습니다.

[1~45] 다음 漢字語의 讀音을 쓰시오.

(1) 干拓(　)　(2) 偏見(　)　(3) 音響(　)
(4) 疏通(　)　(5) 淑女(　)　(6) 非但(　)
(7) 不滅(　)　(8) 衝動(　)　(9) 累積(　)
(10) 尾行(　)　(11) 潛跡(　)　(12) 扶養(　)
(13) 補修(　)　(14) 塔碑(　)　(15) 貞操(　)
(16) 裝飾(　)　(17) 捕獲(　)　(18) 衣裳(　)
(19) 追加(　)　(20) 謀略(　)　(21) 浪說(　)
(22) 誇示(　)　(23) 微妙(　)　(24) 執權(　)
(25) 語塞(　)　(26) 透明(　)　(27) 口述(　)
(28) 盛衰(　)　(29) 惠澤(　)　(30) 凍破(　)
(31) 妄發(　)　(32) 幕舍(　)　(33) 沈默(　)
(34) 冷凍(　)　(35) 鼓動(　)　(36) 解凍(　)
(37) 鑄造(　)　(38) 秘藏(　)　(39) 幼稚(　)
(40) 鳥獸(　)　(41) 樓閣(　)　(42) 族譜(　)
(43) 脚光(　)　(44) 樂譜(　)　(45) 色彩(　)

[46~72] 다음 漢字의 訓과 音을 쓰시오.

(46) 洲(　)　(47) 租(　)
(48) 詞(　)　(49) 廊(　)
(50) 刀(　)　(51) 戲(　)
(52) 抵(　)　(53) 梅(　)
(54) 丹(　)　(55) 掌(　)
(56) 症(　)　(57) 祿(　)
(58) 隨(　)　(59) 柔(　)
(60) 拔(　)　(61) 獻(　)
(62) 臺(　)　(63) 像(　)
(64) 鬼(　)　(65) 顔(　)
(66) 斜(　)　(67) 陶(　)
(68) 亭(　)　(69) 摘(　)
(70) 詳(　)　(71) 蹟(　)
(72) 壞(　)

[73~92] 다음의 訓音을 지닌 漢字를 쓰시오.

(73) 본디　소　　(74) 버금　부
(75) 매길　과　　(76) 멈출　정
(77) 거느릴　령　(78) 빗장　관
(79) 바랄　망　　(80) 알　식
(81) 굳을　고　　(82) 생각　사
(83) 얼굴　용　　(84) 다툴　경
(85) 쉴　식　　　(86) 제사　제
(87) 부처　불　　(88) 시험할　험
(89) 관청　부　　(90) 즈음　제
(91) 지킬　위　　(92) 이　치

[93~104] 다음 밑줄 친 漢字語를 漢字로 쓰시오.

(93) 사무실에는 갖가지 비품이 구비되어 있었다.
(94) 섬 서쪽에서는 수심이 얕아 보인다.
(95) 그는 진실만을 말할 것을 맹세했다.
(96) 그는 10년 만에 다시 정권을 잡았다.
(97) 삼촌은 회사 내에서 직위가 매우 높은 편이다.
(98) 그녀는 매사에 소극적인 편이다.
(99) 운송장비의 자동화로 물류 처리가 매우 신속해졌다.
(100) 자연에 의한 재난으로 많은 피해가 우려된다.
(101) 그 경기를 보기 위해 경향에서 사람들이 몰려왔다.
(102) 폭풍우로 인해 항해가 불가능하다.
(103) 우리 동네는 보건 시설이 매우 뛰어나다.
(104) 우리 고장은 오랜 전통을 지닌 고장이다.

[105~112] 다음 單語를 괄호 속의 뜻을 유의하여 漢字로 쓰시오.

(105) 인가 (인정하여 허가함)

(106) 시찰 (두루 돌아다니며 실지의 사정을 살핌)

(107) 확연 (아주 확실함)

(108) 종가 (족보로 보아 한 문중에서 맏이로만 이어 온 큰집)

(109) 일소 (모조리 쓸어버림)

(110) 배합 (이것저것을 일정한 비율로 한데 섞어 합침)

(111) 충신 (나라와 임금을 위하여 충성을 다하는 신하)

(112) 이론 (사물의 이치나 지식 따위를 정연하게 일반화한 명제의 체계)

[113~117] 다음 漢字語와 뜻이 反對 또는 相對되는 漢字語를 漢字로 쓰시오.

(113) 齊唱 - (　　　)　　(114) 邪道 - (　　　)

(115) 屈折 - (　　　)　　(116) 根源 - (　　　)

(117) 輕微 - (　　　)

[118~122] 다음 漢字語와 音은 같고 뜻이 다른 漢字語를 한 가지씩 쓰시오.

(118) 寸暇 - (　　　)　　(119) 詳述 - (　　　)

(120) 衆智 - (　　　)　　(121) 官吏 - (　　　)

(122) 警備 - (　　　)

[123~132] 다음 빈칸에 알맞은 漢字를 써넣어 漢字語를 완성하시오.

(123) (　)占賣惜　　(124) 克己(　)禮

(125) 徹天之(　)　　(126) 竹馬(　)友

(127) 秋風(　)葉　　(128) 皮骨相(　)

(129) 反對給(　)　　(130) 掌中寶(　)

(131) 寡(　)淺識　　(132) 草(　)木皮

[133~137] 다음 漢字의 부수로 맞는 것을 골라 그 번호를 쓰시오.

(133) 虎 : ① 卜　② 虍　③ 七　④ 儿

(134) 兎 : ① ノ　② 口　③ 丶　④ 儿

(135) 丈 : ① ノ　② 一　③ 丈　④ 人

(136) 韻 : ① 音　② 口　③ 貝　④ 日

(137) 壬 : ① ノ　② 士　③ 土　④ 壬

[138~142] 다음 漢字語 중에서 첫 글자가 長音인 것을 골라 그 번호를 쓰시오.

(138)　① 意譯　　(139)　① 長久
　　　② 衣冠　　　　　② 葬事

(140)　① 忍辱　　(141)　① 莊嚴
　　　② 履修　　　　　② 丈人

(142)　① 潛伏
　　　② 暫時

[143~147] 다음 漢字語의 뜻을 쓰시오.

(143) 哀歌 :

(144) 恭待 :

(145) 老僧 :

(146) 稀貴 :

(147) 憎惡 :

[148~150] 다음 漢字의 略字를 쓰시오.

(148) 賣 - (　　　)　　(149) 變 - (　　　)

(150) 壓 - (　　　)

第11回 漢字能力檢定試驗 3級Ⅱ 예상문제

(시험시간 : 60분)

※ 이 문제는 한자능력검정시험 출제유형에 따라 출제하였습니다.

[1~45] 다음 漢字語의 讀音을 쓰시오.

(1) 霜葉(　) (2) 崇仰(　) (3) 秘訣(　)
(4) 恩澤(　) (5) 穀倉(　) (6) 恭敬(　)
(7) 日淺(　) (8) 振動(　) (9) 索出(　)
(10) 賦課(　) (11) 輸出(　) (12) 悟道(　)
(13) 卒倒(　) (14) 深淺(　) (15) 煖爐(　)
(16) 仲裁(　) (17) 丹楓(　) (18) 突風(　)
(19) 貿易(　) (20) 幼年(　) (21) 豪傑(　)
(22) 秋霜(　) (23) 仲秋(　) (24) 脚本(　)
(25) 記憶(　) (26) 沿岸(　) (27) 策定(　)
(28) 葬儀(　) (29) 累進(　) (30) 奮戰(　)
(31) 緩慢(　) (32) 恒常(　) (33) 寡默(　)
(34) 中央(　) (35) 便乘(　) (36) 旋律(　)
(37) 胡角(　) (38) 對照(　) (39) 原稿(　)
(40) 衡平(　) (41) 海岸(　) (42) 稚魚(　)
(43) 默過(　) (44) 國譯(　) (45) 微風(　)

[46~72] 다음 漢字의 訓과 音을 쓰시오.

(46) 逸(　) (47) 裂(　)
(48) 徑(　) (49) 版(　)
(50) 峯(　) (51) 審(　)
(52) 晩(　) (53) 片(　)
(54) 借(　) (55) 碧(　)
(56) 淺(　) (57) 械(　)
(58) 執(　) (59) 喪(　)
(60) 宇(　) (61) 欲(　)
(62) 眠(　) (63) 粧(　)
(64) 莊(　) (65) 寂(　)
(66) 培(　) (67) 索(　)
(68) 戚(　) (69) 恐(　)
(70) 漠(　) (71) 孟(　)
(72) 貿(　)

[73~92] 다음의 訓音을 지닌 漢字를 쓰시오.

(73) 대적할　적　　(74) 베풀　설
(75) 향기　향　　　(76) 어질　현
(77) 굳을　확　　　(78) 달릴　주
(79) 명령　령　　　(80) 새　　조
(81) 절　　사　　　(82) 이을　접
(83) 벗　　우　　　(84) 받을　수
(85) 구리　동　　　(86) 걸음　보
(87) 지날　경　　　(88) 죽일　살
(89) 집　　원　　　(90) 스승　사
(91) 홀로　독　　　(92) 풀　　해

[93~104] 다음 밑줄 친 漢字語를 漢字로 쓰시오.

(93) 태풍이 한반도를 비껴갈 것이라는 관측이 있어 안심이 된다.
(94) 죽기 전에 고국 땅을 밟아보고 싶다.
(95) 싣고 온 화물을 창고로 옮겼다.
(96) 이 규정을 어겼을 경우에는 엄격한 벌칙이 내려진다.
(97) 와병 중이던 할아버지의 용태가 심상치 않다.
(98) 그는 슬하에 혈육이 없는 외로운 분이다.
(99) 이론보다 실무에 익숙한 사람이 필요하다.
(100) 그녀는 낯선 타향에서 많은 시간을 보냈다.
(101) 제단에는 여러 가지의 음식이 차려져 있었다.
(102) 같은 리듬의 반복이 계속되고 있다.
(103) 나는 다양한 방법으로 정보를 얻는다.
(104) 그는 문서에 인장을 찍었다.

[105~112] 다음 單語를 괄호 속의 뜻을 유의하여 漢字로 쓰시오.

(105) 인식 (사물을 분별하고 판단하여 앎)

(106) 풍속 (옛날부터 전해오는 생활 전반에 걸친 습관 따위를 이르는 말)

(107) 소질 (본디부터 가지고 있는 성질)

(108) 교제 (서로 사귀어 가까이 지냄)

(109) 만기 (미리 정한 기한이 다 참)

(110) 협회 (같은 목적을 가진 사람들이 설립하여 유지해 나아가는 모임)

(111) 조퇴 (정하여진 시간 이전에 물러남)

(112) 지배 (어떤 사람이나 집단·조직·사물 등을 자기의 의사대로 다스림)

[113~117] 다음 漢字語와 뜻이 反對 또는 相對되는 漢字語를 漢字로 쓰시오.

(113) 韻文 - (   )   (114) 危險 - (   )

(115) 就職 - (   )   (116) 緖論 - (   )

(117) 異性 - (   )

[118~122] 다음 漢字語와 音은 같고 뜻이 다른 漢字語를 한 가지씩 쓰시오.

(118) 剛斷 - (   )   (119) 微明 - (   )

(120) 懷疑 - (   )   (121) 修飾 - (   )

(122) 畵廊 - (   )

[123~132] 다음 빈칸에 알맞은 漢字를 써넣어 漢字語를 완성하시오.

(123) (   )心寶鑑   (124) 興亡(   )衰

(125) 深山幽(   )   (126) 緣木求(   )

(127) 門前成(   )   (128) 莫重大(   )

(129) (   )途有望   (130) 奇巖(   )壁

(131) 轉禍(   )福   (132) (   )幼有序

[133~137] 다음 漢字의 부수로 맞는 것을 골라 그 번호를 쓰시오.

(133) 吏 : ① 一 ② 亠 ③ 口 ④ 丈

(134) 畿 : ① 幺 ② 戈 ③ 弋 ④ 田

(135) 井 : ① 二 ② 一 ③ 卝 ④ 井

(136) 齊 : ① 亠 ② 刀 ③ 衣 ④ 齊

(137) 兆 : ① 冫 ② 儿 ③ 北 ④ 兆

[138~142] 다음 漢字語 중에서 첫 글자가 長音인 것을 골라 그 번호를 쓰시오.

(138)　① 栽培　　　(139)　① 點滅
　　　② 裁可　　　　　　② 漸進

(140)　① 傳染　　　(141)　① 制裁
　　　② 電柱　　　　　　② 提供

(142)　① 專橫
　　　② 轉換

[143~147] 다음 漢字語의 뜻을 쓰시오.

(143) 懷古 :

(144) 破片 :

(145) 憂慮 :

(146) 誘引 :

(147) 乘車 :

[148~150] 다음 漢字의 略字를 쓰시오.

(148) 假 - (   )   (149) 關 - (   )

(150) 爲 - (   )

第12回 漢字能力檢定試驗 3級 II 예상문제

(시험시간 : 60분)

※ 이 문제는 한자능력검정시험 출제유형에 따라 출제하였습니다.

[1~45] 다음 漢字語의 讀音을 쓰시오.

(1) 照明(　) (2) 怪漢(　) (3) 玄孫(　)
(4) 戱畵(　) (5) 謹愼(　) (6) 卽席(　)
(7) 熟達(　) (8) 虎穴(　) (9) 折衝(　)
(10) 燒失(　) (11) 踏襲(　) (12) 親戚(　)
(13) 兼職(　) (14) 浪費(　) (15) 履歷(　)
(16) 承諾(　) (17) 窮塞(　) (18) 緊密(　)
(19) 踏査(　) (20) 傾倒(　) (21) 訴訟(　)
(22) 緊急(　) (23) 刻薄(　) (24) 喪失(　)
(25) 蒼天(　) (26) 默念(　) (27) 發刊(　)
(28) 拓本(　) (29) 債權(　) (30) 喜悅(　)
(31) 征伐(　) (32) 壓倒(　) (33) 促發(　)
(34) 發芽(　) (35) 智慧(　) (36) 家畜(　)
(37) 畿湖(　) (38) 小麥(　) (39) 症勢(　)
(40) 暫定(　) (41) 綱領(　) (42) 貫徹(　)
(43) 痛症(　) (44) 腦裏(　) (45) 哀惜(　)

[46~72] 다음 漢字의 訓과 音을 쓰시오.

(46) 漏(　) (47) 恕(　)
(48) 樓(　) (49) 染(　)
(50) 鹽(　) (51) 騎(　)
(52) 腦(　) (53) 壽(　)
(54) 浦(　) (55) 穴(　)
(56) 魂(　) (57) 浩(　)
(58) 抑(　) (59) 惑(　)
(60) 徵(　) (61) 炎(　)
(62) 軟(　) (63) 仰(　)
(64) 曾(　) (65) 捕(　)
(66) 衡(　) (67) 燕(　)
(68) 豪(　) (69) 靈(　)
(70) 貞(　) (71) 兎(　)
(72) 冠(　)

[73~92] 다음의 訓音을 지닌 漢字를 쓰시오.

(73) 쓸　소 (74) 방　방
(75) 재　성 (76) 찾을　방
(77) 재물　화 (78) 짝　배
(79) 말할　론 (80) 도울　조
(81) 배　항 (82) 높을　존
(83) 금할　금 (84) 자세할　정
(85) 기세　세 (86) 이지러질　결
(87) 재목　재 (88) 다스릴　치
(89) 흐를　류 (90) 충성　충
(91) 말　두 (92) 재주　예

[93~104] 다음 밑줄 친 漢字語를 漢字로 쓰시오.

(93) 사소한 일들은 말단 직원이 도맡아 했다.
(94) 오늘은 할아버지 산소에 벌초를 했다.
(95) 서울의 인구 밀도는 매우 높은 편이다.
(96) 내 동생은 교내 합창단의 단원이다.
(97) 한동안 소식이 없던 친구에게서 연락이 왔다.
(98) 이 사업은 안정된 수익이 보장된다.
(99) 잘못된 부분을 바로 수정해 주십시오.
(100) 교실에서는 학생들이 한창 수업에 열중하고 있었다.
(101) 야생의 포악한 성격이 차츰 수그러졌다.
(102) 그는 세속 사람들과 어울리지 않는다.
(103) 성인병은 조기에 발견해야 치료가 쉽다.
(104) 외세의 압력으로 문호를 개방하지 않을 수 없었다.

[105~112] 다음 單語를 괄호 속의 뜻을 유의하여 漢字로 쓰시오.

(105) 소양 (평소 닦아 놓은 학문이나 지식)

(106) 쇄도 (세차게 몰려듦)

(107) 확고 (태도나 상황 따위가 튼튼하고 굳음)

(108) 경축 (경사스러운 일을 축하함)

(109) 진행 (앞으로 향하여 나아감)

(110) 조화 (종이·천·비닐 따위를 재료로 하여 인공적으로 만든 꽃)

(111) 대중 (수많은 사람의 무리)

(112) 세공 (잔손을 많이 들여 정밀하게 만듦)

[113~117] 다음 漢字語와 뜻이 反對 또는 相對되는 漢字語를 漢字로 쓰시오.

(113) 離別 - (　　　) 　(114) 點火 - (　　　)

(115) 卑賤 - (　　　) 　(116) 引繼 - (　　　)

(117) 恥辱 - (　　　)

[118~122] 다음 漢字語와 音은 같고 뜻이 다른 漢字語를 한 가지씩 쓰시오.

(118) 空氣 - (　　　) 　(119) 古雅 - (　　　)

(120) 仁政 - (　　　) 　(121) 機智 - (　　　)

(122) 柔道 - (　　　)

[123~132] 다음 빈칸에 알맞은 漢字를 써넣어 漢字語를 완성하시오.

(123) 烏飛梨(　) 　(124) 薄(　)多賣

(125) 東奔西(　) 　(126) 虎死留(　)

(127) 仰望不(　) 　(128) (　)減乘除

(129) (　)終一貫 　(130) 臨時變(　)

(131) 臨戰無(　) 　(132) 臨機(　)變

[133~137] 다음 漢字의 부수로 맞는 것을 골라 그 번호를 쓰시오.

(133) 之: ① 丶　② 丿　③ 一　④ 之

(134) 鼓: ① 鼓　② 士　③ 豆　④ 支

(135) 臺: ① 士　② 口　③ 冖　④ 至

(136) 此: ① 止　② 上　③ 匕　④ 此

(137) 巡: ① 廴　② 巡　③ 巛　④ 辶

[138~142] 다음 漢字語 중에서 첫 글자가 長音인 것을 골라 그 번호를 쓰시오.

(138) 　① 條項　　(139) 　① 創刊
　　　② 照明　　　　　② 倉庫

(140) 　① 坐視　　(141) 　① 昌盛
　　　② 酒宴　　　　　② 彩雲

(142) 　① 振興
　　　② 眞率

[143~147] 다음 漢字語의 뜻을 쓰시오.

(143) 奮起:

(144) 弱冠:

(145) 克服:

(146) 卽死:

(147) 兼備:

[148~150] 다음 漢字의 略字를 쓰시오.

(148) 價-(　　　) 　(149) 榮-(　　　)

(150) 處-(　　　)

第13回 漢字能力檢定試驗 3級 II 예상문제
(시험시간 : 60분)

※ 이 문제는 한자능력검정시험 출제유형에 따라 출제하였습니다.

[1~45] 다음 漢字語의 讀音을 쓰시오.

(1) 落雷( )　(2) 糖分( )　(3) 補强( )
(4) 抵觸( )　(5) 猛威( )　(6) 衰亡( )
(7) 訣別( )　(8) 狂亂( )　(9) 忍耐( )
(10) 古稀( )　(11) 觸感( )　(12) 突起( )
(13) 亦是( )　(14) 野獸( )　(15) 裁可( )
(16) 戚臣( )　(17) 兼任( )　(18) 哲學( )
(19) 忍辱( )　(20) 裁量( )　(21) 沿革( )
(22) 選拔( )　(23) 豫審( )　(24) 孟春( )
(25) 炎暑( )　(26) 天倫( )　(27) 完拂( )
(28) 海拔( )　(29) 沈着( )　(30) 墨香( )
(31) 決裂( )　(32) 破滅( )　(33) 毛皮( )
(34) 役割( )　(35) 頭緖( )　(36) 開催( )
(37) 國債( )　(38) 遠征( )　(39) 菜食( )
(40) 婚需( )　(41) 胸中( )　(42) 莊重( )
(43) 臨迫( )　(44) 慣例( )　(45) 勿論( )

[46~72] 다음 漢字의 訓과 音을 쓰시오.

(46) 覆( )　(47) 涼( )
(48) 祀( )　(49) 蒼( )
(50) 槪( )　(51) 肝( )
(52) 排( )　(53) 愁( )
(54) 若( )　(55) 襲( )
(56) 脅( )　(57) 湯( )
(58) 錦( )　(59) 奪( )
(60) 衰( )　(61) 恒( )
(62) 踐( )　(63) 補( )
(64) 芽( )　(65) 岸( )
(66) 誇( )　(67) 免( )
(68) 拂( )　(69) 池( )
(70) 姑( )　(71) 此( )
(72) 蛇( )

[73~92] 다음의 訓音을 지닌 漢字를 쓰시오.

(73) 어두울　암　　(74) 집　　　궁
(75) 법　　　률　　(76) 침노할　침
(77) 물결　　파　　(78) 마루　　종
(79) 견줄　　비　　(80) 표　　　표
(81) 한정　　한　　(82) 검사할　검
(83) 거둘　　수　　(84) 막을　　방
(85) 남을　　여　　(86) 돌　　　회
(87) 거리　　가　　(88) 낱　　　개
(89) 둥글　　원　　(90) 편안　　강
(91) 옮길　　이　　(92) 무리　　대

[93~104] 다음 밑줄 친 漢字語를 漢字로 쓰시오.

(93) 그녀는 아직 소녀의 청순함을 지니고 있었다.
(94) 원서접수 결과 정원 미달인 학과가 많았다.
(95) 힘든 일 끝의 휴식은 너무나 달콤하다.
(96) 나는 이제 막 운전을 시작한 초보운전자이다.
(97) 몸속의 종양을 절제하고 항암치료를 했다.
(98) 그날 행사의 압권은 선생님의 장기 자랑이었다.
(99) 환절기에는 위생 관리를 철저히 해야 한다.
(100) 나는 가끔 공상에 빠지기를 즐긴다.
(101) 귀빈 접견을 위해 새로이 방을 마련했다.
(102) 잘못된 언어생활의 실태를 조사했다.
(103) 술은 마시기에 따라 보약도 될 수 있고 독약도 된다.
(104) 폭풍우로 인해 배가 항구에 정박해 있었다.

[105~112] 다음 單語를 괄호 속의 뜻을 유의하여 漢字로 쓰시오.

(105) 흡인 (빨아들이거나 끌어당김)

(106) 황동 (놋쇠)

(107) 응급 (급한 정황에 대처함)

(108) 개조 (조직·구조 따위를 목적에 맞도록 고쳐 다시 만듦)

(109) 별고 (특별한 사고)

(110) 문맥 (글월에 표현된 의미의 앞뒤 연결)

(111) 존대 (존경하여 받들어 대접하거나 대함)

(112) 저속 (품위가 낮고 속됨)

[113~117] 다음 漢字語와 뜻이 反對 또는 相對되는 漢字語를 漢字로 쓰시오.

(113) 暫時 - (　　)　　(114) 開幕 - (　　)

(115) 榮譽 - (　　)　　(116) 上昇 - (　　)

(117) 得點 - (　　)

[118~122] 다음 漢字語와 音은 같고 뜻이 다른 漢字語를 한 가지씩 쓰시오.

(118) 幽明 - (　　)　　(119) 流刑 - (　　)

(120) 冠禮 - (　　)　　(121) 寬容 - (　　)

(122) 沙器 - (　　)

[123~132] 다음 빈칸에 알맞은 漢字를 써넣어 漢字語를 완성하시오.

(123) 先公後(　)　　(124) 隨(　)隨答

(125) 群(　)割據　　(126) 輕擧(　)動

(127) 結草(　)恩　　(128) (　)線道路

(129) 三(　)童子　　(130) 進退維(　)

(131) 一(　)春夢　　(132) 自由奔(　)

[133~137] 다음 漢字의 부수로 맞는 것을 골라 그 번호를 쓰시오.

(133) 倉 : ①人　②食　③口　④倉

(134) 尺 : ①口　②人　③尸　④尺

(135) 肖 : ①小　②冂　③肉　④肖

(136) 壽 : ①士　②工　③口　④寸

(137) 耐 : ①耐　②一　③而　④寸

[138~142] 다음 漢字語 중에서 첫 글자가 長音인 것을 골라 그 번호를 쓰시오.

(138) ①淺近　　(139) ①沈沒
　　　②天倫　　　　　②寢臺

(140) ①超然　　(141) ①破滅
　　　②吹打　　　　　②波及

(142) ①置換
　　　②恥辱

[143~147] 다음 漢字語의 뜻을 쓰시오.

(143) 怪奇 :

(144) 緊要 :

(145) 風浪 :

(146) 浪說 :

(147) 追跡 :

[148~150] 다음 漢字의 略字를 쓰시오.

(148) 聲 - (　　)　　(149) 舊 - (　　)

(150) 兩 - (　　)

第14回 漢字能力檢定試驗 3級II 예상문제
(시험시간 : 60분)

※ 이 문제는 한자능력검정시험 출제유형에 따라 출제하였습니다.

[1~45] 다음 漢字語의 讀音을 쓰시오.

(1) 鼓舞( )　(2) 醉氣( )　(3) 中途( )
(4) 履修( )　(5) 稀微( )　(6) 部署( )
(7) 放縱( )　(8) 妙策( )　(9) 意譯( )
(10) 私淑( )　(11) 檢疫( )　(12) 怪力( )
(13) 坐視( )　(14) 單騎( )　(15) 優雅( )
(16) 秩序( )　(17) 親睦( )　(18) 所藏( )
(19) 刺客( )　(20) 印刷( )　(21) 爭訟( )
(22) 輕率( )　(23) 悔恨( )　(24) 德澤( )
(25) 閑寂( )　(26) 透過( )　(27) 染料( )
(28) 愛憎( )　(29) 野菜( )　(30) 微動( )
(31) 出沒( )　(32) 何等( )　(33) 供與( )
(34) 慈善( )　(35) 人倫( )　(36) 貸借( )
(37) 濕度( )　(38) 被害( )　(39) 許諾( )
(40) 奮起( )　(41) 審判( )　(42) 朝飯( )
(43) 偏向( )　(44) 悲戀( )　(45) 火葬( )

[46~72] 다음 漢字의 訓과 音을 쓰시오.

(46) 薄( )　(47) 稀( )
(48) 透( )　(49) 諾( )
(50) 換( )　(51) 履( )
(52) 燒( )　(53) 揚( )
(54) 彩( )　(55) 蘭( )
(56) 殊( )　(57) 旋( )
(58) 繁( )　(59) 維( )
(60) 桑( )　(61) 蓮( )
(62) 笛( )　(63) 忽( )
(64) 愼( )　(65) 促( )
(66) 兼( )　(67) 羽( )
(68) 奔( )　(69) 亦( )
(70) 淑( )　(71) 譯( )
(72) 妃( )

[73~92] 다음의 訓音을 지닌 漢字를 쓰시오.

(73) 그릇　기　　(74) 둘　　치
(75) 며느리　부　(76) 독　　독
(77) 덜　　제　　(78) 고울　려
(79) 무리　당　　(80) 털　　모
(81) 풍성할 풍　　(82) 통달할 달
(83) 연기　연　　(84) 끌　　인
(85) 지킬　보　　(86) 갚을　보
(87) 다　　총　　(88) 씨　　종
(89) 사나울 포　　(90) 그늘　음
(91) 이를　지　　(92) 시　　시

[93~104] 다음 밑줄 친 漢字語를 漢字로 쓰시오.

(93) 선생님께서는 교직을 천직으로 여기셨다.
(94) 은행에는 냉방 시설이 잘 되어 있었다.
(95) 우리 회사는 불량품 전무를 지향하고 있다.
(96) 나는 친구의 행동을 충분히 이해할 수 있었다.
(97) 고인의 영정 앞에서 명복을 빌었다.
(98) 얼굴에 노색이 역력했다.
(99) 오늘 북한 팀과의 접전이 예상된다.
(100) 그들은 전통문화의 명맥을 꾸준히 이어가고 있다.
(101) '접근금지'라는 경고 표지가 붙어 있었다.
(102) 최종 판결에서 정상이 참작되어 석방되었다.
(103) 백화점들이 일제히 특설 매장을 열었다.
(104) 두 사람씩 짝을 지어 역할 분담을 하였다.

[105~112] 다음 單語를 괄호 속의 뜻을 유의하여 漢字로 쓰시오.
(105) 언성(말하는 목소리)
(106) 벽지(벽에 바르는 종이)
(107) 표결(투표를 하여 결정함)
(108) 통화(유통 수단이나 지불 수단으로서의 기능을 하는 화폐)
(109) 여전(전과 같음)
(110) 장군(군의 우두머리로 군을 지휘하고 통솔하는 무관)
(111) 제작(재료를 가지고 기능과 내용을 가진 새로운 물건이나 예술 작품을 만듦)
(112) 승인(어떤 사실을 마땅하다고 받아들임)

[113~117] 다음 漢字語와 뜻이 反對 또는 相對되는 漢字語를 漢字로 쓰시오.
(113) 複線 - (   )   (114) 好評 - (   )
(115) 君主 - (   )   (116) 偶然 - (   )
(117) 簡便 - (   )

[118~122] 다음 漢字語와 音은 같고 뜻이 다른 漢字語를 한 가지씩 쓰시오.
(118) 役事 - (   )   (119) 侍立 - (   )
(120) 鳥獸 - (   )   (121) 訪問 - (   )
(122) 疏遠 - (   )

[123~132] 다음 빈칸에 알맞은 漢字를 써넣어 漢字語를 완성하시오.
(123) (   )身揚名   (124) 坐不安(   )
(125) 男尊女(   )   (126) 愚問賢(   )
(127) 大(   )小異   (128) 錦(   )玉食
(129) 虛(   )虛飾   (130) 權謀(   )數
(131) 苦盡(   )來   (132) 已(   )之事

[133~137] 다음 漢字의 부수로 맞는 것을 골라 그 번호를 쓰시오.
(133) 衝 : ① 彳   ② 重   ③ 行   ④ 衝

(134) 坐 : ① 人   ② 二   ③ 十   ④ 土
(135) 喪 : ① 十   ② 口   ③ 衣   ④ 土
(136) 貞 : ① 卜   ② 目   ③ 貝   ④ 八
(137) 片 : ① 丿   ② 丄   ③ 二   ④ 片

[138~142] 다음 漢字語 중에서 첫 글자가 長音인 것을 골라 그 번호를 쓰시오.
(138) ① 閉幕   (139) ① 含量
       ② 弊害   ② 陷沒
(140) ① 彼此   (141) ① 現役
       ② 皮革   ② 玄米
(142) ① 何等
       ② 賀禮

[143~147] 다음 漢字語의 뜻을 쓰시오.
(143) 餘裕 :
(144) 大悟 :
(145) 踏襲 :
(146) 栽培 :
(147) 國譯 :

[148~150] 다음 漢字의 略字를 쓰시오.
(148) 獨 - (   )   (149) 單 - (   )
(150) 惡 - (   )

第15回 漢字能力檢定試驗 3級Ⅱ 예상문제
(시험시간 : 60분)

※ 이 문제는 한자능력검정시험 출제유형에 따라 출제하였습니다.

[1~45] 다음 漢字語의 讀音을 쓰시오.

(1) 戀慕(　) (2) 免許(　) (3) 薄待(　)
(4) 弱冠(　) (5) 韻致(　) (6) 奔走(　)
(7) 朝廷(　) (8) 卓越(　) (9) 坐定(　)
(10) 小盤(　) (11) 奪取(　) (12) 存廢(　)
(13) 拳銃(　) (14) 切迫(　) (15) 懸案(　)
(16) 吉兆(　) (17) 終幕(　) (18) 分割(　)
(19) 偏食(　) (20) 側面(　) (21) 卽刻(　)
(22) 漸次(　) (23) 盤石(　) (24) 宇宙(　)
(25) 大悟(　) (26) 交付(　) (27) 震動(　)
(28) 臨時(　) (29) 惜別(　) (30) 被襲(　)
(31) 巡察(　) (32) 地震(　) (33) 軟弱(　)
(34) 尊卑(　) (35) 荒凉(　) (36) 同封(　)
(37) 筆跡(　) (38) 胸部(　) (39) 覆面(　)
(40) 軟性(　) (41) 五臟(　) (42) 拂入(　)
(43) 壽命(　) (44) 福祿(　) (45) 漸漸(　)

[46~72] 다음 漢字의 訓과 音을 쓰시오.

(46) 暫(　) (47) 勵(　)
(48) 鎖(　) (49) 疫(　)
(50) 讓(　) (51) 桂(　)
(52) 菊(　) (53) 貫(　)
(54) 翼(　) (55) 荷(　)
(56) 耕(　) (57) 聯(　)
(58) 陷(　) (59) 克(　)
(60) 哀(　) (61) 妻(　)
(62) 剛(　) (63) 柱(　)
(64) 瞬(　) (65) 債(　)
(66) 幼(　) (67) 廷(　)
(68) 婢(　) (69) 琴(　)
(70) 跡(　) (71) 簿(　)
(72) 僞(　)

[73~92] 다음의 訓音을 지닌 漢字를 쓰시오.

(73) 보낼 송 (74) 건널 제
(75) 이을 속 (76) 가난할 빈
(77) 궁구할 구 (78) 헤아릴 량
(79) 뭍 륙 (80) 물러날 퇴
(81) 깨끗할 결 (82) 끌 제
(83) 덜 감 (84) 줄 급
(85) 일어날 기 (86) 머물 류
(87) 깊을 심 (88) 노래 창
(89) 정사 정 (90) 살필 찰
(91) 웃을 소 (92) 순수할 순

[93~104] 다음 밑줄 친 漢字語를 漢字로 쓰시오.

(93) 아무쪼록 선처를 바랍니다.
(94) 매표가 시작된 지 5분도 안 되어 매진되었다.
(95) 차츰 사태가 안정을 찾아가고 있다.
(96) 건물을 수리하는 중이라 주변이 어지러웠다.
(97) 적의 허실을 탐지하였다.
(98) 물건을 찾아 준 사람에게 조그만 사례를 했다.
(99) 끈질긴 구애 끝에 드디어 결혼에 성공했다.
(100) 겨울이 다가오자 독감 예방 접종을 했다.
(101) 팬들의 질문 공세에 어쩔 줄 몰라 했다.
(102) 우리 선수단은 상대와의 경기에서 예상을 뒤집고 압승했다.
(103) 오랜 치료 끝에 병은 완치되었다.
(104) 순조롭게만 진행되던 일이 갑자기 난관에 부닥쳤다.

[105~112] 다음 單語를 괄호 속의 뜻을 유의하여 漢字로 쓰시오.

(105) 직장 (사람들이 일정한 직업을 가지고 일하는 곳)

(106) 경보 (태풍이나 공습 따위의 위험이 닥쳐올 때 경계하도록 미리 알리는 일)

(107) 혈액 (피를 달리 이르는 말)

(108) 소재 (어떤 것을 만드는 바탕이 되는 재료)

(109) 해제 (묶인 것이나 행동에 제약을 가하는 것을 풀어 자유롭게 함)

(110) 오인 (잘못 보거나 잘못 생각함)

(111) 배치 (사람이나 물자 따위를 일정한 자리에 알맞게 나누어 둠)

(112) 유고 (특별한 사정이나 사고가 있음)

[113~117] 다음 漢字語와 뜻이 反對 또는 相對되는 漢字語를 漢字로 쓰시오.

(113) 長壽 − (　　　) (114) 將帥 − (　　　)

(115) 詳論 − (　　　) (116) 異議 − (　　　)

(117) 利益 − (　　　)

[118~122] 다음 漢字語와 音은 같고 뜻이 다른 漢字語를 한 가지씩 쓰시오.

(118) 收拾 − (　　　) (119) 高價 − (　　　)

(120) 近刊 − (　　　) (121) 肖像 − (　　　)

(122) 主幹 − (　　　)

[123~132] 다음 빈칸에 알맞은 漢字를 써넣어 漢字語를 완성하시오.

(123) 弱肉强(　) (124) 身(　)書判

(125) 過(　)不及 (126) 姑(　)之計

(127) 一罰百(　) (128) 雪上加(　)

(129) 一片(　)心 (130) 他山之(　)

(131) 百年大(　) (132) 言行一(　)

[133~137] 다음 漢字의 부수로 맞는 것을 골라 그 번호를 쓰시오.

(133) 幽 : ① 幺　② 山　③ 幺　④ 凵

(134) 幕 : ① 艸　② 日　③ 大　④ 巾

(135) 亭 : ① 亠　② 口　③ 丁　④ 高

(136) 谷 : ① 八　② 人　③ 口　④ 谷

(137) 貢 : ① 二　② 工　③ 貝　④ 貢

[138~142] 다음 漢字語 중에서 첫 글자가 長音인 것을 골라 그 번호를 쓰시오.

(138) ① 獻身　　(139) ① 還甲
　　　② 玄孫　　　　② 換算

(140) ① 惠澤　　(141) ① 悔恨
　　　② 豪傑　　　　② 懷古

(142) ① 和睦
　　　② 禍根

[143~147] 다음 漢字語의 뜻을 쓰시오.

(143) 薄氷 :

(144) 紛失 :

(145) 特殊 :

(146) 尊卑 :

(147) 漸次 :

[148~150] 다음 漢字의 略字를 쓰시오.

(148) 廣 − (　　　) (149) 寫 − (　　　)

(150) 藝 − (　　　)

模範答案 – 3級 II

제 1 회

1. 망언 2. 소각 3. 면세 4. 연합 5. 미세
6. 역법 7. 급박 8. 선종 9. 하중 10. 창간
11. 와해 12. 말미 13. 세습 14. 어전 15. 계보
16. 박정 17. 촉매 18. 사족 19. 연무 20. 토로
21. 요강 22. 겸사 23. 아성 24. 계발 25. 신중
26. 촉각 27. 비범 28. 기도 29. 경각 30. 초연
31. 겸양 32. 양명 33. 절정 34. 욕망 35. 방춘
36. 연맹 37. 고모 38. 기병 39. 심곡 40. 측근
41. 유혹 42. 특수 43. 분실 44. 후회 45. 가인
46. 높을 륭 47. 돌 순 48. 소경 맹 49. 수풀 삼 50. 시렁 가 51. 울릴 향 52. 잠잠할 묵 53. 집 주 54. 풀 석 55. 억조 조 56. 기릴 예 57. 갑자기 돌 58. 나 아 59. 소반 반 60. 편안 녕 61. 이바지할 공 62. 길 도 63. 차례 질 64. 드리울 수 65. 배 복 66. 희롱할 롱 67. 주울 습 68. 덮을 개 69. 새길 명 70. 심을 재 71. 의뢰할 뢰 72. 엮을 편
73. 試 74. 吸 75. 是 76. 舍 77. 患
78. 破 79. 俗 80. 呼 81. 極 82. 眞
83. 取 84. 爲 85. 慶 86. 如 87. 壓
88. 督 89. 拜 90. 蓄 91. 富 92. 到
93. 相應 94. 期限 95. 連續 96. 位置 97. 絶對
98. 背景 99. 細心 100. 禁物 101. 新設 102. 手票
103. 慶事 104. 虛榮 105. 盛行 106. 熱帶 107. 生態
108. 精神 109. 武術 110. 退治 111. 密命 112. 難色
113. 實像{狀·相} 114. 長篇 115. 舊刊 116. 陰曆
117. 國弓 118. 內藏 119. 境地 120. 前職 121. 進化
122. 步道, 報道 123. 謀 124. 憂 125. 患
126. 空 127. 寸 128. 死 129. 表 130. 觀
131. 異 132. 成 133. ② 134. ① 135. ③
136. ① 137. ③ 138. ① 139. ② 140. ②
141. ② 142. ① 143. 기회를 탐 144. 못살게 굴어서 해롭게 함 145. 일정한 지역이나 조직 밖으로 쫓아냄 146. 뜻밖의 일이 갑자기 일어남 147. 늘 보고 있을 정도로 흔하고 가깝다
148. 宝 149. 挙 150. 検

제 2 회

1. 기마 2. 매개 3. 면모 4. 장부 5. 양력
6. 독촉 7. 송부 8. 용모 9. 풍모 10. 음모
11. 균제 12. 추방 13. 억지 14. 칠기 15. 위태
16. 쇠진 17. 정체 18. 사기 19. 배기 20. 폭염
21. 배정 22. 담백 23. 홍안 24. 피혁 25. 단서
26. 함몰 27. 검도 28. 만년 29. 자애 30. 임차
31. 미소 32. 봉쇄 33. 면제 34. 집무 35. 침강
36. 보도 37. 감옥 38. 간절 39. 숙련 40. 기괴
41. 전주 42. 심사 43. 동결 44. 사양 45. 흉골
46. 막힐 체 47. 깎을 삭 48. 단풍 풍 49. 어리석을 우 50. 슬기로울 혜 51. 익을 숙 52. 거칠 황 53. 넓을 홍 54. 임금 황 55. 옻 칠 56. 뉘우칠 회 57. 북방 임 58. 깨끗할 정 59. 미칠 급 60. 쓰일 수 61. 족보 보 62. 운 운 63. 이를 위 64. 버금 중 65. 가운데 앙 66. 모두 제 67. 저 피 68. 빌릴 대 69. 아침 단 70. 재앙 화 71. 간절할 간 72. 까마귀 오
73. 建 74. 請 75. 難 76. 處 77. 義
78. 稅 79. 支 80. 志 81. 備 82. 指
83. 認 84. 象 85. 田 86. 銃 87. 良
88. 護 89. 鄕 90. 飛 91. 假 92. 申
93. 要員 94. 歲拜 95. 個性 96. 加減 97. 殺伐
98. 造成 99. 强勢 100. 陰地 101. 進路 102. 忠直
103. 談笑 104. 暴雪 105. 急報 106. 列車 107. 救助
108. 防止 109. 實施 110. 法律 111. 經歷 112. 密約
113. 安全 114. 出勤 115. 離婚 116. 保守 117. 成魚
118. 下等 119. 假想, 嘉賞 120. 强盜, 强度
121. 開館 122. 過去 123. 冠 124. 彼 125. 適
126. 茶 127. 兆 128. 唱 129. 田 130. 面
131. 頃 132. 抑 133. ④ 134. ② 135. ②
136. ③ 137. ④ 138. ② 139. ② 140. ①
141. ② 142. ① 143. 신분이 낮고 천함 144. 몸과 마음을 바쳐 있는 힘을 다함 145. 아주 적은 분량 146. 뜻하지 않게 갑자기 147. 최근에 출판함
148. 児 149. 伝 150. 担

模範答案 - 3級 II

제 3 회

1. 영감 2. 박빙 3. 우려 4. 겸용 5. 즉답
6. 좌선 7. 면역 8. 보충 9. 피폐 10. 무대
11. 증상 12. 반경 13. 부역 14. 벽공 15. 긴박
16. 정결 17. 문상 18. 사악 19. 무모 20. 묵상
21. 사선 22. 송사 23. 객수 24. 수심 25. 방랑
26. 통역 27. 능원 28. 폐품 29. 지문 30. 억제
31. 습격 32. 맥주 33. 연립 34. 누출 35. 암벽
36. 장기 37. 탈피 38. 몽상 39. 개척 40. 영동
41. 저술 42. 비율 43. 후보 44. 교량 45. 유연
46. 밟을 답 47. 밥통 위 48. 부끄러울 치 49. 인쇄할 쇄 50. 찌를 자 51. 원고 고 52. 열 계 53. 엿 당 54. 건널 도 55. 찌를 충 56. 화목할 목 57. 차 다 58. 거느릴 어 59. 나타날 저 60. 맺을 계 61. 잠길 침 62. 고울 아 63. 난간 란 64. 막힐 색 65. 칠 정 66. 화로 로 67. 꽃다울 방 68. 꾸밀 식 69. 봉황새 봉 70. 익숙할 관 71. 근심 우 72. 일반 반
73. 監 74. 係 75. 講 76. 往 77. 故
78. 改 79. 攻 80. 境 81. 怒 82. 築
83. 努 84. 健 85. 得 86. 案 87. 兩
88. 虛 89. 羅 90. 盛 91. 豆 92. 守
93. 副木 94. 人波 95. 完備 96. 句節 97. 賢明
98. 常識 99. 感謝 100. 極度 101. 局限 102. 呼出
103. 成員 104. 科程 105. 氣絶 106. 恩師 107. 統計
108. 拜金 109. 害蟲 110. 經費 111. 止血 112. 難處
113. 尊稱 114. 集村 115. 釋放 116. 解約 117. 公席
118. 過渡 119. 保守, 報酬 120. 浮揚 121. 承服
122. 心理, 心裏 123. 失 124. 怪 125. 武
126. 佳 127. 橫 128. 達 129. 厚 130. 行
131. 逆 132. 泰 133. ① 134. ③ 135. ③
136. ① 137. ④ 138. ① 139. ① 140. ②
141. ① 142. ② 143. 서로 만남 144. 행정 기관이 법에 따라서 조세, 수수료, 벌금 따위를 국민에게서 거두어들이는 일 145. 나쁜 목적으로 몰래 흉악한 일을 꾸밈 146. 맑고 깨끗함 147. 덕이 적음
148. 団 149. 実 150. 軽

제 4 회

1. 공급 2. 경화 3. 겸비 4. 동량 5. 추격
6. 배치 7. 유발 8. 정결 9. 농담 10. 폐단
11. 함락 12. 조항 13. 개봉 14. 다도 15. 주옥
16. 연루 17. 욕구 18. 비책 19. 토양 20. 노승
21. 상세 22. 이행 23. 우수 24. 고봉 25. 천도
26. 운율 27. 유지 28. 대저 29. 긴장 30. 회고
31. 부침 32. 기타 33. 희박 34. 징수 35. 개입
36. 양보 37. 차제 38. 주가 39. 위액 40. 경사
41. 결재 42. 진부 43. 진흥 44. 지양 45. 탈고
46. 겸손할 겸 47. 어금니 아 48. 사나울 맹 49. 어긋날 착 50. 천천히 서 51. 갈 마 52. 꿈 몽 53. 무리 배 54. 선 선 55. 공교할 교 56. 머금을 함 57. 언덕 아 58. 집 각 59. 말 물 60. 부호 부 61. 아름다울 가 62. 사이뜰 격 63. 그릴 모 64. 깨달을 오 65. 낮을 비 66. 부세 부 67. 얻을 획 68. 통할 철 69. 핍박할 박 70. 그리워할 련 71. 실을 재 72. 점점 점
73. 連 74. 星 75. 滿 76. 逆 77. 伐
78. 承 79. 背 80. 密 81. 邊 82. 權
83. 罰 84. 祝 85. 博 86. 議 87. 謝
88. 次 89. 要 90. 未 91. 細 92. 務
93. 爭取 94. 假面 95. 子息 96. 守護 97. 呼吸
98. 提出 99. 餘波 100. 全擔 101. 夫婦 102. 佛敎
103. 暗記 104. 程度 105. 稅金 106. 缺食 107. 施行
108. 水準 109. 演技 110. 形態 111. 制定 112. 暴雨
113. 退任, 離任 114. 應答, 答辯 115. 開會
116. 冷待, 忽待 117. 不況 118. 時事, 示唆, 詩史
119. 水災 120. 揚力 121. 五輪 122. 傳記, 前期, 轉機
123. 末 124. 盡 125. 浩 126. 若 127. 倫
128. 坐 129. 求 130. 上 131. 同 132. 支
133. ③ 134. ④ 135. ④ 136. ② 137. ①
138. ② 139. ① 140. ① 141. ② 142. ②
143. 좋은 징조의 꿈 144. 뜻밖에 갑자기 달라짐
145. 약하다 146. 모르는 체하고 내버려둠으로써 슬며시 인정함 147. 일을 꾀함
148. 鉄 149. 満 150. 権

模範答案 - 3級 II

제 5 회

1. 애가 2. 애상 3. 척도 4. 매체 5. 자당
6. 추궁 7. 권유 8. 성신 9. 미명 10. 착각
11. 안면 12. 파편 13. 강녕 14. 체납 15. 가식
16. 기고 17. 재배 18. 협박 19. 거리 20. 동몽
21. 추후 22. 맹약 23. 당혹 24. 목련 25. 음반
26. 관장 27. 적발 28. 완화 29. 분란 30. 배제
31. 검무 32. 일제 33. 승기 34. 전환 35. 특징
36. 징병 37. 장부 38. 멸균 39. 연마 40. 적연
41. 단아 42. 수요 43. 도취 44. 세균 45. 향수
46. 주먹 권 47. 무늬 문 48. 감출 장 49. 남녘 병
50. 버금 아 51. 이랑 경 52. 멸할 멸 53. 욕될 욕
54. 그림자 영 55. 솜 면 56. 언덕 구 57. 줄 부 58. 앉을 좌 59. 꾀할 기 60. 언덕 릉 61. 입을 피 62. 실마리 서 63. 여러 루 64. 없을 막 65. 이을 락 66. 견딜 내 67. 바위 암 68. 복숭아 도 69. 빠질 몰 70. 역 역 71. 그윽할 유 72. 못 택

73. 聲 74. 布 75. 興 76. 束 77. 眼
78. 武 79. 羊 80. 統 81. 液 82. 考
83. 蟲 84. 變 85. 榮 86. 希 87. 制
88. 將 89. 演 90. 應 91. 員 92. 修
93. 入隊 94. 未滿 95. 限界 96. 寶物 97. 會議
98. 絶景 99. 減少 100. 謝意 101. 常住 102. 討伐
103. 藝術 104. 個人 105. 禁煙 106. 保護 107. 處分
108. 經過 109. 是認 110. 器官 111. 習得 112. 寺院
113. 出勤 114. 集合 115. 隆起 116. 反感
117. 姻戚, 親戚 118. 正常, 情狀
119. 弔花, 造化, 調和 120. 切開 121. 長官 122. 原告
123. 味 124. 福 125. 出 126. 助 127. 苦
128. 風 129. 舍 130. 自 131. 甘 132. 談
133. ④ 134. ② 135. ② 136. ③ 137. ③
138. ② 139. ① 140. ① 141. ② 142. ②
143. 무대 효과나 촬영 효과를 높이기 위하여 광선을 비추는 일 144. 사라져 없어짐 145. 물이 맑아 푸른빛이 도는 시내 146. 다른 곳으로 떠나 있던 사람이 본래의 곳으로 돌아감 147. 긴요하고 급함
148. 済 149. 狀 150. 続

제 6 회

1. 인고 2. 번화 3. 동맹 4. 충돌 5. 화로
6. 할인 7. 불초 8. 박두 9. 전멸 10. 상상
11. 번영 12. 심문 13. 시립 14. 등재 15. 임금
16. 격랑 17. 투시 18. 원단 19. 급습 20. 미량
21. 용맹 22. 솔선 23. 맹수 24. 애원 25. 철강
26. 통솔 27. 우롱 28. 생포 29. 언급 30. 내각
31. 발군 32. 황야 33. 습관 34. 저서 35. 불혹
36. 계피 37. 마직 38. 풍랑 39. 집행 40. 지옥
41. 변천 42. 수혈 43. 구속 44. 누대 45. 상풍
46. 그루 주 47. 기쁠 열 48. 되살아날 소 49. 호소할 소 50. 사내 랑 51. 고개 령 52. 관리 리 53. 두 쌍 54. 마을 서 55. 만날 봉 56. 무릇 범 57. 속 리 58. 탈 승 59. 울 곡 60. 도울 찬 61. 긴할 긴 62. 닮을 초 63. 불 취 64. 전각 전 65. 정수리 정 66. 북 고 67. 비 율 68. 짐승 수 69. 사랑 자 70. 경기 기 71. 마칠 필 72. 우레 뢰

73. 的 74. 想 75. 益 76. 他 77. 列
78. 恩 79. 誤 80. 官 81. 硏 82. 句
83. 敗 84. 造 85. 牧 86. 低 87. 戶
88. 障 89. 寶 90. 狀 91. 斷 92. 床{牀}
93. 消防 94. 民俗 95. 規律 96. 體統 97. 無限
98. 勢力 99. 保育 100. 將來 101. 快擧 102. 志願
103. 警備 104. 移植 105. 總計 106. 應分 107. 錄音
108. 暴發 109. 道義 110. 缺員 111. 建議 112. 處置
113. 離別 114. 答辯, 應答 115. 失權 116. 確信
117. 歡待 118. 重稅 119. 分期, 分岐, 憤氣 120. 私服
121. 上古, 詳考 122. 算定, 山情 123. 拜
124. 合 125. 斷 126. 差 127. 剛 128. 爭
129. 金 130. 鄕 131. 非 132. 屈 133. ①
134. ③ 135. ③ 136. ③ 137. ① 138. ①
139. ② 140. ① 141. ② 142. ② 143. 눈을 감고 말없이 마음속으로 생각함 144. 요구를 받아들임 145. 밤새움 146. 깊은 골짜기 147. 괴로움을 참음 148. 硏 149. 齒 150. 觀

模範答案 - 3級 II

제 7 회

1. 강단 2. 양풍 3. 증발 4. 복안 5. 연재
6. 상복 7. 내진 8. 낙조 9. 우연 10. 장수
11. 기업 12. 고집 13. 삭제 14. 도중 15. 연변
16. 비속 17. 습득 18. 세보 19. 옥적 20. 목란
21. 강판 22. 만추 23. 감식 24. 인적 25. 노임
26. 감상 27. 보완 28. 빈천 29. 외채 30. 석연
31. 대장 32. 인자 33. 난간 34. 아주 35. 불탑
36. 묵인 37. 기반 38. 가치 39. 품사 40. 차용
41. 방역 42. 경미 43. 흑막 44. 주최 45. 방년
46. 닿을 촉 47. 우레 진 48. 이미 이 49. 참을 인
50. 갚을 상 51. 계집 낭 52. 비칠 조 53. 쇠불릴 주
54. 길 천 55. 짐승 축 56. 천할 천 57. 가로 횡
58. 골 곡 59. 세로 종 60. 범 호 61. 샛길 간 62. 넉넉할 유 63. 맏 백 64. 오랠 구 65. 진흙 니 66. 탑 탑 67. 기와 와 68. 느릴 완 69. 보리 맥 70. 욕심 욕 71. 썩을 부 72. 잔치 연

73. 職 74. 常 75. 檀 76. 港 77. 擔
78. 島 79. 單 80. 準 81. 早 82. 製
83. 商 84. 端 85. 增 86. 施 87. 決
88. 血 89. 竹 90. 舊 91. 味 92. 止
93. 餘地 94. 確保 95. 殺生 96. 解體 97. 消燈
98. 動員 99. 着想 100. 自律 101. 暗算 102. 希望
103. 境內 104. 缺席 105. 提起 106. 根絶 107. 興行
108. 怒氣 109. 電波 110. 貯蓄 111. 政見 112. 建築
113. 是認 114. 起床 115. 治世 116. 歡送
117. 結審, 本審 118. 因子, 仁者 119. 特需
120. 享受, 香水, 享壽 121. 地球 122. 料理 123. 正
124. 得 125. 到 126. 晝 127. 喪 128. 佳
129. 西 130. 初 131. 常 132. 兩 133. ④
134. ④ 135. ③ 136. ④ 137. ② 138. ①
139. ① 140. ② 141. ② 142. ② 143. 종적을 아주 숨김 144. 억지로 머무르게 함 145. 아주 짧은 동안 146. 초여름. 음력 사월을 달리 이르는 말 147. 갑자기 공격함
148. 將 149. 労 150. 応

제 8 회

1. 병균 2. 삼림 3. 호소 4. 가교 5. 강도
6. 일탈 7. 회개 8. 월등 9. 연해 10. 찬조
11. 유구 12. 기적 13. 의뢰 14. 봉변 15. 일품
16. 숭상 17. 소외 18. 후불 19. 승격 20. 저명
21. 사적 22. 승화 23. 소위 24. 우직 25. 관용
26. 상술 27. 기발 28. 암반 29. 채무 30. 곤욕
31. 감명 32. 탈환 33. 침투 34. 산정 35. 탐색
36. 강호 37. 대책 38. 부합 39. 계관 40. 복부
41. 강진 42. 망루 43. 암석 44. 장구 45. 족적
46. 심할 심 47. 꼬리 미 48. 어른 장 49. 이별할 결
50. 줄기 간 51. 폐할 폐 52. 작을 미 53. 맑을 담
54. 하례할 하 55. 아뢸 주 56. 되 호 57. 서리 상
58. 진압할 진 59. 집 관 60. 치마 상 61. 들보 량
62. 밤 률 63. 적을 과 64. 책력 력 65. 검을 현 66. 봉할 봉 67. 잡을 구 68. 장수 수 69. 종 노 70. 짝 우 71. 항목 항 72. 모양 모

73. 進 74. 耳 75. 悲 76. 包 77. 非
78. 錄 79. 復 80. 仙 81. 協 82. 絶
83. 快 84. 授 85. 態 86. 惠 87. 砲
88. 程 89. 測 90. 賣 91. 視 92. 印
93. 處罰 94. 恩人 95. 努力 96. 事務 97. 送金
98. 參拜 99. 世波 100. 掃除 101. 行爲 102. 解消
103. 接續 104. 提示 105. 引下 106. 充血 107. 體驗
108. 觀衆 109. 製品 110. 常道 111. 信義 112. 統合
113. 卷末 114. 長年, 壯年, 老年 115. 共生 116. 廢刊
117. 助役 118. 眞情 119. 侵水, 寢睡
120. 首長, 首將 121. 高所, 苦笑
122. 力士, 役事, 歷史 123. 頭 124. 遇 125. 馬
126. 萬 127. 還 128. 相 129. 己 130. 下
131. 天 132. 毛 133. ② 134. ③ 135. ①
136. ① 137. ③ 138. ① 139. ② 140. ②
141. ① 142. ① 143. 살아서 돌아옴 144. 법에 의하여 구속하였던 사람을 풀어 자유롭게 하는 일 145. 깊이 생각하여 충분히 의논함 146. 겨울을 남 147. 가을의 찬 서리
148. 欠 149. 仏 150. 当

模範答案 - 3級 II

제 9 회

1. 명철 2. 만취 3. 목축 4. 욕설 5. 노천
6. 단편 7. 황폐 8. 신간 9. 사탑 10. 절개
11. 집착 12. 정교 13. 창고 14. 순시 15. 염전
16. 아집 17. 영향 18. 침몰 19. 잡역 20. 진열
21. 초순 22. 운수 23. 천시 24. 광기 25. 기습
26. 획책 27. 순방 28. 장려 29. 곡성 30. 저항
31. 책략 32. 교착 33. 욕탕 34. 사회 35. 급제
36. 설령 37. 왕비 38. 비만 39. 노비 40. 수연
41. 장서 42. 충혼 43. 위선 44. 진중 45. 두뇌
46. 당나라 당 47. 새 을 48. 오히려 상 49. 거울 감
50. 삼 마 51. 괴이할 괴 52. 무너질 괴 53. 꾈 유
54. 장사지낼 장 55. 꾀 모 56. 날짐승 금 57. 꾀 책
58. 달 현 59. 땀 한 60. 밝을 철 61. 송사할 송 62. 시내 계 63. 열흘 순 64. 칼 검 65. 클 태 66. 품삯 임 67. 품을 회 68. 활 궁 69. 이슬 로 70. 굳을 경
71. 어찌 하 72. 너그러울 관

73. 客 74. 壁 75. 基 76. 肉 77. 脈
78. 燈 79. 寒 80. 暖 81. 典 82. 導
83. 億 84. 創 85. 團 86. 帶 87. 誠
88. 警 89. 聖 90. 謠 91. 玉 92. 求
93. 淸掃 94. 接客 95. 總會 96. 小包 97. 溫床
98. 除名 99. 引用 100. 席次 101. 事故 102. 健康
103. 通常 104. 訪問 105. 衛星 106. 視野 107. 是非
108. 解答 109. 密告 110. 移送 111. 自認 112. 時限
113. 新婦 114. 多情 115. 輸入 116. 小人 117. 落第
118. 短篇 119. 習得 120. 榮轉 121. 感情 122. 答辭
123. 勇 124. 全 125. 破 126. 他 127. 金
128. 曲 129. 血 130. 我 131. 物 132. 河
133. ① 134. ③ 135. ① 136. ① 137. ③
138. ② 139. ① 140. ① 141. ② 142. ②
143. 뜻밖에 재물을 얻음 144. 재앙의 근원 145. 어떤 현상이나 대상이 나타났다 사라졌다 함 146. ①기체·액체가 짙지 못하고 묽거나 엷다 ②일의 희망·가망이 적다 147. 선거에 뽑힘
148. 参 149. 断 150. 験

제 10 회

1. 간척 2. 편견 3. 음향 4. 소통 5. 숙녀
6. 비단 7. 불멸 8. 충동 9. 누적 10. 미행
11. 잠적 12. 부양 13. 보수 14. 탑비 15. 정조
16. 장식 17. 포획 18. 의상 19. 추가 20. 모략
21. 낭설 22. 과시 23. 미묘 24. 집권 25. 어색
26. 투명 27. 구술 28. 성쇠 29. 혜택 30. 동파
31. 망발 32. 막사 33. 침묵 34. 냉동 35. 고동
36. 해동 37. 주조 38. 비장 39. 유치 40. 조수
41. 누각 42. 족보 43. 각광 44. 악보 45. 색채
46. 물가 주 47. 조세 조 48. 말 사 49. 사랑채 랑
50. 칼 도 51. 놀이 희 52. 막을 저 53. 매화 매 54. 붉을 단 55. 손바닥 장 56. 증세 증 57. 녹 록 58. 따를 수 59. 부드러울 유 60. 뽑을 발 61. 드릴 헌 62. 대 대 63. 모양 상 64. 귀신 귀 65. 낯 안 66. 비낄 사 67. 질그릇 도 68. 정자 정 69. 딸 적 70. 자세할 상 71. 자취 적 72. 흙덩이 양

73. 素 74. 副 75. 課 76. 停 77. 領
78. 關 79. 望 80. 識 81. 固 82. 思
83. 容 84. 競 85. 息 86. 祭 87. 佛
88. 驗 89. 府 90. 際 91. 衛 92. 齒
93. 備品 94. 水深 95. 眞實 96. 政權 97. 職位
98. 消極 99. 處理 100. 災難 101. 京鄕 102. 航海
103. 保健 104. 傳統 105. 認可 106. 視察 107. 確然
108. 宗家 109. 一掃 110. 配合 111. 忠臣 112. 理論
113. 獨唱 114. 正道 115. 直進 116. 支流 117. 重大
118. 村家 119. 上述, 商術 120. 中止, 中指
121. 管理 122. 經費 123. 買 124. 復 125. 恨
126. 故 127. 落 128. 接 129. 付 130. 玉
131. 聞 132. 根 133. ② 134. ④ 135. ③
136. ① 137. ② 138. ① 139. ② 140. ②
141. ② 142. ② 143. 슬픈 심정을 읊은 노래
144. ①공손하게 잘 대접함 ②상대에게 높임말을 함
145. 나이가 많은 중 146. 드물어서 매우 귀하다
147. 아주 사무치게 미워함
148. 売 149. 変 150. 圧

模範答案 - 3級 II

제 11 회

1. 상엽 2. 숭앙 3. 비결 4. 은택 5. 곡창
6. 공경 7. 일천 8. 진동 9. 색출 10. 부과
11. 수출 12. 오도 13. 졸도 14. 심천 15. 난로
16. 중재 17. 단풍 18. 돌풍 19. 무역 20. 유년
21. 호걸 22. 추상 23. 중추 24. 각본 25. 기억
26. 연안 27. 책정 28. 장의 29. 누진 30. 분전
31. 완만 32. 항상 33. 괴목 34. 중앙 35. 편승
36. 선율 37. 호각 38. 대조 39. 원고 40. 형평
41. 해안 42. 치어 43. 묵과 44. 국역 45. 미풍
46. 편안할 일 47. 찢어질 렬 48. 지름길 경 49. 판목 판 50. 봉우리 봉 51. 살필 심 52. 늦을 만 53. 조각 편 54. 빌릴 차 55. 푸를 벽 56. 얕을 천 57. 기계 계 58. 잡을 집 59. 잃을 상 60. 집 우 61. 하고자할 욕 62. 잘 면 63. 단장할 장 64. 씩씩할 장 65. 고요할 적 66. 북돋울 배 67. 찾을 색 68. 친척 척 69. 두려울 공 70. 넓을 막 71. 맏 맹 72. 무역할 무

73. 敵 74. 設 75. 香 76. 賢 77. 確
78. 走 79. 令 80. 鳥 81. 寺 82. 接
83. 友 84. 受 85. 銅 86. 步 87. 經
88. 殺 89. 院 90. 師 91. 獨 92. 解
93. 觀測 94. 故國 95. 貨物 96. 罰則 97. 容態
98. 血肉 99. 實務 100. 他鄕 101. 祭壇 102. 反復
103. 情報 104. 印章 105. 認識 106. 風俗 107. 素質
108. 交際 109. 滿期 110. 協會 111. 早退 112. 支配
113. 散文 114. 安全 115. 退職 116. 本論, 結論
117. 同性 118. 講壇 119. 未明, 美名 120. 會議
121. 數式 122. 花郎 123. 明 124. 盛 125. 谷
126. 魚 127. 市 128. 事 129. 前 130. 絶
131. 爲 132. 長 133. ③ 134. ④ 135. ①
136. ④ 137. ② 138. ① 139. ② 140. ②
141. ① 142. ② 143. 옛 자취를 돌이켜 생각함
144. 깨어지거나 부서진 조각 145. 근심하거나 걱정함 146. 주의나 흥미를 일으켜 꾀어냄 147. 차를 탐
148. 仮 149. 関 150. 為

제 12 회

1. 조명 2. 괴한 3. 현손 4. 희화 5. 근신
6. 즉석 7. 숙달 8. 호혈 9. 절충 10. 소실
11. 답습 12. 친척 13. 겸직 14. 낭비 15. 이력
16. 승낙 17. 궁색 18. 긴밀 19. 답사 20. 경도
21. 소송 22. 긴급 23. 각박 24. 상실 25. 창천
26. 묵념 27. 발간 28. 탁본 29. 채권 30. 희열
31. 정벌 32. 압도 33. 촉발 34. 발아 35. 지혜
36. 가축 37. 기호 38. 소맥 39. 증세 40. 잠정
41. 강령 42. 관철 43. 통증 44. 뇌리 45. 애석
46. 샐 루 47. 용서할 서 48. 다락 루 49. 물들 염 50. 소금 염 51. 말탈 기 52. 골 뇌 53. 목숨 수 54. 개 포 55. 굴 혈 56. 넋 혼 57. 넓을 호 58. 누를 억 59. 미혹할 혹 60. 부를 징 61. 불꽃 염 62. 연할 연 63. 우러를 앙 64. 일찍 증 65. 잡을 포 66. 저울대 형 67. 제비 연 68. 호걸 호 69. 신령 령 70. 곧을 정 71. 토끼 토 72. 갓 관

73. 掃 74. 房 75. 城 76. 訪 77. 貨
78. 配 79. 論 80. 助 81. 航 82. 尊
83. 禁 84. 精 85. 勢 86. 缺 87. 材
88. 治 89. 流 90. 忠 91. 斗 92. 藝
93. 末端 94. 伐草 95. 密度 96. 團員 97. 消息
98. 受益 99. 修正 100. 授業 101. 暴惡 102. 世俗
103. 早期 104. 門戶 105. 素養 106. 殺到 107. 確固
108. 慶祝 109. 進行 110. 造花 111. 大衆 112. 細工
113. 相逢 114. 消火 115. 尊貴 116. 引受
117. 榮譽, 名譽 118. 工期, 公器, 空器
119. 孤兒, 高雅 120. 人情, 認定
121. 基地, 旣知 122. 誘導, 有道 123. 落
124. 利 125. 走 126. 皮 127. 及 128. 加
129. 始 130. 通 131. 退 132. 應 133. ②
134. ① 135. ④ 136. ① 137. ③ 138. ②
139. ① 140. ① 141. ② 142. ① 143. 분발하여 일어남 144. 남자 나이 스무 살 된 때를 이르는 말 145. 악조건이나 고생 따위를 이겨 냄 146. 그 자리에서 바로 죽음 147. 두 가지 이상을 아울러 갖춤
148. 価 149. 栄 150. 処

模範答案 - 3級 II

제 13 회

1. 낙뢰 2. 당분 3. 보강 4. 저촉 5. 맹위
6. 쇠망 7. 결별 8. 광란 9. 인내 10. 고희
11. 촉감 12. 돌기 13. 역시 14. 야수 15. 재가
16. 척신 17. 겸임 18. 철학 19. 인욕 20. 재량
21. 연혁 22. 선발 23. 예심 24. 맹춘 25. 염서
26. 천륜 27. 완불 28. 해발 29. 침착 30. 묵향
31. 결렬 32. 파멸 33. 모피 34. 역할 35. 두서
36. 개최 37. 국채 38. 원정 39. 채식 40. 혼수
41. 흉중 42. 장중 43. 임박 44. 관례 45. 물론
46. 엎을 복 47. 서늘할 량 48. 제사 사 49. 푸를 창
50. 대개 개 51. 간 간 52. 밀칠 배 53. 시름 수 54. 같을 약 55. 엄습할 습 56. 위협할 협 57. 끓을 탕
58. 비단 금 59. 빼앗을 탈 60. 쇠할 쇠 61. 항상 항
62. 밟을 천 63. 기울 보 64. 싹 아 65. 언덕 안 66. 자랑할 과 67. 면할 면 68. 털 불 69. 못 지 70. 시어미 고 71. 이 차 72. 뱀 사
73. 暗 74. 宮 75. 律 76. 侵 77. 波
78. 宗 79. 比 80. 票 81. 限 82. 檢
83. 收 84. 防 85. 餘 86. 回 87. 街
88. 個 89. 圓 90. 康 91. 移 92. 隊
93. 淸純 94. 未達 95. 休息 96. 初步 97. 切除
98. 壓卷 99. 衛生 100. 空想 101. 接見 102. 實態
103. 毒藥 104. 港口 105. 吸引 106. 黃銅 107. 應急
108. 改造 109. 別故 110. 文脈 111. 虐待 112. 低俗
113. 永久, 永遠 114. 閉幕 115. 恥辱, 屈辱
116. 下降 117. 失點 118. 有名 119. 有形, 類型
120. 慣例 121. 官用, 慣用
122. 士氣, 史記, 社旗 123. 私 124. 問 125. 雄
126. 妄 127. 報 128. 幹 129. 尺 130. 谷
131. 場 132. 放 133. ① 134. ③ 135. ③
136. ① 137. ③ 138. ① 139. ② 140. ②
141. ① 142. ① 143. 괴상하고 기이함 144. 꼭 필요하다. 요긴하다 145. 바람과 물결을 아울러 이르는 말 146. 터무니없는 헛소문 147. 도망하는 사람의 뒤를 밟아서 쫓음
148. 声 149. 旧 150. 両

제 14 회

1. 고무 2. 취기 3. 중도 4. 이수 5. 희미
6. 부서 7. 방종 8. 묘책 9. 의역 10. 사숙
11. 검역 12. 괴력 13. 좌시 14. 단기 15. 우아
16. 질서 17. 친목 18. 소장 19. 자객 20. 인쇄
21. 쟁송 22. 경솔 23. 회한 24. 덕택 25. 한적
26. 투과 27. 염료 28. 애증 29. 야채 30. 미동
31. 출몰 32. 하등 33. 공여 34. 자선 35. 인륜
36. 대차 37. 습도 38. 피해 39. 허락 40. 분기
41. 심판 42. 조반 43. 편향 44. 비련 45. 화장
46. 엷을 박 47. 드물 희 48. 사무칠 투 49. 허락할 낙 50. 바꿀 환 51. 밟을 리 52. 사를 소 53. 날릴 양 54. 채색 채 55. 난초 란 56. 다를 수 57. 돌 선
58. 번성할 번 59. 벼리 유 60. 뽕나무 상 61. 연꽃 련 62. 피리 적 63. 갑자기 홀 64. 삼갈 신 65. 재촉할 촉 66. 겸할 겸 67. 깃 우 68. 달릴 분 69. 또 역
70. 맑을 숙 71. 번역할 역 72. 왕비 비
73. 器 74. 置 75. 婦 76. 毒 77. 除
78. 麗 79. 黨 80. 毛 81. 豊 82. 達
83. 煙 84. 引 85. 保 86. 報 87. 總
88. 種 89. 暴 90. 陰 91. 至 92. 詩
93. 天職 94. 冷房 95. 指向 96. 理解 97. 故人
98. 怒色 99. 接戰 100. 命脈 101. 警告 102. 情狀
103. 特設 104. 分擔 105. 言聲 106. 壁紙 107. 票決
108. 通貨 109. 如前 110. 將軍 111. 製作 112. 承認
113. 短線 114. 惡評 115. 臣下 116. 必然 117. 複雜
118. 力士, 歷史 119. 市立 120. 助手, 潮水
121. 方文, 房門, 榜文 122. 所願, 訴願 123. 立
124. 席 125. 卑 126. 答 127. 同 128. 衣
129. 禮 130. 術 131. 甘 132. 往 133. ③
134. ④ 135. ② 136. ③ 137. ④ 138. ②
139. ② 140. ① 141. ① 142. ② 143. 물질적·공간적·시간적으로 넉넉하여 남음이 있는 상태 144. 크게 깨달음 145. 예로부터 해 오던 방식이나 수법을 좇아 그대로 행함 146. 식물을 심어 가꿈 147. 다른 나라 말로 된 것을 자기 나라 말로 번역함
148. 独 149. 単 150. 悪

模範答案 - 3級 II

제 15 회

1. 연모
2. 면허
3. 박대
4. 약관
5. 운치
6. 분주
7. 조정
8. 탁월
9. 좌정
10. 소반
11. 탈취
12. 존폐
13. 권총
14. 절박
15. 현안
16. 길조
17. 종막
18. 분할
19. 편식
20. 측면
21. 즉각
22. 점차
23. 반석
24. 우주
25. 대오
26. 교부
27. 진동
28. 임시
29. 석별
30. 피습
31. 순찰
32. 지진
33. 연약
34. 존비
35. 황량
36. 동봉
37. 필적
38. 흥부
39. 복면
40. 연성
41. 오장
42. 불입
43. 수명
44. 복록
45. 점점
46. 잠깐 잠
47. 힘쓸 려
48. 쇠사슬 쇄
49. 전염병 역
50. 사양할 양
51. 계수나무 계
52. 국화 국
53. 펠 관
54. 날개 익
55. 멜 하
56. 밭갈 경
57. 연이을 련
58. 빠질 함
59. 이길 극
60. 슬플 애
61. 아내 처
62. 굳셀 강
63. 기둥 주
64. 눈깜짝일 순
65. 빚 채
66. 어릴 유
67. 조정 정
68. 여종 비
69. 거문고 금
70. 발자취 적
71. 문서 부
72. 거짓 위
73. 送
74. 濟
75. 續
76. 貧
77. 究
78. 量
79. 陸
80. 退
81. 潔
82. 提
83. 減
84. 給
85. 起
86. 留
87. 深
88. 唱
89. 政
90. 察
91. 笑
92. 純
93. 善處
94. 賣票
95. 事態
96. 修理
97. 虛實
98. 謝禮
99. 求愛
100. 接種
101. 攻勢
102. 壓勝
103. 完治
104. 難關
105. 職場
106. 警報
107. 血液
108. 素材
109. 解除
110. 誤認
111. 配置
112. 有故
113. 夭折, 短命
114. 兵士, 士卒, 兵卒
115. 槪論, 略論
116. 同議
117. 損害
118. 修習
119. 古家
120. 近間, 根幹
121. 初喪
122. 晝間, 週刊, 週間
123. 食
124. 言
125. 猶
126. 息
127. 戒
128. 霜
129. 丹
130. 石
131. 計
132. 致
133. ①
134. ④
135. ①
136. ④
137. ③
138. ①
139. ②
140. ①
141. ①
142. ②
143. 살얼음. 근소한 차이를 비유적으로 이르는 말
144. 자기도 모르는 사이에 물건 따위를 잃어버림
145. 매우 다름
146. 지위 신분 따위의 높고 낮음
147. 차례를 따라 조금씩
148. 広
149. 写
150. 芸

第73回 漢字能力檢定試驗 3級 II 問題紙
150문항 / 60분

(社)韓國語文會·韓國漢字能力檢定會   ※ 문제지는 답안지와 함께 제출하세요.   2016. 6. 18

[1-45] 다음 漢字語의 讀音을 쓰시오.

[1] 論據 [2] 悠久 [3] 逃避 [4] 貞淑
[5] 陶工 [6] 安否 [7] 閉鎖 [8] 段階
[9] 後悔 [10] 墓碑 [11] 簡略 [12] 堅實
[13] 陳腐 [14] 紛失 [15] 極甚 [16] 漸進的
[17] 連載 [18] 毛皮 [19] 遊覽 [20] 便乘
[21] 勸誘 [22] 依賴 [23] 獄苦 [24] 喪禮
[25] 讓位 [26] 項目 [27] 執着 [28] 資源
[29] 拍車 [30] 疏遠 [31] 慾求 [32] 石塔
[33] 臟器 [34] 治粧 [35] 株價 [36] 停滯
[37] 履修 [38] 恭待 [39] 名哲 [40] 振作
[41] 惠澤 [42] 攻防 [43] 賦課 [44] 節槪
[45] 墨香

[46-72] 다음 漢字의 訓과 音을 쓰시오.

[46] 隔 [47] 腹 [48] 觸
[49] 貌 [50] 婢 [51] 愼
[52] 附 [53] 燕 [54] 湯
[55] 巖 [56] 妻 [57] 隨
[58] 曆 [59] 笛 [60] 稀
[61] 鑑 [62] 浸 [63] 碧
[64] 淫 [65] 瓦 [66] 吹
[67] 恐 [68] 垂 [69] 蒼
[70] 僧 [71] 牙 [72] 姑

[73-102] 다음 밑줄 친 漢字語를 漢字[正字]로 쓰시오.

○ 사장이 기업을 성공적으로 [73]육성하기 위해서는 먼저 회사의 [74]대표로서 [75]책임감을 가지고 [76]직원들과 함께 해야 한다. 즉 그들의 모든 것을 [77]이해하고 [78]의사를 [79]중시하며, 어려움을 공감하면서 [80]관계를 원활하게 하려고 [81]노력한다면 직원들은 사장을 [82]존경하게 되고, 직원으로서의 [83]업무에 [84]성심을 다하며, [85]공동체라는 의식을 가지고 함께 [86]발전하기 위한 노력을 할 것이며, 이를 통해 이와 같은 [87]활동이 [88]결과적으로는 [89]자신들의 [90]생계까지 보장하는 것이라 생각하게 될 것이다.

○ 국가 [91]차원에서 정보와 통신 [92]분야를 진흥시키기 위해서는 먼저 [93]근성 있는 [94]인재를 양성해야 한다. 그리고 이를 위해 [95]정보는 먼저 [96]개방적 [97]견지의 차원에서 불합리한 [98]제도가 있으면 과감히 정리하여 관련 있는 자들의 부담을 [99]경감시켜 주고 [100]보호하는 [101]방향으로 정책을 [102]시행하면 우리의 앞날은 밝아질 것이다.

[103-107] 다음 漢字語 가운데 첫 음절이 長音으로 발음되는 것을 골라 그 번호를 쓰시오.

[103] ① 萬能 ② 縱隊 ③ 糧穀 ④ 桃園
[104] ① 炎天 ② 凍傷 ③ 抑揚 ④ 別離
[105] ① 剛直 ② 乾達 ③ 禽獸 ④ 富强
[106] ① 慈悲 ② 嚴密 ③ 普及 ④ 帳簿
[107] ① 微細 ② 緖端 ③ 臺詞 ④ 若干

[108-112] 다음 漢字와 反對(또는 相對)되는 漢字를 써 넣어 글 속의 漢字語를 完成하시오.

[108] 緩( )을 잘 조절할 술 알아야 한다.

[109] 그 거리는 사람들의 ( )來가 많지 않아요.

[110] ( )支를 꼼꼼하게 따져본다.

[111] 흥분하지 말고 ( )末을 차근차근 이야기 해 봐라.

[112] 이 그림의 ( )僞를 잘 밝혀주십시오.

第73回 漢字能力檢定試驗 3級 II 問題紙   ※ 문제지는 답안지와 함께 제출하시오.   2016. 6. 18

[113-117] 다음 漢字語의 反義語(또는 相對語)를 漢字[正字]로 쓰시오.

[113] 高雅 ↔ 卑(　)　　[114] 隆(　) ↔ 沈降

[115] (　)(　) ↔ 複雜　　[116] 新郞 ↔ (　)(　)

[117] (　)(　) ↔ 物質

[118-127] 다음 (　) 안에 알맞은 漢字[正字]를 써서 四字成語를 완성하시오.

[118] 多多(　)善 : 많으면 많을수록 좋음.

[119] 言語道(　) : 어이없어 말을 할 수가 없음.

[120] 龍(　)蛇尾 : 시작만 좋고 나중은 좋지 않음.

[121] 氷(　)之間 : 얼음과 숯의 사이처럼 서로 화합할 수 없는 사이를 말함.

[122] (　)實相符 : 명목과 실상이 서로 부합함.

[123] 玉骨仙(　) : 옥과 같은 골격과 선인과 같은 풍채.

[124] 無不(　)知 : 무엇이든지 환히 통하여 모르는 것이 없음.

[125] (　)慮一失 : 지혜로운 자도 많은 생각하다가 간혹 실책이 있을 수 있음.

[126] 改(　)遷善 : 잘못을 고치고 착하게 됨.

[127] 盡(　)報國 : 충성을 다하여 나라의 은혜를 갚음.

[128-132] 다음 漢字의 部首를 쓰시오.

[128] 巳　　[129] 幽　　[130] 亞

[131] 亦　　[132] 昇

[133-137] 다음 漢字와 訓이 같거나 비슷한 漢字를 <보기>에서 찾아 그 번호를 써 넣으시오.

<보기>
① 釋　② 正　③ 除　④ 洲
⑤ 畫　⑥ 築　⑦ 慧　⑧ 樂

[133] 講　　[134] 圖　　[135] 損

[136] 悅　　[137] 智

[138-142] 다음 漢字語와 音이 같으며, 다음 풀이에 알맞은 漢字語를 쓰시오.

[138] 使館 - (　) 역사의 발전 법칙에 대한 체계적인 견해.

[139] 移籍 - (　) 적을 이롭게 함.

[140] 倍數 - (　) 강 호수 따위의 큰물을 등지고 있음.

[141] 葬事 - (　) 장군과 병졸을 이르는 말.

[142] 星團 - (　) 신을 모신 제단.

[143-147] 다음 漢字語의 뜻을 쓰시오.

[143] 未熟
[144] 懸賞
[145] 主幹
[146] 固辭
[147] 掃滅

[148-150] 다음 漢字의 略字를 쓰시오.

[148] 餘　　[149] 舊　　[150] 濟

第74回 漢字能力檢定試驗 3級Ⅱ 問題紙

150문항 / 60분

(社)韓國語文會·韓國漢字能力檢定會　※ 문제지는 답안지와 함께 제출하세요.　2016. 8. 27

[1-45] 다음 漢字語의 讀音을 쓰시오.

[1] 慈愛　[2] 潛伏　[3] 干拓　[4] 親戚
[5] 致賀　[6] 威脅　[7] 換錢　[8] 縱斷
[9] 附錄　[10] 漆板　[11] 韻律　[12] 修飾
[13] 踏襲　[14] 便乘　[15] 微熱　[16] 割當
[17] 和睦　[18] 憂慮　[19] 彼此　[20] 漏電
[21] 隔離　[22] 投稿　[23] 鼓吹　[24] 壯途
[25] 釋尊　[26] 坐禪　[27] 隨筆　[28] 維持
[29] 勸誘　[30] 枝葉　[31] 影響　[32] 還拂
[33] 壽宴　[34] 漠然　[35] 履歷　[36] 激勵
[37] 遺蹟　[38] 突風　[39] 騎馬　[40] 拳鬪
[41] 戀慕　[42] 硬直　[43] 蒼天　[44] 漸進
[45] 豪傑

[46-72] 다음 漢字의 訓과 音을 쓰시오.

[46] 幹　[47] 耐　[48] 奴
[49] 臺　[50] 郞　[51] 裂
[52] 磨　[53] 槪　[54] 莫
[55] 綿　[56] 簿　[57] 蘇
[58] 懇　[59] 哀　[60] 仰
[61] 夢　[62] 祈　[63] 抑
[64] 誇　[65] 羽　[66] 掌
[67] 柱　[68] 震　[69] 觸
[70] 玄　[71] 渡　[72] 稀

[73-77] 다음 漢字語 중 첫 음절이 長音으로 발음되는 것의 번호를 쓰시오.

[73] ① 訴願　② 曜日　③ 胃腸　④ 認知
[74] ① 照明　② 脚光　③ 默念　④ 愁心
[75] ① 溪谷　② 獻金　③ 盤石　④ 拾得
[76] ① 慣例　② 樓閣　③ 肥料　④ 僧舞
[77] ① 緊急　② 臨戰　③ 削除　④ 栽培

[78-107] 다음 문장에서 밑줄 친 漢字語를 漢字[正字]로 쓰시오.

[78] 국회는 수정 없이 원안을 통과시켰다.
[79] 사람들의 관심사를 착안하여 사업하다.
[80] 그는 눈빛으로 상대 선수를 제압했다.
[81] 그들은 한가히 여담을 즐겼다.
[82] 물질주의 허영에 들떠 방황하다.
[83] 녹음이 우거진 숲속을 거닐다.
[84] 자동차가 고장이 나 걸어갔다.
[85] 설악산의 절경에 넋을 잃다.
[86] 건물 관리비를 전 주인과 정산했다.
[87] 우리나라 조선 산업이 위기이다.
[88] 지나온 과거를 성찰하고 미래를 대비한다.
[89] 범법자들은 처벌을 받기 마련이다.
[90] 아름다운 건물을 건축하여 도시 미관을 살린다.
[91] 양쪽 선수는 공격 태세를 갖췄다.
[92] 광고지를 배포하여 영업을 알린다.
[93] 기상 악화로 항공기가 결항하였다.
[94] 정확한 설명으로 사건의 의문이 해소되었다.
[95] 성현들의 가르침을 되새긴다.
[96] 요즘 각 당은 협치를 하자고 한다.
[97] 팀의 감독은 선수들로부터 신뢰를 받아야 한다.
[98] 강당에 모인 청중들은 연설을 들었다.
[99] 선생님의 지도로 학습 목표를 달성했다.
[100] 사장은 결재를 보류했다.
[101] 카드 사용이 만기가 되어 새로 발급받았다.
[102] 그는 공무로 지방에 출장을 갔다.

[103] 독서를 생활화하면 박식해진다.
[104] 산소를 깔끔하게 벌초했다.
[105] 왕은 성벽을 높이 쌓아 적의 침입에 대비했다.
[106] 병상에 누워 있는 환자를 위해 기도했다.
[107] 시장의 제안에 시민들의 반응은 냉소적이다.

[108-112] 다음 漢字와 비슷한 뜻을 가진 漢字[正字]를 ( ) 안에 써넣어 문장에 적합한 漢字語가 되게 하시오.

[108] 선수들은 剛( )한 기상으로 싸웠다.
[109] 부동산 구입의 契( )을 하다.
[110] 식재료를 具( )하고 요리하다.
[111] 사람의 ( )髮을 통하여 유전자 검사를 하다.
[112] 권력을 ( )繼하다.

[113-117] 다음 漢字와 뜻이 反對 또는 相對되는 漢字[正字]를 써서 漢字語를 완성하시오.

[113] 일의 ( )重에 따라 우선 처리하다.
[114] 이번 경기는 선수들의 자세에서 '( )負'가 갈렸다.
[115] 좋은 정책으로 국민들의 貧( )의 차이가 줄었다.
[116] 그들의 사이는 氷( )의 관계라서 냉랭했다.
[117] 원료의 需( )이 잘 이루어지다.

[118-122] 다음 漢字語의 反對語 또는 相對語를 2음절로 된 漢字[正字]로 쓰시오.

[118] 複雜 ↔ ( )   [119] 現實 ↔ ( )
[120] 稱讚 ↔ ( )   [121] 支出 ↔ ( )
[122] 迎新 ↔ ( )

[123-127] 다음 漢字語의 同音異議語를 漢字로 쓰되, 제시된 뜻에 맞는 것으로 하시오.

[123] 爆音-( ) 술을 한 차례에 아주 많이 마심.
[124] 補助-( ) 걸음걸이의 속도나 모양 따위의 상태.
[125] 時刻-( ) 사물을 관찰하고 파악하는 기본적인 자세.
[126] 災禍-( ) 사람이 바라는 것을 충족시켜 주는 것.
[127] 衣香-( ) 무엇을 하려는 생각.

[128-137] 다음 ( ) 안에 알맞은 漢字[正字]를 써서 四字成語를 완성하시오.

[128] 經世( )民 : 세상을 다스리고 백성을 구함.
[129] ( )猶不及 : 정도를 지나침은 미치지 못한 것과 같음.
[130] 近墨者( ) : 나쁜 사람을 가까이 하면 물들기 쉬움
[131] 東奔西( ) : 사방으로 이리저리 바삐 돌아다님.
[132] 面從腹( ) : 겉으로는 복종하면서도 속으로는 배반함.
[133] ( )所不爲 : 못하는 것이 없음.
[134] 百家( )鳴 : 많은 학자들이 거리낌 없이 논쟁함.
[135] 森( )萬象 : 우주 속에 존재하는 모든 사물과 현상.
[136] ( )父之利 : 제삼자가 이익을 취함을 이르는 말.
[137] 因果( )報 : 좋은 인연에는 좋은 과보가 오고, 악한 인연에는 악한 과보가 옴.

[138-142] 다음 漢字의 部首를 쓰시오.

[138] 耕   [139] 司   [140] 雅
[141] 貞   [142] 項

[143-145] 다음 漢字의 略字를 쓰시오.

[143] 寶   [144] 蟲   [145] 齒

[146-150] 다음 漢字語의 뜻을 쓰시오.

[146] 恥事   [147] 徹夜
[148] 溫柔   [149] 雪辱
[150] 浮雲

第75回 漢字能力檢定試驗 3級 II 問題紙
150문항 / 60분

(社)韓國語文會 · 韓國漢字能力檢定會   ※ 문제지는 답안지와 함께 제출하세요.   2016. 11. 26

[1-45] 다음 漢字語의 讀音을 쓰시오.

[1] 忍耐 [2] 獎勵 [3] 累積 [4] 免疫
[5] 寢臺 [6] 降伏 [7] 懇請 [8] 增補
[9] 傾斜 [10] 檢索 [11] 閉鎖 [12] 昇華
[13] 覆蓋 [14] 柔軟 [15] 胃炎 [16] 餘裕
[17] 收藏 [18] 遺蹟 [19] 殿閣 [20] 合奏
[21] 劃策 [22] 繁昌 [23] 追慕 [24] 奪還
[25] 改編 [26] 荷役 [27] 提供 [28] 橫暴
[29] 懷疑 [30] 轉換 [31] 浮沈 [32] 懸賞金
[33] 獻血 [34] 惠澤 [35] 沙漠 [36] 徹底
[37] 淺薄 [38] 地震 [39] 探照燈 [40] 淸潔
[41] 抵觸 [42] 禁慾 [43] 雅號 [44] 巡訪
[45] 削髮

[46-72] 다음 漢字의 訓과 音을 쓰시오.

[46] 刊 [47] 絡 [48] 惜
[49] 譯 [50] 垂 [51] 潛
[52] 戚 [53] 浦 [54] 玄
[55] 諾 [56] 透 [57] 洲
[58] 阿 [59] 獸 [60] 芳
[61] 途 [62] 錦 [63] 賦
[64] 蘇 [65] 莊 [66] 諸
[67] 殆 [68] 洪 [69] 忽
[70] 較 [71] 倒 [72] 蒙

[73-102] 다음 밑줄 친 漢字語를 漢字[正字]로 쓰시오.

[73] 단오에는 그네 타고 씨름 한다.
[74] 중요한 일은 기록을 해두자.
[75] 총무가 여러 가지 일을 잘한다.
[76] 세밀한 부분까지 잘 처리했다.
[77] 그는 책을 많이 읽어 박식하다.
[78] 테러를 잘 방비해야 한다.
[79] 현대전은 정보가 중요하다.
[80] 복습은 효과적인 학습법이다.
[81] 한국은 선진국으로 웅비하리라.
[82] 그 작가는 발상이 참신하다.
[83] 백두산 천지는 신성한 곳이다.
[84] 유익한 강의를 수강하였다.
[85] 눈이 아파 안과에 다녀왔다.
[86] 그 배우는 연기를 참 잘한다.
[87] 지구 위에는 인공위성이 돈다.
[88] 뒤탈이 없이 처리하여라.
[89] 자기 집 앞 제설은 자기가 하자.
[90] 적성에 맞는 직업을 찾아라.
[91] 건축은 준비를 잘해야 한다.
[92] 자기 위치를 잘 파악해야 한다.
[93] 저 건물은 형태가 특이하다.
[94] 그는 열심히 저축하였다.
[95] 과제는 기한 안에 내야 한다.
[96] 한국에는 종교의 자유가 있다.
[97] 기상 관측은 매우 중요하다.
[98] 저 선수의 등번호는 11번이야.
[99] 전통을 잘 지켜 나가야 한다.
[100] 비행기가 항로를 벗어났다.
[101] 인권은 보호받아야 한다.
[102] 끝까지 희망을 가지고 살자.

第75回 漢字能力檢定試驗 3級 II 問題紙　　※ 문제지는 답안지와 함께 제출하시오.　2016. 11. 26

[103-107] 다음 漢字語 중 첫 音節이 長音으로 발음되는 것의 번호를 쓰시오.

[103] ① 開拓　② 墨客　③ 假飾　④ 縱隊
[104] ① 愚直　② 變化　③ 勝利　④ 蒼空
[105] ① 被告　② 執念　③ 鐵塔　④ 皇帝
[106] ① 訴訟　② 共著　③ 陰曆　④ 商人
[107] ① 熟達　② 銅像　③ 盲信　④ 御命

[108-112] 다음 漢字와 反對(또는 相對)되는 漢字를 써 넣어 글 속의 漢字語를 완성하시오.

[108] 사람은 (　)裏가 같아야 한다.
[109] 살다보면 (　)辱을 겪는다.
[110] 사람을 오래 사귀면 (　)憎이 함께 생긴다.
[111] 그 사람에 대해서는 사람마다 好(　)가 엇갈린다.
[112] 사람은 靈(　)이 모두 건강해야 한다.

[113-117] 다음 漢字語의 反對語(또는 相對語)를 漢字(正字)로 쓰시오.

[113] 瞬間↔永(　)　　[114] 浪費↔(　)約
[115] 錯誤↔正(　)　　[116] 移動↔(　)定
[117] 消滅↔存(　)

[118-127] 다음 빈 칸에 알맞은 漢字(正字)를 써 넣어 漢字語(成語)를 完成하시오.

[118] 過恭(　)禮 : 지나친 공손은 예의가 아님.
[119] 權謀(　)數 : 권력을 위한 온갖 모략과 술책.
[120] 內憂外(　) : 안팎의 여러 가지 어려움.
[121] 桃園結(　) : 복숭아 정원에서 의를 맺음.
[122] (　)刀亂麻 : 잘 드는 칼로 엉클어진 삼가닥을 자름.
[123] 夫唱(　)隨 : 남편이 주장하고 아내가 잘 따름.
[124] (　)山之石 : 남의 허물도 내 수양에 도움이 될 수 있음.
[125] 切(　)腐心 : 몹시 분해 이를 갈며 속을 썩임.
[126] (　)株待兔 : 과거 일에 얽매어 변화가 없음.
[127] 衆寡不(　) : 적은 수효로 많은 적을 막지 못함.

[128-132] 다음 漢字의 部首를 쓰시오.

[128] 鼓　　[129] 磨　　[130] 封
[131] 齊　　[131] 此

[133-137] 다음 漢字와 訓이 같거나 비슷한 漢字를 <보기>에서 찾아 그 번호를 쓰시오.

<보기>
① 稚　② 浪　③ 安　④ 徑
⑤ 競　⑥ 訣　⑦ 尙　⑧ 跡

[133] 康　　[134] 爭　　[135] 幼
[136] 崇　　[137] 波

[138-142] 다음 漢字語의 同音異義語를 제시된 뜻에 맞추어 漢字(正字)로 쓰시오.

[138] 無機-(　) 싸움에 쓰는 기구.
[139] 構圖-(　) 예전의 길.
[140] 家産-(　) 더하여 셈함.
[141] 監査-(　) 고맙게 느낌.
[142] 私設-(　) 신문이나 잡지에서 써내는 논설.

[143-147] 다음 漢字語의 뜻을 쓰시오.

[143] 製鋼
[144] 避雷
[145] 碧溪
[146] 遷都
[147] 緩衝

[148-150] 다음 漢字의 약자를 쓰시오.

[148] 藝　　[149] 價　　[150] 廣

模範答案 - 3級 II

제73회

1. 논거 2. 유구 3. 도피 4. 정숙
5. 도공 6. 안부 7. 폐쇄 8. 단계
9. 후회 10. 묘비 11. 간략 12. 견실
13. 진부 14. 분실 15. 극심 16. 점진적
17. 연재 18. 모피 19. 유람 20. 편승
21. 권유 22. 의뢰 23. 옥고 24. 상례
25. 양위 26. 항목 27. 집착 28. 자원
29. 박차 30. 소원 31. 욕구 32. 석탑
33. 장기 34. 치장 35. 주가 36. 정체
37. 이수 38. 공대 39. 명철 40. 진작
41. 혜택 42. 공방 43. 부과 44. 절개
45. 묵향 46. 사이뜰 격 47. 배 복 48. 닿을 촉
49. 모양 모 50. 계집종 비 51. 삼갈 신 52. 붙을 부
53. 제비 연 54. 끓을 탕 55. 바위 암 56. 아내 처
57. 따를 수 58. 책력 력 59. 피리 적 60. 드물 희
61. 거울 감 62. 잠길 침 63. 푸를 벽 64. 음란할 음
65. 기와 와 66. 불 취 67. 두려울 공 68. 드리울 수
69. 푸를 창 70. 중 승 71. 어금니 아 72. 시어미 고
73. 育成 74. 代表 75. 責任 76. 職員
77. 理解 78. 意思 79. 重視 80. 關係
81. 努力 82. 尊敬 83. 業務 84. 誠心
85. 共同體 86. 發展 87. 活動 88. 結果
89. 自身 90. 生計 91. 次元 92. 分野
93. 根性 94. 人材 95. 政府 96. 開放
97. 見地 98. 制度 99. 輕減 100. 保護
101. 方向 102. 施行 103. 1 104. 2
105. 4 106. 3 107. 2 108. 急
109. 往 110. 收 111. 本 112. 眞
113. 俗 114. 起 115. 單純 116. 新婦
117. 精神 118. 益 119. 斷 120. 頭
121. 炭 122. 名 123. 風 124. 通
125. 千 126. 過 127. 忠 128. 己
129. 幺 130. 二 131. 一 132. 日
133. 1 134. 5 135. 3 136. 8
137. 7 138. 史觀 139. 利敵 140. 背水
141. 將士 142. 聖壇 143. 서투름
144. 판매, 모집, 수배 등에 상금 따위를 내걺
145. 어떤 일을 책임지고 맡아서 처리함
146. 굳이 사양함 147. 쓸어서 없앰
148. 余 149. 旧 150. 済

제74회

1. 자애 2. 잠복 3. 간척 4. 친척
5. 치하 6. 위협 7. 환전 8. 종단
9. 부록 10. 칠판 11. 운율 12. 수식
13. 답습 14. 편승 15. 미열 16. 할당
17. 화목 18. 우려 19. 피차 20. 누전
21. 격리 22. 투고 23. 고취 24. 장도
25. 석존 26. 좌선 27. 수필 28. 유지
29. 권유 30. 지엽 31. 영향 32. 환불
33. 수연 34. 막연 35. 이력 36. 격려
37. 유적 38. 돌풍 39. 기마 40. 권투
41. 연모 42. 경직 43. 창천 44. 점진
45. 호걸 46. 줄기 간 47. 견딜 내 48. 종 노
49. 대 대 50. 사내 랑 51. 찢어질 렬 52. 갈 마
53. 대개 개 54. 없을 막 55. 솜 면 56. 문서 부
57. 되살아날 소 58. 간절할 간 59. 쇠할 쇠 60. 우러를 앙
61. 꿈 몽 62. 빌 기 63. 누를 억 64. 자랑할 과
65. 깃 우 66. 손바닥 장 67. 기둥 주 68. 우레 진
69. 닿을 촉 70. 검을 현 71. 건널 도 72. 드물 희
73. 2 74. 1 75. 2
76. 3 77. 4 78. 原案 79. 着眼
80. 制壓 81. 餘談 82. 虛榮 83. 綠陰
84. 故障 85. 絶景 86. 精算 87. 造船
88. 省察 89. 處罰 90. 建築 91. 態勢
92. 配布 93. 缺航 94. 解消 95. 聖賢
96. 協治 97. 監督 98. 講堂 99. 指導
100. 保留 101. 滿期 102. 公務 103. 博識
104. 伐草 105. 城壁 106. 病床 107. 冷笑
108. 健 109. 約 110. 備 111. 毛

模範答案 - 3級 II

112. 承	113. 輕	114. 勝	115. 富
116. 炭	117. 給	118. 單純	119. 理想
120. 非難	121. 收入	122. 送舊	123. 暴飮
124. 步調	125. 視角	126. 財貨	127. 意向
128. 濟	129. 過	130. 黑	131. 走
132. 背	133. 無	134. 爭	135. 羅
136. 漁	137. 應	138. 未	139. 口
140. 佳	141. 貝	142. 頁	143. 宝
144. 虫	145. 歯		

147. 밤을 새움
146. 부끄러운 일
148. 따뜻하고 부드러움
149. 부끄러움을 씻음
150. 뜬구름

제75회

1. 인내 2. 장려 3. 누적 4. 면역
5. 침대 6. 항복 7. 간청 8. 증보
9. 경사 10. 검색 11. 폐쇄 12. 승화
13. 복개 14. 유연 15. 위염 16. 여유
17. 수장 18. 유적 19. 전각 20. 합주
21. 획책 22. 번창 23. 추모 24. 탈환
25. 개편 26. 하역 27. 제공 28. 횡포
29. 회의 30. 전환 31. 부침 32. 현상금
33. 헌혈 34. 덕택 35. 사막 36. 철저
37. 천박 38. 지진 39. 탐조등 40. 청결
41. 저촉 42. 금욕 43. 아호 44. 순방
45. 삭발 46. 새길 간 47. 이을/얽을 락
48. 아낄 석 49. 번역할 역 50. 드리울 수 51. 잠길 잠 52. 친척 척 53. 개 포 54. 검을 현 55. 허락할 낙 56. 사무칠 투 57. 물가 주 58. 언덕 아 59. 짐승 수 60. 꽃다울 방 61. 길 도 62. 비단 금 63. 부세 부 64. 되살아날 소 65. 풀 성할 장 66. 모두 제 67. 거의 태 68. 넓을 홍 69. 갑자기 홀 70. 견줄/배교할 교 71. 넘어질 도 72. 어두울 몽 73. 端午
74. 記錄 75. 總務 76. 細密 77. 博識
78. 防備 79. 情報 80. 復習 81. 雄飛
82. 發想 83. 神聖 84. 受講 85. 眼科
86. 演技 87. 衛星 88. 處理 89. 除雪

90. 職業	91. 建築	92. 位置	93. 形態
94. 貯蓄	95. 期限	96. 宗敎	97. 觀測
98. 選手	99. 傳統	100. 航路	101. 保護
102. 希望	103. 3	104. 2	105. 1
106. 2	107. 4	108. 表	109. 榮
110. 愛	111. 惡	112. 肉	113. 遠
114. 節	115. 確	116. 固	117. 續
118. 非	119. 術	120. 患	121. 義
122. 快	123. 婦	124. 他	125. 齒
126. 守	127. 敵	128. 鼓	129. 石
130. 寸	131. 齊	132. 止	133. 3
134. 5	135. 1	136. 7	137. 2
138. 武器	139. 舊道	140. 加算	141. 感謝

142. 社說 143. 강철을 만듦
144. 번개를 피함 145. 푸른 시내
146. 도움을 옮김 147. 부딪힘을 누그러뜨림
148. 芸 149. 価 150. 広

한눈에 보는 3급Ⅱ 한자

佳	아름다울	가	12	溪	시내	계	45	克	이길	극	15	桃	복숭아	도	39	漏	샐	루	46
架	시렁	가	39	姑	시어미	고	22	琴	거문고	금	48	渡	건널	도	45	累	여러	루	57
脚	다리	각	59	稿	원고	고	54	禽	날짐승	금	53	途	길	도	75	倫	인륜	륜	11
閣	집	각	77	鼓	북	고	82	錦	비단	금	76	陶	질그릇	도	77	栗	밤	률	40
刊	새길	간	15	哭	울	곡	18	及	미칠	급	17	突	갑자기	돌	54	隆	높을	륭	77
幹	줄기	간	27	谷	골	곡	70	企	꾀할	기	10	凍	얼	동	15	陵	언덕	릉	77
懇	간절할	간	33	供	이바지할	공	11	其	그	기	15	絡	이을	락	57	吏	관리	리	17
肝	간	간	59	恭	공손할	공	29	幾	경기	기	51	欄	난간	란	40	履	밟을	리	24
鑑	거울	감	76	恐	두려울	공	29	祈	빌	기	53	蘭	난초	란	64	裏	속	리	65
剛	굳셀	강	16	貢	바칠	공	70	騎	말탈	기	81	廊	사랑채	랑	27	臨	임할	림	60
綱	벼리	강	57	寡	적을	과	23	緊	긴할	긴	57	浪	물결	랑	42	磨	갈	마	52
鋼	강철	강	76	誇	자랑할	과	66	諾	허락할	낙	69	郞	사내	랑	75	麻	삼	마	82
介	끼일	개	10	冠	갓	관	15	娘	계집	낭	22	梁	들보	량	40	幕	장막	막	27
槪	대개	개	40	寬	너그러울	관	23	耐	견딜	내	58	涼	서늘할	량	45	漠	넓을	막	46
蓋	덮을	개	64	慣	익숙할	관	33	寧	편안	녕	23	勵	힘쓸	려	16	莫	없을	막	63
距	상거할	거	71	貫	꿸	관	70	奴	종	노	22	曆	책력	력	36	晩	늦을	만	36
乾	하늘	건	9	館	집	관	81	腦	골	뇌	60	戀	그리워할	련	34	妄	망령될	망	22
劍	칼	검	16	狂	미칠	광	47	泥	진흙	니	42	聯	연이을	련	59	媒	중매	매	22
隔	사이뜰	격	77	壞	무너질	괴	21	茶	차	다	63	蓮	연꽃	련	64	梅	매화	매	40
訣	이별할	결	66	怪	괴이할	괴	29	丹	붉을	단	9	鍊	쇠불릴	련	76	麥	보리	맥	82
兼	겸할	겸	15	巧	공교할	교	24	但	다만	단	10	裂	찢어질	렬	65	孟	맏	맹	22
謙	겸손할	겸	69	較	비교	교	72	旦	아침	단	36	嶺	고개	령	24	猛	사나울	맹	47
徑	지름길	경	28	丘	언덕	구	9	淡	맑을	담	45	靈	신령	령	78	盲	소경	맹	52
硬	굳을	경	52	久	오랠	구	9	踏	밟을	답	71	爐	화로	로	47	盟	맹세	맹	52
耕	밭갈	경	58	拘	잡을	구	35	唐	당나라	당	17	露	이슬	로	78	免	면할	면	12
頃	이랑	경	81	菊	국화	국	63	糖	엿	당	54	祿	녹	록	53	眠	잘	면	52
啓	열	계	18	弓	활	궁	28	臺	대	대	60	弄	희롱할	롱	27	綿	솜	면	57
契	맺을	계	21	拳	주먹	권	35	貸	빌릴	대	70	賴	의뢰할	뢰	71	滅	멸할	멸	45
桂	계수나무	계	39	鬼	귀신	귀	82	倒	넘어질	도	11	雷	우레	뢰	78	銘	새길	명	76
械	기계	계	40	菌	버섯	균	63	刀	칼	도	15	樓	다락	루	40	慕	그릴	모	33

※ 3급Ⅱ 한자를 가나다순으로 배열했으며, 표시된 페이지에는 해당 한자의 도움말이 있습니다.

한눈에 보는 3급Ⅱ 한자

謀	꾀	모 69	譜	족보	보 69	削	깎을	삭 16	帥	장수	수 27	雅	고울	아 78
貌	모양	모 70	腹	배	복 60	森	수풀	삼 40	愁	시름	수 30	岸	언덕	안 24
睦	화목할	목 52	覆	엎을	복 66	像	모양	상 12	殊	다를	수 41	顔	낯	안 81
沒	빠질	몰 41	封	봉할	봉 23	償	갚을	상 12	獸	짐승	수 48	巖	바위	암 24
夢	꿈	몽 21	峯	봉우리	봉 24	喪	잃을	상 18	輸	나를	수 72	仰	우러를	앙 10
蒙	입을	몽 64	逢	만날	봉 75	尙	오히려	상 23	需	쓰일	수 78	央	가운데	앙 21
茂	무성할	무 63	鳳	봉황새	봉 82	桑	뽕나무	상 39	隨	따를	수 78	哀	슬플	애 17
貿	무역할	무 70	付	줄	부 10	裳	치마	상 66	淑	맑을	숙 45	若	같을	약 60
墨	먹	묵 18	扶	도울	부 34	詳	자세할	상 69	熟	익을	숙 47	壤	흙덩이	양 21
黙	잠잠할	묵 82	浮	뜰	부 42	霜	서리	상 78	巡	돌	순 24	揚	날릴	양 35
紋	무늬	문 57	簿	문서	부 54	塞	막힐	색 18	旬	열흘	순 36	讓	사양할	양 70
勿	말	물 16	符	부호	부 54	索	찾을	색 57	瞬	눈깜짝일	순 52	御	거느릴	어 28
尾	꼬리	미 24	腐	썩을	부 60	徐	천천히	서 28	述	펼	술 75	憶	생각할	억 33
微	작을	미 28	賦	부세	부 71	恕	용서할	서 29	拾	주울	습 35	抑	누를	억 34
薄	엷을	박 64	附	붙을	부 77	署	마을	서 58	濕	젖을	습 46	亦	또	역 10
迫	핍박할	박 72	奮	떨칠	분 21	緖	실마리	서 58	襲	엄습할	습 66	役	부릴	역 28
盤	소반	반 52	奔	달릴	분 22	惜	아낄	석 30	乘	탈	승 9	疫	전염병	역 51
般	일반	반 60	紛	어지러울	분 57	釋	풀	석 76	僧	중	승 12	譯	번역할	역 69
飯	밥	반 81	拂	털	불 34	旋	돌	선 36	昇	오를	승 36	驛	역	역 81
拔	뽑을	발 34	卑	낮을	비 16	禪	선	선 53	侍	모실	시 11	宴	잔치	연 23
芳	꽃다울	방 60	妃	왕비	비 22	燒	사를	소 47	飾	꾸밀	식 81	沿	물따라갈	연 42
培	북돋울	배 18	婢	여종	비 22	疏	트일	소 51	愼	삼갈	신 30	燕	제비	연 47
排	밀칠	배 35	肥	살찔	비 59	蘇	되살아날	소 64	審	살필	심 23	軟	연할	연 72
輩	무리	배 72	司	맡을	사 17	訴	호소할	소 66	甚	심할	심 51	悅	기쁠	열 30
伯	맏	백 11	斜	비낄	사 36	訟	송사할	송 66	雙	두	쌍 78	染	물들	염 39
繁	번성할	번 58	沙	모래	사 41	刷	인쇄할	쇄 16	亞	버금	아 10	炎	불꽃	염 46
凡	무릇	범 15	祀	제사	사 53	鎖	쇠사슬	쇄 76	我	나	아 34	鹽	소금	염 82
碧	푸를	벽 52	蛇	뱀	사 65	衰	쇠할	쇠 65	牙	어금니	아 48	影	그림자	영 28
丙	남녘	병 9	詞	말	사 66	垂	드리울	수 18	芽	싹	아 60	譽	기릴	예 69
補	기울	보 65	邪	간사할	사 75	壽	목숨	수 21	阿	언덕	아 77	悟	깨달을	오 30

※ 3급Ⅱ 한자를 가나다순으로 배열했으며, 표시된 페이지에는 해당 한자의 도움말이 있습니다.

한눈에 보는 3급Ⅱ 한자

한자	뜻	음	쪽	한자	뜻	음	쪽	한자	뜻	음	쪽	한자	뜻	음	쪽	한자	뜻	음	쪽
烏	까마귀	오	47	翼	날개	익	58	亭	정자	정	10	辰	별	진	72	礎	주춧돌	초	53
獄	감옥	옥	48	忍	참을	인	29	廷	조정	정	27	鎭	진압할	진	76	肖	닮을	초	59
瓦	기와	와	51	逸	편안할	일	75	征	칠	정	28	陳	베풀	진	77	超	뛰어넘을	초	71
緩	느릴	완	58	壬	북방	임	21	淨	깨끗할	정	45	震	우레	진	78	促	재촉할	촉	11
慾	욕심	욕	33	賃	품삯	임	71	貞	곧을	정	70	疾	병	질	51	觸	닿을	촉	66
欲	하고자할	욕	41	刺	찌를	자	16	頂	정수리	정	81	秩	차례	질	53	催	재촉할	최	12
辱	욕될	욕	72	慈	사랑	자	30	諸	모두	제	69	執	잡을	집	18	追	쫓을	추	75
偶	짝	우	12	紫	자줏빛	자	57	齊	가지런할	제	82	徵	부를	징	29	畜	짐승	축	51
宇	집	우	23	暫	잠깐	잠	36	兆	억조	조	12	借	빌릴	차	11	衝	찌를	충	65
愚	어리석을	우	30	潛	잠길	잠	46	照	비칠	조	47	此	이	차	41	吹	불	취	17
憂	근심	우	33	丈	어른	장	9	租	조세	조	53	錯	어긋날	착	76	醉	취할	취	76
羽	깃	우	58	掌	손바닥	장	35	縱	세로	종	58	贊	도울	찬	71	側	곁	측	15
韻	운	운	78	粧	단장할	장	54	坐	앉을	좌	18	倉	곳집	창	11	値	값	치	11
越	넘을	월	71	臟	오장	장	60	奏	아뢸	주	21	昌	창성할	창	36	恥	부끄러울	치	29
僞	거짓	위	12	莊	씩씩할	장	63	宙	집	주	23	蒼	푸를	창	64	稚	어릴	치	54
胃	밥통	위	59	藏	감출	장	64	柱	기둥	주	39	債	빚	채	12	漆	옻	칠	46
謂	이를	위	69	葬	장사지낼	장	64	株	그루	주	39	彩	채색	채	28	沈	잠길	침	41
幼	어릴	유	27	栽	심을	재	39	洲	물가	주	42	菜	나물	채	63	浸	잠길	침	42
幽	그윽할	유	27	裁	옷마를	재	65	珠	구슬	주	48	策	꾀	책	54	奪	빼앗을	탈	21
悠	멀	유	30	載	실을	재	72	鑄	쇠불릴	주	77	妻	아내	처	22	塔	탑	탑	18
柔	부드러울	유	39	抵	막을	저	34	仲	버금	중	10	尺	자	척	24	湯	끓을	탕	45
猶	오히려	유	48	著	나타날	저	63	卽	곧	즉	17	拓	넓힐	척	34	殆	거의	태	41
維	벼리	유	57	寂	고요할	적	23	憎	미울	증	33	戚	친척	척	34	泰	클	태	42
裕	넉넉할	유	66	摘	딸	적	35	曾	일찍	증	36	淺	얕을	천	45	澤	못	택	46
誘	꾈	유	69	笛	피리	적	54	症	증세	증	51	賤	천할	천	71	兎	토끼	토	15
潤	불을	윤	46	跡	발자취	적	71	蒸	찔	증	64	踐	밟을	천	72	吐	토할	토	17
率	비율	율	48	蹟	자취	적	72	之	갈	지	9	遷	옮길	천	75	透	사무칠	투	75
乙	새	을	9	殿	전각	전	41	枝	가지	지	39	哲	밝을	철	17	版	판목	판	47
淫	음란할	음	45	漸	점점	점	46	池	못	지	41	徹	통할	철	29	偏	치우칠	편	11
已	이미	이	24	井	우물	정	9	振	떨칠	진	35	滯	막힐	체	46	片	조각	편	47

※ 3급Ⅱ 한자를 가나다순으로 배열했으며, 표시된 페이지에는 해당 한자의 도움말이 있습니다.

한눈에 보는 3급Ⅱ 한자

한자	뜻	음	쪽	한자	뜻	음	쪽	한자	뜻	음	쪽	한자	뜻	음	쪽	한자	뜻	음	쪽
編	엮을	편	58	畢	마칠	필	51	項	항목	항	81	胡	되	호	59	皇	임금	황	51
廢	폐할	폐	27	何	어찌	하	10	響	울릴	향	81	虎	범	호	65	荒	거칠	황	63
弊	폐단	폐	27	荷	멜	하	63	獻	드릴	헌	48	豪	호걸	호	70	悔	뉘우칠	회	30
肺	허파	폐	59	賀	하례할	하	70	懸	달	현	33	惑	미혹할	혹	30	懷	품을	회	33
捕	잡을	포	35	鶴	학	학	82	玄	검을	현	48	魂	넋	혼	82	劃	그을	획	16
浦	개	포	42	汗	땀	한	41	穴	굴	혈	54	忽	갑자기	홀	29	獲	얻을	획	48
楓	단풍	풍	40	割	벨	할	16	脅	위협할	협	59	洪	넓을	홍	42	橫	가로	횡	40
彼	저	피	28	含	머금을	함	17	衡	저울대	형	65	禍	재앙	화	53	胸	가슴	흉	59
皮	가죽	피	52	陷	빠질	함	77	慧	슬기로울	혜	33	換	바꿀	환	35	戱	놀이	희	34
被	입을	피	65	恒	항상	항	29	浩	넓을	호	42	還	돌아올	환	75	稀	드물	희	53

※ 3급Ⅱ 한자를 가나다순으로 배열했으며, 표시된 페이지에는 해당 한자의 도움말이 있습니다.

한눈에 보는 3급Ⅱ 한자 (하위 급수 한자)

街	거리	가 4·2	居	살	거 4	傾	기울	경 4	功	공	공 6	九	아홉	구 8
假	거짓	가 4·2	據	근거	거 4	敬	공경	경 5	公	공평할	공 6	局	판	국 5
暇	겨를	가 4	拒	막을	거 4	競	다툴	경 5	共	함께	공 6	國	나라	국 8
可	옳을	가 5	巨	클	거 4	景	볕	경 5	工	장인	공 7	群	무리	군 4
加	더할	가 5	擧	들	거 5	輕	가벼울	경 5	空	빌	공 7	君	임금	군 4
價	값	가 5	去	갈	거 5	京	서울	경 6	課	매길	과 5	郡	고을	군 6
歌	노래	가 7	車	수레	거 7	係	맬	계 4·2	過	지날	과 5	軍	군사	군 8
家	집	가 7	健	굳셀	건 5	季	계절	계 4	果	실과	과 6	屈	굽힐	굴 4
覺	깨달을	각 4	件	물건	건 5	鷄	닭	계 4	科	과목	과 6	宮	집	궁 4·2
刻	새길	각 4	建	세울	건 5	戒	경계할	계 4	官	벼슬	관 4·2	窮	궁할	궁 4
角	뿔	각 6	傑	뛰어날	걸 4	繼	이을	계 4	管	대롱	관 4	權	권세	권 4·2
各	각각	각 6	檢	조사할	검 4·2	階	섬돌	계 4	觀	볼	관 5	勸	권할	권 4
干	방패	간 4	儉	검소할	검 4	系	이어맬	계 4	關	빗장	관 5	券	문서	권 4
看	볼	간 4	擊	칠	격 4	計	셈할	계 6	鑛	쇳돌	광 4	卷	책	권 4
簡	대쪽	간 4	激	격할	격 4	界	지경	계 6	廣	넓을	광 5	歸	돌아갈	귀 4
間	사이	간 7	格	격식	격 5	故	연고	고 4·2	光	빛	광 6	貴	귀할	귀 5
監	볼	감 4·2	犬	개	견 4	庫	곳집	고 4	橋	다리	교 5	規	법	규 5
減	덜	감 4·2	堅	굳을	견 4	孤	외로울	고 4	交	사귈	교 6	均	고를	균 4
甘	달	감 4	見	볼	견 5	固	굳을	고 5	敎	가르칠	교 8	極	극진할	극 4·2
敢	감히	감 4	缺	이지러질	결 4·2	考	상고할	고 5	校	학교	교 8	劇	심할	극 4
感	느낄	감 6	潔	깨끗할	결 4·2	告	고할	고 5	究	연구할	구 4·2	筋	힘줄	근 4
甲	갑옷	갑 4	決	결단할	결 5	高	높을	고 6	句	글귀	구 4·2	勤	부지런할	근 4
康	편안	강 4·2	結	맺을	결 5	苦	쓸	고 6	求	구할	구 4·2	根	뿌리	근 6
講	욀	강 4·2	經	지날	경 4·2	古	예	고 6	構	얽을	구 4	近	가까울	근 6
强	강할	강 6	慶	경사	경 4·2	穀	곡식	곡 4	救	구원할	구 5	禁	금할	금 4·2
江	강	강 7	警	경계할	경 4·2	曲	굽을	곡 5	舊	예	구 5	今	이제	금 6
個	낱	개 4·2	境	지경	경 4·2	困	곤할	곤 4	具	갖출	구 5	金	쇠	금 8
改	고칠	개 5	更	고칠	경 4	骨	뼈	골 4	球	공	구 6	給	줄	급 5
開	열	개 6	鏡	거울	경 4	攻	칠	공 4	區	구분할	구 6	急	급할	급 6
客	손	객 5	驚	놀랄	경 4	孔	구멍	공 4	口	입	구 7	級	등급	급 6

※ 하위 급수 한자를 가나다순으로 배열했으며, 표시된 숫자는 해당 급수를 나타냅니다.

한눈에 보는 3급II 한자(하위 급수 한자)

漢字	訓	音·級	漢字	訓	音·級	漢字	訓	音·級	漢字	訓	音·級	漢字	訓	音·級
器	그릇	기 4·2	檀	박달나무	단 4·2	道	길	도 7	良	어질	량 5	律	법	률 4·2
起	일어날	기 4·2	斷	끊을	단 4·2	督	살필	독 4·2	量	헤아릴	량 5	離	떠날	리 4
紀	벼리	기 4	端	바를	단 4·2	毒	독	독 4·2	麗	고울	려 4·2	李	오얏	리 6
寄	부칠	기 4	段	층계	단 4	獨	홀로	독 5	慮	생각할	려 4	理	이치	리 6
奇	기이할	기 4	團	둥글	단 5	讀	읽을	독 6	旅	나그네	려 5	利	이로울	리 6
機	틀	기 4	壇	제터	단 5	銅	구리	동 4·2	歷	지낼	력 5	里	마을	리 7
己	몸	기 5	短	짧을	단 6	童	아이	동 6	力	힘	력 7	林	수풀	림 7
汽	끓는김	기 5	達	통달할	달 4·2	洞	골	동 7	連	이을	련 4·2	立	설	립 7
基	터	기 5	擔	멜	담 4·2	動	움직일	동 7	練	익힐	련 5	馬	말	마 5
期	기약할	기 5	談	말씀	담 5	冬	겨울	동 7	列	벌일	렬 4·2	滿	찰	만 4·2
技	재주	기 5	答	대답	답 7	同	한가지	동 7	烈	매울	렬 4	萬	일만	만 8
氣	기운	기 7	黨	무리	당 4·2	東	동녘	동 8	領	거느릴	령 5	末	끝	말 5
旗	깃발	기 7	當	마땅	당 5	豆	콩	두 4·2	令	명령	령 5	亡	망할	망 5
記	기록할	기 7	堂	집	당 6	斗	말	두 4·2	例	법식	례 6	望	바랄	망 5
吉	길할	길 5	帶	띠	대 4·2	頭	머리	두 6	禮	예도	례 6	妹	누이	매 4
難	어려울	난 4·2	隊	무리	대 4·2	得	얻을	득 4·2	勞	일할	로 5	買	살	매 5
暖	따뜻할	난 4·2	待	기다릴	대 6	燈	등불	등 4·2	路	길	로 6	賣	팔	매 5
男	사내	남 7	代	대신	대 6	等	무리	등 6	老	늙을	로 7	每	매양	매 7
南	남녘	남 8	對	대할	대 6	登	오를	등 7	錄	기록할	록 4·2	脈	줄기	맥 4·2
納	드릴	납 4	大	큰	대 8	羅	벌일	라 4·2	綠	푸를	록 6	勉	힘쓸	면 4
內	안	내 7	德	덕행	덕 5	落	떨어질	락 5	論	논할	론 4·2	面	얼굴	면 7
女	계집	녀 8	導	이끌	도 4·2	亂	어지러울	란 4	料	헤아릴	료 5	鳴	울	명 4
年	해	년 8	盜	훔칠	도 4	卵	알	란 4	龍	용	룡 4	明	밝을	명 6
念	생각	념 5	徒	무리	도 4	覽	볼	람 4	留	머무를	류 4·2	名	이름	명 7
努	힘쓸	노 4·2	逃	달아날	도 4	朗	밝을	랑 5	柳	버들	류 4	命	목숨	명 7
怒	성낼	노 4·2	島	섬	도 5	來	올	래 7	流	흐를	류 5	毛	털	모 4·2
農	농사	농 7	到	이를	도 5	冷	찰	랭 5	類	무리	류 5	模	본뜰	모 4
能	능할	능 5	都	도읍	도 5	略	간략할	략 4	陸	뭍	륙 5	母	어미	모 8
多	많을	다 6	度	법도	도 6	兩	두	량 4·2	六	여섯	륙 8	牧	칠	목 4·2
單	홑	단 4·2	圖	그림	도 6	糧	양식	량 4	輪	바퀴	륜 4	目	눈	목 6

※ 하위 급수 한자를 가나다순으로 배열했으며, 표시된 숫자는 해당 급수를 나타냅니다.

한눈에 보는 3급 II 한자 (하위 급수 한자)

한자	뜻	음	급	한자	뜻	음	급	한자	뜻	음	급	한자	뜻	음	급	한자	뜻	음	급
木	나무	목	8	放	놓을	방	6	服	옷	복	6	寺	절	사	4·2	傷	다칠	상	4
妙	묘할	묘	4	方	모	방	7	本	근본	본	6	謝	사례할	사	4·2	商	장사	상	5
墓	무덤	묘	4	拜	절	배	4·2	奉	받들	봉	5	師	스승	사	4·2	相	서로	상	5
務	힘쓸	무	4·2	背	등	배	4·2	副	버금	부	4·2	舍	집	사	4·2	賞	상줄	상	5
武	굳셀	무	4·2	配	나눌	배	4·2	府	곳집	부	4·2	絲	실	사	4	上	위	상	7
舞	춤출	무	4	倍	곱	배	5	婦	며느리	부	4·2	射	쏠	사	4	色	빛	색	7
無	없을	무	5	百	일백	백	7	富	부자	부	4·2	私	사사로울	사	4	生	날	생	8
聞	들을	문	6	白	흰	백	8	否	아닐	부	4	辭	말씀	사	4	序	차례	서	5
問	물을	문	7	番	차례	번	6	負	질	부	4	士	선비	사	5	書	글	서	6
文	글월	문	7	伐	칠	벌	4·2	部	떼	부	6	寫	베낄	사	5	西	서녘	서	8
門	문	문	8	罰	벌줄	벌	4·2	夫	지아비	부	7	仕	벼슬할	사	5	石	돌	석	6
物	물건	물	7	範	법	범	4	父	아비	부	8	思	생각	사	5	席	자리	석	6
未	아닐	미	4·2	犯	범할	범	4	北	북녘	북	8	史	역사	사	5	夕	저녁	석	7
味	맛	미	4·2	法	법	법	5	粉	가루	분	4	査	조사할	사	5	宣	베풀	선	4
米	쌀	미	6	壁	벽	벽	4·2	憤	분할	분	4	使	부릴	사	6	鮮	고울	선	5
美	아름다울	미	6	邊	가	변	4·2	分	나눌	분	6	社	모일	사	6	選	가릴	선	5
民	백성	민	8	辯	말잘할	변	4	佛	부처	불	4·2	死	죽을	사	6	船	배	선	5
密	빽빽할	밀	4·2	變	변할	변	5	不	아니	불	7	事	일	사	7	仙	신선	선	5
博	넓을	박	4·2	別	다를	별	6	悲	슬플	비	4·2	四	넉	사	8	善	착할	선	5
拍	칠	박	4	兵	군사	병	5	飛	날	비	4·2	散	흩을	산	4	線	줄	선	6
朴	성	박	6	病	병	병	6	非	아닐	비	4·2	産	낳을	산	5	先	먼저	선	8
半	반	반	6	報	갚을	보	4·2	備	갖출	비	4·2	算	셈할	산	7	設	베풀	설	4·2
班	나눌	반	6	步	걸음	보	4·2	批	비평할	비	4	山	메	산	8	舌	혀	설	4
反	돌이킬	반	6	保	지킬	보	4·2	祕	숨길	비	4	殺	죽일	살	4·2	說	말씀	설	5
髮	터럭	발	4	寶	보배	보	4·2	碑	비석	비	4	三	석	삼	8	雪	눈	설	6
發	필	발	6	普	넓을	보	4	鼻	코	비	5	想	생각할	상	4·2	星	별	성	4·2
防	막을	방	4·2	復	돌아올	복	4·2	比	견줄	비	5	狀	형상	상	4·2	聲	소리	성	4·2
訪	찾을	방	4·2	伏	엎드릴	복	4	費	쓸	비	5	常	항상	상	4·2	盛	성할	성	4·2
房	방	방	4·2	複	겹칠	복	4	貧	가난할	빈	4·2	床	평상	상	4·2	誠	정성	성	4·2
妨	방해할	방	4	福	복	복	5	氷	얼음	빙	5	象	코끼리	상	4	城	성	성	4·2

※ 하위 급수 한자를 가나다순으로 배열했으며, 표시된 숫자는 해당 급수를 나타냅니다.

한눈에 보는 3급Ⅱ 한자(하위 급수 한자)

聖	성인	성 4·2	受	받을	수 4·2	式	법	식 6	弱	약할	약 6	榮	영화	영 4·2
性	성품	성 5	守	지킬	수 4·2	植	심을	식 7	藥	약	약 6	映	비칠	영 4
省	살필	성 6	授	줄	수 4·2	食	먹을	식 7	羊	양	양 4·2	迎	맞을	영 4
成	이룰	성 6	秀	빼어날	수 4	申	아뢸	신 4·2	樣	모양	양 4	營	경영할	영 4
姓	성씨	성 7	首	머리	수 5	臣	신하	신 5	養	기를	양 5	永	길	영 6
勢	기세	세 4·2	樹	나무	수 6	信	믿을	신 6	陽	볕	양 6	英	꽃부리	영 6
細	가늘	세 4·2	手	손	수 7	身	몸	신 6	洋	큰바다	양 6	藝	재주	예 4·2
稅	구실	세 4·2	數	셈할	수 7	神	귀신	신 6	漁	고기잡을	어 5	豫	미리	예 4
歲	해	세 5	水	물	수 8	新	새로울	신 6	魚	고기	어 5	誤	그르칠	오 4·2
洗	씻을	세 5	叔	아재비	숙 4	實	열매	실 5	語	말할	어 7	午	낮	오 7
世	인간	세 7	肅	엄숙할	숙 4	失	잃을	실 6	億	억	억 5	五	다섯	오 8
掃	쓸	소 4·2	宿	묵을	숙 5	室	집	실 8	言	말씀	언 6	玉	구슬	옥 4·2
素	본디	소 4·2	純	순수할	순 4·2	深	깊을	심 4·2	嚴	엄할	엄 4	屋	집	옥 5
笑	웃을	소 4·2	順	순할	순 5	心	마음	심 7	業	일	업 6	溫	따뜻할	온 6
消	사라질	소 6	術	재주	술 6	十	열	십 8	如	같을	여 4·2	完	완전할	완 5
少	적을	소 7	崇	높을	숭 4	氏	성씨	씨 4	餘	남을	여 4·2	往	갈	왕 4·2
所	바	소 7	習	익힐	습 6	兒	아이	아 5	與	더불	여 4	王	임금	왕 8
小	작을	소 8	承	이을	승 4·2	惡	악할	악 5	逆	거스를	역 4·2	外	바깥	외 8
俗	풍속	속 4·2	勝	이길	승 6	樂	풍류	악 6	域	지경	역 4	謠	노래	요 4·2
續	이을	속 4·2	施	베풀	시 4·2	眼	눈	안 4·2	易	바꿀	역 4	要	구할	요 5
屬	붙일	속 4	詩	시	시 4·2	案	책상	안 5	研	갈	연 4·2	曜	빛날	요 5
束	묶을	속 5	視	볼	시 4·2	安	편안	안 7	演	펼칠	연 4·2	浴	목욕할	욕 5
速	빠를	속 6	試	시험할	시 4·2	暗	어두울	암 4·2	煙	연기	연 4·2	容	얼굴	용 4·2
損	덜	손 4	是	이	시 4·2	壓	누를	압 4·2	延	늘일	연 4	用	쓸	용 6
孫	손자	손 6	示	보일	시 5	愛	사랑	애 6	緣	인연	연 4	勇	날랠	용 6
送	보낼	송 4·2	始	비로소	시 6	液	즙	액 4·2	燃	탈	연 4	優	넉넉할	우 4
頌	기릴	송 4	市	저자	시 7	額	이마	액 4	鉛	납	연 4	郵	우편	우 4
松	소나무	송 4	時	때	시 7	夜	밤	야 6	然	그럴	연 7	遇	만날	우 4
收	거둘	수 4·2	息	숨쉴	식 4·2	野	들	야 6	熱	더울	열 5	牛	소	우 5
修	닦을	수 4·2	識	알	식 5	約	맺을	약 5	葉	잎	엽 5	雨	비	우 5

※ 하위 급수 한자를 가나다순으로 배열했으며, 표시된 숫자는 해당 급수를 나타냅니다.

한눈에 보는 3급 II 한자 (하위 급수 한자)

友	벗	우 5	由	말미암을	유 6	仁	어질	인 4	財	재물	재 5	切	끊을	절 5
右	오른	우 7	油	기름	유 6	因	인할	인 5	材	재목	재 5	節	마디	절 5
雲	구름	운 5	有	있을	유 7	人	사람	인 8	災	재앙	재 5	點	점	점 4
運	옮길	운 6	肉	고기	육 4·2	一	한	일 8	在	있을	재 6	占	점칠	점 4
雄	수컷	웅 5	育	기를	육 7	日	날	일 8	才	재주	재 6	店	가게	점 5
圓	둥글	원 4·2	恩	은혜	은 4·2	任	맡길	임 5	爭	다툴	쟁 5	接	사귈	접 4·2
員	수효	원 4·2	隱	숨을	은 4	入	들	입 7	低	낮을	저 4·2	政	정사	정 4·2
源	근원	원 4	銀	은	은 6	姉	손위누이	자 4	底	밑	저 4	程	길	정 4·2
援	도울	원 4	陰	그늘	음 4·2	姿	모양	자 4	貯	쌓을	저 5	精	자세할	정 4·2
怨	원망할	원 4	音	소리	음 6	資	재물	자 4	敵	원수	적 4·2	整	가지런할	정 4
原	언덕	원 5	飮	마실	음 6	者	놈	자 6	賊	도적	적 4	丁	장정	정 4
願	바랄	원 5	邑	고을	읍 7	字	글자	자 7	績	길쌈	적 4	靜	고요할	정 4
院	집	원 5	應	응할	응 4·2	自	스스로	자 7	適	맞을	적 4	情	뜻	정 5
元	으뜸	원 5	議	의논할	의 4·2	子	아들	자 7	籍	문서	적 4	停	머무를	정 5
遠	멀	원 6	義	옳을	의 4·2	昨	어제	작 6	積	쌓을	적 4	定	정할	정 6
園	동산	원 6	疑	의심할	의 4	作	지을	작 6	赤	붉을	적 5	庭	뜰	정 6
月	달	월 8	依	의지할	의 4	殘	남을	잔 4	的	과녁	적 5	正	바를	정 7
爲	할	위 4·2	儀	거동	의 4	雜	섞일	잡 4	田	밭	전 4·2	製	지을	제 4·2
衛	지킬	위 4·2	意	뜻	의 6	障	막을	장 4·2	錢	돈	전 4	際	가	제 4·2
圍	에울	위 4	衣	옷	의 6	將	장수	장 4·2	轉	구를	전 4	濟	건널	제 4·2
威	위엄	위 4	醫	의원	의 6	奬	권면할	장 4	專	오로지	전 4	提	끌	제 4·2
危	위태할	위 4	移	옮길	이 4·2	腸	창자	장 4	傳	전할	전 5	除	덜	제 4·2
慰	위로할	위 4	異	다를	이 4	裝	꾸밀	장 4	典	법	전 5	祭	제사	제 4·2
委	맡길	위 4	耳	귀	이 5	壯	씩씩할	장 4	展	펼	전 5	制	절제할	제 4·2
偉	클	위 5	以	써	이 5	張	베풀	장 4	戰	싸울	전 6	帝	임금	제 4
位	자리	위 5	二	두	이 8	帳	장막	장 4	全	온전	전 7	題	제목	제 6
儒	선비	유 4	益	더할	익 4·2	章	글	장 6	電	번개	전 7	第	차례	제 6
乳	젖	유 4	引	당길	인 4·2	場	마당	장 7	前	앞	전 7	弟	아우	제 8
遺	남길	유 4	認	알	인 4·2	長	긴	장 8	絶	끊을	절 4·2	助	도울	조 4·2
遊	놀	유 4	印	도장	인 4·2	再	두	재 5	折	꺾을	절 4	造	지을	조 4·2

※ 하위 급수 한자를 가나다순으로 배열했으며, 표시된 숫자는 해당 급수를 나타냅니다.

한눈에 보는 3급Ⅱ 한자(하위 급수 한자)

鳥	새	조 4·2	主	주인	주 7	次	버금	차 4·2	銃	총	총 4·2	他	다를	타 5
早	일찍	조 4·2	住	머물	주 7	差	어긋날	차 4	最	가장	최 5	打	칠	타 5
潮	조수	조 4	竹	대	죽 4·2	着	붙을	착 5	推	밀	추 4	卓	높을	탁 5
組	짤	조 4	準	법도	준 4·2	讚	기릴	찬 4	秋	가을	추 7	彈	탄알	탄 4
條	가지	조 4	衆	무리	중 4·2	察	살필	찰 4·2	築	쌓을	축 4·2	歎	탄식할	탄 4
調	고를	조 5	重	무거울	중 7	參	참여할	참 5	蓄	쌓을	축 4·2	炭	숯	탄 5
操	잡을	조 5	中	가운데	중 8	創	비롯할	창 4·2	縮	줄일	축 4	脫	벗을	탈 4
朝	아침	조 6	增	더할	증 4·2	唱	노래	창 5	祝	빌	축 5	探	더듬을	탐 4
祖	할아비	조 7	證	증거	증 4	窓	창문	창 6	春	봄	춘 7	態	모양	태 4·2
族	겨레	족 6	支	가를	지 4·2	採	캘	채 4	出	날	출 7	太	클	태 6
足	발	족 7	指	손가락	지 4·2	冊	책	책 4	蟲	벌레	충 4·2	擇	가릴	택 4
尊	높을	존 4·2	至	이를	지 4·2	責	꾸짖을	책 5	忠	충성	충 4·2	宅	집	택 5
存	있을	존 4	志	뜻	지 4·2	處	곳	처 4·2	充	채울	충 5	討	칠	토 4
卒	마칠	졸 5	持	가질	지 4	泉	샘	천 4	取	취할	취 4·2	土	흙	토 8
宗	마루	종 4·2	誌	기록할	지 4	千	일천	천 7	趣	뜻	취 4	統	거느릴	통 4·2
從	따를	종 4	智	슬기	지 4	天	하늘	천 7	就	나아갈	취 4	痛	아플	통 4
鍾	쇠북	종 4	知	알	지 5	川	내	천	測	헤아릴	측 4·2	通	통할	통 6
終	끝	종 5	止	그칠	지 5	鐵	쇠	철 5	層	층	층 4	退	물러날	퇴 4·2
種	씨앗	종 5	地	땅	지 7	請	청할	청 4·2	置	둘	치 4·2	投	던질	투 4
座	자리	좌 4	紙	종이	지 7	廳	관청	청 4	治	다스릴	치 4·2	鬪	싸움	투 4
左	왼	좌 7	職	벼슬	직 4·2	聽	들을	청 4	齒	이	치 4·2	特	특별할	특 6
罪	허물	죄 5	織	짤	직 4	淸	맑을	청 6	致	이를	치 5	破	깨뜨릴	파 4·2
走	달릴	주 4·2	直	곧을	직 7	靑	푸를	청 8	則	법칙	칙 5	波	물결	파 4·2
朱	붉을	주 4	眞	참	진 4·2	體	몸	체 6	親	친할	친 6	派	갈래	파 4
周	두루	주 4	進	나아갈	진 4·2	招	부를	초 4	七	일곱	칠 8	判	판단할	판 4
酒	술	주 4	珍	보배	진 4	初	처음	초 5	侵	침노할	침 4·2	板	널	판 5
週	주일	주 5	陣	진칠	진 4	草	풀	초 7	針	바늘	침 4	八	여덟	팔 8
州	고을	주 5	盡	다할	진 4	村	마을	촌 7	寢	잠잘	침 4	敗	질	패 5
注	부을	주 6	質	바탕	질 5	寸	마디	촌 8	稱	일컬을	칭 4	篇	책	편 4
晝	낮	주 6	集	모을	집 6	總	모두	총 4·2	快	쾌할	쾌 4·2	便	편할	편 7

※ 하위 급수 한자를 가나다순으로 배열했으며, 표시된 숫자는 해당 급수를 나타냅니다.

한눈에 보는 3급 II 한자 (하위 급수 한자)

評	비평할	평 4	下	아래	하 7	鄕	시골	향 4·2	戶	지게문	호 4·2	活	살	활 7
平	평평할	평 7	夏	여름	하 7	香	향기	향 4·2	好	좋을	호 4·2	況	하물며	황 4
閉	닫을	폐 4	學	배울	학 8	向	향할	향 6	湖	호수	호 5	黃	누를	황 6
砲	대포	포 4·2	限	한정	한 4·2	虛	빌	허 4·2	號	이름	호 6	回	돌	회 4·2
布	베	포 4·2	閑	한가할	한 4	許	허락할	허 5	或	혹시	혹 4	灰	재	회 4
暴	사나울	포 4·2	恨	한할	한 4	憲	법	헌 4	婚	혼인	혼 4	會	모일	회 6
包	쌀	포 4·2	寒	찰	한 5	驗	시험할	험 4·2	混	섞을	혼 4	效	본받을	효 5
胞	태의	포 4	漢	한수	한 7	險	험할	험 4	紅	붉을	홍 4	孝	효도	효 7
爆	터질	폭 4	韓	한국	한 8	革	가죽	혁 4	貨	재물	화 4·2	厚	두터울	후 4
票	표	표 4·2	合	합할	합 6	賢	어질	현 4·2	華	빛날	화 4	候	기후	후 4
標	표할	표 4	港	항구	항 4·2	顯	나타날	현 4	化	될	화 5	後	뒤	후 7
表	겉	표 6	航	배	항 4·2	現	나타날	현 6	和	화할	화 6	訓	가르칠	훈 6
品	물건	품 5	降	항복할	항 4	血	피	혈 4·2	畵	그림	화 6	揮	휘두를	휘 4
豊	풍년	풍 4·2	抗	겨룰	항 4	協	화할	협 4·2	花	꽃	화 7	休	쉴	휴 7
風	바람	풍 6	解	풀	해 4·2	刑	형벌	형 4	話	말씀	화 7	凶	흉할	흉 5
避	피할	피 4	害	해칠	해 5	形	모양	형 6	火	불	화 8	黑	검을	흑 5
疲	지칠	피 4	海	바다	해 7	兄	형	형 8	確	굳을	확 4·2	吸	마실	흡 4·2
必	반드시	필 5	核	씨	핵 4	惠	은혜	혜 4·2	歡	기쁠	환 4	興	일	흥 4·2
筆	붓	필 5	幸	다행	행 6	護	도울	호 4·2	環	고리	환 4	希	바랄	희 4·2
河	물	하 5	行	다닐	행 6	呼	부를	호 4·2	患	근심	환 5	喜	기쁠	희 4

※ 하위 급수 한자를 가나다순으로 배열했으며, 표시된 숫자는 해당 급수를 나타냅니다.

미리 보는 3급 한자

却	물리칠	각	軌	바퀴자국	궤	濫	넘칠	람	廟	사당	묘	聘	부를	빙
姦	간음할	간	龜	거북	귀	掠	노략질할	략	苗	모	묘	似	닮을	사
渴	목마를	갈	叫	부르짖을	규	諒	살펴알	량	戊	천간	무	巳	뱀	사
慨	슬퍼할	개	糾	얽힐	규	憐	불쌍히여길	련	霧	안개	무	捨	버릴	사
皆	다	개	僅	겨우	근	劣	못할	렬	眉	눈썹	미	斯	이	사
乞	빌	걸	斤	날	근	廉	청렴할	렴	迷	미혹할	미	詐	속일	사
牽	이끌	견	謹	삼갈	근	獵	사냥	렵	憫	민망할	민	賜	줄	사
絹	비단	견	肯	즐길	긍	零	떨어질	령	敏	민첩할	민	朔	초하루	삭
肩	어깨	견	幾	몇	기	隷	종	례	蜜	꿀	밀	嘗	맛볼	상
遣	보낼	견	忌	꺼릴	기	鹿	사슴	록	泊	머무를	박	祥	상서	상
卿	벼슬	경	旣	이미	기	了	마칠	료	伴	짝	반	庶	여러	서
庚	별	경	棄	버릴	기	僚	동료	료	叛	배반할	반	敍	펼	서
竟	마침내	경	欺	속일	기	屢	여러	루	返	돌이킬	반	暑	더울	서
癸	천간	계	豈	어찌	기	淚	눈물	루	倣	본뜰	방	誓	맹세할	서
繫	맬	계	飢	주릴	기	梨	배	리	傍	곁	방	逝	갈	서
枯	마를	고	那	어찌	나	鄰	이웃	린	邦	나라	방	昔	예	석
顧	돌아볼	고	乃	이에	내	慢	거만할	만	杯	잔	배	析	쪼갤	석
坤	땅	곤	奈	어찌	내	漫	흩어질	만	煩	번거로울	번	攝	다스릴	섭
郭	외성	곽	惱	번뇌할	뇌	忙	바쁠	망	飜	번역할	번	涉	건널	섭
掛	걸	괘	畓	논	답	忘	잊을	망	辨	분별할	변	召	부를	소
塊	흙덩이	괴	塗	칠할	도	罔	없을	망	屛	병풍	병	昭	밝을	소
愧	부끄러울	괴	挑	돋울	도	茫	아득할	망	竝	나란히	병	蔬	나물	소
矯	바로잡을	교	稻	벼	도	埋	묻을	매	卜	점	복	騷	떠들	소
郊	들	교	跳	뛸	도	冥	어두울	명	蜂	벌	봉	粟	조	속
俱	함께	구	篤	도타울	독	侮	업신여길	모	赴	다다를	부	誦	욀	송
懼	두려워할	구	敦	도타울	돈	募	모을	모	墳	무덤	분	囚	가둘	수
狗	개	구	豚	돼지	돈	冒	무릅쓸	모	崩	무너질	붕	搜	찾을	수
苟	진실로	구	屯	진칠	둔	暮	저물	모	朋	벗	붕	睡	졸음	수
驅	몰	구	鈍	둔할	둔	某	아무	모	賓	손	빈	誰	누구	수
厥	그	궐	騰	오를	등	卯	토끼	묘	頻	자주	빈	遂	드디어	수

※ 3급 한자를 가나다순으로 배열했습니다.

미리 보는 3급 한자

한자	훈	음	한자	훈	음	한자	훈	음	한자	훈	음	한자	훈	음
雖	비록	수	閱	볼	열	泣	울	읍	姪	조카	질	濯	씻을	탁
須	모름지기	수	泳	헤엄칠	영	凝	엉길	응	懲	징계할	징	誕	낳을	탄
孰	누구	숙	詠	읊을	영	宜	마땅	의	且	또	차	貪	탐낼	탐
循	돌	순	銳	날카로울	예	矣	어조사	의	捉	잡을	착	怠	게으를	태
殉	따라죽을	순	傲	거만할	오	夷	오랑캐	이	慘	참혹할	참	把	잡을	파
脣	입술	순	吾	나	오	而	말이을	이	慙	부끄러울	참	播	뿌릴	파
戌	개	술	嗚	슬플	오	姻	혼인	인	暢	화창할	창	罷	마칠	파
矢	화살	시	娛	즐길	오	寅	범	인	斥	물리칠	척	頗	자못	파
伸	펼	신	汚	더러울	오	恣	방자할	자	薦	천거할	천	販	팔	판
晨	새벽	신	擁	낄	옹	茲	이	자	尖	뾰족할	첨	貝	조개	패
辛	매울	신	翁	늙은이	옹	爵	벼슬	작	添	더할	첨	遍	두루	편
尋	찾을	심	臥	누울	와	酌	술부을	작	妾	첩	첩	幣	화폐	폐
餓	주릴	아	曰	가로	왈	墻	담	장	晴	갤	청	蔽	덮을	폐
岳	큰산	악	畏	두려워할	외	哉	어조사	재	替	바꿀	체	抱	안을	포
雁	기러기	안	搖	흔들	요	宰	재상	재	逮	잡을	체	飽	배부를	포
謁	뵐	알	腰	허리	요	滴	물방울	적	遞	갈릴	체	幅	폭	폭
押	누를	압	遙	멀	요	竊	훔칠	절	抄	뽑을	초	漂	떠다닐	표
殃	재앙	앙	庸	떳떳할	용	蝶	나비	접	秒	분초	초	匹	짝	필
涯	물가	애	于	어조사	우	訂	바로잡을	정	燭	촛불	촉	旱	가물	한
厄	액	액	又	또	우	堤	둑	제	聰	귀밝을	총	咸	다	함
也	어조사	야	尤	더욱	우	弔	조상할	조	抽	뽑을	추	巷	거리	항
耶	어조사	야	云	이를	운	燥	마를	조	醜	추할	추	亥	돼지	해
躍	뛸	약	緯	씨	위	拙	졸할	졸	丑	소	축	奚	어찌	해
楊	버들	양	違	어긋날	위	佐	도울	좌	逐	쫓을	축	該	갖출	해
於	어조사	어	唯	오직	유	舟	배	주	臭	냄새	취	享	누릴	향
焉	어찌	언	愈	나을	유	俊	준걸	준	枕	베개	침	軒	집	헌
予	나	여	惟	생각할	유	遵	좇을	준	墮	떨어질	타	絃	줄	현
余	나	여	酉	닭	유	贈	줄	증	妥	온당할	타	縣	고을	현
汝	너	여	閏	윤달	윤	只	다만	지	托	맡길	탁	嫌	싫어할	혐
輿	수레	여	吟	읊을	음	遲	더딜	지	濁	흐릴	탁	亨	형통할	형

※ 3급 한자를 가나다순으로 배열했습니다.

미리 보는 3급 한자

螢	반딧불	형	毫	가는털	호	禾	벼	화	丸	둥글	환	毁	헐	훼
兮	어조사	혜	昏	어두울	혼	擴	넓힐	확	曉	새벽	효	輝	빛날	휘
乎	어조사	호	弘	클	홍	穫	거둘	확	侯	제후	후	携	이끌	휴
互	서로	호	鴻	기러기	홍									

※ 3급 한자를 가나다순으로 배열했습니다.

부수일람표(214개)

1 획
- 一 한 일
- 丨 뚫을 곤
- 丶 점 주
- 丿 삐칠 별
- 乙 새 을
- 亅 갈고리 궐

2 획
- 二 두 이
- 亠 머리 두
- 人 사람 인
- 儿 어진사람 인
- 入 들 입
- 八 여덟 팔
- 冂 멀 경
- 冖 덮을 멱
- 冫 얼음 빙
- 几 안석 궤
- 凵 입벌릴 감
- 刀 칼 도
- 力 힘 력
- 勹 쌀 포
- 匕 숟가락 비
- 匚 상자 방
- 匸 감출 혜
- 十 열 십
- 卜 점 복
- 卩 병부 절
- 厂 언덕 한
- 厶 사사 사
- 又 또 우

3 획
- 口 입 구
- 囗 에울 위
- 土 흙 토
- 士 선비 사
- 夂 뒤처져올 치
- 夊 천천히걸을 쇠
- 夕 저녁 석
- 大 큰 대
- 女 계집 녀
- 子 아들 자
- 宀 집 면
- 寸 마디 촌
- 小 작을 소
- 尢 절름발이 왕
- 尸 주검 시
- 屮 싹날 철
- 山 메 산
- 巛 내 천
- 工 장인 공
- 己 몸 기
- 巾 수건 건
- 干 방패 간
- 幺 작을 요
- 广 집 엄
- 廴 길게걸을 인
- 廾 두손잡을 공
- 弋 주살 익
- 弓 활 궁
- 彐 돼지머리 계
- 彡 터럭 삼
- 彳 자축거릴 척

4 획
- 心 마음 심
- 戈 창 과
- 戶 지게문 호
- 手 손 수
- 支 지탱할 지
- 攴 칠 복
- 文 글월 문
- 斗 말 두
- 斤 도끼 근
- 方 모 방
- 无 없을 무
- 日 날 일
- 曰 가로 왈
- 月 달 월
- 木 나무 목
- 欠 하품 흠
- 止 그칠 지
- 歹 앙상할 알
- 殳 몽둥이 수
- 毋 말 무
- 比 견줄 비
- 毛 터럭 모
- 氏 성씨 씨
- 气 기운 기
- 水 물 수
- 火 불 화
- 爪 손톱 조
- 父 아비 부
- 爻 사귈 효
- 爿 조각 장
- 片 조각 편
- 牙 어금니 아
- 牛 소 우
- 犬 개 견

5 획
- 玄 검을 현
- 玉 구슬 옥
- 瓜 외 과
- 瓦 기와 와
- 甘 달 감
- 生 날 생
- 用 쓸 용
- 田 밭 전
- 疋 필 필
- 疒 병들 녁
- 癶 필발머리 발
- 白 흰 백
- 皮 가죽 피
- 皿 그릇 명
- 目 눈 목
- 矛 창 모
- 矢 화살 시
- 石 돌 석
- 示 보일 시
- 禸 짐승발자국 유
- 禾 벼 화
- 穴 구멍 혈
- 立 설 립

6 획
- 竹 대 죽
- 米 쌀 미
- 糸 실 멱
- 缶 질장구 부
- 网 그물 망
- 羊 양 양
- 羽 날개 우
- 老 늙을 로
- 而 말이을 이
- 耒 쟁기 뢰
- 耳 귀 이
- 聿 붓 율
- 肉 고기 육
- 臣 신하 신
- 自 스스로 자
- 至 이를 지
- 臼 절구 구
- 舌 혀 설
- 舛 어그러질 천
- 舟 배 주
- 艮 그칠 간
- 色 빛 색
- 艸 풀 초
- 虍 범의문채 호
- 虫 벌레 훼
- 血 피 혈
- 行 다닐 행
- 衣 옷 의
- 襾 덮을 아

7 획
- 見 볼 견
- 角 뿔 각
- 言 말씀 언
- 谷 골 곡
- 豆 콩 두
- 豕 돼지 시
- 豸 발없는벌레 치
- 貝 조개 패
- 赤 붉을 적
- 走 달릴 주
- 足 발 족
- 身 몸 신
- 車 수레 거
- 辛 매울 신
- 辰 별 진
- 辵 쉬엄쉬엄갈 착
- 邑 고을 읍
- 酉 술 유
- 釆 분별할 변
- 里 마을 리

8 획
- 金 쇠 금
- 長 긴 장
- 門 문 문
- 阜 언덕 부
- 隶 미칠 이
- 隹 새 추
- 雨 비 우
- 青 푸를 청
- 非 아닐 비

9 획
- 面 얼굴 면
- 革 가죽 혁
- 韋 다룬가죽 위
- 韭 부추 구
- 音 소리 음
- 頁 머리 혈
- 風 바람 풍
- 飛 날 비
- 食 밥 식
- 首 머리 수
- 香 향기 향

10 획
- 馬 말 마
- 骨 뼈 골
- 高 높을 고
- 髟 머리늘어질 표
- 鬥 싸울 투
- 鬯 울창주 창
- 鬲 오지병 격
- 鬼 귀신 귀

11 획
- 魚 고기 어
- 鳥 새 조
- 鹵 소금밭 로
- 鹿 사슴 록
- 麥 보리 맥
- 麻 삼 마

12 획
- 黃 누를 황
- 黍 기장 서
- 黑 검을 흑
- 黹 바느질할 치

13 획
- 黽 맹꽁이 맹
- 鼎 솥 정
- 鼓 북 고
- 鼠 쥐 서

14 획
- 鼻 코 비
- 齊 가지런할 제

15 획
- 齒 이 치

16 획
- 龍 용 룡
- 龜 거북 귀

17 획
- 龠 피리 약

※ 각 부수의 명칭은 《漢字部首解說》(李忠九 編著, 전통문화연구회, 1998)을 기준으로 하고, 현재 사용되는 훈음과 지나치게 차이가 나는 일부 훈음은 보편적으로 사용되는 것으로 바꾸었습니다.

※ 갓머리(宀), 개미허리(巛), 책받침(辶), 민책받침(廴)처럼 자의(字義)와 무관한 속칭(俗稱)은 모두 배제했습니다.

※ 부수로 쓰일 때 경우에 따라 모양이 바뀌는 부수와 바뀐 모양은 아래와 같습니다.
人▶亻 刀▶刂 卩▶㔾 尢▶兀 彐▶彑·⺕ 心▶忄·㣺 手▶扌 支▶攵 歹▶歺 水▶氵·氺 火▶灬 爪▶爫 牛▶牜
犬▶犭 玉▶王 目▶䀠 示▶礻 网▶罒·⺲ 老▶耂 肉▶月 艸▶艹 衣▶衤 辵▶辶 邑▶阝 阜▶阝

한자능력검정시험 3급Ⅱ 독본 (1)

丈	丘	丙	丹	久	之
乘	乙	乾	井	亞	亦
亭	介	付	企	仲	仰
何	但	伯	侍	供	促
倒	借	値	倫	倉	偏
佳	偶	債	催	僞	僧
像	償	兆	免	側	克

側	克	兎	其	兼	冠
凍	凡	刀	刊	刷	刺
削	剛	割	劃	劍	勵
勿	卑	卽	及	司	吐
吏	含	吹	哀	哲	唐
哭	啓	喪	坐	垂	培
執	塞	塔	墨	壞	壤

한자능력검정시험 3급 Ⅱ 독본 (3)

壞	壤	壬	壽	夢	央
奏	契	奪	奮	奔	奴
妄	妃	姑	妻	娘	婢
媒	孟	宇	宙	宴	寂
寧	寡	寬	審	封	尙
尺	尾	履	岸	峯	嶺
巖	巡	巧	己	帥	幕

帥	幕	幹	幼	幽	廊
廢	廷	弄	弊	弓	彩
影	役	征	彼	徑	徐
御	微	徹	徵	忍	忽
怪	恭	恕	恐	恥	恒
悠	悅	悟	悔	惜	惑
愁	愚	慈	愼	慧	慾

慧	慾	慣	慕	憂	憎
憶	懇	懸	懷	戀	我
戚	戲	抑	扶	拔	拂
拓	抵	拘	拾	拳	捕
振	排	掌	換	揚	摘
旋	旦	旬	昇	昌	晚
暫	曆	曾	斜	枝	架

枝	架	柱	染	柔	桂
桃	桑	株	栽	栗	梁
梅	械	森	楓	槪	樓
橫	欄	欲	此	殆	殊
殿	池	汗	沙	沒	沈
泥	沿	泰	洪	洲	浸
浦	浩	浮	浪	淫	淨

淫	淨	淑	涼	淺	淡
渡	湯	溪	滅	漏	漆
漸	漠	滯	潤	潛	澤
濕	炎	烏	照	熟	燒
燕	爐	片	版	狂	猛
牙	猶	獄	獲	獸	獻
玄	率	珠	琴	瓦	甚

瓦	甚	畜	畢	畿	疏
疫	疾	症	皇	皮	盟
盤	盲	眠	睦	瞬	硬
碧	磨	礎	祀	祈	祿
禍	禪	禽	秩	租	稀
稚	稿	穴	突	符	笛
策	簿	粧	糖	紋	紛

紋	紛	索	累	紫	絡
緊	維	綱	綿	緩	編
緖	縱	繁	署	羽	翼
耐	耕	聯	肖	肝	肺
肥	胡	胃	脅	胸	脚
腐	腹	腦	臟	臨	臺
般	芽	芳	若	茂	茶

한자능력검정시험 3급Ⅱ 독본 (10)

茂	茶	荒	荷	莊	莫
菌	菊	菜	著	葬	蓋
蒙	蒼	蒸	蓮	薄	藏
蘇	蘭	虎	蛇	衝	衡
衰	被	裂	裁	裏	補
裕	裳	襲	覆	觸	訣
訟	詞	訴	誇	詳	誘

詳	誘	諸	謀	謂	諾
謙	譜	譯	譽	讓	谷
豪	貌	貞	貢	貫	貸
貿	賀	賃	賦	賤	賴
贊	越	超	距	跡	踏
踐	蹟	軟	較	載	輩
輸	辰	辱	迫	述	追

述	追	透	途	逢	逸
遷	還	邪	郞	醉	釋
銘	鋼	錯	錦	鍊	鎖
鎭	鑑	鑄	閣	阿	附
陳	陷	陶	陵	隆	隔
隨	雅	雙	雷	需	震
霜	露	靈	韻	響	頃

響	頃	頂	項	顔	飯
飾	館	騎	驛	鬼	魂
鳳	鶴	鹽	麥	麻	默
鼓	齊				

한자능력검정시험 3급 II 독본 훈음

1	丈	어른 장	丘	언덕 구	丙	남녘 병	丹	붉을 단	久	오랠 구	之	갈 지
	乘	탈 승	乙	새 을	乾	하늘 건	井	우물 정	亞	버금 아	亦	또 역
	亭	정자 정	介	끼일 개	付	줄 부	企	꾀할 기	仲	버금 중	仰	우러를 앙
	何	어찌 하	但	다만 단	伯	맏 백	侍	모실 시	供	이바지할 공	促	재촉할 촉
	倒	넘어질 도	借	빌릴 차	値	값 치	倫	인륜 륜	倉	곳집 창	偏	치우칠 편
	佳	아름다울 가	偶	짝 우	債	빚 채	催	재촉할 최	僞	거짓 위	僧	중 승
	像	모양 상	償	갚을 상	兆	억조 조	免	면할 면				
2	側	곁 측	克	이길 극	兔	토끼 토	其	그 기	兼	겸할 겸	冠	갓 관
	凍	얼 동	凡	무릇 범	刀	칼 도	刊	새길 간	刷	인쇄할 쇄	刺	찌를 자
	削	깎을 삭	剛	굳셀 강	割	벨 할	劃	그을 획	劍	칼 검	勵	힘쓸 려
	勿	말 물	卑	낮을 비	卽	곧 즉	及	미칠 급	司	맡을 사	吐	토할 토
	吏	관리 리	含	머금을 함	吹	불 취	哀	슬플 애	哲	밝을 철	唐	당나라 당
	哭	울 곡	啓	열 계	喪	잃을 상	坐	앉을 좌	垂	드리울 수	培	북돋울 배
	執	잡을 집	塞	막힐 색	塔	탑 탑	墨	먹 묵				
3	壞	무너질 괴	壤	흙덩이 양	壬	북방 임	壽	목숨 수	夢	꿈 몽	央	가운데 앙
	奏	아뢸 주	契	맺을 계	奪	빼앗을 탈	奮	떨칠 분	奔	달릴 분	奴	종 노
	妄	망령될 망	妃	왕비 비	姑	시어미 고	妻	아내 처	娘	계집 낭	婢	여종 비
	媒	중매 매	孟	맏 맹	宇	집 우	宙	집 주	宴	잔치 연	寂	고요할 적
	寧	편안 녕	寡	적을 과	寬	너그러울 관	審	살필 심	封	봉할 봉	尙	오히려 상
	尺	자 척	尾	꼬리 미	履	밟을 리	岸	언덕 안	峯	봉우리 봉	嶺	고개 령
	巖	바위 암	巡	돌 순	巧	공교할 교	己	이미 이				
4	帥	장수 수	幕	장막 막	幹	줄기 간	幼	어릴 유	幽	그윽할 유	廊	사랑채 랑
	廢	폐할 폐	廷	조정 정	弄	희롱할 롱	弊	폐단 폐	弓	활 궁	彩	채색 채
	影	그림자 영	役	부릴 역	征	칠 정	彼	저 피	徑	지름길 경	徐	천천히 서
	御	거느릴 어	微	작을 미	徹	통할 철	徵	부를 징	忍	참을 인	忽	갑자기 홀
	怪	괴이할 괴	恭	공손할 공	恕	용서할 서	恐	두려울 공	恥	부끄러울 치	恒	항상 항
	悠	멀 유	悅	기쁠 열	悟	깨달을 오	悔	뉘우칠 회	惜	아낄 석	惑	미혹할 혹
	愁	시름 수	愚	어리석을 우	慈	사랑 자	愼	삼갈 신				

한자능력검정시험 3급Ⅱ 독본 훈음

5	慧	슬기로울 혜	慾	욕심 욕	慣	익숙할 관	慕	그릴 모	憂	근심 우	憎	미울 증
	憶	생각할 억	懇	간절할 간	懸	달 현	懷	품을 회	戀	그리워할 련	我	나 아
	戚	친척 척	戱	놀이 희	抑	누를 억	扶	도울 부	拔	뽑을 발	拂	털 불
	拓	넓힐 척	抵	막을 저	拘	잡을 구	拾	주울 습	拳	주먹 권	捕	잡을 포
	振	떨칠 진	排	밀칠 배	掌	손바닥 장	換	바꿀 환	揚	날릴 양	摘	딸 적
	旋	돌 선	旦	아침 단	旬	열흘 순	昇	오를 승	昌	창성할 창	晩	늦을 만
	暫	잠깐 잠	曆	책력 력	曾	일찍 증	斜	비낄 사				
6	枝	가지 지	架	시렁 가	柱	기둥 주	染	물들 염	柔	부드러울 유	桂	계수나무 계
	桃	복숭아 도	桑	뽕나무 상	株	그루 주	栽	심을 재	栗	밤 률	梁	들보 량
	梅	매화 매	械	기계 계	森	수풀 삼	楓	단풍 풍	槪	대개 개	樓	다락 루
	橫	가로 횡	欄	난간 란	欲	하고자할 욕	此	이 차	殆	거의 태	殊	다를 수
	殿	전각 전	池	못 지	汗	땀 한	沙	모래 사	沒	빠질 몰	沈	잠길 침
	泥	진흙 니	沿	물따라갈 연	泰	클 태	洪	넓을 홍	洲	물가 주	浸	잠길 침
	浦	개 포	浩	넓을 호	浮	뜰 부	浪	물결 랑				
7	淫	음란할 음	淨	깨끗할 정	淑	맑을 숙	凉	서늘할 량	淺	얕을 천	淡	맑을 담
	渡	건널 도	湯	끓을 탕	溪	시내 계	滅	멸할 멸	漏	샐 루	漆	옻 칠
	漸	점점 점	漠	넓을 막	滯	막힐 체	潤	불을 윤	潛	잠길 잠	澤	못 택
	濕	젖을 습	炎	불꽃 염	烏	까마귀 오	照	비칠 조	熟	익을 숙	燒	사를 소
	燕	제비 연	爐	화로 로	片	조각 편	版	판목 판	狂	미칠 광	猛	사나울 맹
	牙	어금니 아	猶	오히려 유	獄	감옥 옥	獲	얻을 획	獸	짐승 수	獻	드릴 헌
	玄	검을 현	率	비율 율	珠	구슬 주	琴	거문고 금				
8	瓦	기와 와	甚	심할 심	畜	짐승 축	畢	마칠 필	畿	경기 기	疏	트일 소
	疫	전염병 역	疾	병 질	症	증세 증	皇	임금 황	皮	가죽 피	盟	맹세 맹
	盤	소반 반	盲	소경 맹	眠	잘 면	睦	화목할 목	瞬	눈깜짝일 순	硬	굳을 경
	碧	푸를 벽	磨	갈 마	礎	주춧돌 초	祀	제사 사	祈	빌 기	祿	녹 록
	禍	재앙 화	禪	선 선	禽	날짐승 금	秩	차례 질	租	조세 조	稀	드물 희
	稚	어릴 치	稿	원고 고	穴	굴 혈	突	갑자기 돌	符	부호 부	笛	피리 적
	策	꾀 책	簿	문서 부	粧	단장할 장	糖	엿 당				

한자능력검정시험 3급 II 독본 훈음

9	紋	무늬 문	紛	어지러울 분	索	찾을 색	累	여러 루	紫	자줏빛 자	絡	이을 락
	緊	긴할 긴	維	벼리 유	綱	벼리 강	綿	솜 면	緩	느릴 완	編	엮을 편
	緒	실마리 서	縱	세로 종	繁	번성할 번	署	마을 서	羽	깃 우	翼	날개 익
	耐	견딜 내	耕	밭갈 경	聯	연이을 련	肖	닮을 초	肝	간 간	肺	허파 폐
	肥	살찔 비	胡	되 호	胃	밥통 위	脅	위협할 협	胸	가슴 흉	脚	다리 각
	腐	썩을 부	腹	배 복	腦	골 뇌	臟	오장 장	臨	임할 림	臺	대 대
	般	일반 반	芽	싹 아	芳	꽃다울 방	若	같을 약				
10	茂	무성할 무	茶	차 다	荒	거칠 황	荷	멜 하	莊	씩씩할 장	莫	없을 막
	菌	버섯 균	菊	국화 국	菜	나물 채	著	나타날 저	葬	장사지낼 장	蓋	덮을 개
	蒙	입을 몽	蒼	푸를 창	蒸	찔 증	蓮	연꽃 련	薄	엷을 박	藏	감출 장
	蘇	되살아날 소	蘭	난초 란	虎	범 호	蛇	뱀 사	衝	찌를 충	衡	저울대 형
	衰	쇠할 쇠	被	입을 피	裂	찢어질 렬	裁	옷마를 재	裏	속 리	補	기울 보
	裕	넉넉할 유	裳	치마 상	襲	엄습할 습	覆	엎을 복	觸	닿을 촉	訣	이별할 결
	訟	송사할 송	詞	말 사	訴	호소할 소	誇	자랑할 과				
11	詳	자세할 상	誘	꾈 유	諸	모두 제	謀	꾀 모	謂	이를 위	諾	허락할 낙
	謙	겸손할 겸	譜	족보 보	譯	번역할 역	譽	기릴 예	讓	사양할 양	谷	골 곡
	豪	호걸 호	貌	모양 모	貞	곧을 정	貢	바칠 공	貫	꿸 관	貸	빌릴 대
	貿	무역할 무	賀	하례할 하	賃	품삯 임	賦	부세 부	賤	천할 천	賴	의뢰할 뢰
	贊	도울 찬	越	넘을 월	超	뛰어넘을 초	距	상거할 거	跡	발자취 적	踏	밟을 답
	踐	밟을 천	蹟	자취 적	軟	연할 연	較	비교 교	載	실을 재	輩	무리 배
	輸	나를 수	辰	별 진	辱	욕될 욕	迫	핍박할 박				
12	述	펼 술	追	쫓을 추	透	사무칠 투	途	길 도	逢	만날 봉	逸	편안할 일
	遷	옮길 천	還	돌아올 환	邪	간사할 사	郞	사내 랑	醉	취할 취	釋	풀 석
	銘	새길 명	鋼	강철 강	錯	어긋날 착	錦	비단 금	鍊	쇠불릴 련	鎖	쇠사슬 쇄
	鎭	진압할 진	鑑	거울 감	鑄	쇠불릴 주	閣	집 각	阿	언덕 아	附	붙을 부
	陳	베풀 진	陷	빠질 함	陶	질그릇 도	陵	언덕 릉	隆	높을 륭	隔	사이뜰 격
	隨	따를 수	雅	고울 아	雙	두 쌍	雷	우레 뢰	需	쓰일 수	震	우레 진
	霜	서리 상	露	이슬 로	靈	신령 령	韻	운 운				

한자능력검정시험 3급 II 독본 훈음

13	響	울릴 향	頃	이랑 경	頂	정수리 정	項	항목 항	顔	낯 안	飯	밥 반
	飾	꾸밀 식	館	집 관	騎	말탈 기	驛	역 역	鬼	귀신 귀	魂	넋 혼
	鳳	봉황새 봉	鶴	학 학	鹽	소금 염	麥	보리 맥	麻	삼 마	黙	잠잠할 묵
	鼓	북 고	齊	가지런할 제								

엮은이
김병헌 金柄憲

1958년 경북 영양 출생
성균관대학교 한문학과 졸업
성균관대학교 한문학과 석사/박사 수료
동국대학교 사학과 박사 과정
성균관대학교/경원대학 강사
독립기념관 전문위원
『역주 이아주소(爾雅注疏)』〈학술진흥재단 동서양명저번역—공역〉
『화사 이관구의 언행록』〈독립기념관—공역〉
『중정 남한지』〈광주문화원—공역〉

e-mail_ cleanmt2000@paran.com

완·벽·대·비
한자능력검정시험 3급 II

글 김병헌
발행 조선매거진㈜
발행인 이창의
편집인 우태영
기획편집 김화(팀장), 김민정, 박영빈
마케팅 방경록(부장), 최종현

초판 1쇄 발행 2002년 2월 18일
    3쇄 발행 2002년 9월 23일
3판 1쇄 발행 2003년 3월 10일
    3쇄 발행 2003년 9월 24일
4판 1쇄 발행 2005년 4월 25일
    7쇄 발행 2008년 5월 30일
5판 1쇄 발행 2008년 9월 20일
    2쇄 발행 2009년 3월 31일
6판 1쇄 발행 2010년 6월 18일
    4쇄 발행 2017년 1월 7일

편집문의 724-6726~9
구입문의 724-6794, 6797
등록 제 2-3910호
등록일자 2004년 1월 7일
주소 서울특별시 마포구 상암산로 24 DMC 디지털큐브 13층

값 12,000원
ISBN 978-89-93968-17-0 14710
     978-89-93968-13-2 14710 (세트)

※ 이 책은 조선매거진㈜가 저작권자와의 계약에 따라 발행하였습니다.
    저작권법에 의해 보호받는 저작물이므로 본사의 서면 허락 없이는 이 책의 내용을 어떠한 형태로도 이용할 수 없습니다.
※ 저자와 협의하여 인지를 생략합니다.
※ 조선앤북은 조선매거진㈜의 단행본 브랜드입니다.